D1728544

Die handlungsorientierte Ausbildung für Laborberufe
Band 3: Prüfungsvorbereitung

Wolf Rainer Less (Hrsg.)
Franz Laut
Dr. Rolf Schauder
Jens Schröder

Die handlungsorientierte Ausbildung für Laborberufe

Band 3: Prüfungsvorbereitung

Aufgaben und Lösungen

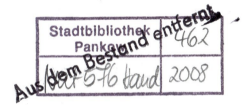
Vogel Buchverlag

DR. ROLF SCHAUDER

Jahrgang 1960, hat an der Universität Konstanz Biologie studiert. Seine wissenschaftliche Laufbahn führte ihn danach an die Universität Ulm, an die Virginia Technic Institute and State University in Blacksburg (VA, USA) und an die Goethe-Universität Frankfurt. Seit 1999 bildet er bei Provadis Partner für Bildung und Beratung GmbH hauptsächlich Biologielaboranten aus. Daneben ist er in der Erwachsenenbildung tätig und übernimmt Lehraufträge an akademischen Einrichtungen. Seine Spezialgebiete sind allgemeine Mikrobiologie, Biochemie und Molekularbiologie.

JENS SCHRÖDER

Jahrgang 1979, absolvierte nach einer Ausbildung zum Chemielaboranten bei der Provadis International School of Management and Technology eine berufsbegleitende Weiterbildung zum Bachelor of Science – Fachrichtung Chemical Engineering. Seit 2002 ist er Ausbilder für Chemie- und Biologielaboranten. Jens Schröder bildet darüber hinaus bei Provadis Erwachsene mit dem Schwerpunkt Instrumentelle Analytik weiter.

FRANZ LAUT

Jahrgang 1960, hat nach der Ausbildung zum Chemielaborant in der Hoechst AG im Bereich Mikrobiologie gearbeitet. Hier war sein Hauptaufgabengebiet die Isolierung von Naturstoffen mittels Chromatografie. Seit 1997 bildet er bei Provadis Partner für Bildung und Beratung GmbH Chemielaboranten, Chemikanten und Pharmakanten aus. Seine Spezialgebiete sind Chromatografie, Allgemeine Mikrobiologie, Umweltschutz.

Weitere Informationen:
www.vogel-buchverlag.de

ISBN 978-3-8343-3022-2
1. Auflage. 2008

Satzherstellung und Digitalisierung der Abbildungen:
Fotosatz-Service Köhler GmbH, Würzburg
Umschlaggrafik: Vogel Services GmbH, Würzburg

Vorwort des Herausgebers

Sehr geehrte Leserinnen und Leser,
sehr geehrte Damen und Herren,

vor Ihnen liegt ein Exemplar der völlig neu konzipierten dreiteiligen Buchreihe: «Die handlungsorientierte Ausbildung der Laborberufe».

Nach der Neuordnung der Laborantenberufe im Jahr 2000 entstand ein dringender Bedarf an begleitender Literatur, um der geänderten Lehr- und Lernsituation gerecht werden zu können. Daher sind die drei Bücher nach einem sehr modernen didaktischen Ansatz konzipiert worden: An realen Prozessen wird die Handlungsorientierung als Leitfaden für die Stoffvermittlung und Stoffwiederholung eingeübt.

Unter der Berücksichtigung der berufschulischen Veränderungen in den Lehr- und Lernstrukturen – besonders durch die Einrichtung von Lernfeldern – wurden die Inhalte der drei Bücher neu gefasst und den geänderten Rahmenbedingungen angepasst.
Die Autoren sind ausnahmslos als professionelle Berufsausbilder für Chemie- oder Biologielaboranten bei «PROVADIS Partner für Bildung und Beratung» beschäftigt. Sie verfügen über eine sehr profunde Erfahrung in der Gestaltung und Vermittlung von Aus- und Weiterbildungsinhalten. Durch die intensive Zusammenarbeit mit Berufschullehrern aus dem Frankfurter Raum ist die Nähe zu den Inhalten in den Lernfeldern der Berufschule sichergestellt.

Die Autorenteams schrieben die drei Bände unter dem Aspekt, einerseits eine sinnvolle chronologisch-thematische Dreiteilung aufzuweisen, andererseits die Orientierung an den notwendigen Abschlussprüfungen sicherzustellen.

Band 1: Pflichtqualifikationen
Band 2: Wahlqualifikationen (Auswahl)
Band 3: Prüfungsvorbereitung

In Band 3 steht die notwendige Wiederholung des gesamten Stoffgebietes – also der Pflichtqualifikation und der Wahlqualifikation – im Vordergrund. Bei den behandelten Wahlqualifikationen haben wir uns auf die acht häufigsten Themen fokussiert. Die Leser haben die Möglichkeit, ihr Wissen anhand von Aufgaben, die im Wesentlichen realen Praxisprozessen entnommen wurden, zu vertiefen und zu festigen. Die Struktur der Abläufe in den realen Abschlussprüfungen der Chemielaboranten und -laborantinnen wurde hierbei zugrunde gelegt, wobei auch der Punktvergabemodus erläutert wird. Neben den einzelnen Aufgaben werden auch Auszüge aus theoretischen Prüfungen verwendet, wobei immer am Ende der Aufgaben und Prüfungen die jeweiligen Ergebnisse angegeben werden, um eine sofortige Lernerfolgskontrolle zu ermöglichen. Die in der Gestaltung der Prüfungsinhalte ab Sommer 08 zur Anwendung kommende «Thematische Klammer» wird ebenfalls behandelt. So wurde die Voraussetzung geschaffen, dass sich die Auszubildenden optimal auf ihre Abschlussprüfungen vorbereiten können.

Lehrer von berufsbildenden Schulen werden von der Buchreihe ebenso profitieren wie ihre Auszubildenden. Aber auch Chemisch-Technische Assistenten und Bachelorstudenten können ihr Wissen mit der Buchreihe effektiv erweitern.

Ich bin sicher, dass den Lernenden und Lehrenden aus dem gesamten chemischen Umfeld durch diese Buchreihe die Möglichkeit geboten wird, sich im Sinne einer modernen beruflichen Ausbildung nach neuesten didaktischen Grundsätzen das aktuelle Wissen praxis- und handlungsorientiert anzueignen.

Frankfurt-Höchst

Wolf Rainer Less
PROVADIS Partner für Bildung und Beratung

Vorwort der Autoren

Die beiden ersten Bände dieser Buchreihe befassen sich mit den Pflichtqualifikationen bzw. Wahlqualifikationen in der Ausbildung von Laborberufen. Diese beiden Bände wurden als Lehrbücher konzipiert, die die theoretische Ausbildung der Laborberufe begleiten und unterstützen.

Band 3 dieser Reihe – Prüfungsvorbereitung, Aufgaben und Lösungen – hat eine andere Aufgabe. Er dient der gezielten und strategisch geplanten Wiederholung des gesamten theoretischen Lehrstoffes, besonders aber zur Vorbereitung der beiden «gestreckten» Abschlussprüfungen, die jeder Auszubildende der Laborberufe nach der Neuordnung aus dem Jahr 2002 absolvieren muss.

Eine moderne Abschlussprüfung besteht aus gebundenen («programmierten») Prüfungsfragen, mit denen die Breite des Lernfeldes abgeprüft werden kann und nicht gebundenen («nicht programmierten», «offenen») Aufgaben. Mit letzteren kann das tiefer gehende Fachwissen mit Verknüpfungen zu anderen Stoffgebieten abgeprüft werden. Dadurch ist die berufliche Handlungsfähigkeit des zukünftigen Fachpersonals besser einschätzbar. Schließlich soll der Auszubildende in der Abschlussprüfung nachweisen, dass er in der Ausbildung eine mindestens ausreichende Methodenkompetenz erworben hat.

Übungsbücher für den «gebundenen» Teil der Prüfung gibt es mittlerweile viele (z.B. die PAL-Aufgabenbank). Bücher, die explizit auf den «ungebundenen» Teil der 1. und 2. gestreckten Prüfung im Laborbereich zugeschnitten sind, gibt es jedoch nur ganz wenige. Dazu kommt noch, dass nach Erfahrung der Autoren dieses Buches, die alle Prüfer in IHK-Kommissionen sind, die «ungebundenen» Aufgaben von den meisten Prüflingen nur ungern und meist mit geringerem Erfolg als die «gebundenen» Aufgaben bewältigt werden.

Deshalb beschränkten sich die Autoren auf die gezielte Stellung und möglichst genaue Beantwortung von ungebundenen Aufgaben, die den gesamten Inhalt der beiden Teilprüfungen abdecken. Es ist aber ausdrücklicher Anspruch dieses Buches, die Auszubildenden beim wissenschaftlichen Formulieren von Antworten zu unterstützen.

Selbstverständlich können nicht alle in Frage kommenden Aufgaben eines Lernfeldes in einem Buch aufgeführt werden, das würde völlig den Rahmen sprengen. Aber die Auswahl der Fragen wurde so vorgenommen, dass sie in ihrer Breite den gesamten Bereich des jeweiligen Lernfeldes abdecken. Alle Aufgaben sind neu erstellt und nicht mit bereits in vergangenen Prüfungen gestellten Aufgaben identisch.

Zusätzlich bekommt der Auszubildende in den ersten beiden Kapiteln des Buches wertvolle Hinweise, wie er sich taktisch und strategisch klug auf die Abschlussprüfungen vorbereiten kann. Tipps, wie man sich in solchen Prüfungen verhält, runden das Thema ab. Mit Hilfe von Musterprüfungen kann sich der Prüfling kurz vor der Prüfung testen, wo er leistungsmäßig steht und dann ggf. noch gezielt Lücken schließen.

Die Reihenfolge der Übungsfragen erfolgt analog den Orientierungsempfehlungen, die die PAL (Prüfungsaufgaben- und Lehrmittelentwicklungsstelle der IHK Region Stuttgart) in Stuttgart herausgegeben hat. Somit wird es dem Auszubildenden leicht gemacht, sich für die Prüfungen und Klausuren in bestimmten Lernbereichen durch intensive Wiederholung vorzubereiten.

Dieses Buch ist natürlich nicht nur für das intensive Lernen vor den Prüfungen gedacht, sondern es soll den Auszubildenden während der gesamten Ausbildung begleiten und so ein ständig gebrauchtes «Wiederholungsbuch» sein. Die Autoren haben die jeweiligen Fragen so ausführlich beantwortet, dass sie auch als Ergänzungen zum Unterricht und zu vorliegenden Unterrichtsmaterialien dienen. Lehrer von berufsbildenden Schulen können von diesem Buch profitieren, wenn sie es als Hilfe zu gezielten Wiederholungsmaßnahmen in ihren Unterricht einbauen. Wir sind überzeugt, dass wir mit der Herausgabe dieses Buches eine Lücke schließen.

Danken wollen wir unseren Kolleginnen und Kollegen Bianca Stieglitz, Melanie Fleckenstein, Birgit Walter, Dr. Markus Kettner, Stefan Eckhardt, Wolfgang Gottwald und Frank Schmitt, die uns mit vielen Ideen und Aufgaben versorgt haben. Es sind die Autoren der beiden ersten Bände, Pflichtqualifikationen und Wahlqualifikationen, die uns Anregungen und Input aus ihren jeweiligen Fachgebieten gegeben haben. Ein herzlicher Dank gilt auch Herrn Michael Strauß und Herrn Michael Scheu für die Unterstützung und die Bereitstellung einiger Bilder aus dem Bereich der Verfahrenstechnik.

Wir sind sicher, dass wir mit Band 3 dieser Reihe ein Buch geschaffen haben, das die Wiederholung des Lernstoffes für angehende Labormitarbeiter einfacher macht und hilft, die «Prüfungsangst» aufgrund verbesserten Formulierungsvermögens und erhöhter Stoffsicherheit deutlich zu reduzieren.

Weitere Informationen und Hinweise zum Thema Prüfungsvorbereitung sowie zu Band 1 und Band 2 dieser Reihe bietet der Service InfoClick des Vogel Buchverlags. Eine direkte Kontaktaufnahme mit den Autoren ist jederzeit möglich unter www.provadis.de/buchportal.

Frankfurt-Höchst   Franz Laut
                                                                       Dr. Rolf Schauder
                                                                         Jens Schröder

Inhaltsverzeichnis

Der Onlineservice InfoClick bietet unter
www.vogel-buchverlag.de nach Codeeingabe zusätzliche
Informationen und Aktualisierungen zu diesem Buch.

302225920001

---

1   Ausbildung und Erwerb fachlicher Kompetenz

Ziel einer beruflichen Ausbildung ist es, den Auszubildenden in die Lage zu versetzen, objektive Handlungspotenziale zu erkennen und sie für Problemlösungen einzusetzen. In der Neuordnung der Laborantenberufe hat der Verordnungsgeber die Handlungsorientierung in den Vordergrund gestellt. Dadurch soll gesichert werden, dass die Handlungen in einer Ausbildung überwiegend ziel- bzw. zweckorientiert sind. Die Bewältigung von realen Arbeitsaufgaben erfordert ein umfangreiches Sach- und Handlungswissen. Dabei enthält das Sachwissen Informationen über Fakten, Ereignisse und Sachverhalte, während das Handlungswissen als Wissen über die Handlungen, die ein Ziel beschreiben, definiert ist. So ist z.B. das Wissen über den Stoff, die Apparaturen und die chemischen Vorgänge bei einer Synthese als Sachwissen zu deklarieren. Dagegen wird die Planung der Synthese,

- ❏ auf welchen Wegen,
- ❏ mit welchen Arbeitsmitteln,
- ❏ mit welchen Arbeitstechniken und
- ❏ wer die Synthese durchführen soll,

in den Bereich des Handlungswissens fallen. Die frühere strenge Einteilung des Wissens und Könnens in «praktische» und «theoretische» Teilbereiche wird dadurch gelockert.

Bei der Einführung der Neuordnung mussten sich die betriebliche und schulische Ausbildung in relativ kurzer Zeit auf das neue Ausbildungssystem umstellen. Das schulische System folgte dem Konzept der auf Handlungsfeldern aufbauenden «Lernfelder», die als übergreifender methodisch-didaktischer Ansatz an die Stelle der bisherigen Fächer getreten sind.

Für den Auszubildenden ergeben sich daraus mannigfaltige Veränderungen zum früheren Ausbildungssystem. Sie müssen während der Ausbildung auch im theoretischen Bereich «praktischer» denken und sich für einen Gesamtprozess Sach- und Handlungswissen aneignen. Dieses erworbene Wissen muss dann während der gesamten Ausbildung – und natürlich auch darüber hinaus – ständig präsent sein. Das erfordert neben dem Prozess des Wissen**erwerbs** den ständigen Prozess der Wissen**verfestigung**. Getreu dem Motto, dass «die Wiederholung die Mutter der Weisheit ist», muss das erworbene Wissen bei der Wissensverfestigung ständig und regelmäßig wiederholt werden, damit es nicht aus dem Hardwarespeicher «Gehirn» verschwindet. Nur dann kann der Auszubildende in idealer Weise Handlungs- und Sachwissen verknüpfen und berufliche Kompetenz zum Lösen realer Probleme erwerben.

Auch die Abschlussprüfungen folgen zum Teil dem ganzheitlichen, handlungsorientierten Ausbildungsansatz. So ist das Fachrechnen kein eigenständiger Prüfungsteil mehr, sondern es wurde in andere Prüfungsbereiche integriert. Im praktischen Teil der Prüfung werden die bisher verlangten «Arbeitsproben» weitgehend durch «praktische Aufgaben» ersetzt. Dabei geht es immer um die Bewertung des gesamten Arbeitsprozesses.

1.1 Prozess der Wissensverfestigung

Ein grundsätzlicher Fehler, den viele Schüler aufgrund ihrer Erfahrungen in den allgemein bildenden Schulen in der Ausbildung wiederholen, ist die Strategie des «Schubladenlernens». Solche Schüler fangen sehr kurzfristig vor einer Klausur an zu lernen und bringen sich in kurzer Zeit mehr oder weniger umfangreiches Faktenwissen bei. Allerdings vergessen sie es oft schnell nach einer Klausur wieder. Meistens gelingt diese Strategie in der Schule, man hält sich so mehr oder weniger gut über Wasser. Zusammenhänge oder gar eine umfangreiche Handlungskompetenz erreicht man durch diese Art des Lernens absolut nicht.

Leider setzen viele Schüler dieses Verhalten in ihrer Ausbildung fort. Wie bereits erwähnt, soll die Ausbildung den Auszubildenden in die Lage versetzen, objektive Handlungspotenziale und subjektive Entwicklungsmöglichkeiten zu erkennen und daraus Lösungsansätze zu entwickeln. Das ist einfach nicht möglich, indem man kurz vor der Abschlussprüfung schnell ein paar Fakten auswendig lernt und hofft, die Prüfungen gerade so zu überstehen. Die Abschlussprüfungen sind heute so ausgelegt, dass auch die Handlungskompetenz geprüft wird. Nicht zuletzt darum kommen viele – auch durchaus intelligente – Auszubildende bei den theoretischen Abschlussprüfungen, bei denen die Kompetenz der gesamten Ausbildung in wenigen Stunden abgefragt wird, in erhebliche Schwierigkeiten und bestehen die Prüfung nur ganz knapp oder fallen gar durch.

Die Autoren dieses Buches sind fest davon überzeugt, dass es bei der weiteren Reduzierung von «Faktenaufgaben» in den Prüfungen zu viel höheren Durchfallraten kommen würde. Die weitere Umstellung der Prüfungen vom Abfragen der Fakten hin zur Bewertung der Methodenkompetenz ist jedoch zurzeit in vollem Gange.

Es ist den Auszubildenden als zukünftigen Prüflingen dringend zu raten, dass sie – falls sie sich als «Faktenlerner» wiedererkennen – ihre Lernstrategie ändern.

1.2 Motivation als Motor des Wissenserwerbs und der Wissensverfestigung

Eine Motivation zum Beruf ist zwingend notwendig. Schließlich kann man davon ausgehen, dass der Auszubildende freiwillig seinen Beruf gewählt hat. Sicherlich war es nicht immer der Wunschberuf, aber es war eine Wahl, wobei der «hochwertige» und anerkannte Beruf des Chemielaboranten sicherlich nicht als «Beruf zweiter Wahl» gilt. Jeder kennt den Spruch aus der Schule: «Nicht für die Schule, sondern fürs Leben lernen wir.» Dieser Spruch wird in der Ausbildung eindeutig. Sollte man gar keine Motivation mehr aufbringen, gilt es, diesen Zustand schnellstens zu überwinden oder in letzter Konsequenz die Berufsausbildung abzubrechen. Eine Resignation über längere Zeit ist nicht zu verantworten, denn dabei wird kein Ausbildungspartner – weder der Auszubildende noch sein Ausbildungsbetrieb – glücklich. Natürlich gibt es wie in jedem Lebensbereich auch in der Ausbildung persönliche Krisen, die sich nicht gerade motivierend auf die Ausbildungssituation auswirken. Gute Ausbilder, Lehrer oder Kollegen in den Betrieben können das aber meistens gut von einer «allgemeinen Unlust» unterscheiden und dabei eine handfeste Hilfestellung zur Überwindung der Krise geben. Auch professionelle Hilfe, z.B. von Betriebspsychologen oder von Vertretern des Jugendamtes usw., steht zur Verfügung. Erfahrungsgemäß kommen Azubis gestärkt aus einer solchen Krise heraus und können sich dann wieder unbeschwert ihrer Ausbildung (und dem Privatleben) widmen.

Ein paar Gedanken und Anregungen sollen dem Leser helfen, die Anfangsmotivation über lange Zeit zu behalten und die Begeisterung über seinen selbst gewählten Beruf zu steigern. Dann stellt sich der berufliche Erfolg – auch in Prüfungen – von selbst ein.

1. Zieldefinition

Schreiben Sie am Anfang ihrer Ausbildung alle beruflichen Wünsche auf ein Stück Papier, und versuchen Sie dabei realistisch zu bleiben. Mit einem Hauptschulabschluss – so gut er auch sein mag – ist z.B. ein Studium nicht zu bewerkstelligen (über eine Ausbildung und einen Abschluss über den zweiten Bildungsweg geht das, genügend Motivation und Beharrlichkeit vorausgesetzt).

Setzen Sie sich lieber viele Zwischenziele, die Sie einfacher erreichen können, als wenige, aber dafür mächtige Ziele. Behalten Sie trotzdem immer die Richtung Ihres Hauptziels im Auge, die Gefahr der Verzettelung ist nicht zu unterschätzen.

2. Zielüberprüfung

Überlegen Sie sich, warum es wichtig ist, gerade dieses Ziel erreichen zu wollen. Sie brauchen eine eigene, innere Bereitschaft für Ihren Beruf. Sie sollten Ihre Ausbildung nicht nur begonnen haben, weil ein Freund von Ihnen den gleichen Abschluss anstrebt.

3. Fähigkeitszuweisung

Was können Sie besonders gut, was befähigt Sie, dieses Ziel zu erreichen? Stellen Sie fest, welches Ziel am besten zu Ihrer Persönlichkeit passt. Nicht in jedem Lehrfach muss man brillieren! Macht mir die Analytik oder die präparative Arbeit besonders viel Spaß? Wo könnte ich meine Talente, die ich habe, einbringen?

4. Programmierung

Wie wird Ihr Leben aussehen, wenn Sie Ihr Ziel erreicht haben? Ist die Situation besonders positiv, haben Sie es natürlich einfacher, das Ziel zu erreichen. Sind Sie mit dem Geld, das Sie als Laborant nach der Ausbildung verdienen, in der Lage, selbstständig Ihr Leben zu gestalten?

5. Soziale Kompetenz

Viele junge Kollegen haben Angst, bei guten Leistungen im Betrieb oder in der Schule als «Streber» abgestempelt zu werden. Wenn man sich an seine Schulzeit zurückerinnert, waren Streber aber meist Mitschüler, die ihr Wissen nicht mit anderen teilen wollten oder arrogant über das «Nichtwissen» ihrer Mitschüler urteilten. Gute Schüler, die die soziale Kompetenz hatten, ihren Mitschülern zu helfen, waren in den meisten Fällen gut angesehen und hatten einen hohen Stellenwert in der schulischen Gemeinschaft. Es lohnt sich, diese soziale Kompetenz weiterzuentwickeln und schwächeren Schülern Hilfe anzubieten. Viele Freundschaften, die auch die Ausbildung überdauern, sind oft so entstanden.

6. Belohnung

Haben Sie ein Zwischenziel erreicht oder gar das Hauptziel, dann ist eine Belohnung fällig. Gehen Sie z.B. mit Freunden essen, und lassen Sie diese am Erfolg teilhaben.

Alle erfolgreichen Menschen haben ein klares und realistisches Ziel gehabt. Sie haben erkannt, dass nur sie für die Erreichung der Ziele verantwortlich waren. Treten bei einem Erfolg Probleme auf, so werden die entsprechenden Probleme als Chance begriffen, die gestellten Ziele gestärkt zu erreichen.

Ein solches Hauptziel ist für alle Auszubildenden die erfolgreiche Teilnahme an der Abschlussprüfung, denn ohne Bestehen dieser Prüfung ist eine Ausübung in einem anerkannten Beruf in Deutschland nicht oder nur eingeschränkt möglich.

Es sollte auch klar sein, dass die Chance auf eine fundierte Weiterbildung im gewählten Berufsfeld heute nur schwer erreichbar ist, wenn die Abschlussprüfung gerade so bestanden wurde. Auch eine sehr gute Prüfung garantiert noch nicht eine steile Karriere in einem Unternehmen, aber mit einer schlechten Prüfung müssten schon allerhand Zufälle eintreten, dass trotzdem ein Aufstieg auf der Karriereleiter möglich ist.

Es gilt zu bedenken, dass die Prüfung nicht mehr wiederholbar ist, falls sie bestanden wurde. Mit einem Gesamtergebnis von 51 von 100 Punkten muss der Ausgelernte dann sein gesamtes berufliches Leben klarkommen.

Nachfolgend werden die wichtigsten Regeln aufgeführt, wie Wissen am besten langfristig gefestigt werden kann.

1.3 Langfristige Strategie zur Wissensverfestigung

Lernpsychologen und Pädagogen haben schon seit langem Verhaltensweisen zusammengetragen, die helfen sollen, das erworbene Wissen zu festigen.

1. Lernen Sie regelmäßig! Erstellen Sie sich einen festen Arbeitsplan, den Sie strikt einhalten. Achten Sie dabei auf Ihren eigenen Biorhythmus. Tägliche Lernzeiten mit einem geringeren Umfang (ca. 1 Stunde) einzuplanen ist sinnvoller, als sich am Wochenende einmal für 6 Stunden zu plagen. Fangen Sie in jedem Fall zu lernen an, auch wenn Sie keine sehr große Lust dazu haben. Wenn Sie einmal angefangen haben, wird es dann meistens leichter, sich weiter in das Arbeitsgebiet zu vertiefen.

2. Die Lernzeit sollte mit 30 bis 40% aus Wiederholungen bestehen. Den neuen Lernstoff sollten Sie einteilen und dabei öfters die Fächer wechseln. Nehmen Sie sich jeweils einen Teilbereich vor, machen Sie eine kurze Pause, und wechseln Sie das Stoffgebiet. Nehmen Sie nicht zu viele Informationen auf einmal auf, irgendwann schaltet man ab, und dann war die investierte Zeit nutzlos.

3. Strukturieren Sie Ihren Lernstoff. Nachdem Sie einen Teilaspekt des Lernstoffs durchgelesen haben, fassen Sie ihn mit kurzen Worten mündlich oder schriftlich zusammen und versuchen Sie ihn dann in Gedanken wiederzugeben. Falls das Schwierigkeiten macht, muss der Lernstoff intensiver wiederholt werden. Beim Lösen von Rechenaufgaben sollte zunächst über den Lösungsweg nachgedacht werden. Fällt Ihnen dieser Weg nach spätestens 10 Minuten nicht ein, geben Sie zunächst auf und legen Sie die Aufgabe zur Seite. Fällt Ihnen der Lösungsweg später auch noch nicht ein, suchen Sie nach «Musteraufgaben» oder bitten später einen Kollegen, Ausbilder oder Lehrer um einen Lösungsvorschlag. Gehen Sie aber nie einfach zur «Tagesordnung» über und akzeptieren Sie dabei nie, dass Sie diese Aufgabe nicht lösen können!

4. Faktenwissen lernt man am besten mit kleinen Karteikarten. Auf die eine Seite kommt die Frage, auf die andere Seite die Antwort. Bereits beim Schreiben der Fragen und Antworten werden eine Menge Informationen gespeichert. Gleichzeitig lernt man, knapp und exakt zu formulieren, da auf den Karten nicht viel Platz ist. Beim Abarbeiten eines Fragenstapels werden die Fragen, die man einfach beantworten konnte, nach rechts gelegt, die anderen nach links. Diese nach links hingelegten Karten studiert man nochmals aufmerksam und arbeitet dann wieder den gesamten, gemischten Stapelkatalog durch. Bleiben keine Karten mehr auf der linken Seite liegen, hat man (für diesen Moment!) den Lernstoff gelernt. Vor einer neuen Lerneinheit sollte man nochmals schnell zur Wiederholung einen Karteikartenkatalog durcharbeiten. Ideal wird es, wenn Sie aus gelesenen Texten eigene Fragen formulieren, die dann auch umgehend beantwortet werden können.

5. Wenn Sie Bücher oder andere Materialien durcharbeiten, z.B. Ihre Aufzeichnungen aus den Unterrichten, seien Sie kritisch und fragen Sie sich, «warum» die Fakten so sind. Holen Sie sich mit Hilfe von Suchmaschinen aus dem Internet (z.B. http://www.google.de oder http://scholar.google.de/schhp?hl=de) oder Lexiken (z.B. http://de.wikipedia.org/wiki/Hauptseite) Informationen und vergleichen Sie diese mit Ihren Aufzeichnungen oder Literaturangaben.

6. Versuchen Sie – falls das möglich ist – das Gelernte in einen Kontext mit Ihrem beruflichen oder privaten Umfeld zu bringen. Wo können Sie evtl. das eben Gelernte anwenden, um eine Information besser zu verarbeiten oder eine praktizierte Arbeitsweise besser zu verstehen? Wenn man sich z.B. die Zusammenhänge zwischen der kinetischen Energie und der Geschwindigkeit seines Autos bewusst gemacht hat, wird man folgerichtig seine Geschwindigkeit besser den Umständen anpassen.

2   Vorbereitung auf die theoretische Prüfung

2.1 Theoretische Prüfungen für Laborberufe

Wie in jedem anerkannten Beruf müssen Laboranten-Auszubildende nach ihrer Ausbildung eine Abschlussprüfung ablegen. Bis zum Jahr 2002 musste in der Mitte der Ausbildung eine eher unverbindliche Zwischenprüfung ablegt werden, deren Ergebnis für die Abschlusswertung unberücksichtigt blieb. Das hat sich mit der sog. Erprobungsverordnung vom 17. Juni 2002 geändert.

Diese Erprobungsverordnung, deren Laufzeit zunächst bis 2012 verlängert wurde, sieht eine «gestreckte Abschlussprüfung, Teil 1» vor, die bis zum Ende des zweiten Ausbildungsjahres abgelegt werden muss. Das Gesamtergebnis dieser «gestreckten Prüfung, Teil 1» geht zu 35% in die Endnote mit ein. Der praktische und der schriftliche Teil der «gestreckten Prüfung, Teil 1» geht zu gleichen Teilen in die Bewertung der Prüfung mit ein. Nachfolgend ein kurzer Auszug aus der Verordnung vom 17.6.2002.

«Der Prüfling soll ... im **schriftlichen Teil von Teil 1** der Abschlussprüfung im Prüfungsbereich Präparative Chemie sowie in Wirtschafts- und Sozialkunde geprüft werden. Im Prüfungsbereich Präparative Chemie soll der Prüfling praxisbezogene Aufgaben unter Berücksichtigung damit zusammenhängender informationstechnischer Fragestellungen und berufsbezogener Berechnungen lösen und dabei zeigen, dass er arbeitsorganisatorische, technologische und mathematische Sachverhalte verknüpfen kann. Dabei sollen Maßnahmen zur Sicherheit und zum Gesundheitsschutz bei der Arbeit sowie zum Umweltschutz und qualitätssichernde Maßnahmen einbezogen werden. Es kommen Aufgaben, insbesondere aus folgenden Gebieten in Betracht:
Im Prüfungsbereich «Präparative Chemie»:

a. Syntheseverfahren, Reaktionsgleichungen und Beeinflussung von Reaktionen,
b. Stöchiometrie, insbesondere Ausbeute- und Konzentrationsberechnungen,
c. Trennen und Reinigen von Stoffen, allgemeine Labortechnik,
d. Charakterisieren von Produkten und Arbeitsstoffen,
e. Stoffkunde und wichtige Herstellungsverfahren.

Im Prüfungsbereich «Wirtschafts- und Sozialkunde»:

a. rechtliche Grundlagen des Berufsausbildungsverhältnisses, insbesondere von Berufsbildungsgesetz, Handwerksordnung, Berufsausbildungsvertrag, gegenseitige Rechte und Pflichten aus dem Berufsausbildungsvertrag,
b. Arbeits- und Tarifrecht sowie Arbeitsschutz, insbesondere Lohn und Gehalt, Sozialversicherung, Kündigung und Kündigungsschutz, Jugendarbeitsschutz, Urlaub, betriebliche Mitbestimmung, insbesondere Betriebsverfassungsgesetz, Mitbestimmungsgesetz, Betriebsrat und Jugendvertretung.»

Der schriftliche Teil der «gestreckten Prüfung, Teil 1» soll maximal 120 Minuten für den Prüfungsbereich «Präparative Chemie» dauern, für den Prüfungsbereich «Wirtschafts- und Sozialkunde» maximal 30 Minuten.

Nach Beendigung der Ausbildung, also im Regelfall nach 3 bis 3,5 Jahren, ist die Prüfung im Teil 2 der Abschlussprüfung notwendig. Im Verordnungstext heißt es zur Prüfung, Teil 2:

«Der Prüfling soll im **schriftlichen Teil von Teil 2** der Abschlussprüfung in den Prüfungsbereichen «Allgemeine und Analytische Chemie», «Wahlqualifikationen» sowie in «Wirtschafts- und Sozialkunde» geprüft werden. In den Prüfungsbereichen «Allgemeine und Analytische Chemie» sowie «Wahlqualifikationen» soll der Prüfling zeigen, dass er, insbesondere durch Verknüpfung von arbeitsorganisatorischen, technologischen und mathematischen Sachverhalten sowie damit zusammenhängenden informationstechnischen Fragestellungen, praxisbezogene Fälle lösen kann. Dabei sollen Maßnahmen zur Sicherheit und zum Gesundheitsschutz bei der Arbeit, zum Umweltschutz sowie qualitätssichernde Maßnahmen einbezogen werden. Es kommen Aufgaben, insbesondere aus folgenden Gebieten in Betracht:

Im Prüfungsbereich «Allgemeine und Analytische Chemie»:

a. Analysenverfahren einschließlich Probenvorbereitung und Reaktionsgleichungen,
b. Stoffkonstanten und physikalische Größen,
c. Reaktionskinetik und Thermodynamik, chemisches Gleichgewicht,
d. Auswerten von Messergebnissen unter Berücksichtigung stöchiometrischer Berechnungen,
e. chemische Bindung, Periodensystem der Elemente.

Im Prüfungsbereich «Wahlqualifikationen»:

a. Es sind mindestens drei Wahlqualifikationseinheiten zu prüfen.

Im Prüfungsbereich «Wirtschafts- und Sozialkunde»:

a. Allgemeine wirtschaftliche und gesellschaftliche Zusammenhänge der Berufs- und Arbeitswelt.

Der schriftliche Teil von Teil 2 der Abschlussprüfung dauert im Prüfungsbereich «Allgemeine und Analytische Chemie» maximal 120 Minuten, im Prüfungsbereich «Wahlqualifikationen» maximal 120 Minuten und im Prüfungsbereich «Wirtschafts- und Sozialkunde» maximal 45 Minuten.»

Zurzeit (2008) verhandeln die Tarifpartner im Auftrag des Verordnungsgebers über den Inhalt und die Gestaltung der beiden Abschlussprüfungen mit dem Ziel, die Erprobungsverordnung in eine Regelordnung umzuwandeln. Es sind demnach Änderungen im Prüfungsgeschehen zu erwarten. Es empfiehlt sich deshalb, von Zeit zu Zeit auf der Homepage des BiBB (Bundesinstitut für Berufsbildung: http://www2.bibb.de/tools/aab/aab_start.php) Informationen über den Stand des Verfahrens einzuholen, bis die Sache entschieden ist.

Inhalt dieses Buches ist nur die schriftliche Prüfung. Der Inhalt der «praktischen Prüfung» kann aus entsprechender Literatur entnommen werden.

2.2 Rechtlicher Hintergrund von Abschlussprüfungen

Wie Abschlussprüfungen in anerkannten Berufen ablaufen sollen, regelt das Berufsbildungsgesetz vom 23. März 2005. Darin heißt es in § 47 der Prüfungsordnung:

«Die zuständige Stelle hat eine Prüfungsordnung für die Abschlussprüfung zu erlassen. Die Prüfungsordnung bedarf der Genehmigung der zuständigen obersten Landesbehörde.

Die Prüfungsordnung (PO) muss die Zulassung, die Gliederung der Prüfung, die Bewertungsmaßstäbe und die Erteilung von Prüfungszeugnissen, die Folge von Verstößen gegen die Prüfungsordnung und die Wiederholungsprüfung regeln. Sie kann vorsehen, dass Prüfungsaufgaben, die überregional oder von einem Aufgabenerstellungsausschuss bei der zuständigen Stelle erstellt oder ausgewählt werden, von der einzelnen Prüfungskommission übernommen werden. Das gilt nur, sofern die Aufgaben von Gremien erstellt oder ausgewählt werden, die entsprechend § 40, Abs. 2, zusammengesetzt sind (d.h. paritätische Zusammensetzung der Gremien).

Die Organisation der Prüfungen ist nach dem Berufsbildungsgesetz Aufgabe der IHKs. Die Bewertung von Prüfungsleistungen liegt dagegen bei den Prüfungsausschüssen. Deren ehrenamtliche Mitglieder nehmen die Leistungen der Prüflinge ab, bewerten sie und stellen das Prüfungsergebnis fest.

Die Abnahme von Prüfungen für die anerkannten Ausbildungsberufe ist eine der Kernaufgaben der IHKs und ist diesen durch das Berufsbildungsgesetz zugewiesen.

Für die Durchführung von Abschlussprüfungen in anerkannten Ausbildungsberufen hat der Hauptausschuss des Bundesinstituts für Berufsbildung eine Musterprüfungsordnung (MPO) erlassen. Die Musterprüfungsordnung kann der folgenden Internetseite entnommen werden: www.dihk.de/inhalt/download/musterpruefungsordnung.

Auf der Grundlage der Musterprüfungsordnung erlassen die einzelnen Industrie- und Handelskammern eigene Prüfungsordnungen, die von der Musterprüfung im Detail abweichen können.

In vielen Prüfungsordnungen der Kammern ist die folgende Formulierung der Musterprüfungsordnung zu finden:

«Überregional oder von einem Aufgabenerstellungsausschuss bei der zuständigen Stelle erstellte oder ausgewählte Aufgaben sind vom Prüfungsausschuss zu übernehmen, sofern diese Aufgaben von Gremien erstellt oder ausgewählt und beschlossen wurden, die entsprechend § 2 Abs. 2 zusammengesetzt sind und die zuständige Stelle über die Übernahme entschieden hat.» (MPO § 18, Abs. 2).

Hierzu haben einige Verwaltungsgerichte Musterurteile gefällt, so z.B. das Verwaltungsgericht Hannover, Beschluss vom 19.4.1989, 6 B 20/89:

«Die in § 18 der Prüfungsordnung für die Durchführung von Abschlussprüfungen in anerkannten Ausbildungsberufen enthaltene Bestimmung, dass der Prüfungsausschuss gehalten ist, überregional erstellte Prüfungsaufgaben zu übernehmen, ist mit höherrangigem Recht vereinbar. Die Formulierung «gehalten» bedeutet ihrem Wortsinn nach, dass der Prüfungsausschuss «verpflichtet» ist, die überregional erstellten Prüfungsaufgaben zu übernehmen, und damit gehindert ist, sie abzuändern.»

Für die meisten Bundesländer übernimmt die PAL, die Prüfungsaufgaben- und Lehrmittelentwicklungsstelle der IHK Region Stuttgart, die überregionale Erstellung von theoretischen und praktischen Prüfungsaufgaben. Ausnahme ist z.B. das Bundesland Baden-Württemberg, das eine eigene Entwicklungsstelle eingerichtet hat.

Über 1300 ehrenamtliche Fachausschussmitglieder aus Unternehmen und Schulen entwickeln innerhalb der PAL für mehr als 140 gewerblich-technische Berufe und Fachrichtungen an der betrieblichen Praxis orientierte Prüfungsaufgaben, die von den IHKs in den Zwischen- und Abschlussprüfungen übernommen werden. Die Fachausschüsse sind paritätisch aus Arbeitnehmervertretern, Arbeitgebervertretern und Lehrern zusammengesetzt. Dabei werden besonders die Bundesländer berücksichtigt, in denen viele Auszubildende des jeweiligen Berufes ausgebildet werden.

Die Fachausschüsse legen aufgrund der bestehenden Ausbildungsordnung die Anzahl der jeweiligen Aufgaben und deren Verteilung fest. In regelmäßigen Sitzungen wird Aufgabe für Aufgabe begutachtet und für Abschlussprüfungen Teil 1 und Teil 2 aufgrund der Vorgaben der Prüfungsordnung beraten und beschlossen.

2.3 Inhalt der Prüfungen und Bewertung

Die ersten Prüfungen nach der Neuordnung lieferte die PAL bereits im Sommer 2003. Nun hat der PAL-Fachausschuss eine Themenliste jeweils für den Teil 1 bzw. den Teil 2 der gestreckten Abschlussprüfung entwickelt, die als Orientierungshilfe für ausbildende Betriebe und Schulen dienen soll. Diese wird in regelmäßigen Zeitabständen aktualisiert.

Die zurzeit gültige Orientierungshilfe (August 2007) wurde in die folgenden Tabellen übernommen. Dabei ist es sinnvoll, von Zeit zu Zeit unter der Adresse:

http://www.stuttgart.ihk24.de/produktmarken/aus_und_weiterbildung/pal/
PAL_News/Index.jsp

nach einer Aktualisierung zu suchen. Die Orientierungshilfen werden unter Vorbehalt von der PAL veröffentlicht. Man muss sich jedoch darüber klar werden, dass diese Orientierungshilfen immer nur zur Vorinformation des Prüflings, der Schulen und der Betriebe dienen. Bei Veränderungen im Berufsfeld oder wenn andere wichtige Ereignisse eintreten, sind Veränderungen der Orientierungshilfen jederzeit möglich. Entscheidend für die Ausbildung sind immer die jeweiligen Ausbildungsordnungen und Rahmenlehrpläne der beruflichen Schulen.

2.3.1 Gestreckte Abschlussprüfung, Teil 1

Die Orientierungshilfe im Prüfungsbereich «Präparative Chemie» ist Tabelle 2.1 zu entnehmen (Sommer 08).

Tabelle 2.1 Orientierungshilfe, Prüfungsbereich «Präparative Chemie»

Nr.	Prüfungsgebiet	gebundene Aufgaben Insgesamt	davon können abgewählt werden	ungebundene Aufgaben
1	Syntheseverfahren, Reaktionsgleichungen und Beeinflussung von Reaktionen	14	2	4
2	Stöchiometrie, insbesondere Ausbeute und Konzentrationsberechnungen	4	–	2
3	Trennen und Reinigen von Stoffen, allgemeine Labortechnik	14	2	2
4	Charakterisieren von Produkten und Arbeitsstoffen	7	1	2
5	Stoffkunde und wichtige Herstellungsverfahren	7	1	2
	Summe	**46**	**6**	**10** (2 aus Nr. 1, 3, 4 und 5 abwählbar)

Es sind also von 46 gebundenen Aufgaben («programmierte Aufgaben») 40 Aufgaben zu lösen bzw. alle 10 ungebundenen Aufgaben («nicht programmierte Aufgaben») zu bearbeiten.

Zur Bewertung des Prüfungsbereiches «Präparative Chemie» werden 66,7% des Ergebnisses der gebundenen Aufgaben und 33,3% des Ergebnisses der ungebundenen Aufgaben gewichtet. 10 der gebundenen Aufgaben werden ab der Sommerprüfung 2008 in einer «Thematischen Klammer» zusammengefasst, die einen gemeinsamen Handlungsstrang beschreiben. Dadurch kann geprüft werden, ob eine Kompetenz beim Bearbeiten von handlungsorientierten, komplexeren Aufgaben vorhanden ist. Eine Aufgabe, die sich z.B. auf die Herstellung eines Produktes durch eine chemische Synthese bezieht, enthält Teilaufgaben zum Syntheseverfahren, zur Stöchiometrie, zum Trennen und zur Isolierung bis zur Stoffkunde der Edukte und Produkte (siehe Kapitel 8).

Bei der Aufstellung der Aufgaben wird streng darauf geachtet, dass alle unabhängig voneinander zu lösen sind.

Zusätzlich zur Prüfungsleistung im Bereich der «Präparativen Chemie» kommen noch die Ergebnisse der Prüfungsleistung aus der «Wirtschafts- und Sozialkunde» hinzu, die 20% zum Gesamtergebnis beitragen.

Auswertungsbeispiel

Der Auszubildende mit der Prüfungsnummer 2145 hat folgende Teil-Ergebnisse:

1.   Praktische Prüfung: 84,4 Punkte von 100

2.   Schriftliche Prüfung:
2.1   Ergebnis gebundene Aufgaben: 34 von 40 Aufgaben richtig   (85%)
2.2   Ergebnis ungebundene Aufgaben: 64 von 100 Punkten   (64%)
2.3   Ergebnis Wirtschafts- und Sozialkunde: 82 von 100 Punkten   (82%)

Das Prüfungsergebnis des Faches «Präparative Chemie» beträgt nach Gl. 2.1:

$$P\,(\text{Präparative Chemie}) = 0{,}667 \cdot 85\ \text{P} + 0{,}333 \cdot 64\ \text{P} = \underline{78{,}0\ \text{P}} \qquad \text{(Gl. 2.1)}$$

Das Gesamtergebnis der *theoretischen Prüfung* beträgt dann nach Gl. 2.2 mit dem Ergebnis der «Präparativen Chemie» und der «Wirtschafts- und Sozialkunde»:

$$P\,(\text{Theorie}) = 0{,}8 \cdot 78\,\text{P} + 0{,}2 \cdot 82\,\text{P} = \underline{78{,}8\,\text{P}} \qquad \text{(Gl. 2.2)}$$

Da laut Verordnung die praktische und theoretische Prüfung den gleichen Stellenwert besitzen, gehen beide Prüfungsteile nach Gl. 2.3 jeweils zu 50% in die Gesamtbewertung «gestreckte Abschlussprüfung, Teil 1» ein:

$$P\,(\text{Gesamt, 1.Teil}) = 0{,}5 \cdot 78{,}8\ \text{P} + 0{,}5 \cdot 84{,}4\ \text{P} = \underline{81{,}6\ \text{P}} \qquad \text{(Gl. 2.3)}$$

In die Abschlussgesamtbewertung werden somit für den Prüfling mit der Nummer 2145 als Ergebnis <u>82 Punkte</u> übertragen, die dann zu 35% dem Gesamtergebnis am Ende der Ausbildung angerechnet werden.

2.3.2 Gestreckte Abschlussprüfung, Teil 2

Die Orientierungshilfe des Prüfungsbereiches «Allgemeine und analytische Chemie» ist Tabelle 2.2 zu entnehmen (Sommer 08).

Es sind also von 46 gebundenen Aufgaben («programmierte Aufgaben») 40 Aufgaben zu lösen und alle 10 ungebundenen Aufgaben («nicht programmierte Aufgaben») zu bearbeiten.

Tabelle 2.2 Orientierungshilfe, Prüfungsbereich «Allgemeine und analytische Chemie»

Nr.	Prüfungsgebiet	gebundene Aufgaben Insgesamt	davon können abgewählt werden	ungebundene Aufgaben
1	Analysenverfahren einschließlich Probenvorbereitung und Reaktionsgleichungen	14	2	5
2	Stoffkonstanten und Thermodynamik, chemisches Gleichgewicht	7	1	2
3	Reaktionskinetik und Thermodynamik, chemisches Gleichgewicht	5	1	1
4	Auswerten von Messergebnissen unter Berücksichtigung stöchiometrischer Berechnungen	6	–	2
5	Chemische Bindung, Periodensystem der Elemente	14	2	2
	Summe	**46**	**6**	**10** (2 aus Nr. 1, 2, 3 und 5 abwählbar)

Tabelle 2.3 Orientierungshilfe, Prüfungsbereich «Wahlqualifikation»

Nr.	Prüfungsgebiet	ungebundene Aufgaben Insgesamt	davon können abgewählt werden
1	Wahlqualifikationseinheit 1	8	2
2	Wahlqualifikationseinheit 2	8	2
3	Wahlqualifikationseinheit 3	8	2
	Summe	**24**	**6**

Zur Bewertung des Prüfungsbereiches «Allgemeine und Analytische Chemie» werden 66,7 % des Ergebnisses der gebundenen Aufgaben und 33,3 % des Ergebnisses der ungebundenen Aufgaben gewichtet.

Dazu kommen noch Aufgaben aus 3 Wahlqualifikationen, die alle «ungebundenen» Charakter haben. Laut Verordnung müssen Chemielaborantenauszubildende in 6 Wahlqualifikationseinheiten ausgebildet werden. Welche 3 Wahlqualifikationseinheiten daraus zur Abschlussprüfung ausgewählt werden, entscheidet der zuständige IHK-Prüfungsausschuss. Die Orientierungshilfe zu den Wahlqualifikationen ist Tabelle 2.3 zu entnehmen.

Alle Wahlqualifikationseinheiten werden zu gleichen Anteilen gewertet.

Der Teilbereich «Allgemeine und Analytische Chemie» geht zu 40% in das Ergebnis der «theoretischen Prüfung» ein, dazu kommt der Teilbereich «Wahlqualifikation», der ebenfalls zu 40% in das Ergebnis eingeht.

Die Teilprüfung im Prüfungsbereich «Wirtschafts- und Sozialkunde», die zu 20% in das Ergebnis der theoretischen Prüfung, Teil 2, eingeht, rundet das Ergebnis ab.

Auswertungsbeispiel

Der Prüfling mit der Prüfungsnummer 2145 hat am Ausbildungsende die Chemielaborantenprüfung, Teil 2, abgelegt und folgende Teilergebnisse erzielt:

1.	Ergebnis Teilprüfung 1:	82 Punkte	
2.	Praktische Prüfung:	74 Punkte	
3.	Theoretische Prüfung		
3.1	Prüfungsbereich «Allgemeine und analytische Chemie»		
3.1.1	Ergebnis gebundene Aufgaben	38 von 40 Aufgaben richtig	(95%)
3.1.2	Ergebnis ungebundene Aufgaben	62 von 100 Punkten	(62%)
3.2	Prüfungsbereich «Wahlqualifikation»		
3.2.1	Ergebnis 1. WQE	34 von 100 Punkten	(34%)
3.2.2	Ergebnis 1. WQE	76 von 100 Punkten	(76%)
3.3.3	Ergebnis 3. WQE	67 von 100 Punkten	(67%)
3.3	Ergebnis «Wirtschaft- und Sozialkunde»	73 von 100 Punkten	(73%)

Daraus errechnen sich folgende Teilpunkte:

1. Der Punktwert im Prüfungsbereich «Allgemeine und analytische Chemie» kann nach Gl. 2.4 berechnet werden:

$$P\,(\text{Analytik}) = 95\% \cdot 0{,}667 + 62\% \cdot 0{,}333 = \underline{84{,}0\,P} \qquad \text{(Gl. 2.4)}$$

2. Der Punktwert im Prüfungsbereich «WQE» kann nach Gl. 2.5 berechnet werden:

$$P\,(\text{WQE}) = \frac{(34{,}0\% + 76{,}0\% + 67{,}0\%)}{3} = \underline{59{,}0\,P} \qquad \text{(Gl. 2.5)}$$

Der Gesamtwert der *theoretischen Prüfung*, Teil 2, berechnet sich mit Gl. 2.6: («Allgemeine und analytische Chemie» und die «WQEs» gehen zu jeweils 40%, «Wirtschafts- und Sozialkunde» geht zu 20% ins Gesamtergebnis ein):

$$P = 84{,}0\,P \cdot 0{,}4 + 59{,}0\,P \cdot 0{,}4 + 73{,}0\,P \cdot 0{,}2 = \underline{71{,}8\,P} \qquad \text{(Gl. 2.6)}$$

Da laut Verordnung die praktische und die theoretische Prüfung den gleichen Stellenwert besitzen, gehen die beiden Prüfungsteile «Theorie» und «Praxis» mit Gl. 2.7 zu jeweils 50% in die Gesamtbewertung der gestreckten Abschlussprüfung, Teil 2, ein:

$$P\,(\text{Gesamt,2.Teil}) = 0{,}5 \cdot 71{,}8\,P + 0{,}5 \cdot 74\,P = \underline{72{,}9\,P} \qquad \text{(Gl. 2.7)}$$

Das Ergebnis wird auf 73 Punkte («kaufmännisch») gerundet, das Gesamtergebnis mit Gl. 2.8 aus 35% der Prüfung, Teil 1, und 65% von Prüfung, Teil 2, ermittelt:

$$P\,(\text{Gesamt}) = 0{,}65 \cdot 73\,P + 0{,}35 \cdot 82\,P = \underline{76{,}2\,P} \qquad \text{(Gl. 2.8)}$$

Als *Gesamtergebnis beider Prüfungen* folgen daraus gerundet 76 Punkte, was der Gesamtnote «befriedigend» entspricht.

Zum Schluss muss noch geprüft werden, ob alle Kriterien der Verordnung, die das Bestehen einer Prüfung festlegen, eingehalten wurden.

In § 4 Abs. 2 der Verordnung heißt es:

«Die Abschlussprüfung ist bestanden, wenn im Gesamtergebnis mindestens ausreichende Leistungen erbracht sind und wenn jeweils im praktischen und schriftlichen Teil von Teil 2 der Abschlussprüfung sowie innerhalb des schriftlichen Teils
von Teil 2 in den Prüfungsbereichen Allgemeine und Analytische Chemie sowie
Wahlqualifikationen zusammen mindestens ausreichende Leistungen erbracht
sind.»

Da das beim Prüfling mit der Prüfungsnummer 2145 jeweils der Fall ist, hat der Prüfling mit der Gesamtnote «befriedigend» bestanden.

2.4 Countdown vor der schriftlichen Prüfung

Die Prüfungsergebnisse sollen unabhängig von äußeren Einflüssen sein und die
Schwere der Aufgaben dem Berufsbild angepasst sein. Statistische Auswertungen mit
den von der PAL herausgegebenen Prüfungen zeigen, dass dies der Fall ist. Daher wird
der Prüfling gewöhnlich eine ähnliche Note am Schluss der Prüfung erwarten können,
die seinem Leistungsstand in der Ausbildung bzw. Schule entspricht. Aus diesem
Grund sind Prüflinge, deren Zeugnisse in Schule oder Betrieb die Note 4 oder schlechter aufweisen, besonders in der Prüfung gefährdet. Die anderen Prüflinge müssen sich
kaum Sorgen machen, dass sie die Prüfung nicht bestehen. Das kommt im theoretischen Bereich nur ganz selten vor. In vielen Fällen schneiden sogar Prüflinge besser
ab, als es ihre Leistungen in der beruflichen Schule vermuten lassen.

Die meisten Prüflinge sind kurz vor den Abschlussprüfungen etwas unruhig und
haben mehr oder weniger «Prüfungsangst». Dabei ist die Prüfungsangst eine völlig
normale Reaktion auf ein Ereignis, dessen Ausgang ungewiss, aber sehr wichtig für
das spätere Leben ist. Eine «normale» Prüfungsangst macht sich bemerkbar durch
eine allgemeine Unruhe, Aufregung, schwitzige Hände und schlechteren Schlaf vor der
Prüfung. In der Prüfungssituation selbst wirkt diese milde «Angst» eher leistungsstei-
gernd. Allerdings kann «schwere» Prüfungsangst sogar eine ständige Nervosität,
Übelkeit und schwere Schlaflosigkeit hervorrufen. Sie lähmt die Konzentration und das
Erinnerungsvermögen im Lernprozess und behindert enorm den Gedankenfluss während der Prüfung.

Prüfungen sollten von den Prüflingen als ganz normale, zeitlich begrenzte «Aus-
nahmesituationen» aufgefasst werden, die man übersteht (wie alle Prüflinge zuvor ...). Sollte die Prüfungsangst jedoch zu groß werden – oft auch Ausdruck einer
überzogenen «Lebensangst» – ist ein geeigneter Fachmann (Arzt, Psychologe) zu
konsultieren. Gewöhnlich verbergen sich hinter einer extremen Prüfungsangst persönliche Schwierigkeiten, die nicht mit einfachen Rezepten zu lösen sind. Es gibt in
Volkshochschulen und Universitäten Seminare und Kurse, die sich dem Thema «milde
Prüfungsangst» widmen. Wenn die Kurse rechtzeitig, d.h. mindestens ein halbes Jahr
vor der Prüfung, besucht und die Entspannungstechniken (z.B. autogenes Training,
Muskelentspannung nach Jacobsen) konsequent erlernt werden, ist das sicherlich
sinnvoll.

Die Prüfung steht vor der Tür, was ist zu tun?
Sie sollten spätestens am Tag vor der Prüfung endgültig das Lernmaterial beiseite
legen. Was jetzt noch nicht «sitzt», kann kaum noch aufgenommen werden und ein
ständiges Hinzukommen von Informationen trägt eher zur Verwirrung bei. Der Körper
und der Geist benötigen jetzt etwas Erholung vor der Anspannung am kommenden
Tag. Es wäre gut, wenn man die letzte Nacht vor der Prüfung früh zu Bett ginge, auch
wenn man u.U. nicht gleich schlafen kann.

Packen Sie bereits am Abend Ihre Tasche, die Sie am nächsten Tag mitnehmen:

- ❑ 2 Taschenrechner (Was machen Sie, wenn ausgerechnet der einzige Rechner während der Prüfung ausfällt?),
- ❑ 2 Kugelschreiber (vorher testen!),
- ❑ 1 kurzes Lineal,
- ❑ 1 Block Schmierpapier (falls zugelassen),
- ❑ 1 Flasche Trinkwasser oder Ähnliches,
- ❑ 1 Zwischenmahlzeit (Müsliriegel o.Ä.),
- ❑ 1 Armbanduhr.

Am Morgen vor der Prüfung sollte man früh aufstehen und ein ausgewogenes, kohlenhydrat- und proteinreiches Frühstück einnehmen. Gegen 1 bis 2 Tassen Kaffee ist nichts einzuwenden, aber es ist nicht sinnvoll, große Mengen davon zu konsumieren. Bei manchen Menschen blockiert Coffein in höheren Konzentrationen komplexe Gedankengänge. Trinken Sie eine ausreichende Menge Flüssigkeit, aber nicht so viel, dass Sie dauernd die Toilette besuchen müssen.

Für ungeplante Zwischenfälle auf dem Weg zum Prüfungsort sollten Sie einen Zeitpuffer von 30 Minuten einplanen. Machen Sie sich vorher klar, wo Ihr Prüfungsort ist. *Vermeiden Sie auf jeden Fall eine Verspätung!*

Kommen Sie auch nicht zu früh an den Prüfungsort. Gehen Sie ruhig nochmals um den Häuserblock. Erfahrungsgemäß stehen vor dem Prüfungsort oft viele Prüflinge zusammen und beraten über die Prüfung. Dabei steigt dann bei nervenschwachen Prüflingen meistens die Nervosität.

Machen Sie sich vor der Prüfung noch einmal klar, dass am Ende der Prüfung eine Note herauskommt, die Ihrer Leistung in Schule und Betrieb in etwa entspricht (und freuen Sie sich später, wenn die Leistung wegen Ihrer intensiveren Vorbereitung besser war!).

2.5 Verlauf der beiden schriftlichen Prüfungen

Wenn Sie in den Prüfungsraum eingelassen werden, suchen Sie Ihren reservierten Platz auf. Der wird in vielen Fällen mit einem Namensschild versehen sein. Sie erhalten eine Prüfungsnummer, die Sie sich umgehend notieren. Diese Nummer begleitet Sie während der gesamten Prüfung. Legen Sie Ihre Schreibutensilien und Ihren Rechner auf Ihren Platz, und stellen Sie sich möglichst etwas zum Trinken bereit. Daneben legen Sie Ihre Armbanduhr.

Nach einer kurzen Begrüßung durch einen Vertreter der Prüfungskommission, oft ist es der Vorsitzende, werden Sie über den genauen Zeitplan der Prüfung informiert. Dabei werden auch die Pausen festgelegt. Dieser Zeitplan wird zurzeit bundesweit koordiniert und ist nicht veränderbar.

Sie werden darüber belehrt, dass Betrugsversuche und Täuschungsmanöver zum sofortigen Abbruch der Prüfung führen würden. Danach werden Sie befragt, ob Sie sich ungesund fühlen und damit an der Prüfung nicht teilnehmen wollen. Diese Fragen sind rechtlich vorgeschrieben und nicht Ausdruck einer besonders kritischen Prüfungskommission.

Sie bekommen dann die ersten Prüfungsunterlagen ausgehändigt.

- ❑ Schreiben Sie sofort Ihren Namen und die Prüfungsnummer auf die jeweiligen Arbeitsbögen, und **lesen Sie sich in Ruhe zunächst den einleitenden Text durch.**

❏ Schauen Sie nach, wie viele Aufgaben jeweils zu lösen sind. Wie viele Aufgaben dürfen Sie evtl. streichen und zu welchem Arbeitsbereich gehören diese?

❏ Wie viele Minuten sind für den Prüfungsteil vorgesehen? Rechnen Sie diese vorgegebene Minutenzahl in eine reale Uhrzeit um, und vergleichen Sie diese Zeit mit den Angaben der Kommission.

❏ Wichtig: Schreiben Sie Ihren Namen und die folgenden Prüfungstexte in einem Schriftbild, das die Prüfer lesen können. Nicht lesbare Texte können nicht gewertet werden.

❏ Hören Sie genau auf die Durchsagen, die Ihnen die Kommissionen während der Prüfung geben. Da der Prüfungsablauf nur ungern gestört wird, müssen diese Durchsagen äußerst wichtig sein.

Werden gebundene («programmierte») und ungebundene («nicht programmierte») Aufgaben gleichzeitig ausgegeben, dann gibt es zwei empfehlenswerte Beantwortungsstrategien (Natürlich gibt es auch noch andere Strategien. Man sollte sich jedoch vor der schriftlichen Prüfung im Klaren sein, wie man vorgehen will.):

Strategie Nr. 1:
Man schaut sich zunächst kurz alle **ungebundenen** Aufgaben an und beginnt mit den Aufgaben, die man sicher und schnell beantworten kann: Es gibt einem Sicherheit, wenn man die ungebundenen Aufgaben, die längere Zeit benötigen, direkt am Anfang löst. Die ungebundenen Aufgaben, die man nicht auf Anhieb lösen kann, legt man erst einmal zur Seite.

Danach fängt man mit den gebundenen Aufgaben an und löst die Aufgaben, die schnell und sicher zu lösen sind. (Achtung! **Nicht immer** sind **alle** Aufgaben zu lösen. Manchmal können auch Aufgaben ausgewählt und einige gestrichen werden!) Ist diese Phase erledigt, kalkuliert man kurz, wie viele Aufgaben sicher gelöst sind. Ist das mehr als die Hälfte, ist man bereits auf der sicheren Seite und kann nun etwas für die «Notenkosmetik» tun. Man widmet sich dann erst den schwierigeren ungebundenen Aufgaben, und zum Schluss nimmt man sich die schwierigeren gebundenen Aufgaben vor.

Sollte die Zeit zum Schluss knapp werden, ist es einfacher, noch schnell eine Aufgabenantwort anzukreuzen als einen Text zu verfassen. Falls die Zeit ausreicht (Normalfall), sollte nochmals der gesamte Text und die Lösungen der gebundenen Aufgaben durchgearbeitet und ggf. verbessert werden.

Strategie Nr. 2:
Man löst zunächst die gebundenen («programmierten») Aufgaben nach der Reihe und lässt die Fragen aus, die man auf Anhieb nicht lösen kann. (Achtung! **Nicht immer** sind **alle** Aufgaben zu lösen. Manchmal können auch Aufgaben ausgewählt und einige gestrichen werden!). Dann werden die gebundenen Fragen nochmals durchgearbeitet und die Fragen beantwortet, die vorher nicht beantwortet wurden. Bei dieser Vorgehensweise sollten Sie besonders die Uhr im Auge behalten, damit Sie sich zeitlich nicht verschätzen und keine Zeit für die ungebundenen Aufgaben bleibt. Anschließend werden die ungebundenen Aufgaben nach und nach gelöst.

Falls die Zeit ausreicht (Normalfall), sollte nochmals der gesamte Text und die Lösungen der gebundenen Aufgaben durchgearbeitet und ggf. verbessert werden.

Machen Sie, wenn möglich, bei der Beantwortung ungebundener Aufgaben viele Skizzen. Verwenden Sie dazu das Lineal, das geht einfacher und sieht besser aus. Der Platz, der bei den ungebundenen Aufgaben vorgesehen ist, reicht im Normalfall aus, die Fragen zu beantworten. Sollten Sie mehr Platz benötigen, sprechen Sie mit einem

Vertreter Ihrer Prüfungskommission ab, wo Sie den Rest ergänzen können. Beachten Sie unbedingt, dass ein Zuviel auch schädlich sein kann, vor allem, wenn Ihre ausführliche Beantwortung nicht korrekt ist!

Sollten Sie vergessen haben, die angegebene Anzahl der Fragen zu streichen, so wird die Kommission automatisch immer die letzten Fragen streichen, unabhängig davon, ob sie richtig oder falsch gelöst wurden. Achten Sie also immer darauf, dass die richtige Anzahl von Aufgaben von Ihnen gestrichen wurde!

Es hat sich bei vielen Auswertungen von Prüfungen gezeigt, dass sich – besonders im gebundenen Teil der Prüfung – durch Verbesserungen, die von den Prüflingen vorgenommen wurden, das Ergebnis eher verschlechtert. Also, prüfen Sie kritisch, ob eine Verbesserung auch wirklich notwendig ist.

Verbesserungen im ungebundenen Teil können durch Ergänzungen, Durchstreichen usw. vorgenommen werden und sind – sofern sie lesbar und interpretierbar sind – nicht kritisch. Es wird nicht die Schönheit Ihrer Arbeit geprüft, sondern der lesbare Inhalt! Eine Verbesserung mit Tipp-Ex o.Ä. ist dagegen nicht statthaft.

Überprüfen Sie bei der Abgabe Ihrer Prüfungsunterlagen, ob Sie tatsächlich Ihren Namen und Ihre Prüfungsnummer auf alle Dokumente eingetragen und alle Unterlagen abgegeben haben.

Die Pausen dienen Ihrer Erholung und Regeneration und sollten nicht mit unnötigen Diskussionen des gerade absolvierten Prüfungsteils vergeudet werden. Man kann eine Fehlleistung sowieso nicht mehr ändern, und es trägt auch nicht zur Motivationssteigerung für noch kommende Prüfungsteile bei. Denken Sie immer daran, dass Ihre Note mit ziemlicher Sicherheit Ihren Leistungsstand in der Schule und Betrieb widerspiegelt (oder eher etwas besser), auch wenn man manchmal das Gefühl hat, man ist «sowieso durchgefallen». Das ist ganz natürlich, viele Prüflinge erleben das so.

Versuchen Sie sich in den Pausen zu regenerieren, essen und trinken Sie eine Kleinigkeit, und gehen Sie kurz vor dem Ablauf der Pausenzeit nochmals zur Toilette.

Kurz nach Ablauf der schriftlichen Prüfung werden manchmal Mitprüflinge die ersten «Prognosen» abgeben mit dem Ergebnis, «dass sowieso fast alle nicht bestanden haben usw.». Diese Art der «Prognose» wird sich in den nächsten Tagen noch verstärken, und jede Menge Gerüchte werden umlaufen. Bedenken Sie, dass alle Prüfungsarbeiten mehrfach von unterschiedlichen Kommissionsmitgliedern – die das nicht zum ersten Mal machen – ausgewertet und besprochen werden. Und das dauert – im Normalfall wochenlang. Alle «Informationen» und «Gerüchte», die vorher umlaufen, sind meistens reine Spekulationen, die im Normalfall nicht zutreffen. Bleiben Sie gelassen und warten einfach ab, bis Sie eine Information von autorisierter Stelle bekommen. Das ist einzig und allein Ihre Prüfungskommission oder die zuständige IHK.

2.6 Teilnahme an der mündlichen Prüfung

Die Teilnahme an der mündlichen Prüfung ist nur dann notwendig, wenn die Bestehensregelung (Abschnitt 2.3.2) nicht erfüllt worden ist und nur dann sinnvoll, wenn durch eine erreichbare Leistung bei der mündlichen Prüfung das Ergebnis so verbessert werden kann, dass das Endziel noch erreicht wird. Spätestes bei der letzten Prüfungsleistung – also meistens am Schluss der praktischen Prüfung – muss der Prüfling von der Kommission oder der zuständigen IHK-Kammer erfahren, ob er mündlich geprüft wird.

Ist das der Fall, sollten Sie unbedingt Kontakt mit Ihrer Kommission aufnehmen, um den formalen Ablauf einer mündlichen Prüfung zu besprechen. Viele Kommissionen geben darüber hinaus noch ein paar allgemeine Tipps, woraus man u.U. schließen kann, in welche grobe Richtung die mündliche Prüfung gehen wird. Vielleicht gelingt es Ihnen, frühere Teilnehmer an den Prüfungen aufzuspüren und diese zu befragen, welche Erfahrungen sie gemacht haben. Seien Sie aber vorsichtig bei der Interpretation des Gehörten, denn die Informationen sind in einem so emotionalen Bereich gewöhnlich sehr subjektiv. Trotzdem ist es wahrscheinlich, dass Sie den einen oder anderen Tipp bekommen.

Überlegen Sie sich: In welchem Arbeitsgebiet haben Sie in der schriftlichen Prüfung (Ihrem Gefühl nach) die Fragen schlecht beantwortet? Nutzen Sie die Ihnen verbleibende Zeit, gerade diese Arbeitsgebiete nochmals durchzuarbeiten und sich den Stoff doch noch anzueignen. Manchmal benötigen die Prüflinge, die in die mündliche Prüfung gehen, nur wenige Punkte, damit Sie die Benotung «ausreichend» erhalten, um doch noch zu bestehen.

Schauen Sie sich die letzten Seiten Ihres Ausbildungsnachweises an: Was haben Sie in den letzten Wochen gearbeitet und wofür war das gut?

Einige Kommissionen beginnen ganz gerne mit einem solchen «Aufhänger». Und wenn man vergessen hat, was man vor 5 Tagen im Ausbildungsunternehmen gemacht hat, dann ist das ein schlechter Beginn einer mündlichen Prüfung.

Beachten Sie in jedem Fall: Die Mitglieder der Prüfungskommission sind nicht ihre «Feinde», die Sie in jedem Fall durchfallen lassen wollen. Eine gewisse Großzügigkeit ist bei allen Kommissionen zu beobachten, die die mündlichen Antworten von Prüflingen zu interpretieren und zu bewerten haben. Denn alle wissen, wie schwer es ist, vor einer solchen Kommission Rede zu stehen. Aber wenn keine Antworten kommen oder nur völlig falsche, kann auch die wohlwollendste Kommission keine Punkte vergeben. Es ist auch für ihre Mitglieder viel erfreulicher, Ihnen am Schluss zu gratulieren, als Ihnen mitzuteilen, dass die ganze Mühe vergebens war. Die Erfahrung zeigt: In den meisten Fällen war eine mündliche Prüfung so erfolgreich, dass die Gesamtprüfung bestanden wurde.

Wie der genaue Ablauf einer mündlichen Prüfung ist, hängt von den örtlichen Gegebenheiten ab, so dass hier nur allgemeine Tipps gegeben werden konnten. Im Vorgespräch mit Ihrer Kommission werden Sie über den formalen Ablauf informiert.

2.7 Vorbereitung zur schriftlichen und mündlichen Prüfung mit diesem Buch

Wie aus dem Bewertungsbeispiel in Abschnitt 2.3.1 hervorgeht, hat Prüfling 2145 den gebundenen («programmierten») Teil der Abschlussprüfung deutlich besser absolviert, als den ungebundenen Teil. In der Realität verhält sich das meistens ähnlich. Man kann aus dem Rechenbeispiel gut erkennen, dass der Musterprüfling durch das deutlich schlechtere Abschneiden im ungebundenen Teil die Note 2 nicht mehr erhalten kann. Woran liegt das?

Bei den ungebundenen Aufgaben muss **formuliert** werden, was vielen Prüflingen schwer fällt. Und bei den ungebundenen, offenen Aufgaben werden häufig Zusammenhänge abgefragt, die Transferleistungen erfordern. Dazu kommt noch, dass viele Prüflinge zwar genügend viel Material zum Üben mit gebundenen Aufgaben besitzen, dass aber beim gezielten Üben mit ungebundenen Aufgaben es bisher nur wenig Material gegeben hat. Deshalb wurde dieses Buch zum gezielten Üben für den ungebundenen Teil konzipiert.

Beim Umgang mit diesem Buch empfehlen wir 2 Trainingsphasen:

- ❏ Phase 1: Ständiges Training während der Ausbildung,
- ❏ Phase 2: Gezieltes Training vor der Abschlussprüfung.

Merke

Achtung! Arbeiten Sie während Phase 1 diejenigen Aufgaben NICHT durch, die für die Musterklausuren der Phase 2 kurz vor den beiden Abschlussprüfungen vorgesehen sind.

2.7.1 Ständiges Training während der Ausbildung

Wenn in Ihrer Schule oder Ihrem Ausbildungsbetrieb ein neuer Lernstoff vermittelt wurde und Sie diesen Lernstoff wiederholen, dann suchen Sie zunächst im Inhaltsverzeichnis dieses Buches das Gebiet heraus, das den neuen Lernstoff umfasst. Suchen Sie gezielt diejenigen Aufgaben aus dem Buch, die sich mit dem neuen Lernstoff befassen. Schneiden Sie sich einen kleinen Karton zurecht, mit dem Sie die jeweiligen Lösungsvorschläge im Buch abdecken.

Lesen Sie sich die Aufgabe genau durch, und formulieren Sie **gedanklich** zunächst in einer Aneinanderreihung von Stichpunkten Ihre Lösung. Nehmen Sie dazu ruhig Ihre Unterrichtsaufzeichnungen oder die entsprechenden Kapitel oder Abschnitte von Band 1 oder Band 2 dieser Buchreihe zur Hand. Das gilt natürlich besonders dann, wenn Sie aus dem Gedächtnis keine direkten Anhaltspunkte zur Antwort finden können. Wenn alle Stichpunkte gesammelt sind, dann formulieren Sie *schriftlich* Ihre eigentliche Antwort in einem verständlichen Deutsch. Benutzen Sie dazu kurze, prägnante Sätze, und fertigen Sie dabei möglichst viele Handskizzen. Überprüfen Sie am Schluss kritisch, ob ein Mitschüler Ihre schriftlich formulierte Antwort verstehen würde.

Decken Sie nun den Lösungsvorschlag im Buch zur entsprechenden Aufgabe auf und vergleichen Sie die Lösung, die Skizze oder das Ergebnis mit Ihrer Antwort. Bitte beachten Sie dabei, dass unser Lösungsvorschlag im Buch meistens sehr ausführlich ausfällt, weil wir Ihnen zusätzlich noch Erklärungen oder Hinweise geben. Vergleichen Sie anhand von Schlüsselwörtern und Zusammenhängen Ihre Formulierungen mit der des Buches und bewerten **Sie sich dann selbst** mit folgender Punktwertung:

10	Punkte	sehr gute Beantwortung: Alle Zusammenhänge sind korrekt und alle Schlüsselbegriffe vorhanden.
8...9	Punkte	gute Beantwortung: Es sind zwar kleine Lücken ersichtlich, aber die meisten Zusammenhänge und die wichtigsten Schlüsselbegriffe kommen im Lösungstext vor.
6...7	Punkte	befriedigende Beantwortung: Es sind zwar einige Lücken im Lösungstext, aber das Wichtigste ist erwähnt.
5	Punkte	ausreichende Beantwortung: Etwa die Hälfte aller Fakten und die Zusammenhänge sind im Lösungstext erkennbar.
3...4	Punkte	mangelhafte Beantwortung: Die Zusammenhänge im Lösungstext sind lückenhaft und unvollständig, aber es sind noch einige Informationen enthalten.
0...2	Punkte	ungenügende Beantwortung: Im Prinzip ist die Aufgabe nicht gelöst, der Lösungstext weist zu viele Lücken auf.

Von allen Aufgaben, die Sie mit der Bewertung «befriedigend» und schlechter gelöst haben, fertigen Sie sich ein kleines DIN-A6-Kärtchen an, auf dem Sie vorne die Aufgabe und hinten stichpunktartig die Lösung schreiben. Benutzen Sie dabei keine Kopie aus dem Buch, sondern schreiben Sie unbedingt Aufgabe und Lösung auf das Kärtchen. Bereits beim Schreiben lernen Sie (und das nicht zu knapp)!

Die Kärtchen werden in ein Sammelkästchen mit der Bezeichnung «unerledigt» weggelegt und spätestens nach 2 Tagen nochmals bearbeitet. Alle Kärtchen, bei denen dann die Beantwortung mit «gut» oder besser erfolgte, werden in das Kästchen «erledigt» gelegt. Es ist meistens verblüffend, wie schnell viele Kärtchen als «erledigt» abgelegt werden können.

Nach 2 bis 4 Wochen wiederholen Sie nochmals den Inhalt aller «erledigten» Kärtchen. Sollten wieder Aufgaben existieren, deren Lösung Sie nicht (mehr) wissen, wandern die Kärtchen wieder in das Kästchen «unerledigt».

Sollten Sie alle Aufgaben eines Arbeitsgebietes gut und problemlos lösen können, dann erweitern Sie ihren Aufgabenpool. Nehmen Sie Aufgaben dazu, die Sie in Ihrer Ausbildung von Ihrem Ausbilder oder Ihrem Lehrer gestellt bekamen (evtl. in Klausuren), und erweitern Sie damit Ihren Pool beträchtlich. Vielleicht führen Ihre «Mitazubis» ähnliche Fragenpools, dann kann der Austausch der Aufgabenkärtchen richtiggehend spannend werden. Kärtchen, die öfters vorkommen, zeigen u.U. an, dass diese Aufgaben bei Ausbildern und Lehrern beliebt sind.

Wir empfehlen Ihnen am Anfang der Ausbildung nicht sofort die Übertragung der Kärtchen auf einen PC. Das Arbeiten mit flexiblen und billigen Kärtchen ist zunächst einfacher, und man benötigt dazu keine Soft- und keine Hardware. Später kann zum effektiven Training ein PC mit entsprechenden Programmen genutzt werden.

Sollten Sie von Ihren Ausbildern oder Lehrern spezielle Lernprogramme (z.B. FIT[2]) mit vorformulierten Fragen und Aufgaben zur Verfügung gestellt bekommen, dann nutzen Sie selbstverständlich diese Systeme. Aber die eigene Erstellung von Fragen und Aufgaben, ihre Führung auf Kärtchen und deren Verwaltung sollten Sie nicht einstellen!

Ganz am Schluss versuchen Sie, eigene Fragen und Aufgaben (sowie Antworten und Lösungen) zu formulieren. Sie werden merken, dass das nicht einfach ist. Prüfen Sie auf jeden Fall nach, dass Ihre Antworten und Lösungen zu den selbst gestellten Fragen und Aufgaben tatsächlich richtig sind.

So kommt während der Ausbildung ein beträchtlicher Fragenpool zusammen, der sehr gut zum finalen Lernen vor den jeweiligen Abschlussprüfungen dienen kann.

2.7.2 Gezieltes Training vor der Abschlussprüfung

In diesem Buch sind 150 Aufgaben für die Prüfung, Teil 1, und 309 Aufgaben für die Prüfung, Teil 2, enthalten. Wenn Sie nur 5 Aufgaben pro Tag bearbeiten, benötigen Sie 30 Tage zur Wiederholung des Stoffes der Prüfung, Teil 1 (bzw. 62 Tage für die Prüfung, Teil 2).

Dazu kommen natürlich noch die Aufgaben und Lösungen, die sich unter «erledigt» und «unerledigt» in Ihrem Fragenkästchen befinden.

Lernen Sie die Aufgaben und Lösungen nicht auswendig, sondern formulieren Sie immer frei. Sie bekommen schnell Übung beim freien Formulieren. Lösen Sie dabei immer die Aufgaben, die thematisch zusammengehören, im Kontext und versuchen Sie, die gemeinsame Logik und Vorgehensweise zu erfahren.

Zum Schluss, wenn Sie sich «sattelfest» fühlen, lösen Sie die extra für die Abschlussprüfungen konzipierten Musterklausuren von den Abschnitten 4.1, 4.3, 7.1 und 7.3.

Zunächst formulieren Sie ein Ziel, z.B.: «Ich möchte den Teil der «ungebundenen Aufgaben» mit mindestens 80% (oder abgeschwächt mit mindestens 70%) Erfolg absolvieren!»

Die Aufgaben sind von den Autoren des Buches in Schwierigkeitsgrad und Umfang den Abschlussprüfungen nachempfunden. Achten Sie auf die Zeiteinhaltung, und benutzen Sie dabei keine Hilfsmittel – außer einem Taschenrechner.

Wenn Sie mit allen Musterprüfungen fertig sind, bewerten Sie Ihre Lösungen anhand der im Buch gemachten Vorgaben. Bewerten Sie Ihre Lösungen kritisch und achten Sie dabei auf Formulierung und Inhalt. Bewerten Sie jede Aufgabe im 10-Punkte-Schlüssel.

Die anschließende Auswertung und Berechnung kann analog den Auswertungs-beispielen in Abschnitt 2.3.1 und 2.3.2 vorgenommen werden. Danach berechnen Sie die Gesamtbewertung «ungebundene Aufgaben» und vergleichen das Ergebnis mit Ihrer Zielvorgabe.

Sollten Sie mehr als einen Erfolg von **70 bis 80%** erzielen, sind wir zuversichtlich, dass Sie jetzt in der Lage sind, die theoretische Abschlussprüfung mühelos zu bestehen.

Dazu wünschen wir Ihnen von Herzen viel Erfolg!

3 Präparative Chemie

3.1 Syntheseverfahren, Reaktionsgleichungen und Beeinflussen von Reaktionen

3.1.1 Chlorierung von Toluol

a) Welche beiden grundsätzlichen Möglichkeiten gibt es? Stellen Sie jeweils die Reaktionsgleichung auf.

b) Welche Reaktionsbedingungen werden hierbei jeweils benötigt?

Lösungsvorschlag

a) Die beiden Chlorierungsmöglichkeiten werden in Gl. 3.1.1 und Gl. 3.1.2 gezeigt:
Chlorierung an der Seitenkette:

$$CH_3\text{-}C_6H_5 + Cl_2 \longrightarrow CH_2Cl\text{-}C_6H_5 + HCl \qquad \text{(Gl. 3.1.1)}$$

Chlorierung am Kern:

$$CH_3\text{-}C_6H_5 + Cl_2 \longrightarrow [\text{ortho-Cl-Toluol oder para-Cl-Toluol}] + HCl \qquad \text{(Gl. 3.1.2)}$$

b) Bei der ersten Reaktion handelt es sich um eine Substitution an der Seitenkette, die unter Lichteinfluss und bei Rückfluss durchgeführt wird (SSS: Sonnenlicht, Siedehitze, Seitenkette).
Die zweite Reaktionsmöglichkeit ist eine Substitution am Benzolkern, die mit Hilfe eines Katalysators bei niedrigen Temperaturen stattfindet (KKK: Kälte, Katalysator, Kern).

3.1.2 Nitrierung von Benzol unter katalytischen Bedingungen

a) Welches Produkt entsteht bei der katalysierten Mehrfachnitrierung?

b) Begründen Sie Ihre Aussage.

c) Welche Edukte werden für die Reaktion benötigt?

Lösungsvorschlag

a) 1,3,5-Trinitrobenzol ist das Produkt der Dreifachnitrierung. Bild 3.1 zeigt die Struktur des Produktes:

Bild 3.1
Struktur von 1,3,5-Trinitrobenzol

b) Die Nitrogruppe ist ein Substituent 2. Ordnung, der bei weiterer Substitution die neu eintretenden Substituenten jeweils in meta-Stellung dirigiert und daher das symmetrische 1,3,5-Produkt liefert.

c) Zur Nitrierung von Benzol wird zunächst Benzol und zusätzlich das sog. Nitriergemisch, bestehend aus Salpetersäure und Schwefelsäure, benötigt.

3.1.3 Stöchiometrisches Vervollständigen von Reaktionsgleichungen

Stellen Sie jeweils die folgenden Reaktionsgleichungen stöchiometrisch richtig auf:

a) Iodethan reagiert mit Natronlauge.
b) Ethanol reagiert mit Natrium.
c) Phenol reagiert mit Natronlauge.
d) Phenol reagiert mit Acetylchlorid.
e) Propansäure reagiert mit Propan-2-ol.

Lösungsvorschlag

a) Gl. 3.1.3 verdeutlicht die Reaktion von Iodethan mit Natronlauge:

$$CH_3\!-\!CH_2I + NaOH \longrightarrow CH_3\!-\!CH_2OH + NaI \qquad \text{(Gl. 3.1.3)}$$

b) Gl. 3.1.4 zeigt die Reaktion von Ethanol mit Natrium:

$$CH_3\!-\!CH_2OH + Na \longrightarrow CH_3\!-\!CH_2O^-Na^+ + 1/2\ H_2 \qquad \text{(Gl. 3.1.4)}$$

c) Gl. 3.1.5 zeigt die Reaktion von Phenol mit Natronlauge:

OH   + NaOH ⟶ O⁻Na⁺   + H₂O   (Gl. 3.1.5)

d) Gl. 3.1.6 verdeutlicht die Reaktion von Phenol mit Acetylchlorid:

OH   + H₃C—C(=O)Cl ⟶ O—C(=O)—CH₃   + HCl   (Gl. 3.1.6)

e) Die Reaktion der Veresterung zeigt Gl. 3.1.7:

$$H_3C-CH_2-C\underset{OH}{\overset{O}{\diagup}} + H_3C-\underset{OH}{\overset{|}{CH}}-CH_3 \rightleftharpoons H_3C-CH_2-C\underset{O\diagdown CH\diagup CH_3}{\overset{O}{\diagup}} + H_2O \qquad (Gl.\ 3.1.7)$$

3.1.4 Addition von HBr an 3-Methylpent-1-en

a) Geben Sie Namen und Strukturformeln aller eventuell möglichen Reaktionsprodukte an.

b) Treffen Sie eine Aussage, welches Reaktionsprodukt bevorzugt entsteht und begründen Sie Ihre Antwort.

Lösungsvorschlag

a) Gl. 3.1.8 zeigt beide Reaktionsmöglichkeiten:

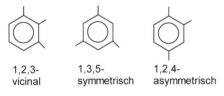

2-Brom-3-methylpentan

1-Brom-3-methylpentan

(Gl. 3.1.8)

b) Aufgrund der Markownikow-Regel wird nahezu ausschließlich 2-Brom-3-methylpentan als Produkt dieser elektrophilen Addition entstehen, da in der Zwischenstufe des σ-Komplexes das stabilere sekundäre Cabeniumion entsteht und somit das Bromidion am zweiten Kohlenstoffatom angreift.

3.1.5 Substitutionsprodukte bei Dreifachsubstitutionen

Welche möglichen Substitutionsprodukte ergeben sich bei Dreifachsubstitutionen? Benennen Sie die Stellungen analog zu ortho-, meta- und para-Stellungen bei der Zweitsubstitution.

Lösungsvorschlag

Bild 3.2 zeigt die drei Substitutionsmöglichkeiten:

1,2,3- vicinal	1,3,5- symmetrisch	1,2,4- asymmetrisch

Bild 3.2 Stellungsmöglichkeiten

3.1.6 Herstellung von Cyclohexanol durch Hydrierung

Aus Phenol sollen durch Hydrierung $m = 125$ g Cyclohexanol hergestellt werden. Die Umsetzung verläuft mit einer Ausbeute von 83%. Bei dieser Reaktion wird mit einem Überschuss von 20% Wasserstoff gearbeitet.
Wie viel Wasserstoff im Normzustand wird für die Reaktion benötigt?

Lösungsvorschlag

Gl. 3.1.9 zeigt die Reaktion der Hydrierung:

(Gl. 3.1.9)

Phenol: $M(C_6H_5OH)$ = 94 g/mol
Cyclohexanol: $M(C_6H_{11}OH)$ = 100 g/mol

In Gl. 3.1.10 wird die Stoffmenge an herzustellendem Cyclohexanol errechnet:

$$n(C_6H_{11}OH) = \frac{m}{M} = \frac{125\,g}{100\,g/mol} = 1,25\,mol \qquad \text{(Gl. 3.1.10)}$$

Es sollen 1,25 mol Cyclohexanol hergestellt werden. Da für die Herstellung von einem Mol Cyclohexanol laut Reaktionsgleichung drei Mol Wasserstoff benötigt werden, sind entsprechend $3 \cdot 1,25$ mol = 3,75 mol Wasserstoff nötig.

Die Aufgabenstellung besagt ebenfalls, dass es sich nur um eine 83%ige Ausbeute handelt und mit einem 20%igen Überschuss an Wasserstoff gearbeitet wird. Die einzusetzende Stoffmenge Wasserstoff errechnet sich nach Gl. 3.1.11:

$$\frac{3,75\,mol \cdot 1,20}{0,83} = 5,42\,mol \qquad \text{(Gl. 3.1.11)}$$

Da der Wasserstoff im Normzustand vorliegt, entspricht dies nach Gl. 3.1.12:

$$V(H_2) = n \cdot V_{m,n} = 5,42\,mol \cdot 22,4\,L/mol = \underline{121\,L} \qquad \text{(Gl. 3.1.12)}$$

Zur Herstellung von 125 g Cyclohexanol sind bei den gegebenen Bedingungen 121 L Wasserstoff nötig.

3.1.7 Bestimmung funktioneller Gruppen

Funktionelle Gruppen spielen eine große Rolle in der organischen Chemie.
Vervollständigen Sie in Tabelle 3.1 die Bezeichnungen und Darstellungen von funktionellen Gruppen:

Tabelle 3.1

Verbindungsklasse	Funktionelle Gruppe
Aldehyd	
	–OH
	–COOR
Alken	
Carbonsäure	

Lösungsvorschlag

In Tabelle 3.2 sind die Zuordnungen zu sehen:

Tabelle 3.2 Lösung zu Tabelle 3.1

Verbindungsklasse	Funktionelle Gruppe
Aldehyd	**–CHO**
Alkohol	–OH
Ester	–COOR
Alken	$>$C=C$<$
Carbonsäure	**–COOH**

3.1.8 Reaktion von Ethanal mit 2-Methylbutyl-1-magnesiumbromid und anschließender Hydrolyse

Ethanal reagiert mit 2-Methylbutyl-1-magnesiumbromid und wird anschließend hydrolysiert.
a) Formulieren Sie die vollständige Reaktionsgleichung.
b) Um welche Reaktion handelt es sich dabei?
c) Welche Lösemittel werden bei dieser Reaktion im ersten Schritt eingesetzt?

Lösungsvorschlag

a) Gl. 3.1.13 und Gl. 3.1.14 zeigen die vollständige Reaktion:

$$H_3C-C\overset{O}{\underset{H}{}} + H_3C-CH_2-\underset{CH_3}{CH}-CH_2-MgBr \longrightarrow H_3C-CH_2-\underset{CH_3}{CH}-CH_2-\overset{OMgBr}{\underset{CH_3}{CH}}$$

(Gl. 3.1.13)

$$H_3C-CH_2-\underset{CH_3}{CH}-CH_2-\overset{OMgBr}{\underset{CH_3}{CH}} \xrightarrow[- Mg(OH)Br]{H_2O} H_3C-CH_2-\underset{CH_3}{CH}-CH_2-\overset{OH}{\underset{CH_3}{CH}}$$

(Gl. 3.1.14)

b) Es handelt sich um eine Grignard-Reaktion.
c) Im ersten Reaktionsschritt eignen sich Ether oder andere aprotische Lösemittel.

3.1.9 Acetylierung von Benzol, Ethylbenzol und Nitrobenzol unter Einfluss von Aluminiumchlorid

Benzol, Ethylbenzol und Nitrobenzol werden mit Acetylchlorid unter Anwesenheit von Aluminiumchlorid acetyliert.
a) Formulieren Sie jeweils die Reaktionsgleichungen.
b) Um welche Namensreaktion handelt es sich?
c) Treffen Sie eine vergleichende Aussage über die Reaktionsgeschwindigkeiten der drei Reaktionen. Begründen Sie Ihre Aussage.

Lösungsvorschlag

a) Gl. 3.1.15 bis Gl. 3.1.17 zeigen alle drei Acetylierungen:
Reaktion von Benzol:

$$\text{Benzol} + H_3C-C{\overset{O}{\underset{Cl}{}}} \xrightarrow{AlCl_3} \text{Acetophenon} + HCl \qquad (Gl.\ 3.1.15)$$

Reaktion von Ethylbenzol:

$$C_2H_5\text{-Benzol} + H_3C-C{\overset{O}{\underset{Cl}{}}} \xrightarrow{AlCl_3} \left[\text{ortho} \quad oder \quad \text{para} \right] + HCl \qquad (Gl.\ 3.1.16)$$

Reaktion von Nitrobenzol:

$$NO_2\text{-Benzol} + H_3C-C{\overset{O}{\underset{Cl}{}}} \xrightarrow{AlCl_3} \text{meta-Produkt} + HCl \qquad (Gl.\ 3.1.17)$$

b) Bei allen drei Reaktionen handelt es sich um Friedel-Crafts-Acylierungen (hier im Speziellen sogar um Acetylierungen, da der angreifende Rest eine Acetylgruppe ist).

c) Die Acetylierung des Ethylbenzols wird schneller ablaufen, als die des Benzols, da es sich bei dem Substituenten-Ethyl, um einen Substituenten 1. Ordnung handelt, der wiederum bei einer Zweitsubstitution aktivierend wirkt. Hingegen handelt es sich bei der Nitrogruppe im Nitrobenzol um einen Substituenten 2. Ordnung, der entsprechend deaktivierend wirkt und somit die Acetylierung langsamer abläuft, als bei Benzol.
Die Reaktionsgeschwindigkeit ist somit bei Ethylbenzol am größten und bei Nitrobenzol am geringsten.

3.1.10 Herstellung von Benzoesäure durch Oxidation

Benzoesäure wird durch Oxidation von Toluol mit Kaliumpermanganat in schwefelsaurer Lösung hergestellt.

a) Formulieren Sie die vollständige Reaktionsgleichung.
b) Wie viel Benzoesäure kann hergestellt werden, wenn mit m = 135 g Toluol mit einer Verunreinigung von $w_{(Verunreinigung)}$ = 0,95% gearbeitet wird und mit einer Ausbeute von η = 78% zu rechnen ist?

Lösungsvorschlag

a) Gl. 3.1.18 zeigt die vollständige Redoxreaktion:

Im Toluol hat das Kohlenstoffatom der Methylgruppe eine Oxidationszahl von (–III), in der Benzoesäure anschließend (+III). Dies entspricht einer Differenz von 6 e⁻. Im Kaliumpermanganat wiederum besitzt das Mangan eine Oxidationszahl von (+VII) und im Mangansulfat nachher (+II). Dies ist eine Differenz von 5 e⁻. Demnach müssen 5 Moleküle Toluol mit 6 Molekülen Kaliumpermanganat umgesetzt werden.

$$5 \; \text{[C}_6\text{H}_5\text{CH}_3] + 6 \; KMnO_4 + 9 \; H_2SO_4 \longrightarrow \qquad \qquad \text{(Gl. 3.1.18)}$$

$$5 \; \text{[C}_6\text{H}_5\text{COOH]} + 6 \; MnSO_4 + 3 \; K_2SO_4 + 14 \; H_2O$$

b) $M(C_6H_5CH_3) = 92 \; g/mol$

$M(C_6H_5COOH) = 122 \; g/mol$

Zuerst wird nach Gl. 3.1.19 die Masse an reinem Toluol berechnet:

$$m(\text{Toluol,rein}) = m \cdot w = 135 \; g \cdot 0{,}9905 = 133{,}72 \; g \qquad \qquad \text{(Gl. 3.1.19)}$$

Gl. 3.1.20 zeigt die Berechnung der entsprechenden Stoffmenge:

$$n(\text{Toluol}) = \frac{m}{M} = \frac{133{,}72 \; g}{92 \; g/mol} = 1{,}45 \; mol \qquad \qquad \text{(Gl. 3.1.20)}$$

Da nur mit einer Ausbeute von 78 % zu rechnen ist, entsteht nach Gl. 3.1.21 entsprechend weniger Benzoesäure:

$$n_{\text{tatsächlich}} = n \cdot \eta = 1{,}45 \; mol \cdot 0{,}78 = 1{,}131 \; mol \qquad \qquad \text{(Gl. 3.1.21)}$$

Gl. 3.1.22 zeigt die Umrechnung der Stoffmenge in Masse:

$$m(\text{Benzoesäure}) = n \cdot M = 1{,}131 \; mol \cdot 122 \; g/mol = \underline{138 \; g} \qquad \qquad \text{(Gl. 3.1.22)}$$

Es können 138 g Benzoesäure hergestellt werden.

3.1.11 Herstellungsmethoden von Aminen

a) Nennen Sie drei unterschiedliche Methoden zur Herstellung von Aminen.
b) Belegen Sie jeweils die Methode anhand einer Beispielreaktion.

Lösungsvorschlag

a) (1) Reduktion von Nitroverbindungen
   (2) Reaktion von Halogenalkanen mit Ammoniak
   (3) Hydrierung von Nitrilen

b) Gl. 3.1.23 bis Gl. 3.1.25 zeigen die drei Herstellungsmethoden:

$$(1) \quad H_3C-CH_2-NO_2 \xrightarrow[\substack{-\ FeCl_2 \\ -\ H_2O}]{\substack{Fe \\ HCl}} H_3C-CH_2-NH_2 \qquad (Gl.\ 3.1.23)$$

$$(2) \quad H_3C-CH_2-Br + NH_3 \longrightarrow H_3C-CH_2-NH_2 + HBr \qquad (Gl.\ 3.1.24)$$

$$(3) \quad H_3C-C{\equiv}N + 2\ H_2 \longrightarrow H_3C-CH_2-NH_2 \qquad (Gl.\ 3.1.25)$$

3.1.12 Umsetzung von Propen mit Bromwasserstoff

a) Formulieren Sie die Reaktionsgleichung.
b) Benennen Sie das Produkt und erläutern Sie, warum es entsteht.

Lösungsvorschlag

a) In Gl. 3.1.26 ist die Umsetzung dargestellt:

$$H_2C{=}CH-CH_3 \ + \ HBr \longrightarrow \underset{\underset{Br}{|}}{H_3C-CH}-CH_3 \qquad (Gl.\ 3.1.26)$$

b) Als Produkt entsteht 2-Brompropan. Nach der Markownikow-Regel wird in der Zwischenstufe des σ-Komplexes das stabilere sekundäre Carbeniumion gebildet, wodurch der Wasserstoff aus der Halogensäure zunächst an das erste Kohlenstoffatom gebunden wird. Damit verbleibt das zweite positiv geladene Kohlenstoffatom als Bindungspartner für das Bromidion.

3.1.13 Williamson'sche Ethersynthese

Formulieren Sie die Herstellung von Methoxybenzol nach der Williamson'schen Ethersynthese.

Lösungsvorschlag

Gl. 3.1.27 zeigt die Umsetzung des Natriumphenolats mit Chlormethan:

$$\text{(Gl. 3.1.27)}$$

3.1.14 Reaktion von Phenol mit Kalilauge

a) Formulieren Sie die Reaktionsgleichung.
b) Welcher Reaktionstyp liegt dieser Reaktion zugrunde?
c) Erklären Sie, warum Phenol nicht zur Stoffklasse der Alkohole gehört, obwohl es die gleiche funktionelle Gruppe besitzt.

Lösungsvorschlag

a) Gl. 3.1.28 zeigt die Reaktion:

(Gl. 3.1.28)

b) Es ist eine Säure-Base-Reaktion bzw. Neutralisationsreaktion.
c) Nach der Abspaltung des Wasserstoffes aus der OH-Gruppe entsteht ein Phenola-tion, das durch den Benzolring mesomeriestabilisiert wird, d.h., die entstandene negative Ladung kann sich auf einen großen Bereich verteilen. Dies führt zu einer erheblichen Stabilisierung, so dass das Phenol bestrebt ist, diesen Wasserstoff abzuspalten. Es reagiert folglich wie eine Säure.
Gl. 3.1.29 zeigt die Mesomeriestabilisierung des Phenolations:

(Gl. 3.1.29)

3.1.15 Reaktion von Ethylenoxid mit Wasser und Ethanol

Formulieren Sie die Reaktion von
a) Ethylenoxid mit Wasser,
b) Ethylenoxid mit Ethanol,
und benennen Sie die jeweiligen Produkte.

Lösungsvorschlag

a) Gl. 3.1.30 zeigt die Umsetzung mit Wasser:

(Gl. 3.1.30)

b) Gl. 3.1.31 zeigt die Umsetzung mit Ethanol:

(Gl. 3.1.31)

3.1.16 Neutralisation von Phenol mit Natronlauge

Wie viel Milliliter einer Natronlauge, $w(NaOH) = 10\%$ mit einer Dichte von $\varrho(NaOH) = 1{,}107$ g/mL werden zur Neutralisation von $m = 28{,}6$ g Phenol, $w(Phenol) = 94{,}6\%$, benötigt?

Lösungsvorschlag

$M(C_6H_5OH) = 94$ g/mol
$M(NaOH)\quad = 40$ g/mol

Gl. 3.1.32 zeigt zunächst die Reaktionsgleichung, um Erkenntnisse über die Stöchiometrie zu bekommen:

$$\text{(Gl. 3.1.32)}$$

Gl. 3.1.33 zeigt die Berücksichtigung der Verunreinigung:

$$m(\text{Phenol, rein}) = 28,6 \text{ g} \cdot 0,946 = 27,06 \text{ g} \qquad \text{(Gl. 3.1.33)}$$

In Gl. 3.1.34 wird nun die Stoffmenge berechnet:

$$n(\text{Phenol, rein}) = \frac{m_{\text{Phenol, rein}}}{M} = \frac{27,06 \text{ g}}{94 \text{ g/mol}} = 0,288 \text{ mol} \qquad \text{(Gl. 3.1.34)}$$

Zur Neutralisation werden demnach ebenfalls 0,288 mol Natronlauge benötigt. Dies entspricht nach Gl. 3.1.35 einer Masse von:

$$m(NaOH) = n \cdot M = 0,288 \text{ mol} \cdot 40 \text{ g/mol} = 11,52 \text{ g} \qquad \text{(Gl. 3.1.35)}$$

Da die Natronlauge nur mit $w(NaOH) = 10\%$ vorliegt, muss nach Gl. 3.1.36 mehr eingesetzt werden:

$$m(NaOH, 10\%) = \frac{11,52 \text{ g}}{0,10} = 115,2 \text{ g} \qquad \text{(Gl. 3.1.36)}$$

Nun erfolgt nach Gl. 3.1.37 noch die Umrechnung ins Volumen:

$$V(NaOH, 10\%) = \frac{m}{\varrho} = \frac{115,2 \text{ g}}{1,107 \text{ g/mL}} = \underline{104 \text{ mL}} \qquad \text{(Gl. 3.1.37)}$$

Es werden 104 mL Natronlauge benötigt, um die angegebene Menge Phenol zu neutralisieren.

3.1.17 Reaktion von 3-Methylbutanal unter Einfluss von Natronlauge bei anschließender Hydrolyse

3-Methylbutanal reagiert unter Einfluss von Natronlauge bei anschließender Hydrolyse.
a) Formulieren Sie die Reaktionsgleichung in allen Einzelschritten.
b) Wie bezeichnet man diese Reaktionsart?
c) Benennen Sie das entstehende Produkt.

Lösungsvorschlag

a)

(Gl. 3.1.38)

b) Es handelt sich um eine Aldolreaktion
c) 2,6-Dimethylheptan-4-ol-3-al

3.1.18 Zuordnung und Benennung von Monomeren und dazugehörigen Polymeren

Geben Sie zu folgenden Polymeren in Tabelle 3.3 die zugehörigen Strukturformeln sowie Namen und Struktur der Monomere an:

Tabelle 3.3

Name Polymer	Struktur Polymer	Name Monomer	Struktur Monomer
Polyethylen (PE)			
Polystyrol (PS)			
Polyvinylchlorid (PVC)			
Polyacrylnitril (PAN)			

Lösungsvorschlag

Tabelle 3.4 Lösung zu Tabelle 3.3

Name Polymer	Struktur Polymer	Name Monomer	Struktur Monomer
Polyethylen (PE)	$-\left[CH_2-CH_2\right]_n-$	Ethen	$H_2C{=}CH_2$
Polystyrol (PS)	$-\left[CH-CH_2\right]_n-$ (mit Phenylring)	Styrol (Vinylbenzol)	$CH{=}CH_2$ (mit Phenylring)
Polyvinylchlorid (PVC)	$-\left[\underset{Cl}{CH}-CH_2\right]_n-$	Chlorethen	$H_2C{=}CHCl$
Polyacrylnitril (PAN)	$-\left[\underset{CN}{CH}-CH_2\right]_n-$	Acrylnitril	$H_2C{=}CHCN$

3.1.19 Reaktion von Ethan mit Brom unter Einfluss von UV-Licht

Ethan reagiert mit Brom unter Einfluss von UV-Licht.
a) Formulieren Sie die Einzelschritte dieser Reaktion von der Radikalbildung bis zu den Abbruchreaktionen.
b) Welche Reaktionsprodukte entstehen bei dieser Reaktion?
c) Erläutern Sie, durch welche Reaktionsführung gezielter Einfach- bzw. Mehrfachsubstitutionsprodukte entstehen.

Lösungsvorschlag

a) Gl. 3.1.39 zeigt die Radikalbildung:

$$Br_2 \xrightarrow{\text{Licht}} 2\,|\overline{Br}\bullet \qquad \text{(Gl. 3.1.39)}$$

Nach Gl. 3.1.40 erfolgt der Kettenstart und in Gl. 3.1.41 ist die Fortpflanzungsreaktion ersichtlich:

$$C_2H_6 + |\overline{Br}\bullet \longrightarrow \bullet C_2H_5 + HBr \qquad \text{(Gl. 3.1.40)}$$

$$\bullet C_2H_5 + Br_2 \longrightarrow C_2H_5Br + |\overline{Br}\bullet \qquad \text{(Gl. 3.1.41)}$$

Gl. 3.1.42 und Gl. 3.1.43 zeigen mögliche Abbruchreaktionen:

$$|\overline{Br}\bullet + \bullet C_2H_5 \longrightarrow C_2H_5Br \qquad \text{(Gl. 3.1.42)}$$

$$|\overline{Br}\bullet + |\overline{Br}\bullet \longrightarrow Br_2 \qquad \text{(Gl. 3.1.43)}$$

b) Als Reaktionsprodukte wird ein Gemisch aus bromierten Ethanverbindungen entstehen. Dies kann das einfach bromierte Ethanbromid sein, Mehrfachbromierungen sind jedoch auch möglich. Ebenfalls können Produkte entstehen bei denen Ethan mit sich selbst reagiert hat bzw. Ethan mit einen bereits bromierten Ethanmolekül usw. Theoretisch möglich ist daher eine Vielzahl von Produkten, Hauptprodukt ist allerdings eindeutig Bromethan.

c) Die Steuerung der Reaktion kann zum einen über die Konzentration der Edukte erfolgen, zum anderen kann auch die Lichtzufuhr als Reaktionsparameter angewandt werden. Bei Lichtzufuhr bilden sich verstärkt Radikale. Wird also während der gesamten Reaktion bei Licht gearbeitet, erhöht dies die Radikalbildung und somit die Radikalkonzentration und es entstehen bevorzugt mehrfach substituierte Produkte. Soll die Ausbeute gezielt auf ein einfach substituiertes Produkt optimiert werden, so ist es am sinnvollsten, nur zu Beginn der Reaktion unter Lichteinfluss die Radikalbildung zu ermöglichen, den weiteren Verlauf der Reaktion jedoch im Dunkeln ablaufen zu lassen und gleichzeitig eine hohe Konzentration an Ethan einzusetzen.

3.1.20 Reaktion von Chlorethan mit Natronlauge

Chlorethan wird unter Erwärmung mit Natronlauge zur Reaktion gebracht.
a) Formulieren Sie die Reaktionsgleichung.
b) Um welchen Reaktionstyp handelt es sich?
c) Welche Konkurrenzreaktion könnte ebenfalls ablaufen, und wie kann diese durch die Reaktionsparameter eingeschränkt werden?

Lösungsvorschlag

a) Gl. 3.1.44 zeigt die vollständige Reaktionsgleichung:

$$H_3C-CH_2Cl + NaOH \xrightarrow{\text{Wärme}} H_2C=CH_2 + NaCl + H_2O \quad \text{(Gl. 3.1.44)}$$

b) Es handelt sich um eine Eliminierung.
c) Als Konkurrenzreaktion kann die nucleophile Substitution ablaufen, bei der das Chloratom des Chlorethans durch die OH-Gruppe der Natronlauge ersetzt wird. Es würde in diesem Fall als Produkt Ethanol entstehen. Der Reaktionsparameter Temperatur ist hier der ausschlaggebende Faktor. Mit steigender Temperatur steigt ebenfalls der Anteil an Eliminierungsreaktionen. Da die Reaktion unter Erwärmung verläuft, ist die Wahrscheinlichkeit einer ablaufenden Eliminierung größer, als die einer nucleophilen Substitution.

3.1.21 Reaktion von But-2-en mit Brom

a) Formulieren Sie die Reaktionsgleichung und benennen Sie das entstehende Produkt.
b) Um welchen Reaktionstyp handelt es sich bei dieser Reaktion?

Lösungsvorschlag

a) Gl. 3.1.45 zeigt die Additionsreaktion:

$$\begin{array}{c} \overset{H}{\underset{H_3C}{}}C=C\overset{H}{\underset{CH_3}{}} + Br_2 \longrightarrow H_3C-\underset{Br}{CH}-\underset{Br}{CH}-CH_3 \end{array} \quad \text{(Gl. 3.1.45)}$$

2,3-Dibrombutan

b) Es handelt sich bei der Umsetzung um eine elektrophile Addition.

3.1.22 Reaktion von Bromethan und 2-Brompropan mit Natrium

a) Geben Sie Namen und Struktur aller Reaktionsprodukte an.
b) Benennen Sie den Reaktionstyp.

Lösungsvorschlag

a) Gl. 3.1.46 zeigt jeweils die Reaktion zu den drei möglichen Reaktionsprodukten:

$$H_3C-CH-CH_3$$
$$\qquad\qquad |$$
$$H_3C-CH-CH_3 \quad + \ 2 \ NaBr$$

A + A → 2,3 - Dimethylbutan   Natriumbromid

$$\underset{\underset{Br}{|}}{H_3C-CH-CH_3} + H_3C-CH_2Br + 2 \ Na \xrightarrow{\quad} $$

B + B → $H_3C-CH_2-CH_2-CH_3$ + 2 NaBr
            Butan   Natriumbromid

A + B →

$$H_3C-CH-CH_3 \quad + \ 2 \ NaBr$$
$$\qquad\quad |$$
$$\qquad\quad CH_2 \qquad\qquad Natriumbromid$$
$$\qquad\quad |$$
$$\qquad\quad CH_3$$

2 - Methylbutan   (Gl. 3.1.46)

b) Bei der Reaktion handelt es sich um eine Wurtz-Synthese.

3.1.23 Herstellung von Diethylether

Geben Sie zwei verschiedene Herstellungsmethoden von Diethylether an. Formulieren Sie jeweils die Reaktionsgleichungen.

Lösungsvorschlag

1. Gl. 3.1.47 zeigt den klassischen Weg über die Williamson'sche Ethersynthese:

H_3C-CH_2ONa + H_3C-CH_2Cl ⟶ $H_3C-CH_2-O-CH_2-CH_3$ + NaCl (Gl. 3.1.47)

2. Gl. 3.1.48 zeigt die Umsetzung von Alkoholen mit Schwefelsäure bei hohen Temperaturen:

$2 \ H_3C-CH_2OH \xrightarrow[- \ H_2O]{H_2SO_4} H_3C-CH_2-O-CH_2-CH_3$ (Gl. 3.1.48)

3.1.24 Unterschied zwischen intermolekularer und intramolekularer Wasserabspaltung

Erläutern Sie anhand je eines Beispiels den Unterschied zwischen einer intermolekularen und einer intramolekularen Wasserabspaltung.

Lösungsvorschlag

Bei der intermolekularen Wasserabspaltung erfolgt die Abspaltung eines Wassermoleküls bei der Ausbildung einer Bindung zweier Moleküle, wie es Gl. 3.1.49 belegt:

$2 \ H_3C-CH_2OH \xrightarrow[- \ H_2O]{H_2SO_4} H_3C-CH_2-O-CH_2-CH_3$ (Gl. 3.1.49)

Bei einer intramolekularen Wasserabspaltung wird das Wassermolekül aus einem Molekül abgespalten, wie es Gl. 3.1.50 zeigt:

$$H_3C-CH_2OH \xrightarrow{-H_2O} H_2C=CH_2 \qquad \text{(Gl. 3.1.50)}$$

3.1.25 Säurekatalysierte Reaktion von Propensäure mit Ethanol

Propensäure (Acrylsäure) reagiert säurekatalysiert mit Ethanol.
a) Formulieren Sie die Reaktionsgleichung und benennen Sie die Produkte.
b) Um welchen Reaktionstyp handelt es sich?
c) Wie kann die Ausbeute an Produkt in diesem Fall optimiert werden?

Lösungsvorschlag

a) Gl. 3.1.51 zeigt die vollständige Reaktionsgleichung:

$$H_2C=CH-C\begin{smallmatrix}O\\OH\end{smallmatrix} + H_3C-CH_2OH \underset{-H^+}{\overset{H^+}{\rightleftharpoons}} H_2C=CH-C\begin{smallmatrix}O\\O-CH_2-CH_3\end{smallmatrix} + H_2O$$

$$\text{(Gl. 3.1.51)}$$

b) Es handelt sich bei dieser Reaktion um eine Veresterung.

c) Da es sich bei der Veresterung um eine Gleichgewichtsreaktion handelt, können zur Optimierung der Ausbeute alle Möglichkeiten ausgeschöpft werden, die nach dem Le-Chatelier-Braun-Prinzip das Gleichgewicht in Richtung der Produkte verschieben. Bei dieser konkreten Reaktion könnte zunächst mit einem Überschuss an Ethanol gearbeitet und zusätzlich das entstehende Nebenprodukt Wasser aus dem Reaktionsgefäß kontinuierlich ausgeschleust werden. Es steht somit nicht mehr für die Rückreaktion zur Verfügung. Beide Maßnahmen führen zu einer erhöhten Bildung an Ester.

3.1.26 Reaktion von Diazoniumverbindungen bei Erwärmung

Erläutern Sie anhand eines Beispiels, welche Reaktion abläuft, wenn Diazoniumverbindungen erwärmt werden.

Lösungsvorschlag

Diazoniumverbindungen sind nur bei Temperaturen unter 10 °C stabil und ungefährlich. Wird ein Diazoniumsalz höherer Temperatur ausgesetzt, kommt es zur sog. Phenolverkochung, bei der die Diazoniumgruppe als gasförmiger Stickstoff abgespalten und gleichzeitig eine OH-Gruppe gebunden wird.
Gl. 3.1.52 zeigt eine Beispielreaktion:

$$\overset{+}{N}\equiv N| \; Cl^- \quad \text{[Ring]} + H_2O \xrightarrow{\theta>10\,°C} \text{[Ring]}\;OH + N_2 + HCl \qquad \text{(Gl. 3.1.52)}$$

3.1.27 Übersicht einiger Grignard-Reaktionen

Vervollständigen Sie in Tabelle 3.5, welche Produkte jeweils bei der Reaktion der angegebenen Stoffklassen mit einem Grignard-Reagenz entstehen:

Tabelle 3.5

Grignard-Reagenz +	Produkt
Aldehyd	
Keton	
Ester	
Nitril	
Kohlenstoffdioxid	

Lösungsvorschlag

Tabelle 3.6 zeigt die jeweils entstehenden Stoffklassen bei der Grignard-Reaktion:

Tabelle 3.6 Lösung zu Tabelle 3.5

Grignard-Reagenz +	*Produkt*
Aldehyd (außer Methanal)	sekundärer Alkohol
Keton	tertiärer Alkohol
Ester	Aldehyd bzw. tert. Alkohol (2x Grignard)
Nitril	Keton
Kohlenstoffdioxid	Carbonsäure

3.1.28 Wertigkeit von Alkoholen

In der Stoffklasse der Alkohole gibt es einwertige, zweiwertige und dreiwertige Alkohole.

a) Erklären Sie die Begriffe einwertig, zweiwertig und dreiwertig, bezogen auf diese Stoffklasse.

b) Geben Sie jeweils die Struktur des einfachsten einwertigen, zweiwertigen und dreiwertigen Alkohols an und benennen Sie diesen.

Lösungsvorschlag

a) Die Begriffe wieviel wertig ein Alkohol ist, beziehen sich auf die Anzahl seiner OH-Gruppen, die dieser trägt. Bei einem einwertigen Alkohol ist eine OH-Gruppe in der Struktur enthalten, bei einem zweiwertigen entsprechend zwei und bei einem dreiwertigen dann drei OH-Gruppen. Dabei ist jedoch jeweils die sog. Erlenmeyerregel zu beachten, nach der aus Stabilitättsgründen bis auf wenige Ausnahmen immer nur eine OH-Gruppe an einem Kohlenstoffatom gebunden sein kann.

b)

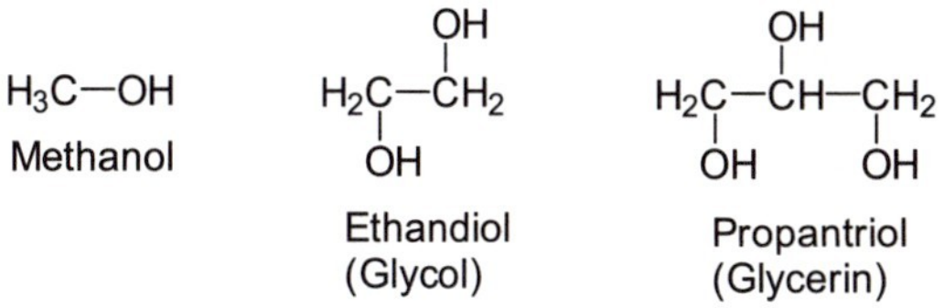

H_3C-OH	H_2C-CH_2	$H_2C-CH-CH_2$
Methanol	OH OH	OH OH OH
	Ethandiol (Glycol)	Propantriol (Glycerin)

Bild 3.3 Ein-, zwei- und dreiwertiger Alkohol

3.1.29 Oxidation von primären, sekundären und tertiären Alkoholen

Je ein primärer, sekundärer und tertiärer Alkohol sollen oxidiert werden.
a) Formulieren Sie je eine Beispielreaktion der vollständigen Oxidation und benennen Sie sämtliche Edukte und Produkte.
b) Stellen Sie die stöchiometrisch vollständige Reaktionsgleichung der Oxidation von Propan-2-ol mit Kaliumdichromat in saurer Lösung in Form der Ionengleichung auf.

Lösungsvorschlag

a) Gl. 3.1.53 zeigt eine Beispielreaktion für einen primären Alkohol:

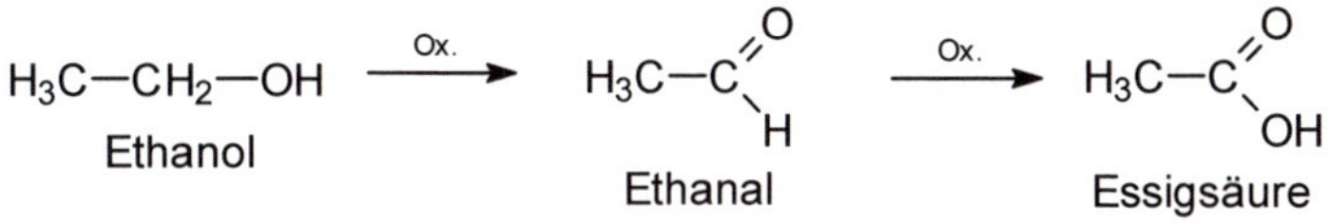

$$H_3C-CH_2-OH \xrightarrow{Ox.} H_3C-C{\overset{O}{\underset{H}{}}} \xrightarrow{Ox.} H_3C-C{\overset{O}{\underset{OH}{}}} \qquad \text{(Gl. 3.1.53)}$$

Ethanol   Ethanal   Essigsäure

Gl. 3.1.54 zeigt eine Beispielreaktion für einen sekundären Alkohol:

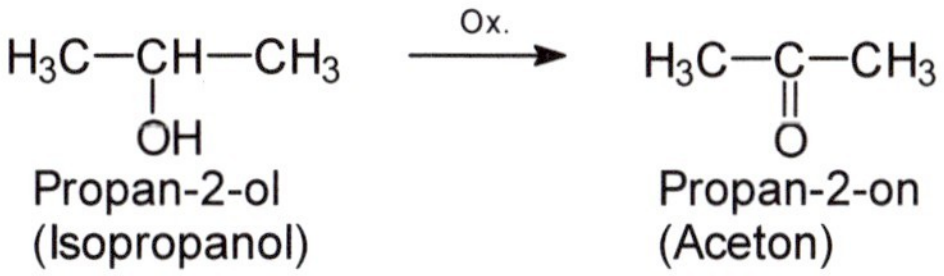

$$H_3C-\underset{OH}{CH}-CH_3 \xrightarrow{Ox.} H_3C-\underset{O}{\overset{\|}{C}}-CH_3 \qquad \text{(Gl. 3.1.54)}$$

Propan-2-ol (Isopropanol)   Propan-2-on (Aceton)

Gl. 3.1.55 zeigt eine Beispielreaktion für einen tertiären Alkohol:

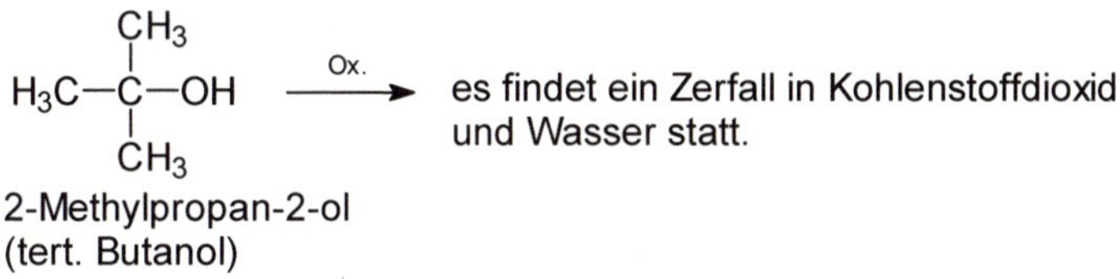

$$H_3C-\underset{CH_3}{\overset{CH_3}{C}}-OH \xrightarrow{Ox.} \text{es findet ein Zerfall in Kohlenstoffdioxid und Wasser statt.} \qquad \text{(Gl. 3.1.55)}$$

2-Methylpropan-2-ol (tert. Butanol)

b) Gl. 3.1.56 zeigt die stöchiometrisch ausgeglichene Reaktionsgleichung:

$$3\,C_3H_7OH + Cr_2O_7^{2-} + 8\,H^+ \rightarrow 3\,C_3H_6O + 2\,Cr^{3+} + 7\,H_2O \qquad \text{(Gl. 3.1.56)}$$

3.1.30 Vervollständigen von Reaktionsgleichungen

Stellen Sie folgende Reaktionsgleichungen auf und entscheiden Sie dabei, ob die Reaktion abläuft oder nicht:
a) Brommethan mit Natronlauge
b) Butan-2-ol mit Salzsäure
c) 2-Chlor-2-methylpropan mit Iodwasserstoff
Begründen Sie jeweils Ihre Aussagen.

Lösungsvorschlag

a) Gl. 3.1.57 zeigt die Reaktion:

$$H_3C{-}Br \ + \ NaOH \longrightarrow \ H_3C{-}OH \ + \ NaBr \qquad \text{(Gl. 3.1.57)}$$

OH^- ist ein besseres Nucleophil als Br^-.

b) In Gl. 3.1.58 ist die Reaktion ersichtlich:

$$\underset{\underset{OH}{|}}{H_3C{-}CH}{-}CH_2{-}CH_3 \ + \ HCl \longrightarrow \ \text{Reaktion läuft nicht ab} \qquad \text{(Gl. 3.1.58)}$$

Cl^- ist ein schwächeres Nucleophil als OH^-.

c) Die Reaktion wird in Gl. 3.1.59 dargestellt:

$$\underset{\underset{CH_3}{|}}{\overset{\overset{CH_3}{|}}{H_3C{-}C}}{-}Cl \ + \ HI \longrightarrow \ \underset{\underset{CH_3}{|}}{\overset{\overset{CH_3}{|}}{H_3C{-}C}}{-}I \ + \ HCl \qquad \text{(Gl. 3.1.59)}$$

I^- ist ein stärkeres Nucleophil als Cl^-.

3.2 Stöchiometrie, insbesondere Ausbeute- und Konzentrationsrechnungen (technische Mathematik)

3.2.1 Massenanteilsberechnung zu einer Ammoniummolybdatlösung

Es sollen 500 g einer Lösung mit dem Massenanteil w(Ammoniummolybdat) = 15,0% hergestellt werden.
a) Wie viel Ammoniummolybdat benötigen Sie?
b) Wie viel Wasser müssen Sie einsetzen?

Lösungsvorschlag

a)
$$w(x) = \frac{m(x)}{m(\text{Lösung})} \qquad \text{(Gl. 3.2.1)}$$

m(Ammoniummolybdat) = 0,15 · 500 g

m(Ammoniummolybdat) = $\underline{75\ g}$

Zum Ansetzen dieser Lösung werden 75 g Ammoniummolybdat benötigt.

b) $m(\text{Gesamt}) = m(x) + m(\text{Lösemittel})$ (Gl. 3.2.2)

$m(\text{Lösemittel}) = 500\ g - 75\ g$

$m(\text{Lösemittel}) = \underline{425\ g}$

Für diese Lösung müssen 425 g Wasser eingesetzt werden.

3.2.2 Massenanteilsberechnung zu einer Natriumcarbonatlösung

Es soll aus $m(\text{Natriumcarbonat}) = 125\ g$ und $m(\text{Wasser}) = 560\ g$ eine Lösung herge-stellt werden.
Welchen Massenanteil in % hat diese Lösung?

Lösungsvorschlag

$$w(x) = \frac{m(x)}{m(x) + m(\text{Lösemittel})} \cdot 100\,\%$$ (Gl. 3.2.3)

$$w(\text{Na}_2\text{CO}_3) = \frac{125\ g}{125\ g + 560\ g} \cdot 100\,\%$$

$$w(\text{Na}_2\text{CO}_3) = \underline{18,25\,\%}$$

Die Lösung hat einen Massenanteil von 18,25 %.

3.2.3 Berechnen des Volumenanteils einer Aceton-Wasser-Mischung

Wie groß ist der Volumenanteil an Aceton, wenn Sie $V(\text{Aceton}) = 160\ mL$ und $V(\text{Wasser}) = 270\ mL$ vermischen?

Lösungsvorschlag

$$\varphi(y) = \frac{V(x)}{V(x) + V(y)} \cdot 100\,\%$$ (Gl. 3.2.4)

$$\varphi(\text{Aceton}) = \frac{160\ mL}{160\ mL + 270\ mL} \cdot 100\,\%$$

$$\varphi(\text{Aceton}) = \underline{37,2\,\%}$$

Der Volumenanteil an Aceton beträgt 37,2 %.

3.2.4 Berechnen der Volumenkonzentration einer Ethanol-Wasser-Mischung

Ethanol und Wasser werden gemischt. Dabei kommen $V(\text{Ethanol}) = 200\ mL$ und das gleiche Volumen an Wasser zum Einsatz. Nach dem Mischen beträgt das Volumen $V = 370\ mL$.
Wie groß ist die Volumenkonzentration an Ethanol in diesem Gemisch?

Lösungsvorschlag

$$\sigma(x) = \frac{V(x)}{V(\text{Gesamt})} \qquad \text{(Gl. 3.2.5)}$$

$$\sigma(\text{Ethanol}) = \frac{200 \text{ mL}}{370 \text{ mL}}$$

$$\sigma(\text{Ethanol}) = \underline{0{,}541 \text{ mL/mL}}$$

Die Volumenkonzentration an Ethanol beträgt 0,541 mL/mL.

3.2.5 Berechnen der Anzahl an Doppelbindungen in einer organischen Verbindung

Bei der katalytischen Hydrierung einer ungesättigten organischen Verbindung wurden $V(H_2) = 0{,}578$ L Wasserstoff bei $\vartheta = 20\ ^\circ$C und $p = 1013$ mbar verbraucht. Von der organischen Verbindung wurden $m = 0{,}976$ g eingesetzt.
Wie viele Doppelbindungen enthält diese Verbindung?
$R = 0{,}08314$ (L $\cdot$ bar)/(K $\cdot$ mol), M(org. Verbindung) $= 122$ g/mol

Lösungsvorschlag

$$n(X) = \frac{p \cdot V}{R \cdot T} \qquad \text{(Gl. 3.2.6)}$$

$$n(H_2) = \frac{1{,}013 \text{ bar} \cdot 0{,}578 \text{ L} \cdot \text{K} \cdot \text{mol}}{0{,}08314 \text{ L} \cdot \text{bar} \cdot 293 \text{ K}}$$

$$n(H_2) = 0{,}024 \text{ mol}$$

$$n(X) = \frac{m}{M} \qquad \text{(Gl. 3.2.7)}$$

$$n(\text{org. Verbindung}) = \frac{0{,}976 \text{ g} \cdot \text{mol}}{122 \text{ g}}$$

$$n(\text{org. Verbindung}) = 0{,}008 \text{ mol}$$

$$\frac{n(H_2)}{n(\text{org. Verbindung})} = \frac{0{,}024 \text{ mol}}{0{,}008 \text{ mol}} = \underline{3}$$

Da Wasserstoff im stöchiometrischen Verhältnis von 3 : 1 mit der organischen Verbindung reagiert, liegen 3 Doppelbindungen vor.

3.2.6 Ermitteln der empirischen Formel einer organischen Verbindung

Eine Analyse der Elemente ergab für eine organische Verbindung folgende Werte:
$w(H) = 9{,}1\%$, $w(O) = 36{,}4\%$, $w(C) = 54{,}5\%$. Die molare Masse ist mit $M = 88$ g/mol angegeben. Die Verbindung reagiert in Lösung sauer.
Geben Sie die Formel und den Namen der Verbindung an.
$M(C) = 12$ g/mol, $M(H) = 1$ g/mol, $M(O) = 16$ g/mol

Lösungsvorschlag

C-Bilanz $\dfrac{54{,}5 \text{ g} \cdot \text{mol}}{12 \text{ g}} = 4{,}54$

O-Bilanz $\dfrac{36{,}4 \text{ g} \cdot \text{mol}}{16 \text{ g}} = 2{,}275$

H-Bilanz $\dfrac{9{,}1 \text{ g} \cdot \text{mol}}{1 \text{ g}} = 9{,}1$

Aus den Quotienten wird das kleinste gemeinsame Vielfache (kgV) bestimmt.

$4{,}54 : 2{,}275 : 9{,}1 \cong 2 : 4 : 1$

Das Verhältnis ergibt folgende empirische Formel: C_2H_4O.

$M(C_2H_4O)$ $= 44$ g/mol
M(org. Verbindung) $= 88$ g/mol

Aus dem Abgleich mit der angegebenen molaren Masse resultiert die Summenformel $C_4H_8O_2$. Es handelt sich folglich um die organische Verbindung Butansäure.

3.2.7 Neutralisieren von Kaliumhydroxid

Bei der Neutralisation von Kaliumhydroxid, $m(KOH) = 134$ g mit $w(KOH) = 96\%$ wird Salzsäure mit $w(HCl) = 10\%$ eingesetzt. Wie viel mL Salzsäure sind dazu notwendig?
$M(KOH) = 56$ g/mol, $M(HCl) = 36{,}5$ g/mol, $\varrho(HCl) = 1{,}05$ g/mL

Lösungsvorschlag

$$m(HCl) = \frac{m(KOH) \cdot w(KOH)}{M(KOH)} \cdot M(HCl) \qquad \text{(Gl. 3.2.8)}$$

$$m(HCl) = \frac{134 \text{ g} \cdot 0{,}96}{56 \text{ g/mol}} \cdot 36{,}5 \text{ g/mol}$$

$$m(HCl) = 83{,}85 \text{ g}$$

$$V(HCl) = \frac{m(HCl)}{w(HCl) \cdot \varrho(HCl)} \qquad \text{(Gl. 3.2.9)}$$

$$V(HCl) = \frac{83{,}85 \text{ g}}{0{,}10 \cdot 1{,}05 \text{ g/mL}}$$

$$V(HCl) = \underline{798{,}6 \text{ mL}}$$

Es werden 799 mL Salzsäure benötigt.

3.2.8 Verdünnen einer Essigsäure

Aus V(Essigsäure) = 750 mL mit $w(CH_3COOH)$ = 98,0%, ϱ = 1,022 g/mL soll durch Verdünnen mit Wasser eine Essigsäure $w(CH_3COOH)$ = 10,0% hergestellt werden. Wie viel Essigsäure kann maximal entstehen?

Lösungsvorschlag

In die Mischungsgleichung eingesetzt und umgeformt erhält man:

$$m_3 = \frac{m_1 \cdot w_1 + m_2 \cdot w_2}{w_3} = \frac{V_1 \cdot \varrho_1 \cdot w_1 + m_2 \cdot w_2}{w_3} \qquad \text{(Gl. 3.2.10)}$$

$$m_3 = \frac{750 \text{ mL} \cdot 1,022 \text{ g/mL} \cdot 0,98 + m_2 \cdot 0}{0,10}$$

$$m_3 = \underline{7511,7\,g}$$

Es können maximal 7512 g der Essigsäure w_3 = 10,0% entstehen.

3.2.9 Herstellen einer Calciumchlorid-Lösung

Es liegen m(Calciumchlorid-Lösung) = 330 g mit einem Massenanteil $w_1(CaCl_2)$ = 8,0% vor. Wie viel festes Calciumchlorid muss zugegeben werden, damit eine Lösung mit $w_3(CaCl_2)$ = 50,0% entsteht.

Lösungsvorschlag

$$m_3 \cdot w_3 = m_1 \cdot w_1 + m_2 \cdot w_2 \qquad \text{(Gl. 3.2.11)}$$

$$m_3 \cdot 0,50 = 330 \text{ g} \cdot 0,08 + m_2 \cdot 1,0 \qquad \text{(Gl. 3.2.12)}$$

Da zwei Unbekannte in Gl. 3.2.12 enthalten sind, muss eine davon ersetzt werden.

$$m_3 = m_1 + m_2 = 330 \text{ g} + m_2 \qquad \text{(Gl. 3.2.13)}$$

Gl. 3.2.13 wird in Gl. 3.2.12 eingesetzt:

$$165 \text{ g} + m_2 \cdot 0,50 = 26,4 \text{ g} + m_2 \cdot 1,0$$

$$138,6 \text{ g} = m_2 \cdot 0,50$$

$$m_2 = \underline{277,2\,g}$$

Es werden zum Aufkonzentrieren 277 g Calciumchlorid benötigt.

3.2.10 Mischen einer Natronlauge

Eine Natronlauge $w_1(NaOH)$ = 50,0% wird mit einer Natronlauge $w_2(NaOH)$ = 10,0% vermischt. Die entstandene Lösung hat einen Massenanteil $w_3(NaOH)$ = 17,0%. Es wurden m = 260 g der verdünnten Natronlauge zum Mischen verwendet.
a) Welche Masse an Natronlauge $w_3(NaOH)$ = 17,0% ist entstanden?
b) Wie viel Natronlauge $w_1(NaOH)$ = 50,0% hat vor dem Mischen vorgelegen?

Lösungsvorschlag

a) $m_3 = \dfrac{m_1 \cdot w_1 + m_2 \cdot w_2}{w_3}$ (Gl. 3.2.14)

Da zwei Unbekannte in der Gl. 3.2.14 enthalten sind, muss eine davon ersetzt werden.

$m_1 = m_3 - m_2$ (Gl. 3.2.15)

Durch Ersetzen erhalten wir Gl. 3.2.16.

$m_3 = \dfrac{m_3 \cdot w_1 - m_2 \cdot w_1 + m_2 \cdot w_2}{w_3}$ (Gl. 3.2.16)

$m_3 = \dfrac{-m_2 \cdot w_1 + m_2 \cdot w_2}{(w_3 - w_1)} = \dfrac{-260\ \text{g} \cdot 0{,}5 + 260\ \text{g} \cdot 0{,}1}{(0{,}17 - 0{,}5)}$

$m_3 = \underline{315{,}15\ \text{g}}$

Es entstand eine Masse Natronlauge nach dem Mischen von 315,15 g.

b) $m_1 = m_3 - m_2$ (Gl. 3.2.17)

$m_1 = 315{,}15\ \text{g} - 260\ \text{g}$

$m_1 = \underline{55{,}15\ \text{g}}$

Es lagen 55,15 g Natronlauge $w_1 = 50\%$ vor.

3.2.11 Berechnungen zur Stoffmengenkonzentration einer Schwefelsäure

Von einer Schwefelsäure w(Schwefelsäure) = 65% werden m(Schwefelsäure) = 2,9 kg abgefüllt. Die Dichte beträgt ϱ = 1,42 g/mL.
a) Wie hoch ist die Stoffmengenkonzentration c(1/2 Schwefelsäure) in mol/L?
b) Wie viel Schwefelsäure benötigen Sie zum Herstellen von V = 2,4 L einer Maßlösung c(1/2 H_2SO_4) = 1 mol/L?
M(H) = 1 g/mol, M(O) = 16 g/mol, M(S) = 32 g/mol

Lösungsvorschlag

a) $V(\text{Gesamt}) = \dfrac{m(\text{Gesamt})}{\varrho\,(\text{Gesamt})}$ (Gl. 3.2.18)

$V(\text{Gesamt}) = \dfrac{2900\ \text{g}}{1420\ \text{g/L}}$

$V(\text{Gesamt}) = 2{,}04\ \text{L}$

$c_{eq}(x) = \dfrac{n(x)}{V(\text{Gesamt})} = \dfrac{m(\text{Gesamt}) \cdot w(x)}{V(\text{Gesamt}) \cdot M_{eq}(x)}$ (Gl. 3.2.19)

$c(1/2\ H_2SO_4) = \dfrac{(2900\ \text{g} \cdot 0{,}65)}{2{,}04\ \text{L} \cdot 49\ \text{g/mol}}$

$c(1/2\ H_2SO_4) = \underline{18{,}86\ \text{mol/L}}$

Die Stoffmengenkonzentration beträgt c (1/2 H_2SO_4) = 18,9 mol/L.

b) $m(x) = \dfrac{c_{eq}(x) \cdot V(\text{Lösung}) \cdot M_{eq}(x)}{w(x)}$ (Gl. 3.2.20)

$m(H_2SO_4) = \dfrac{1\,\text{mol/L} \cdot 2{,}4\,\text{L} \cdot 49\,\text{g/mol}}{0{,}65}$

$m(H_2SO_4) = \underline{180{,}9\,\text{g}}$

Es werden 180,9 g Schwefelsäure benötigt.

3.2.12 Berechnen von Massenanteil und Massenkonzentration einer Kaliumchlorid-Lösung

3,73 mol Kaliumchlorid wurden in $V(\text{Wasser}) = 1\,\text{L}$ gelöst ($\varrho = 1{,}0\,\text{g/mL}$).
a) Wie groß ist der Massenanteil $w(\text{KCl})$ in %?
b) Wie groß ist die Massenkonzentration $\beta(\text{KCl})$?
$M(\text{Cl}) = 35{,}45\,\text{g/mol}$, $M(\text{K}) = 39{,}1\,\text{g/mol}$, $\varrho(\text{KCl}) = 1{,}3\,\text{g/mL}$

Lösungsvorschlag

a) $w(x) = \dfrac{m(x)}{m(\text{Gesamt})} \cdot 100\,\% = \dfrac{n(x) \cdot M(x)}{m(\text{Gesamt})} \cdot 100\,\%$ (Gl. 3.2.21)

$w(\text{KCl}) = \dfrac{3{,}73\,\text{mol} \cdot 74{,}55\,\text{g/mol}}{3{,}73\,\text{mol} \cdot 74{,}55\,\text{g/mol} + 1000\,\text{g}} \cdot 100\,\%$

$w(\text{KCl}) = \underline{21{,}76\,\%}$

Der Massenanteil an Kaliumchlorid beträgt 21,76 %.

b) $\beta(x) = \dfrac{m(x)}{V(\text{Gesamt})} = \dfrac{n(x) \cdot M(x)}{V(\text{Gesamt})}$ (Gl. 3.2.22)

$\beta(\text{KCl}) = \dfrac{3{,}73\,\text{mol} \cdot 74{,}55\,\text{g/mol}}{1\,\text{L}}$

$\beta(\text{KCl}) = \underline{278{,}07\,\text{g/L}}$

Die Massenkonzentration beträgt 278,07 g/L.

3.2.13 Aufstellen einer Reaktionsgleichung und Berechnen von Massenanteilen einer Feststoffprobe

Eine Feststoffprobe aus Natriumsulfat und Natriumcarbonat wird mit Salzsäure versetzt. Dabei entstehen unter Normbedingungen $V(CO_2) = 0{,}92\,\text{L}$ Kohlendioxid.
a) Stellen Sie die Reaktionsgleichung auf.
b) Welcher Massenanteil an Natriumcarbonat liegt vor, wenn zur Erzeugung von $V(CO_2) = 0{,}92\,\text{L}$ von der Feststoffprobe $m = 5{,}341\,\text{g}$ eingewogen wurden?
$M(\text{Na}_2\text{CO}_3) = 106\,\text{g/mol}$, $M(CO_2) = 44\,\text{g/mol}$, $V_{nm} = 22{,}4\,\text{L/mol}$

Lösungsvorschlag

a) $Na_2CO_3 + 2\ HCl \rightarrow 2\ NaCl + CO_2\uparrow + H_2O$

b) $n(x) = \dfrac{V(x)}{V_{nm}}$ (Gl. 3.2.23)

$n(CO_2) = \dfrac{0{,}92\ L}{22{,}4\ L/mol}$

$n(CO_2) = 0{,}041\ mol$

$w(x) = \dfrac{m(x)}{m(Gesamt)} = \dfrac{n(x) \cdot M(x)}{m(Gesamt)}$ (Gl. 3.2.24)

$w(Na_2CO_3) = \dfrac{0{,}041\ mol \cdot 106\ g/mol}{5{,}341\ g}$

$w(Na_2CO_3) = \underline{0{,}814}$

Der Massenanteil an Natriumcarbonat der Feststoffprobe liegt bei
$w(Na_2CO_3) = 81{,}4\%$.

3.2.14 Ausfällen von Bariumcarbonat aus einer Bariumhydroxid-Lösung

In eine Bariumhydroxid-Lösung, $w(Ba(OH)_2) = 40\%$, wird unter Normalbedingungen $V(CO_2) = 24{,}0\ L$ Kohlendioxid eingeleitet, und Bariumcarbonat fällt als schwer löslicher Niederschlag aus. Wie viel Niederschlag kann sich maximal bilden, wenn man von einem Volumen an Bariumhydroxid von $V(Ba(OH)_2) = 500{,}0\ mL$ ausgeht?
$M(Ba) = 137{,}3\ g/mol$, $M(C) = 12\ g/mol$, $M(H) = 1\ g/mol$, $M(O) = 16\ g/mol$,
$V_{nm} = 22{,}4\ L/mol$, $\varrho(Ba(OH)_2) = 1{,}02\ g/mL$

Lösungsvorschlag

$Ba(OH)_2 + CO_2 \rightarrow BaCO_3\downarrow + H_2O$

$n(x) = \dfrac{V(x)}{V_{nm}}$ (Gl. 3.2.25)

$n(CO_2) = \dfrac{24\ L}{22{,}4\ L/mol}$

$n(CO_2) = 1{,}07\ mol$

$n(CO_2) = n(BaCO_3)$

$m(x) = n(x) \cdot M(x)$ (Gl. 3.2.26)

$m(BaCO_3) = 1{,}07\ mol \cdot 197{,}3\ g/mol$

$m(BaCO_3)\downarrow\ = \underline{211{,}11\ g}$

Durch das Einleiten von CO_2 können 211 g Bariumcarbonat ausfallen.

3.2.15 Herstellen von Acetanilid aus Anilin, Essigsäure und Acetylchlorid

Bei der Darstellung von Acetanilid wird Anilin, Essigsäure und Acetylchlorid benötigt.

a) Wie viel Acetanilid entsteht bei einem Einsatz von $m(\text{Anilin}) = 18,6$ g und einer zu erwartenden Ausbeute von $\eta = 65\%$?

b) Welches Volumen an Salzsäure entsteht bei der Reaktion als Nebenprodukt aus dem Acetylchlorid?

$M(C_6H_7N) = 93$ g/mol, $M(C_8H_9NO) = 135$ g/mol, $M(C_2H_3OCl) = 78,5$ g/mol, $\varrho(\text{Acetyl-chlorid}) = 1,1$ g/mL, $V_{nm} = 22,4$ L/mol

Lösungsvorschlag

a) $C_6H_7N + C_2H_3OCl \rightarrow C_8H_9NO + HCl$

$$n(x) = \frac{m(x)}{M(x)} \qquad\qquad \text{(Gl. 3.2.27)}$$

$$n(\text{Anilin}) = \frac{18,6 \text{ g}}{93 \text{ g/mol}}$$

$$n(\text{Anilin}) = 0,2 \text{ mol}$$

$$m(x) = n(x) \cdot M(x) \cdot \eta \qquad\qquad \text{(Gl. 3.2.28)}$$

$$m(\text{Acetanilid}) = 0,2 \cdot 135 \text{ g/mol} \cdot 0,65$$

$$\underline{m(\text{Acetanilid}) = 17,55 \text{ g}}$$

Es entstehen 17,6 g Acetanilid.

b) $V(x) = n(x) \cdot V_{nm}(x) \qquad\qquad \text{(Gl. 3.2.29)}$

$$n(HCl) = n(\text{Anilin}) \cdot \eta \qquad\qquad \text{(Gl. 3.2.30)}$$

Durch Einsetzen der Werte in Gl. 3.2.30 erhält man folgende Rechnung:

$$V(HCl) = 0,2 \text{ mol} \cdot 22,4 \text{ L/mol} \cdot 0,65$$

$$\underline{V(HCl) = 2,91 \text{ L}}$$

Als Nebenprodukt entstehen maximal 2,9 L HCl.

3.2.16 Ermitteln der empirischen Formel einer organischen Verbindung

Eine Elementaranalyse hat folgende Massenanteile für die Elemente Kohlenstoff, Sauerstoff und Wasserstoff ergeben: $w(C) = 62,1\%$, $w(O) = 27,6\%$, $w(H) = 10,4\%$. Die Molare Masse wurde mit $M = 58$ g/mol bestimmt.

Geben Sie die Summenformel für die Verbindung an.

Lösungsvorschlag

C-Bilanz $\quad \dfrac{62{,}1\ g\ \cdot\ mol}{12\ g} = 5{,}175$

O-Bilanz $\quad \dfrac{27{,}6\ g\ \cdot\ mol}{16\ g} = 1{,}725$

H-Bilanz $\quad \dfrac{10{,}4\ g\ \cdot\ mol}{1\ g} = 10{,}4$

Aus den Quotienten wird das kleinste gemeinsame Vielfache bestimmt:

$5{,}175 : 1{,}725 : 10{,}4 \cong 3 : 1 : 6$

Das Verhältnis ergibt folgende empirische Formel: C_3H_6O:

$M(C_3H_6O) = 58\ g/mol$

Der Abgleich mit der angegebenen molaren Masse bestätigt die Summenformel C_3H_6O.

3.2.17 Berechnen der Einsatzmenge an Nitrit-Lösung

Zur Diazotierung von Anilin wird Natriumnitrit eingesetzt. Zur Verfügung steht eine Nitrit-Lösung mit $c(NaNO_2) = 1{,}8$ mol/L.

Welches Volumen in mL der Nitrit-Lösung benötigen Sie für 29,3 g Anilin, $w(Anilin) = 97{,}4\%$, wenn mit einem Nitrit-Überschuss von 10% gearbeitet werden soll?

$M(Anilin) = 93\ g/mol$, $M(NaNO_2) = 69\ g/mol$

Lösungsvorschlag

Natriumnitrit soll stöchiometrisch in dreifacher Menge und mit einem 10%igen Überschuss vorliegen. Daraus ergibt sich der Faktor 1,1 in Gl. 3.2.31:

$$n(NaNO_2) = n(Anilin) \cdot 1{,}1 = \frac{m(Anilin) \cdot w(Anilin)}{M(Anilin)} \cdot 1{,}1 \qquad \text{(Gl. 3.2.31)}$$

$$n(NaNO_2) = \frac{29{,}3\ g \cdot 0{,}974}{93\ g/mol} \cdot 1{,}1$$

$$n(NaNO_2) = 0{,}34\ mol$$

$$V(NaNO_2) = \frac{n(NaNO_2)}{c(NaNO_2)} \qquad \text{(Gl. 3.2.32)}$$

$$V(NaNO_2) = \frac{0{,}34\ mol}{1{,}8\ mol/L}$$

$$\underline{V(NaNO_2) = 0{,}189\ L}$$

Es werden V = 189 mL Natriumnitrit-Lösung zur Diazotierung benötigt.

3.2.18 Ausbeuteberechnung einer Veresterung

Bei der Reaktion von Methanol mit Salicylsäure sind m = 89 g Salicylsäuremethylester entstanden.
Wie groß ist die Ausbeute an Ester, wenn m(Salicylsäure) = 95 g eingesetzt wurden?
M(Salicylsäure) = 138 g/mol, M(Salicylsäuremethylester) = 152 g/mol

Lösungsvorschlag

$$\eta = \frac{\text{tatsächliche Ausbeute}}{\text{theoretische Ausbeute}} \cdot 100\,\% = \frac{m(\text{Produkt})}{(m(\text{Edukt})/M(\text{Edukt})) \cdot M(\text{Produkt})} \cdot 100\,\%$$

(Gl. 3.2.33)

$$\eta = \frac{89\ \text{g}}{(95\ \text{g}/138\ \text{g/mol}) \cdot 152\ \text{g/mol}} \cdot 100\,\%$$

$$\eta = \underline{85{,}1\,\%}$$

Die Ausbeute an Ester beträgt 85 %.

3.2.19 Umsatzmengenberechnung bei einer Veresterung

In einer Entsorgungsstation sollen V = 15 Liter Schwefelsäure, $w(H_2SO_4)$ = 24,3 %, mit Natriumcarbonat neutralisiert werden.
Wie viel Na_2CO_3 benötigen Sie, wenn mit einem Überschuss von 10 % gearbeitet werden soll?

$$H_2SO_4 + Na_2CO_3 \rightarrow Na_2SO_4 + CO_2 + H_2O$$

$M(H_2SO_4)$ = 98 g/mol, $M(Na_2CO_3)$ = 106 g/mol, $\varrho(H_2SO_4)$ = 1,06 g/mL

Lösungsvorschlag

$$n(x) = \frac{V(x) \cdot \varrho(x) \cdot w(x)}{M(x)}$$

(Gl. 3.2.34)

$$n(H_2SO_4) = \frac{15000\ \text{mL} \cdot 1{,}06\ \text{g/mL} \cdot 0{,}243}{98\ \text{g/mol}}$$

$$n(H_2SO_4) = 39{,}43\ \text{mol}$$

Da Natriumcarbonat im Überschuss eingesetzt werden soll, kann mit dem Faktor 1,1 multipliziert werden.

$$m(Na_2CO_3) = 1{,}1 \cdot n(H_2SO_4) \cdot M(Na_2CO_3)$$

(Gl. 3.2.35)

$$m(Na_2CO_3) = 1{,}1 \cdot 39{,}43\ \text{mol} \cdot 106\ \text{g/mol}$$

$$m(Na_2CO_3) = \underline{4597{,}5\ \text{g}}$$

Es müssen 4,6 kg Natriumcarbonat eingesetzt werden.

3.2.20 Ausbeuteberechnung bei einer Nitrierung

2,4 mol Acetanilid, w(Acetanilid) = 82,9% werden mit Nitriersäure zu p-Nitroacetanilid umgesetzt.
a) Welche Masse nitriertes Acetanilid kann entstehen?
b) Welche Ausbeute haben Sie erreicht, wenn m(p-Nitroacetanilid) = 255 g mit einer Reinheit von w(p-Nitroacetanilid) = 93,7% entstanden sind.
M(Acetanilid) = 135 g/mol, M(p-Nitroacetanilid) = 180 g/mol

Lösungsvorschlag

a) m(Produkt) = n(Edukt) $\cdot w$(Edukt) $\cdot M$(Produkt)   (Gl. 3.2.36)

m(p – Nitroacetanilid) = 2,4 mol $\cdot$ 0,829 $\cdot$ 180 g/mol

m(p – Nitroacetanilid) = $\underline{358,1\ g}$

Bei einer Ausbeute von 100% können maximal 358 g p-Nitroacetanilid entstehen.

b) $\eta = \dfrac{\text{tatsächliche Ausbeute}}{\text{theoretische Ausbeute}} \cdot 100\,\%$ (Gl. 3.2.37)

$\eta = \dfrac{m(\text{p} - \text{Nitroacetanilid}) \cdot w(\text{p} - \text{Nitroacetanilid})}{n(\text{p} - \text{Nitroacetanilid}) \cdot M(\text{p} - \text{Nitroacetanilid})} \cdot 100\%$ (Gl. 3.2.38)

$\eta = \dfrac{255\ g \cdot 0,937}{2,4\ mol \cdot 0,829 \cdot 180\ g/mol}$

$\eta = \underline{66,72\%}$

Die Ausbeute liegt bei 66,72%.

3.2.21 Gasgewinnung durch Säureeinwirkung

Zur Erzeugung von Kohlendioxid im Labor kann Natriumcarbonat mit konzentrierter Salzsäure versetzt werden.
Wie viel Liter CO_2 können aus m(Natriumcarbonat) = 450 g bei ϑ = 23 °C und p = 0,970 bar gewonnen werden?
R = 8,314 J/(K $\cdot$ mol), V_{nm} = 22,4 L/mol, T_0 = 273,15 K, M(Na_2CO_3) = 106 g/mol

Lösungsvorschlag

$Na_2CO_3 + 2\ HCl \rightarrow 2\ NaCl + H_2O + CO_2\uparrow$

$n(x) = \dfrac{m(x)}{M(x)}$ (Gl. 3.2.39)

$n(CO_2) = n(Na_2CO_3) = \dfrac{m(Na_2CO_3)}{M(Na_2CO_3)}$ (Gl. 3.2.40)

$n(CO_2) = \dfrac{450\ g}{106\ g/mol}$

$n(CO_2) = 4,25\ mol$

$$p \cdot V(x) = n(x) \cdot R \cdot T \qquad \text{(Gl. 3.2.41)}$$

$$V(CO_2) = \frac{n(CO_2) \cdot R \cdot T}{p} \qquad \text{(Gl. 3.2.42)}$$

$$V(CO_2) = \frac{4{,}25 \text{ mol} \cdot 8{,}314 \text{ J/(K} \cdot \text{mol)} \cdot 296{,}15 \text{ K}}{97000 \text{ Pa}}$$

$$V(CO_2) = 0{,}108 \text{ m}^3 = 108 \text{ L}$$

Es können unter diesen Bedingungen 108 L CO_2 entstehen.

3.3 Trennen und Reinigen von Stoffen, allgemeine Labortechnik

3.3.1 Methoden zum Trennen, Anreichern und Reinigen von Stoffen

Um Stoffe im Labor zu trennen, werden die unterschiedlichsten Methoden angewandt.
Geben Sie fünf Methoden an, die zum Trennen, Anreichern und Reinigen von Stoffen dienen.

Lösungsvorschlag

Die Säulenchromatografie, die Destillation, die Extraktion, die Kristallisation, die Filtration, die Zentrifugation sowie die Membranfiltration gehören zu diesen Methoden.

3.3.2 Prinzip der chromatografischen Trennung

Eine gängige Methode zum Trennen von Stoffgemischen im Labor ist die Chromatografie.
Erklären Sie auf welchem Prinzip die Trennung eines Stoffgemisches bei dieser Methode beruht.

Lösungsvorschlag

Das Trennprinzip beruht fast ausschließlich auf physikalischen Vorgängen. Bei der Chromatografie wird jeder Analyt des Stoffgemisches zwischen einer ruhenden (stationären) und einer beweglichen (mobilen) Phase verteilt. Die Trennung kann durch unterschiedliches Adsorptionsverhalten an der stationären Phase und den Löslichkeitsunterschieden in der mobilen Phase oder durch unterschiedliches Verteilungsverhalten der Analyten zwischen den beiden Phasen erfolgen.

3.3.3 Trennwirkung von Elutionsmitteln bei der Dünnschichtchromatografie

Das Elutionsmittel hat bei der Dünnschichtchromatografie entscheidenden Einfluss auf die Trennwirkung von Stoffgemischen.
a) Was ist die Elutionskraft eines Lösemittels?
b) Wovon ist die Elutionskraft abhängig?

Lösungsvorschlag

a) Als Elutionskraft wird die Kraft bezeichnet, die ein Lösemittel aufbringen muss, um den Analyten vom Adsorbens zu lösen.
b) Die Elutionskraft ist abhängig von der Polarität und der Dielektrizitätskonstante des Lösemittels.

Ein Lösemittel, z.B. Aceton, weist bei Al_2O_3 eine höhere Elutionskraft auf als bei Kieselgel. In elutropen Reihen wird die Elutionskraft von verschiedenen Lösemitteln aufgelistet.

3.3.4 Auswahl der mobilen Phase bei der Chromatografie

Bei der Chromatografie spielt für die Trennung von Stoffen die mobile Phase eine wichtige Rolle.
Nach welchen Kriterien sucht man die mobile Phase in der Säulenchromatografie aus? Begründen Sie Ihre Antwort.

Lösungsvorschlag

Die mobile Phase sollte das zu trennende Stoffgemisch gut lösen, da es sonst nicht auf die Säule aufgebracht werden kann. Sie darf weder mit den Analyten noch mit der stationären Phase reagieren. Das verwendete Lösemittel sollte eine niedrige Viskosität aufweisen, damit allein durch Schwerkraft die mobile Phase durch die Säule fließt.

Weiterhin ist bei der Auswahl des Elutionsmittels auf die Wellenlänge zu achten, bei der das Elutionsmittel seine Eigenabsorption hat, sofern ein Fraktionssammler mit UV-Detektor verwendet wird.

3.3.5 Siedepunkt

Der Siedepunkt gehört zu den Stoffkonstanten.

a) Wie ist der Siedepunkt definiert?
b) Wie verändert sich der Siedepunkt, wenn eine reine Flüssigkeit verunreinigt wird?
c) Wann verdunstet eine Flüssigkeit?

Lösungsvorschlag

a) Am Siedepunkt ist der Dampfdruck der Flüssigkeit gleich dem Außendruck, der auf der Flüssigkeitsoberfläche lastet.
b) Hat die Verunreinigung einen höheren Dampfdruck als die Reinsubstanz, erniedrigt sich der Siedepunkt. Hat die Verunreinigung einen niedrigeren Dampfdruck als die Reinsubstanz, erhöht sich der Siedepunkt.
c) Eine Flüssigkeit verdunstet, wenn die Moleküle der Flüssigkeit unterhalb des Siedepunktes in den gasförmigen Zustand übergehen. So verdunstet beispielsweise Wasser aus einer Schale bei Raumtemperatur, ohne hierbei zu sieden.

3.3.6 Phasendiagramm von Wasser

Für die Destillation von Flüssigkeiten ist der Übergang von der flüssigen in die gasförmige Phase von Relevanz. Da dieser Übergang von Druck und Temperatur abhängig ist, hilft ein Phasendiagramm bei der Festlegung der Destillationsbedingungen.
Skizzieren Sie ein Phasendiagramm für Wasser. Kennzeichnen Sie die Bereiche der verschiedenen Aggregatzustände und zeichnen Sie den Fixpunkt ein.

Lösungsvorschlag

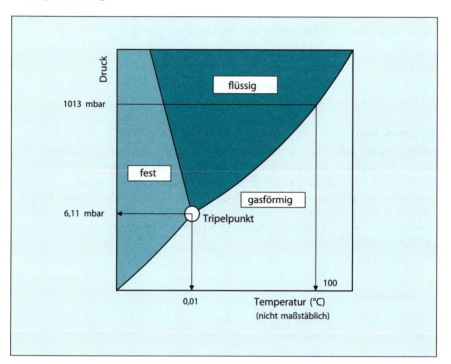

3.3.7 Aufbau einer Gleichstromdestillationsanlage

Im Labor werden zum Trennen und Reinigen von Flüssigkeitsgemischen verschiedene Destillationsanlagen eingesetzt.
Skizzieren Sie eine Gleichstromdestillationsanlage, und beschriften Sie die einzelnen Bauteile.

Lösungsvorschlag

Zu einer Gleichstromdestillation gehören ein Verdampfungskolben, eine Claisenbrücke und eine Kondensatvorlage. Weiterhin werden zwei Thermometer benötigt.

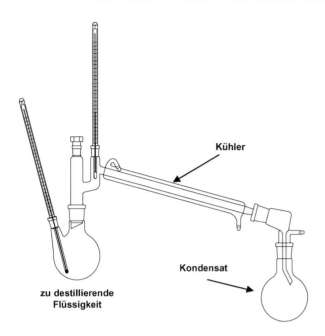

Kühler

Kondensat

zu destillierende
Flüssigkeit

3.3.8 Anwendung der Gleichstromdestillation

Die Gleichstromdestillation ist apparativ eine einfache Destillation. Sie kann mit wenigen Mitteln und in kurzer Zeit aufgebaut werden.
a) Welche Stoffgemische können überwiegend mit einer Gleichstromdestillation getrennt?
b) Wofür wird die Apparatur außerdem verwendet?
c) Welche Sicherheitsmaßnahmen sollten berücksichtigt werden?

Lösungsvorschlag

a) Es werden vorwiegend Stoffgemische getrennt, bei denen der Siedepunktsunterschied mehr als 30 °C beträgt, wie z.B. ein Gemisch aus Methanol und Essigsäurebutylester. Des Weiteren kann mit der Gleichstromdestillation ein Lösemittel von einem Feststoff abgetrennt werden, z.B. die Mischung aus Ethanol und Benzoesäure.
b) Die Apparatur wird außerdem zur Bestimmung des Siedepunktes von flüssigen Reinsubstanzen verwendet.
c) Sicherheitsmaßnahmen: Die Apparatur sollte stets belüftet sein, da sich sonst Überdruck in der Apparatur aufbauen kann. Um Siedeverzüge zu vermeiden, werden Siedesteine im Verdampfungskolben vorgelegt, oder der Inhalt des Verdampfungskolbens muss ständig gerührt werden.

3.3.9 Rektifikation bzw. Gegenstromdestillation

Eine wichtige Destillationsmethode ist die Rektifikation oder Gegenstromdestillation.
a) Erklären Sie das Prinzip der Gegenstromdestillation.
b) Welche Geräte kommen zum Einsatz?

Lösungsvorschlag

a) Durch den Einbau einer Kolonne zwischen Verdampfungsgefäß und Kolonnenkopf wird eine Anreicherung der leichtflüchtigen Stoffe in der Gasphase erzielt. Das erreicht man, wenn der mit dem Leichtsieder angereicherte Dampf am Kolonnenkopf kondensiert und in die Kolonne zurückläuft. Der kontinuierlich weiter aufsteigende Dampf kommt mit dem heißen Kondensat in Berührung. Hierbei entsteht zwischen den Gasteilchen und den Flüssigkeitsteilchen ein intensiver Wärme- und Stoffaustausch. Der aufsteigende Dampf reichert sich mit Leichtsieder aus dem Kondensat an, während der Schwersieder kondensiert und in der Kolonne zurück in die Vorlage läuft.

Nachdem sich in der Kolonne ein Gleichgewicht eingestellt hat, befindet sich in der Dampfphase mehr Leichtsieder als zu Beginn der Destillation.

b) Es kommen zum Einsatz: Verdampfungskolben, Siedesteine, Kolonne, Kolonnenkopf, Heizquelle, Kühlung, Vorlage, Thermometer.

3.3.10 Beeinflussen der Trennleistung

Das Einsatzgebiet der Gegenstromdestillation ist die Trennung von Stoffgemischen. Die Siedepunkte der zu trennenden Flüssigkeiten liegen hierbei dicht nebeneinander.

a) Nennen Sie mindestens zwei Faktoren, die verändert werden müssen, um die Trennleistung zu verbessern.

b) Wie kann der Energieeinsatz verringert werden?

Lösungsvorschlag

a) Um ein Optimum an Trennung zu erzielen, muss die Kontaktfläche zwischen Dampf und Kondensat größtmöglich ausgelegt werden. Dies wird durch das Füllen der Kolonnen mit Füllkörpern erreicht. Weiterhin kann eine Vigreuxkolonne eingesetzt werden. Die Länge der verwendeten Kolonne beeinflusst ebenfalls die Trennleistung. Auch über ein größeres Rücklaufverhältnis kann die Trennung verbessert werden.

b) Der Energieeinsatz kann durch Isolierung der Kolonne, des Verdampfungskolbens und des Kolonnenkopfes mit Aluminiumfolie verringert werden. Anstelle von Aluminiumfolie kann mit verspiegelten Kolonnen bzw. Silbermantelkolonnen gearbeitet werden.

3.3.11 Interpretation eines Gleichgewichtsdiagramms zur Destillation

Für jedes Destillationsgemisch kann ein Gleichgewichtsdiagramm erstellt werden. Bei einigen Gemischen schneidet die Gleichgewichtskurve die 45°-Linie.

a) Wie heißt dieser Punkt?

b) Welche Bedeutung hat dieser Punkt für die destillative Trennung? Begründen Sie Ihre Antwort.

Lösungsvorschlag

a) Der Schnittpunkt zwischen der Gleichgewichtskurve und der 45°-Linie wird azeotroper Punkt genannt.

b) Am azeotropen Punkt ist keine destillative Trennung möglich. Der Dampf eines azeotropen Gemisches hat die gleiche Zusammensetzung wie die Flüssigkeit, d.h., es erfolgt keine Anreicherung in der Dampfphase.

3.3.12 Reinigen durch Umfällen

Eine Methode zur Reinigung von Stoffen ist die Umfällung.

a) Was unterscheidet eine Umkristallisation von einer Umfällung in wässriger Lösung?

b) Geben Sie ein Beispiel zur Umfällung an, und erläutern Sie die wesentlichen Schritte.

Lösungsvorschlag

a) Die Umkristallisation ist eine rein physikalische Reinigungsmethode. Der Stoff wird dabei chemisch nicht verändert. Es wird die unterschiedliche Löslichkeit von Stoffen in der Siedehitze und bei Raumtemperatur ausgenutzt. Die Verunreinigung wird mit einem Adsorptionsmittel gebunden und durch Filtration abgetrennt. Bei der Umfällung wird ein in Wasser schwer löslicher Stoff durch eine chemische Reaktion in ein Salz überführt. Die Verunreinigung bleibt unlöslich und kann durch Adsorption an ein Adsorbens gebunden werden. Nach der Filtration muss das Filtrat, in dem das lösliche Produkt als Salz vorliegt, chemisch wieder zum Ausgangsstoff umgesetzt werden. Nach der Rückreaktion ist das Produkt nicht mehr wasserlöslich, es fällt wieder aus und man kann es abfiltrieren. Der umgefällte Stoff wird durch mehrmaliges Waschen von Fremdionen befreit.

b) Verunreinigte Benzoesäure ist in Wasser fast unlöslich. Durch Zugabe von Natronlauge wird Benzoesäure in wasserlösliches Natriumbenzoat umgesetzt. Mit Aktivkohle kann die Verunreinigung aus der Lösung adsorbiert und über eine Klärfiltration abgetrennt werden. Das wässrige Filtrat enthält nur noch Natriumbenzoat und kann durch die Zugabe von Salzsäure in den Ausgangsstoff Benzoesäure umgewandelt werden. Vor dem Trocknen muss mit Wasser chlorionenfrei gewaschen werden.

3.3.13 Reinigen durch Umkristallisieren

Nicht alle Stoffe können durch eine Umkristallisation gereinigt werden.

a) Welche Voraussetzungen müssen Stoffe mitbringen, damit sie aus heißgesättigter Lösung umkristallisiert werden können?

b) Wann wird das Adsorbens zugegeben? Begründen Sie Ihre Angabe.

c) Welche Aufgabe hat das Adsorbens?

Lösungsvorschlag

a) Der zu reinigende Stoff sollte thermisch stabil sein. Er ist dann für eine Umkristallisation gut geeignet, wenn er sich am Siedepunkt des verwendeten Lösemittels gut löst und in der Kälte eine geringe Löslichkeit im Lösemittel hat.

b) Das Adsorbens wird erst dann zugegeben, nachdem sich der zu reinigende Stoff vollständig in der Siedehitze gelöst hat und die Lösung sich auf eine Temperatur von ca. 15 °C unterhalb des Siedepunktes des Lösemittels abgekühlt hat.

Im Gegensatz dazu würde durch Zugabe des Adsorbens in der Siedehitze, aufgrund der entstehenden großen Oberfläche und dem damit verbundenen Lufteintrag in die siedende Lösung, ein Siedeverzug entstehen.

c) Das Adsorbens soll die Verunreinigung an sich binden, nicht aber den zu reinigenden Stoff.

3.3.14 Auskristallisieren von Stoffen

Im Labor soll ein Stoff nach der Reinigung auskristallisiert werden.
Beschreiben Sie drei Möglichkeiten, wie dies angeregt werden könnte.

Lösungsvorschlag

Die Lösung ist so weit wie möglich abzukühlen, um das Löslichkeitsprodukt des Stoffes zu unterschreiten.

Kristallisiert der Stoff noch nicht aus, kann ein Kristallkeim durch Reiben mit einem Glasstab an der Gefäßinnenwand erzeugt werden. Eine weitere Möglichkeit besteht darin, der Lösung ein Lösemittel zuzusetzen, in der sich der gelöste Stoff schlechter löst, das aber mit dem ersten Lösemittel mischbar ist. Dadurch kristallisiert der Stoff aus.

Bei wässrigen Lösungen kann durch Aussalzen der gelöste Stoff verdrängt werden. Hierzu muss das zugegebene Salz eine bessere Löslichkeit als der gelöste Stoff aufweisen. Eine letzte Möglichkeit ist die Zugabe eines Kristalls der zu reinigenden Verbindung als Impfkristall.

3.3.15 Filtern von nicht gelösten Stoffen

Um nicht gelöste Stoffe abzutrennen, wird meist eine Filtration durchgeführt.
a) Was sind Filtermittel?
b) Nennen Sie je zwei Beispiele für den Bereich Labor und Technik.

Lösungsvorschlag

a) Filtermittel sind Stoffe, die die suspendierten Teilchen einer Lösung zurückhalten und nur die Flüssigkeit der Lösung durchlassen.
b) Im Labor werden überwiegend Papier, Glas und Porzellanfilter eingesetzt. Im Bereich Technik werden meist Filter aus Kunststoff und Baumwolle verwendet. Zum Schutz des Filters gegen Verstopfen setzt man in der Technik noch Filterhilfsstoffe wie z.B. Kies, Sand oder Aktivkohle ein.

3.3.16 Adsorbieren von Verunreinigungen

Einige Reinigungsmethoden basieren auf dem Vorgang der Adsorption. Beschreiben Sie den Vorgang und geben Sie Beispiele dazu an!

Lösungsvorschlag

Als Adsorption bezeichnet man den physikalischen Vorgang der Anlagerung oder Haftung eines Stoffes an der Oberfläche eines anderen Stoffes. Die Adsorption ist ganz klar zur Absorption abgegrenzt, da es sich um einen Oberflächenprozess handelt. Aktivkohle adsorbiert die Verunreinigungen bei einer Umkristallisation. Bei chromatografischen Trennungen mit fester stationärer Phase werden die Substanzen an deren Oberfläche adsorbiert.

3.3.17 Anwenden der Papierfilter

Die am häufigsten verwendeten Filter im Labor bestehen aus Papier.
a) Wie sind Papierfilter aufgebaut?
b) Wie unterscheiden sie sich hinsichtlich ihrer Form und Filtrationsgeschwindigkeit?
c) Welche besonderen Anforderungen stellt man an die Papierfilter in der Gewichtsanalyse?

Lösungsvorschlag

a) Papierfilter bestehen meist aus veredelten Zellstoffen oder kurzfaseriger Baumwolle. Zur Verstärkung der Filter werden Glas- und Kunstfasern eingesetzt.
b) Man unterscheidet sie nach der Form in Rund-, Kegel- und Faltenfilter. Da Faltenfilter eine größere Oberfläche besitzen, sind bei deren Einsatz in der Regel auch
   höhere Filtrationsgeschwindigkeiten zu erwarten. Beim Kegelfilter wird durch das
   zweimalige Falten zum Viertelkreissektor und anschließendem Spreizen die Oberfläche kleiner. Man benötigt gewöhnlich einen Analysentrichter mit Wassersäule,
   um das Ablaufen des Filtrats zu ermöglichen. Rundfilter werden gewöhnlich bei
   Unterdruckfiltrationen mit Saugnutschen eingesetzt.
c) Bei der Gewichtsanalyse werden meist Filter mit geringer Porenweite benötigt,
   da hier oft feinste Niederschläge entstehen, die vom Filter zurückgehalten werden
   müssen. Des Weiteren werden Filter benutzt, die ohne Rückstand verbrennen.
   Hierzu wird bei der Herstellung des Filters Tierkohle eingesetzt.

3.3.18 Anwenden der verschiedenen Filtrationsarten

Wo werden die Filtrationsarten Normaldruck-, Überdruck-, Unterdruck-, Kuchen- und
Klärfiltration vorwiegend eingesetzt?

Lösungsvorschlag

Die Normaldruckfiltration dient zur Befreiung von Partikeln in Lösungen, wie z.B. bei
der Umkristallisation.
   Eine Überdruckfiltration wird bei Filtrationen großer Flüssigkeitsmengen (Filter-
presse, Kläranlage) eingesetzt.
   Unterdruckfiltrationen sind dann sinnvoll, wenn hohe Filtrationsgeschwindigkeiten
benötigt werden, wie z.B. in der Gravimetrie oder bei präparativen Arbeiten.
   Die Kuchenfiltration dient zur Gewinnung des Feststoffes, während das Filtrat verworfen wird, z.B. bei der Herstellung von Präparaten.
   Im Gegensatz dazu ist bei Klärfiltration das Filtrat die zu reinigende Komponente,
um diese von Schwebeteilchen oder nicht gelösten Stoffen und Partikeln zu befreien.
Sie wird häufig beim Umkristallisieren und Umfällen eingesetzt.

3.3.19 Einsatz verschiedener Kühlmittel

Sie haben die Aufgabe eine chemische Reaktion durchzuführen. Hierbei ist ein vorge-
gebener Temperaturverlauf einzuhalten. Welche Kühlmittel würden Sie jeweils, auch
unter ökologischen Aspekten, einsetzen? Begründen Sie Ihre Antwort.
a) Die Reaktionslösung ist 60 Minuten konstant auf $\vartheta = 18\ °C$ zu halten.

b) Die Reaktionslösung ist innerhalb von 5 Minuten auf ϑ = 5 °C abzukühlen und 10 Minuten bei dieser Temperatur zu halten.

c) Die Reaktionslösung ist innerhalb von 10 Minuten auf ϑ = – 40 °C abzukühlen und 1 Stunde bei dieser Temperatur zu halten.

Lösungsvorschlag

a) Die gewünschte Temperatur von ϑ = 18 °C kann mit einem Gemisch aus Wasser und Eis erzielt werden. Mit reinem Kühlwasser kann die Temperatur nur dann gehalten werden, wenn ständig frisches Kühlwasser nachgeführt wird.

   Das Eis-Wasser-Gemisch ist unter ökologischen Aspekten vorteilhafter, da der Wasserverbrauch geringer ausfällt.

b) Um die Reaktionslösung auf ϑ = 5 °C abzukühlen, ist eine Kältemischung aus Eiswasser und etwas Salz notwendig. Hierbei würde ein Eis-Wasser-Gemisch nicht ausreichen, um in der kurzen Zeit die Temperatur von ϑ = 5 °C zu erreichen. Nach Beendigung des Kühlvorgangs kann die Kältemischung über die normale Kanalisation entsorgt werden, da keine Umweltgefährdung besteht. Es gibt auch die Möglichkeit, das Salz durch Verdunsten des Wassers zurückzugewinnen.

c) Zum Herunterkühlen auf ϑ = –40 °C und Halten dieser Temperatur wird eine Kältemischung aus Propan-2-ol und festem CO_2 (Trockeneis) in einem geeigneten Isoliergefäß (Dewargefäß) eingesetzt. Nach dem Kühlvorgang bleibt Propan-2-ol zurück, das wieder verwendet werden kann.

3.3.20 Kühlen mit Salz-Wasser-Mischungen

Im Labor werden Salz-Wasser-Mischungen zum Kühlen eingesetzt.

a) Wieso kühlt eine Salz-Wasser-Mischung mehr als nur Wasser?

b) Warum wird durch Verwenden von Eis und Salz die Kühlwirkung verstärkt?

Lösungsvorschlag

a) Damit das Kristallgitter des Salzes sich auflösen und sich Ionen bilden können, muss die Gitterenergie und die Dissoziationsenergie zugeführt werden. Diese Energie wird der Umgebung entzogen, wodurch die Temperatur der Salz-Wasser-Mischung weiter sinkt und somit eine bessere Kühlwirkung im Vergleich zu Wasser erreicht wird.

b) Beim Mischen von Eis und Salz bildet sich eine wässrige Salzlösung. Für das Schmelzen des Eises wird zusätzliche Energie benötigt, die Aggregatszustandsänderung spielt hier die entscheidende Rolle. Die benötigte Energie für diesen Fest-Flüssig-Übergang ist für die stärkere Kühlwirkung gegenüber Salz-Wasser-Mischungen verantwortlich.

3.3.21 Direktes und indirektes Heizen

Bei vielen Reaktionen im Labor muss Energie zugeführt werden.

Welche Nachteile hat das direkte Heizen, welche Vorteile das indirekte Heizen?

Lösungsvorschlag

Nachteile der direkten Heizung sind, dass die Gefäße ungleichmäßig erhitzt werden, sodass Spannungen im Glas auftreten können und somit eine geringere Lebensdauer der Geräte möglich ist. Weiterhin kann der zu erwärmende Stoff durch diese punktuelle Erhitzung thermisch überansprucht werden und sich zersetzen. Außerdem kommt es zur schlechten Wärmeübertragung, wodurch viel Energie verloren geht. Die Vorteile der indirekten Heizung sind die gute Wärmeübetragung, so geht nur wenig Energie verloren. Die gleichmäßige Erhitzung schont zum einen die Geräte, wodurch deren Lebensdauer erhöht wird und zum anderen den zu erwärmenden Stoff. Eine punktuelle thermische Zersetzung des Stoffes ist somit unwahrscheinlicher.

3.3.22 Anwenden von Heizbädern

Im Labor kommen die unterschiedlichsten Heizbäder zur Anwendung. Nennen Sie Vor- und Nachteile von drei verschiedenen Heizbädertypen!

Lösungsvorschlag

Luftbäder haben eine schlechte Verteilung der Wärme. Mit ihnen können aber sehr hohe Temperaturen erreicht werden, bis zu 1500 °C.

Wasserbäder sind geeignet für Temperaturen bis maximal 100 °C. Sie sind gut geeignet zum Erwärmen brennbarer Flüssigkeiten.

Das Ölbad hat den Nachteil, dass es die zu erwärmenden Gefäße verunreinigt und mit der Zeit eine Verharzung einsetzen kann. Es können Temperaturen bis zu 250 °C erreicht werden.

Beim Grafitbad besteht die Gefahr der Verstaubung bei geringer Luftbewegung. Es besitzt andererseits eine sehr gute Wärmeleitfähigkeit.

3.3.23 Verwenden von Heizquellen

Sie sollen eine Reaktion in einer Zweihalsrückflussapparatur zwei Stunden am Rückfluss kochen. Dafür stehen Ihnen drei unterschiedliche Heizquellen zur Verfügung: Teclubrenner, Pilzheizhaube und Ölbad.

Welche Heizquelle ist in ökologischer und ökonomischer Hinsicht zu bevorzugen? Begründen Sie Ihre Antwort!

Lösungsvorschlag

Der Teclubrenner ist zwar Leistungsstark und hat geringe Anschaffungskosten, aber die Wärmeübertragung ist schlecht, es wird zuviel Energie an die Raumluft abgegeben.

Das Ölbad ist in der Anschaffung teuer und nicht so häufig einsetzbar wie die Pilzheizhaube. Das Öl verharzt mit der Zeit und muss erneuert werden.

Die Pilzheizhaube hat eine gute Wärmeübertragung, ist gut zu regeln, verursacht keine zusätzlichen Umweltbelastungen und ist flexibel einsetzbar. Sie ist deshalb zu bevorzugen.

3.3.24 Kühlertypen

Bei den verschiedenen Apparaturen die im Labor verwendet werden, setzt man unterschiedliche Kühler ein.
a) Nennen Sie vier verschiedene Kühlertypen!
b) Wodurch unterscheiden Sie sich?
c) Wo kommen Sie zum Einsatz?

Lösungsvorschlag

a) Liebig-Kühler, Kugelkühler, Schlangenkühler, Dimroth-Kühler, Intensivkühler.
b) Sie unterscheiden sich in ihrer Form und in der Größe der Kühloberfläche mit dem der zu kondensierende Dampf in Berührung kommt.
c) Bei Syntheseapparaturen, Destillationsapparaturen und Extraktionsapparaturen werden die verschiedenen Kühlertypen eingesetzt.

3.3.25 Trocknen von Präparaten

Sie haben ein Präparat hergestellt und sollen möglichst schnell eine Analyse des Stoffes durchführen. Hierzu muss das Präparat rasch getrocknet werden.
a) Welche Geräte kommen hierfür in Frage?
b) Wie würden Sie vorgehen?

Lösungsvorschlag

a) Tonteller, Trockenschrank, Trockenpistole, Vakuumtrockenschrank, Sprühtrocknung.
b) Da für die meisten Analysen nur wenige mg ausreichen, erfolgt durch Verreiben auf einem unglasierten Tonteller schnell eine intensive Vortrocknung. Anschließend kann die vollständige Trocknung in einem Vakuumtrockenschrank in wenigen Minuten erreicht werden.

3.3.26 Test auf Wasserrückstände und Entfernen von Wasser

Es wurde bei einer Synthese ein Ester hergestellt.
a) Mit welcher Methode kann er von Wasserresten befreit werden?
b) Wie kann dies überprüft werden?

Lösungsvorschlag

a) Ein Großteil des Wassers kann mittels Destillation oder einem Wasserabscheider abgetrennt werden, vorausgesetzt es handelt sich um einen Ester, der nicht mit Wasser mischbar ist.
Die verbleibenden Wasserreste können durch direkte Zugabe von wasserfreiem Natriumsulfat (Na_2SO_4), wasserfreiem Calciumchlorid ($CaCl_2$) oder einem Molekularsieb gebunden werden. Hierbei sollte das Gefäß geschlossen sein, um keine neue Luftfeuchtigkeit in den Ester gelangen zu lassen. Intensives Rühren mit dem Magnetrührer verkürzt die Trockenzeit. Anschließend wird das feuchte Trockenmittel über einen Faltenfilter abfiltriert. Um allerletzte Wasserreste zu beseitigen, kann mit einer Natriumpresse frisches Natrium in den Ester gepresst werden.

b) Ein einfacher Nachweis ist die Zugabe von wasserfreiem Kupfer(II)-chlorid. Dies ist weiß, bindet aber Wasser als Kristallwasser und wechselt die Farbe dabei zu Blau. Durch die Bestimmung von Stoffkonstanten wie Dichte, Brechungszahl oder mit Hilfe einer Titration nach Karl-Fischer kann auch der Wassergehalt bestimmt werden.

3.3.27 Verschiedene Trockenmittel

Nach einer Destillation verbleiben häufig noch Spuren von Wasser im Destillat. Um dieses Wasser zu entfernen, gibt es verschiedene Trockenmittel.
a) Nennen Sie mindestens fünf Trockenmittel.
b) Welche Vorgänge führen zur Trocknung?

Lösungsvorschlag

a) Als Trockenmittel können wasserfreies Calciumchlorid, Schwefelsäure, metallisches Natrium, Phosphorpentoxid, Natriumsulfat oder ein Molekularsieb eingesetzt werden.
b) Das Wasser kann durch Anlagerung als Kristallwasser, durch chemische Reaktionen oder durch Sorption an der Oberfläche gebunden werden.

3.3.28 Aufbauen einer Vierhalsapparatur

Bei vielen präparativen Arbeiten wird eine Vierhalsrührapparatur benötigt.
a) Beschreiben Sie den Aufbau in der richtigen Reihenfolge.
b) Welche Sicherheitsaspekte müssen berücksichtigt werden?

Lösungsvorschlag

a) Die Apparatur wird immer von unten nach oben aufgebaut. Mit Hilfe einer Hebebühne und eines Heizkorbes muss die richtige Höhe und der richtigen Abstand zu den Stativstangen ausgewählt werden. Dabei ist die Höhe so zu wählen, dass die Heizquelle (hier der Heizpilz) sicher und schnell entfernt werden kann, um eine Überhitzung des Kolbeninhalts zu vermeiden. Der Vierhalsrundkolben wird mit einer Rundklammer fixiert, der Teflonrührer mit Rührführung eingesetzt und mit einer Rundklammer gesichert. Oberhalb des Teflonrührers wird der Rührmotor mit einer Muffe befestigt und der Teflonrührer mit dem Rührmotor verbunden. Nun wird der Rührmotor mit Teflonrührer soweit abgesenkt, bis zwischen Teflonblatt und Rundkolben maximal ein Abstand von 0,5 cm besteht. Die Apparatur wird so ausgerichtet, dass sie von allen Seiten gerade steht, der Kühler mit Kühlschläuchen versehen ist und diese am Kühler gesichert sind. Darauf schließt man den Wassereinlass an das Kühlwassersystem an und dreht behutsam den Wasserhahn auf. Dabei wird überprüft, ob alle Anschlüsse dicht sind. Der Schliffkern des Kühlers wird gefettet, in den Vierhalsrundkolben eingepasst und der Kühler mit einer Kühlerklammer gesichert. Den Tropftrichter prüft man auf Sauberkeit und Funktionstüchtigkeit. Der Schliff wird gefettet und in den Vierhalsrundkolben eingepasst, ebenso die Quickfitverbindung und das Thermometer. Die Thermometerhöhe im Rundkolben ist so zu wählen, dass das Teflonblatt des Rührers nicht an das Thermometer anschlägt.

b) Beim Eintragen von Substanzen in den Rundkolben ist immer der Heizkorb zu entfernen und ein geeigneter Trichter zu verwenden. Die Apparatur sollte nicht überfüllt betrieben werden und darf im beheizten Zustand zu keinem Zeitpunkt unbeaufsichtigt bleiben.

3.3.29 Verwenden von Volumenmessgeräten

Für das genaue Messen des Volumens werden im Labor Volumenmessgeräte verwendet.
a) Nennen Sie Volumenmessgeräte, die auf Einlauf bzw. Auslauf geeicht sind.
b) Von welchen Faktoren ist die Messgenauigkeit abhängig?

Lösungsvorschlag

a) Einlaufgeeicht Volumenmessgeräte sind: Messkolben, Messzylinder, Pyknometer. Auslaufgeeichte Volumenmessgeräte sind: Vollpipette, Messpipette, Bürette.
b) Die Messgenauigkeit ist abhängig vom Durchmesser der Eichmarkierung, von der eingehaltenen Temperatur die auf dem Messgerät vermerkt ist und der eingehaltenen Auslaufzeit. Außerdem ist die Messgenauigkeit von der Güteklasse des Glases abhängig.

3.3.30 Wägefehler

Beim Wägen können die verschiedensten Fehler gemacht werden. Welche Wägefehler sind die gravierendsten?

Lösungsvorschlag

Ein fester, ebener und sicherer Standort ist die Voraussetzung für eine exakte Wägung. Die Waage sollte im Labor vor Zugluft geschützt stehen. Eine elektrostatische Aufladung der Waage muss vermieden werden, und sie darf keinen Magnetfeldern ausgesetzt sein.

Unsaubere Waagen sollten nicht benutzt werden, weil Verunreinigungen die Messelektronik negativ beeinflussen. Das Wägegut muss Raumtemperatur aufweisen und sollte immer zentriert auf der Waagschale liegen.

3.3.31 Massenbestimmung mit Analysenwaagen

Die Massenmessung hat im Labor einen hohen Stellenwert, da bei vielen Analysen die Massenbestimmung in die Berechnung mit eingeht. Erläutern Sie, wie moderne Analysenwaagen funktionieren.

Lösungsvorschlag

Bei einer elektronischen Waage wird die Masse des aufgelegten Wägeguts durch den elektrischen Strom, der in einer Tauchspule erzeugt wird, kompensiert. Umso größer die aufgelegte Masse, umso mehr Strom muss aufgewandt werden, um dies auszugleichen. Die Masse ist somit proportional dem Strom, der notwendig ist, um den Wägeteller wieder in den Ausgangszustand zu bringen.

3.3.32 Verwenden von Normschliffen

Beim Aufbau von Apparaturen verwendet man häufig Geräte mit Normschliff.
a) Welche Normschliffarten lassen sich unterscheiden?
b) Was bedeutet in diesem Zusammenhang die Bezeichnung NS 14/19?
c) Welche Vorteile haben Normschliffe?

Lösungsvorschlag

a) Im Labor gibt es den Planschliff, den Kegelschliff und den Kugelschliff.
b) Die Abkürzung NS steht für Normschliff. Die Zahlenkombination 14/19 gibt die Abmessungen des Schliffes an. Der Schliff misst an der größten Stelle 14 mm im Durchmesser und 19 mm in der Länge.
c) Durch genormte Schliffe erreicht man eine hohe Passgenauigkeit und eine hohe Dichtigkeit. Kugelschliffe erlauben einen nahezu spannungsfreien Aufbau großer Apparaturen.

3.3.33 Begriffe zur Flüssig-Flüssig-Extraktion

Bei der Extraktion werden Stoffe aus Gasen, Flüssigkeiten oder Feststoffgemischen abgetrennt. Erklären Sie am Beispiel der Flüssig-Flüssig-Extraktion die folgenden Begriffe:
a) Extraktionsgut
b) Extraktionsmittel
c) Extrakt
d) Raffinat

Lösungsvorschlag

a) Als Extraktionsgut bezeichnet man das Feststoffgemisch bzw. das Flüssigkeitsgemisch, aus dem eine Komponente abgetrennt werden soll.
b) Das Extraktionsmittel ist das Lösemittel, mit dem die gewünschte Komponente herausgelöst werden soll.
c) Nach der Extraktion wird das Extraktionsmittel mit der gewonnenen Komponente als Extrakt bezeichnet.
d) Den Rückstand nennt man Raffinat.

3.3.34 Feststoffextraktion

Zur Isolierung von Stoffen werden im Labor physikalische Trennmethoden eingesetzt. Ein Verfahren hierzu ist die Feststoffextraktion.
Erklären Sie, wie bei einer Soxhlet-Apparatur die Extraktion verläuft.

Lösungsvorschlag

Das Extraktionsmittel wird in einen Rundkolben vorgelegt. Das zu extrahierende Stoffgemisch füllt man in die Extraktionshülse und setzt diese in den Soxhlet-Aufsatz. Nachdem der Kühler aufgesetzt ist, bringt man das Extraktionsmittel zum Sieden. Die entstehenden Lösemitteldämpfe steigen durch das Dampfrohr nach oben und kondensieren im Kühler. Das Kondensat tropft in die Extraktionshülse und nimmt dort die löslichen Bestandteile auf. Dies geschieht so lange, bis das Extrakt über das Heberohr gestiegen ist und in den Verdampfungskolben zurückfließt. Dieser Vorgang wird so lange wiederholt, bis vollständig extrahiert wurde.

3.3.35 Arbeitsgeräte für die Flüssig-Flüssig-Extraktion

Bei der Flüssig-Flüssig-Extraktion wird ein spezieller Trichter verwendet.
a) Wie nennt man diesen Trichter?
b) Was ist beim Arbeiten mit diesem Trichter zu beachten?

Lösungsvorschlag

a) Für die Flüssig-Flüssig-Extraktion verwendet man einen Scheidetrichter, der auch als Schütteltrichter bezeichnet wird.
b) Der Scheidetrichter sollte nie vollständig gefüllt werden. Er ist mit beiden Händen zu halten und dabei der Stopfen fest aufzudrücken. Nach dem jeweiligen Schütteln sollte der Trichter umgekehrt und durch den Ablasshahn entlüftet werden. Haben sich die Schichten getrennt, kann die untere Schicht abgelassen werden.

3.3.36 Betrachten von Aggregatzustandsänderungen

Beim Schmelzen und Verdampfen ändert sich der Aggregatzustand von fest nach flüssig bzw. von flüssig nach gasförmig.
a) Wie heißt der Vorgang, wenn ein Feststoff direkt in den gasförmigen Zustand übergeht?
b) Nennen Sie Stoffe, die Sublimieren können.

Lösungsvorschlag

a) Der direkte Übergang von der festen in die gasförmige Phase wird als Sublimation bezeichnet.
b) Kohlenstoffdioxid (Trockeneis) sublimiert zu gasförmigem CO_2. Ammoniumchlorid und Iod sublimieren auch.

3.3.37 Sublimieren als Reinigungsmethode

Neben Umkristallisation und Umfällung gibt es noch andere Möglichkeiten einen Feststoff zu reinigen.
Nennen Sie ein Verfahren, das zu einem besonders reinen Produkt führt und begründen Sie ihre Antwort.

Lösungsvorschlag

Die Sublimation kann als Reinigungsmethode eingesetzt werden. Sie dient zwar nur beschränkt für die Aufreinigung, da nur wenige Substanzen sublimieren, aber sie liefert durch die vollständige Abtrennung der gewünschten Komponente eine sehr hohe Reinheit bei der Resublimation.

3.3.38 Herstellen von Gasen

Im Labor werden auch immer wieder Gase benötigt.

Erläutern Sie zwei Methoden zur Gasherstellung im Labor und geben Sie je ein Beispiel an.

Lösungsvorschlag

Bei der Zersetzungsreaktion wird ein Stoff so stark erwärmt, bis er sich zersetzt und das Gas frei wird. Auch mit Hilfe von Lichtenergie lassen sich solche Reaktionen starten.

Als Beispiel kann hier die Spaltung von Kaliumchlorat zur Sauerstoffgewinnung angeführt werden:

$$4\ KClO_3 \rightarrow\quad KCl + 3\ KClO_4$$

$$3\ KClO_4 \rightarrow 3\ KCl + 6\ O_2 \uparrow$$

Bei der Verdrängungsreaktion wird das Salz einer schwachen Base oder Säure mit einer starken Base oder Säure versetzt. Die starke Base oder Säure setzt dann die schwächere aus dem Salz frei. Als Beispiel für die Gaserzeugung ist die Freisetzung von Wasserstoff mit Salzsäure geeignet:

$$Zn + 2\ HCl \rightarrow ZnCl_2 + H_2 \uparrow$$

3.3.39 Reinigen von Gasen

Nachdem ein Gas im Labor erzeugt wurde, kann es nicht in jedem Fall sofort für eine Reaktion verwendet werden.

a) Wie muss das Gas vor dem Eintritt in das Reaktionsgefäß behandelt werden?

b) Mit welchem Gerät kann eine Gasprobe genommen werden?

Lösungsvorschlag

a) Bevor selbst hergestelltes Gas in die Reaktionsapparatur eingeleitet werden kann, müssen die Verunreinigungen wie z.B. Staub, Nebenprodukte oder Wasserdampf abgetrennt werden. Staub kann beim Durchströmen des Gases durch ein poröses Material abgetrennt werden. Nebenprodukte kann man mit einem geeigneten Adsorptionsmittel binden, Restfeuchtigkeit mit Hilfe eines geeigneten Trockenmittels entfernen.

b) Zur Probenahme für Gase wird ein Doppelhahnröhrchen, auch als Gasmaus bezeichnet, genutzt.

3.3.40 Gaswäsche

Um selbst hergestellte Gase zu reinigen, werden diese durch bestimmte Glasgefäße geleitet, die wiederum mit Wasch- oder Trockenmitteln gefüllt sind.

a) Wie werden diese Glasgefäße genannt?

b) Nennen Sie zwei Gase, deren Herstellung sowie geeignete Wasch- und Trockenmittel.

Lösungsvorschlag

a) Diese Glasgefäße werden Gaswaschflaschen genannt. Als spezielle Arten sind hier die Sicherheitswaschflaschen und die Frittenwaschflaschen zu nennen.

b) Für die Wasserstoffherstellung kann ein unedles Metall und Salzsäure verwendet werden. Zur Absorption von Salzsäuredämpfen wäre dann Natronlaugelösung geeignet und zum Trocknen konzentrierte Schwefelsäure. Um Kohlenstoffdioxid herzustellen, kann Natriumcarbonat mit Salzsäure versetzt werden. Zum Waschen empfiehlt sich Natriumhydrogencarbonatlösung und zum Trocknen auch konzentrierte Schwefelsäure.

3.3.41 Arbeiten mit Lösungsmitteln

Sie arbeiten mit einem Lösungsmittel, das brennbare Dämpfe erzeugt.

a) Welche Bedingungen müssen vermieden werden, um eine Entzündung der Dämpfe zu vermeiden?

b) Wie ist der Flammpunkt definiert?

c) Was sagt der Zündbereich eines Stoffes aus?

Lösungsvorschlag

a) Die brennbaren Dämpfe können nur in sauerstoffhaltiger Atmosphäre mit einer Zündquelle entzündet werden. Um dies zu vermeiden, kann unter Schutzatmosphäre (N_2-Atmosphäre) gearbeitet werden. Da bei einfachen Arbeiten der Aufwand dafür zu hoch ist, muss auf die Zündquellen geachtet werden. Zu den Zündquellen zählen z.B. offene Flammen oder Elektrogeräte wie Heißluftpistole und Fön.

b) Der Flammpunkt ist die niedrigste Temperatur in °C, bei der die Substanz unter einem Druck von 1013 mbar Dämpfe entwickelt, die mit Luft über der Flüssigkeit ein zündfähiges Gemisch bilden.

c) Der Zündbereich begrenzt die obere und untere Zündgrenze. Er gibt den Konzentrationsbereich eines brennbaren Gases in Luft an, wobei die angestoßene Verbrennung selbständig weiterläuft.

3.4 Charakterisieren von Produkten und Arbeitsstoffen

3.4.1 Bestimmen von *pH*-Werten

Der *pH*-Wert einer Kaliumhydroxidlösung liegt nach einer Messung bei *pH* = 10.

a) Wie würde sich der *pH*-Wert durch die Zugabe von festem KOH ändern?

b) Wie können Sie den *pOH*-Wert bei bekanntem *pH*-Wert bestimmen?

Lösungsvorschlag

a) Der *pH*-Wert würde steigen, da die Konzentration an Hydroxid-Ionen steigt.

b) Der *pOH*-Wert und der *pH*-Wert stehen mathematisch in folgendem Zusammenhang: *pOH* + *pH* = 14. Damit ergibt sich für den *pOH*-Wert folgende Berechnung:

$$pOH = 14 - pH \hspace{4cm} \text{(Gl. 3.4.1)}$$

$$pOH = 14 - 10$$

$$pOH = \underline{4}$$

3.4.2 Berechnen der Hydroniumionen-Konzentration

Der *pH*-Wert der Lösungen einer Verdünnungsreihe steigt wie Tabelle 3.7 zeigt an. Ergänzen Sie die Hydroniumionen-Konzentration der Tabelle.

Tabelle 3.7

Lösung Nr.	*pH*-Wert	Konzentration $c(H_3O^+)$ in mol/L
1	0,1	
2	0,5	
3	1,0	
4	1,5	
5	2,0	

Lösungsvorschlag

Der *pH*-Wert errechnet sich nach Gl. 3.4.2 aus der Stoffmengenkonzentration an Hydroniumionen.

$$pH = -\log\left(c(H_3O^+)\right) \tag{Gl. 3.4.2}$$

Über die Umkehrfunktion zum Logarithmus kann aus dem *pH*-Wert die Konzentration mit Gl. 3.4.3 bestimmt werden.

$$c(H_3O^+) = 10^{-pH} \tag{Gl. 3.4.3}$$

Tabelle 3.8 Lösung zu Tabelle 3.7

Lösung Nr.	*pH*-Wert	Konzentration $c(H_3O^+)$ in mol/L
1	0,1	0,794
2	0,5	0,316
3	1,0	0,100
4	1,5	0,032
5	2,0	0,010

3.4.3 Charakterisieren der Viskosität

Die Viskosität ist eine wichtige Stoffeigenschaft von Flüssigkeiten.
a) Für welche Kraft zwischen den Flüssigkeitsmolekülen steht die Viskosität?
b) Was sind in diesem Zusammenhang Newton'sche Flüssigkeiten?

Lösungsvorschlag

a) Die Viskosität oder Zähigkeit beschreibt die Kohäsion, also die zwischen einzelnen, gleichartigen Teilchen wirkenden Anziehungskräfte. Bei hohen Viskositäten sind die Flüssigkeiten zähfließend, bei niedrigen Viskositäten dünnflüssig.

b) Als Newton'sche Flüssigkeiten bezeichnet man Flüssigkeiten, bei denen die Viskosität unabhängig vom Geschwindigkeitsgefälle ist. Die Viskosität bleibt gleich, auch wenn ein Körper mit verschiedenen Geschwindigkeiten durch die Flüssigkeit bewegt wird.

3.4.4 Bestimmen der Viskosität

Für eine flüssige Probe soll die Viskosität bestimmt werden.
a) Welche Geräte können Sie zur Bestimmung der Viskosität einsetzen?
b) Wie wird die kinematische Viskosität aus der dynamischen Viskosität berechnet?

Lösungsvorschlag

a) Zur Viskositätsbestimmung können Höppler-Viskosimeter (Kugelfall-Viskosimeter) und Rotationsviskosimeter benutzt werden.
b) Um die kinematische Viskosität zu bestimmen, wird der Quotient aus dynamischer Viskosität und der Dichte der Flüssigkeit nach Gl. 3.4.4 gebildet.

$$v = \frac{\eta}{\varrho} \qquad \text{(Gl. 3.4.4)}$$

3.4.5 Arbeiten mit dem Kugelfallviskosimeter

Mit einem Kugelfallviskosimeter wird eine Flüssigkeitsprobe untersucht.
a) Welche Arbeitsschritte sind dazu notwendig?
b) Für die Probe haben Sie eine Durchlaufzeit von t = 3,31 min gemessen. Welche dynamische Viskosität η besitzt die Probe?
k = 1,37 · 10^{-3} Pa · cm^3/kg, $\varrho_{Flü}$ = 0,787 g/mL, ϱ_K = 2,81 g/cm^3

Lösungsvorschlag

a) Zuerst muss mit dem Viskosimeter und der verwendeten Kugel die Kugelkonstante bestimmt werden. Dazu wird mit dem Viskosimeter und einer bekannten Flüssigkeit die Fallzeit der Kugel bestimmt. Die temperierte Flüssigkeit wird in das Viskosimeter gefüllt, die Kugel eingesetzt und mit der Blasenfalle das Viskosimeter verschlossen. Durch eine Mehrfachbestimmung ergibt sich die mittlere Fallzeit. Mit Gl. 3.4.5 kann daraus die Kugelkonstante k berechnet werden.

$$k = \frac{\eta}{t \cdot (\varrho_K - \varrho_{Flü})} \qquad \text{(Gl. 3.4.5)}$$

Ist die Kugelkonstante bestimmt, kann das Viskosimeter mit der temperierten Probeflüssigkeit befüllt und die dynamische Viskosität der Probe mit Gl. 3.4.6 bestimmt werden.

$$\eta = k \cdot t \cdot (\varrho_K - \varrho_{Flü}) \qquad \text{(Gl. 3.4.6)}$$

b) Durch Einsetzen der gegebenen Kugelkonstante, der Fallzeit und der Dichten von Probe und Kugel kann die Viskosität nach Gl. 3.4.6 berechnet werden.

$$\eta = 1,37 \cdot 10^{-6} \text{ Pa } \cdot cm^3/g \cdot 198,6 \text{ s} \cdot (2,81 \text{ g/}cm^3 - 0,787 \text{ g/}cm^3)$$

$$\eta = \underline{0,55 \cdot 10^{-3} \text{ Pa} \cdot \text{s}}$$

Die Viskosität der Probe liegt bei η = 0,55 · 10^{-3} Pa · s.

3.4.6 Bestimmen der Dichte

Mit welchen Hilfsmitteln kann die Dichte von
a) Flüssigkeiten und
b) Feststoffen
   bestimmt werden?

Lösungsvorschlag
a) Die Dichte von Flüssigkeiten kann mit einem Pyknometer, einem Aräometer (Spindel) oder mit einer Mohr-Westphalschen Waage bestimmt werden. Es gibt auch elektronische Messgeräte zur Dichtebestimmung wie den Biegeschwinger.
b) Die Feststoffdichte kann mit Hilfe der hydrostatischen Waage bestimmt werden. Bei einfachen, regelmäßigen Körpern kann die Dichte über Ausmessen und Wiegen bestimmt werden.

3.4.7 Arbeiten mit dem Pyknometer

Wie wird die Dichte von Flüssigkeiten mit einem Pyknometer bestimmt?

Lösungsvorschlag
Ein Pyknometer wird leer und trocken gewogen. Das Pyknometer wird mit temperiertem Wasser (ϑ = 20 °C) gefüllt, der passende Stopfen aufgesetzt, die überlaufende Flüssigkeit abgespült und das Pyknometer getrocknet. Die Kapillare muss komplett gefüllt sein, dann wird das Pyknometer gewogen. Mit der bekannten Dichte von Wasser (aus einer Formelsammlung) bei ϑ = 20 °C und der Masse an Wasser kann das Volumen berechnet werden. Die zu bestimmende Probeflüssigkeit wird in das Pyknometer gefüllt, der Stopfen vorsichtig aufgesetzt, wobei wieder überschüssige Flüssigkeit heraus fließen kann. Die Masse des Pyknometers mit Probe wird nun bestimmt. Aus der berechneten Masse an Probe und dem bekannten Volumen des Pyknometers kann die Dichte der Flüssigkeit nach Gl. 3.4.7 berechnet werden.

$$\varrho_{\text{Probe}} = \frac{m_{\text{Pykno+Probe}} - m_{\text{Pkyno-Tara}}}{V_{\text{Pykno}}} \qquad \text{(Gl. 3.4.7)}$$

3.4.8 Bestimmen der Konzentration einer Saccharose-Lösung

Mit welchem der folgenden Geräte kann die Konzentration einer Saccharose-Lösung bestimmt werden? Begründen Sie Ihre Antwort.
- ❏ GC
- ❏ Polarimeter
- ❏ NMR-Spektrometer
- ❏ *pH*-Meter

Lösungsvorschlag
Die Konzentration einer Saccharose-Lösung kann mit Hilfe eines Polarimeters bestimmt werden. Mit der Polarimetrie können optisch aktive Substanzen untersucht werden. Saccharose ist eine optisch aktive Substanz. Die Konzentration ist eine direkt proportionale Größe zum Drehwinkel einer optisch aktiven Substanz.

Die Gaschromatografie ist für leicht verdampfbare Proben geeignet. Mit der NMR-Analyse wird Strukturaufklärung betrieben. Ein *pH*-Meter ist nur zur *pH*-Wert-Bestimmung geeignet.

3.4.9 Analysieren von optisch aktiven Substanzen

Mit der Polarimetrie werden optisch aktive Substanzen analysiert.
a) Erklären Sie, was «optisch aktiv» bedeutet?
a) Wie erkennen Sie diese Eigenschaft anhand der Struktur eines Moleküls?

Lösungsvorschlag

a) Optische Aktivität ist das Vermögen einer Substanz, die Polarisations- oder Schwingungsebene elektromagnetischer Strahlung zu beeinflussen. Dabei wird die Schwingungsebene beim Durchgang durch die Probe um einen bestimmten Winkel gedreht.
b) Ein Molekül besitzt ein optisch aktives Zentrum, wenn in der Struktur ein C-Atom zu finden ist, das von vier verschiedenen Substituenten umgeben ist. Es können auch mehrere aktive Zentren in einem Molekül auftreten. Bild 3.4 zeigt eine optisch aktive Substanz.

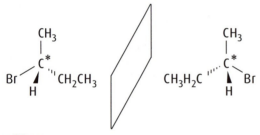

Bild 3.4

3.4.10 Messen mit dem Polarimeter

Eine Zuckeranalyse mittels Polarimeter ergab folgende Werte für die Vergleichslösungen (Tabelle 3.9):

Tabelle 3.9

Lösung Nr.	Massenkonzentration in g/100 mL	Drehwinkel in °
1	2,5	13,2
2	5,0	14,8
3	7,5	16,2
4	10,0	18,1
5	12,5	19,9

Die Probenlösung ergab bei der darauffolgenden Messung einen Drehwinkel von $[\alpha]_{20}^{D} = 17{,}5°$.
a) Wofür stehen die einzelnen Buchstaben und die Zahl $[\alpha]_{20}^{D}$?
b) Welche Massenkonzentration liegt in der Probe vor?

Lösungsvorschlag

a) Der Drehwinkel wird mit dem Formelzeichen α angegeben und die Einheit ist Grad. Die Abkürzung «D» steht für die Wellenlänge des verwendeten Lichtes einer Natrium-Dampf-Lampe (λ = 589 nm). Die Temperatur wird für die Drehung mit angegeben, hier ϑ = 20 °C. Diese Temperaturangabe ist wichtig, da es bei anderen Temperaturen zu Veränderungen des Drehwinkels kommt.

b) Mit Hilfe einer Tabellenkalkulation wie Excel ergibt sich folgende Geradengleichung:

Drehwinkel = 0,668 · Massenkonzentration + 11,43.

Wird der Messwert der Probe eingesetzt ergibt sich mit Gl. 3.4.8 die Probenkonzentration.

$$\beta \, (\text{Zucker}) = \frac{17,5 - 11,43}{0,668} = \underline{9,1} \qquad\qquad \text{(Gl. 3.4.8)}$$

Die Massenkonzentration der Probe beträgt β = 9,1 g/100 mL.

Diese Aufgabe kann ebenfalls grafisch gelöst werden, in Bild 3.5 ist die Kalibriergerade dargestellt.

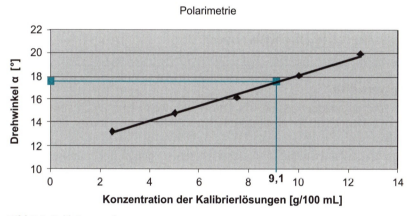

Bild 3.5 Kalibriergerade

3.4.11 Schmelzpunkt als Fixpunkt einer Probe

Der Schmelzpunkt gehört wie der Siedepunkt zu den charakteristischen Fixpunkten einer Substanz. Am Schmelzpunkt wie auch am Siedepunkt bleibt die Temperatur für eine gewisse Zeit konstant. Beschreiben Sie die Vorgänge, die beim Schmelzen einer Probe ablaufen.

Lösungsvorschlag

Die Teilchen wandeln die zugeführte Energie in Bewegungsenergie um. Die Probe lässt sich zunächst bis zum Schmelzpunkt erhitzen, dabei steigt die Temperatur an. Ab diesem Punkt wird die weiter zugeführte Wärme nicht mehr zur Temperaturerhöhung genutzt. Die Energie wird nun zum Gitteraufbruch der Substanz benötigt. Erst wenn das Gitter vollständig aufgelöst ist, beginnt die Temperatur des Gesamtsystems wieder zu steigen.

3.4.12 Identifizieren mittels Mischschmelzpunkt

Der Mischschmelzpunkt kann zur Identifizierung von Feststoffen eingesetzt werden. Wie können Sie mit drei Referenzsubstanzen die Identität einer unbekannten Probe bestimmen?

Lösungsvorschlag

Aus den drei Referenzen und der Probe wird je eine Zweiermischung hergestellt. Von allen drei Mischungen und von den reinen Referenzen sowie der Probe wird der Schmelzpunkt bestimmt.

Ist der Schmelzpunkt einer Mischung gleich dem Schmelzpunkt der einzelnen Probe, handelt es sich bei der Referenz um die Probensubstanz. Wenn der Schmelzpunkt abweicht, wird es sich um eine andere Substanz handeln, da jede geringe Verunreinigung zur Schmelzpunktdepression führt.

3.4.13 Schmelzpunktdepression

Bei der Schmelzpunktbestimmung tritt das Phänomen der Schmelzpunktdepression auf.
a) Was bedeutet Schmelzpunktdepression?
b) Wie hängt dieses Phänomen mit dem Mischschmelzpunkt zusammen?

Lösungsvorschlag

a) Die Schmelzpunktdepression tritt immer auf, wenn eine Probe verunreinigt ist. Geringe Mengen an Fremdsubstanz in einer Feststoffprobe senken deren Schmelzpunkt.
b) Beim Mischschmelzpunkt wird dieser «Verunreinigungseffekt» ausgenutzt. Durch Mischen mit anderen Substanzen sinkt deren Schmelzpunkt. Mischt man mit der gleichen Substanz bleibt der Schmelzpunkt gleich.

3.4.14 Bestimmen von Brechungsindizes (Brechzahlen)

Mit der Bestimmung der Brechungsindizes können Sie schnell und einfach flüssige Proben untersuchen.
a) Welche physikalischen Vorgänge stecken hinter der Lichtbrechung?
b) Wie ist der zu bestimmende Brechungsindex *n* definiert?

Lösungsvorschlag

a) Die Lichtbrechung ist ein Effekt, der durch die unterschiedliche Ausbreitungsgeschwindigkeit des Lichtes in verschiedenen Medien sichtbar wird. Bei einem Übergang von einem optisch dünneren Medium in ein optisch dichteres Medium wird der Lichtstrahl «abgebremst». Der Lichtstrahl wird hier zum Einfallslot hin gebrochen. Tritt der Lichtstrahl von einem optisch dichteren in ein optisch dünneres Medium, wird der Lichtstrahl vom Lot weg gebrochen.

b) Der Brechungsindex n kann mit Hilfe des Quotienten der Lichtgeschwindigkeiten in den Medien oder mit Hilfe des Quotienten des Einfallswinkels zum Ausfallswinkel (Bild 3.6) berechnet werden.
Gl. 3.4.9 stellt die Beziehung dar:

$$n = \frac{c_1}{c_2} = \frac{\sin \alpha}{\sin \beta} \qquad\qquad \text{(Gl. 3.4.9)}$$

mit:

c_1 Ausbreitungsgeschwindigkeit im Ausgangsmedium
c_2 Ausbreitungsgeschwindigkeit im Übergangsmedium
$\sin\alpha$ Einfallswinkel
$\sin\beta$ Ausfallswinkel

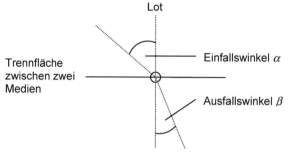

Bild 3.6 Durchgang eines Lichtstrahls

3.4.15 Identifizieren mittels Brechungsindex

Der Brechungsindex wird häufig mit n_D^{20} angegeben.
a) Wofür stehen die Indizes «20» und das «D»?
b) Wozu dienen diese Angaben?

Lösungsvorschlag
a) Die «20» steht für die Temperatur $\vartheta = 20\ ^\circ\text{C}$ und das «D» für die Wellenlänge des verwendeten Lichtes (Natrium-D-Linie, $\lambda = 589$ nm).
b) Der Brechungsindex ist von der Temperatur und vom Licht, das zur Messung verwendet wird, abhängig. Nur unter Berücksichtigung dieser Angaben kann mit einer Referenztabelle verglichen werden.

3.4.16 Messen mit dem Abbe-Refraktometer

Zur Messung des Brechungsindexes wird ein Abbe-Refraktometer verwendet.
Nach welchem Prinzip funktioniert das Messgerät?

Lösungsvorschlag

Bei einem Abbe-Refraktometer wird das Phänomen der Totalreflexion ausgenutzt. Zwischen zwei Glasplatten wird eine geringe Menge der Probenflüssigkeit eingeschlossen. Tritt nun das Licht in einem bestimmten Winkel auf die Grenzfläche, wird es gebrochen. Durch manuelles Drehen eines Spiegels im Refraktometer wird der Einfallswinkel des Lichtes verändert. Wird nun der Grenzwinkel β_{Gr} erreicht, tritt der Lichtstrahl nicht mehr aus, sondern wird durch die Totalreflexion entlang der Grenzfläche gebrochen. Der Austrittswinkel entspricht einem rechten Winkel (Bild 3.7).

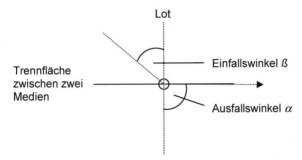

Bild 3.7 Grenzwinkel

Der Grenzwinkel ist dann erreicht, wenn im Fadenkreuz des Refraktometers eine Hälfte komplett schwarz erscheint (Bild 3.8).

Bild 3.8 Fadenkreuz im Refraktometer

Wendet man nun die Formel für den Brechungsindex an, ergibt sich Gl. 3.4.10:

$$n = \frac{\sin 90°}{\sin \beta_{Gr}} = \frac{1}{\sin \beta_{Gr}} \qquad \text{(Gl. 3.4.10)}$$

3.4.17 Bestimmen der Konzentration eines flüssigen Eduktes mittels Refraktometer

Wie können Sie mit Hilfe des Brechungsindexes den Gehalt eines flüssigen Eduktes bestimmen, das mit einem Lösemittel verunreinigt ist.

Lösungsvorschlag

Um den Gehalt an Edukt zu bestimmen, können zwei definierte Mischungen aus Edukt und Lösemittel angesetzt werden. Die Brechungsindizes der zwei Mischungen und der Probe werden bestimmt. Nun wird ein Diagramm (Bild 3.9) erstellt, und die Brechungsindizes, in Abhängigkeit vom Mischungsverhältnis, werden eingezeichnet. Das Mischungsverhältnis der Probe ist daraus ablesbar.

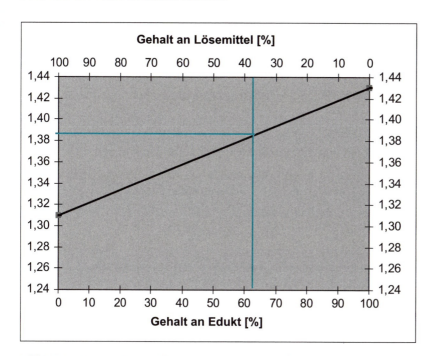

Bild 3.9 Brechungsindex in Abhängigkeit von der Massenkonzentration

Im Beispiel würde nach der Bestimmung des Brechungsindexes der Gehalt der Probe bei w(Edukt) = 62% liegen.

3.4.18 Analysieren mit der Dünnschichtchromatografie

Wozu wird die Dünnschichtchromatografie im präparativen Labor eingesetzt?

Lösungsvorschlag

Mit der Dünnschichtchromatografie können Sie im präparativen Labor einfach und schnell die Umsetzung vom Edukt zum Produkt überprüfen. Bild 3.10 zeigt eine unvollständige Umsetzung von Edukt A und B zu Produkt C. Im Reaktionsgemisch (Pr) ist neben dem Produkt noch Edukt vorhanden.

Dabei kann neben der qualitativen Analyse auch mit Hilfe von Kalibrierlösungen eine quantitative Analyse durchgeführt werden.

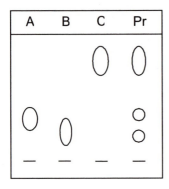

Bild 3.10 DC-Karte mit reinen Edukten, Produkt und Reaktionsgemisch

3.4.19 Interpretieren einer dünnschichtchromatografischen Analyse

Bei einer dünnschichtchromatografischen Analyse wurde die DC-Platte nach der Entwicklung unter eine UV-Lampe gehalten. Dabei entstand Bild 3.11.

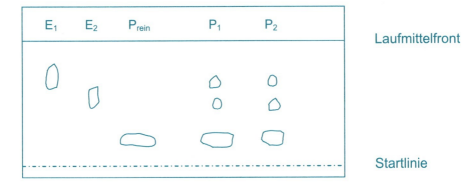

Bild 3.11 DC-Karte mit Proben

Die Substanzen an Position eins und zwei waren Edukte für das Produkt (Position drei). Die Position vier und fünf sind Proben, die aus dem Reaktionsgefäß entnommen wurden.

a) Wie würden Sie Bild 3.11 interpretieren?
b) Was ist der R_f-Wert, und welche Substanz hat den größten R_f-Wert?

Lösungsvorschlag

a) Das gewünschte Produkt ist entstanden. Die Reaktion ist aber nicht vollständig abgelaufen, es ist noch Edukt vorhanden.
b) Der R_f-Wert ist das Verhältnis aus der Laufstrecke der Substanzen und der Laufstrecke des Laufmittels. Er dient zum Vergleichen von verschiedenen Subtanzen in der qualitativen Analyse. Mit Gl. 3.4.11 lässt sich der R_f-Wert berechnen.

$$R_f\text{-Wert} = \frac{\text{Substanzlaufstrecke}}{\text{Laufmittelstrecke}} \qquad \text{(Gl. 3.4.11)}$$

Somit hat das Edukt an Position eins den größten R_f-Wert.

3.4.20 Bestimmen von Azidität und Basizität

Jedes der in Tabelle 3.10 dargestellten Oxide oder Salze reagiert entweder sauer, neutral oder basisch. Vervollständigen Sie Tabelle 3.10.

Tabelle 3.10 Salze

Salz	sauer	neutral	basisch
MgO			
NaO			
$NaHSO_4$			
N_2O_5			
SO_3			
$NaHCO_3$			
NaCl			
BaO			
NH_4Cl			
CO_2			
CaO			

Lösungsvorschlag

Tabelle 3.11 Lösung zu Tabelle 3.10

Salz	sauer	neutral	basisch
MgO			x
NaO			x
$NaHSO_4$	x		
N_2O_5	x		
SO_3	x		
$NaHCO_3$			x
NaCl		x	
BaO			x
NH_4Cl	x		
CO_2	x		
CaO			x

3.5 Stoffkunde und wichtige Herstellungsverfahren

3.5.1 Berechnungen zur Chloralkali-Elektrolyse

Bei der Chloralkalielektrolyse entstehen außer Chlor noch Natronlauge und Wasserstoff (2 NaCl + 2 H$_2$O → 2 NaOH + Cl$_2$ + 2 H$_2$).
a) Wie viel kg NaOH können aus 230 kg NaCl, w(NaCl) = 90%, gewonnen werden?
b) Wie viel m^3 Chlor im Normzustand unter der Annahme, dass sich Chlor wie ein ideales Gas verhält, können aus 100 kg NaCl, w(NaCl) = 90%, entstehen, wenn die Ausbeute der Umsetzung mit 95% angegeben ist?
M(Na) = 23 g/mol, M(Cl) = 35,5 g/mol, M(H) = 1 g/mol, M(O) = 16 g/mol

Lösungsvorschlag

a) Die Masse an reinem NaCl berechnet sich aus Gl. 3.5.1:

$$m(NaCl) = m_{ges} \cdot w(NaCl) \tag{Gl. 3.5.1}$$

Durch Einsetzen der Werte in Gl. 3.5.1 kann die Masse an reinem Natriumchlorid berechnet werden:

$$m(NaCl) = 230\ kg \cdot 0,9 = 207\ kg$$

Die Stoffmenge an Natriumchlorid berechnet man mit Gl. 3.5.2:

$$n(NaCl) = \frac{m(NaCl)}{M(NaCl)} \tag{Gl. 3.5.2}$$

Durch Einsetzen der Werte in Gl. 3.5.2 erhält man:

$$n(NaCl) = \frac{207\ kg}{58,5\ kg/kmol} = 3,54\ kmol$$

Da die Umsetzung von NaCl zu NaOH im Verhältnis 1 : 1 verläuft, entstehen auch n = 3,54 kmol NaOH, und man errechnet so die Masse an NaOH:

$$m(NaCl) = 3,54\ kmol \cdot 40\ kg/kmol = \underline{141,6\ kg}$$

b) Für die Masse an reinem NaCl erhält man:

$$m(NaCl) = 100\ kg \cdot 0,9 = 90\ kg$$

Mit diesen Werten ergibt sich die Stoffmenge an Natriumchlorid:

$$n(NaCl) = \frac{90\ kg}{58,5\ kg/kmol} = 1,54\ kmol$$

Da die Umsetzung von NaCl zu Chlor im Verhältnis 2:1 verläuft, entstehen n = 0,77 kmol Chlor. Das Volumen an Chlor errechnet sich dann nach Gl. 3.5.3:

$$V(Cl_2) = n(Cl_2) \cdot V_{mn} \tag{Gl. 3.5.3}$$

Durch Einsetzen der Werte in Gl. 3.5.3 errechnet man:

$$V(Cl_2) = 0,77\ kmol \cdot 22,4\ m^3/kmol = 17,25\ m^3$$

Da die Umsetzung allerdings nur zu 95% verläuft, berechnet sich das tatsächlich entstehende Volumen an Chlor auf:

$$V(Cl_2) = 17,25\ m^3 \cdot 0,95 = \underline{16,39\ m^3}$$

3.5.2 Betrachtungen zur galvanischen Spannungsreihe der Elemente

Für die Abscheidungsvorgänge an der Katode des Amalgamverfahrens ist die Betrachtung der galvanischen Spannungsreihe der Elemente wichtig. Tabelle 3.12 zeigt einen Auszug der Spannungsreihe.

Tabelle 3.12 Auszug der galvanischen Spannungsreihe der Elemente

System	Normalpotential E (V)
Na/Na^+	−2,71
Zn/Zn^{2+}	−0,76
H_2/H_3O^+	0,00
Cu/Cu^{2+}	+0,35
O_2/OH^-	+0,40
Fe^{2+}/Fe^{3+}	+0,77
Ag/Ag^+	+0,81

a) Welches Element müsste sich eigentlich aufgrund der Spannungsreihe beim Amalgamverfahren an der Katode abscheiden?
b) Was scheidet sich tatsächlich ab? Erklären Sie dies.
c) Warum darf der Massenanteil des abgeschiedenen Elements X im Amalgam maximal $w(X) = 1,5\%$ betragen?

Lösungsvorschlag

a) Da Wasserstoff «edler» als Natrium ist, müsste sich aufgrund der Spannungsreihe an der Katode Wasserstoff abscheiden.
b) Tatsächlich kommt es zur Abscheidung von metallischem Natrium, das sich im Quecksilber löst und Natriumamalgam bildet. Grund dafür ist das Phänomen der Wasserstoffüberspannung, die bewirkt, dass sich hier das eigentlich «unedlere» Element Natrium abscheidet.
c) Der Massenanteil von Natrium im Amalgam darf maximal $w(Na) = 1,5\%$ betragen, da das Na-Amalgam sonst fest wird und nicht mehr fließen kann.

3.5.3 Bedingungen für elektrolytische Abscheidungen

Die elektrolytische Abscheidung beim Amalgamverfahren verläuft mit elektrischer Gleichspannung ($I \approx 300\,000$ A; $U \approx 4...5$ V).
Erklären Sie, warum die verwendete Stromstärke einen so großen und die Spannung einen so kleinen Wert annimmt.

Lösungsvorschlag

Zum Erzielen möglichst großer Leistung (P) müssen Spannung (U) und Stromstärke (I) optimal eingestellt werden. Gl. 3.5.4 verdeutlicht den Zusammenhang.

$$P = U \cdot I \tag{Gl. 3.5.4}$$

mit:
- P Leistung
- U Spannung
- I Stromstärke

Für die Abscheidung von einem Mol eines Elements werden nach FARADAY 96 500 Amperesekunden (As) benötigt. Somit ist eine hohe Stromstärke notwendig, um in einer bestimmten Zeiteinheit eine möglichst große Abscheidung zu erzielen. Nach Gl. 3.5.4 ist die Leistung das Produkt aus Spannung und Stromstärke. Damit die Kosten gering gehalten werden, wird eine kleine, jedoch für die Abscheidung ausreichende Spannung angelegt. Zudem könnte eine zu hohe Spannung unerwünschte Nebenreaktionen zur Folge haben.

3.5.4 Vergleich von Diaphragma- und Membranverfahren

Bild 3.12 und Bild 3.13 zeigen die Chloralkalielektrolyse nach dem Diaphragma- bzw. Membranverfahren.

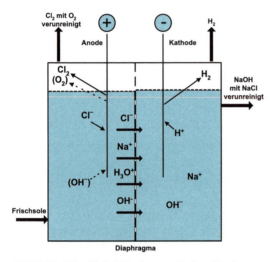

Bild 3.12 Chloralkalielektrolyse nach dem Diaphragma-Verfahren

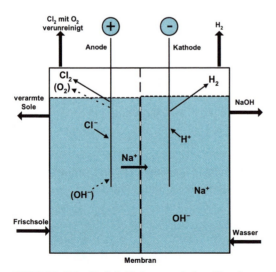

Bild 3.13 Chloralkalielektrolyse nach dem Membranverfahren

a) Zum Vergleich beider Verfahren vervollständigen Sie bitte Tabelle 3.13 mit den jeweils zutreffenden Stoffen:

Tabelle 3.13 Vergleich beider Verfahren

	Diaphragmaverfahren	**Membranverfahren**
Zelleneintritt		
Abscheidung an der Katode		
Abscheidung an der Anode		
Zellenaustritt		
Durchdiffundierende Ionen		

b) Welcher grundlegende Unterschied in der NaOH-Qualität ist bei beiden Verfahren zu beobachten?

Lösungsvorschlag

a) Tabelle 3.14 zeigt den Vergleich beider Verfahren.

Tabelle 3.14 Lösung zu Tabelle 3.13

	Diaphragmaverfahren	*Membranverfahren*
Zelleneintritt	NaCl-Lösung	NaCl-Lösung, zusätzlich zugeführtes Wasser
Abscheidung an der Katode	H^+ bzw. H_3O^+-Ionen	H^+ bzw. H_3O^+-Ionen
Abscheidung an der Anode	Cl^--Ionen (z.T. auch ungewollt OH^--Ionen)	Cl^--Ionen (z.T. auch ungewollt OH^--Ionen)
Zellenaustritt	mit NaCl verunreinigte NaOH	reine NaOH, verarmte Sole
durchdiffundierende Ionen	H_3O^+-Ionen, OH^--Ionen, Cl^--Ionen, Na^+-Ionen	Na^+-Ionen

b) Die beim Diaphragmaverfahren entstehende Natronlauge ist mit Natriumchlorid verunreinigt und muss aufgereinigt werden.

3.5.5 Großtechnische Herstellung von Ammoniak

Für die Düngemittelindustrie werden große Mengen Ammoniak benötigt.
a) Nach welchem großtechnisch bedeutsamen Verfahren wird Ammoniak hergestellt?
b) Formulieren Sie die Reaktionsgleichung mit der Angabe, ob die Reaktion exotherm oder endotherm verläuft.
c) Erläutern Sie gemäß dem Prinzip des kleinsten Zwanges, wie sich eine Druckerhöhung, eine Temperaturerhöhung und eine Ausschleusung von Produkten auf die Reaktion auswirken würden.

Lösungsvorschlag

a) Ammoniak wird großtechnisch nach dem HABER-BOSCH-Verfahren hergestellt.

b) Gl. 3.5.5 zeigt die Reaktion.

$$N_2 + 3 H_2 \rightleftharpoons 2 NH_3 \quad \Delta H = -92{,}1 \text{ kJ/mol} \qquad \text{(Gl. 3.5.5)}$$

Wie man der Angabe der Reaktionsenthalpie (–92 kJ/mol) entnehmen kann, verläuft die Reaktion exotherm.

c) Da die Reaktion unter Volumenabnahme verläuft, würde sich eine Druckerhöhung auf die Verschiebung des Gleichgewichts in Richtung der Produktseite (Entstehung von mehr Ammoniak) auswirken. Eine Temperaturerhöhung hätte, gemäß dem Prinzip des kleinsten Zwanges, die Verschiebung des Gleichgewichts in Richtung der Eduktseite zur Folge. Bei der Ausschleusung von Produkten würden so lange Produkte nachgebildet, bis das ursprüngliche Gleichgewicht wieder hergestellt wäre.

3.5.6 Reaktionsbedingungen bei der technischen Herstellung von Ammoniak

Die Ammoniak-Syntheseanlagen werden gewöhnlich bei $p \approx 300$ bar und $\vartheta = 400 \ldots 500$ °C betrieben.

a) Erklären Sie, warum gemäß dem Prinzip nach LE CHATELIER nicht bei noch höheren Drücken und noch niedrigeren Temperaturen gearbeitet wird.

b) Warum ist es wichtig, den Stahlmantel, der den Reaktor abdichtet, mit einer Schicht aus kohlenstoff*armem* Eisen auszulegen?

Lösungsvorschlag

a) Zu hohe Drücke würden besonders druckfeste Apparaturen erfordern. Dies hätte eine erhebliche Verteuerung der Anlagen und der Betriebskosten zur Folge. Zu niedrige Temperaturen reichen nicht aus, um den reaktionsträgen Stickstoff zu aktivieren. Somit würde sich das Gleichgewicht nur sehr langsam einstellen.

b) Kohlenstoffhaltiges Eisen würde unter Bildung von Methan von Wasserstoff angegriffen. Somit würde der Stahl für den leicht diffundierenden Wasserstoff durchlässig.

3.5.7 Absorption von Schwefeltrioxid im Doppelkontaktverfahren

Das nach dem Doppelkontaktverfahren entstehende SO_3 wird in konzentrierter Schwefelsäure absorbiert.
Warum erfolgt die Absorption nicht in Wasser?

Lösungsvorschlag

Reines Wasser als Lösungsmittel ist großtechnisch ungeeignet, obwohl SO_3 das Anhydrid der Schwefelsäure ist. Es löst Schwefeltrioxid nur sehr langsam und unter stark exothermer Reaktion.

3.5.8   Großtechnische Herstellung von Methanol

Methanol wird großtechnisch durch die Hydrierung von Kohlenstoffmonoxid herge-stellt.
a) Formulieren Sie die Reaktionsgleichung.
b) Wie kann nach LE CHATELIER die Bildung des Methanols begünstigt werden?

Lösungsvorschlag

a) Gl. 3.5.6 zeigt die Reaktion.

$$CO + 2\,H_2 \; \underset{}{\overset{ZnO/Cr_2O_3}{\rightleftharpoons}} \; CH_3OH \quad \Delta H \approx -92\ kJ/mol \qquad\qquad (Gl.\ 3.5.6)$$

b) Nach LE CHATELIER kann die Bildung der Produkte durch eine Temperaturerniedrigung begünstigt werden, da die Reaktion exotherm verläuft. Eine Druckerhöhung würde die Lage des Gleichgewichts ebenfalls günstig beeinflussen, da die Reaktion unter Volumenabnahme verläuft.

3.5.9 Gleichgewichtsreaktion der Methanolsynthese

Für die Gleichgewichtsreaktion der Methanolsynthese nach Gl. 3.5.7 lässt sich eine Gleichgewichtskonstante K_c berechnen.

$$CO + 2\,H_2 \; \underset{}{\overset{ZnO/Cr_2O_3}{\rightleftharpoons}} \; CH_3OH \quad \Delta H \approx -92\ kJ/mol \qquad\qquad (Gl.\ 3.5.7)$$

a) Berechnen Sie die Gleichgewichtskonstante K_c, wenn folgende Konzentrationen im *Gleichgewicht* vorliegen: $c(CO) = 2\ mol/L$, $c(H_2) = 1\ mol/L$, $c(CH_3OH) = 6\ mol/L$
b) Wie groß ist die *Anfangs*konzentration von CO, wenn die *Anfangs*konzentration von H_2 mit $c(H_2) = 4\ mol/L$ angegeben ist und die Konzentration von Methanol im Gleichgewicht mit $c(CH_3OH) = 1{,}5\ mol/L$ ermittelt wurde?

Lösungsvorschlag

a) K_c berechnet man nach Gl. 3.5.8:

$$K_C = \frac{c(CH_3OH)}{c(CO)\cdot(c(H_2))^2} \qquad\qquad (Gl.\ 3.5.8)$$

Durch Einsetzen der Angaben in Gl. 3.5.8 lässt sich K_c berechnen:

$$K_C = \frac{6\ mol/L}{2\ mol/L\cdot(1\,mol/L)^2} = 3\ L^2/mol^2$$

b) K_c muss auch hier $3\ L^2/mol^2$ betragen, da es sich um die gleiche Reaktion handelt, deren Bedingungen (z.B. Temperatur) nicht verändert wurden.
Am Anfang liegt noch kein Methanol vor. Wenn im Gleichgewicht $c(CH_3OH) = 1{,}5\ mol/L$ betragen soll, müssen $c(H_2) = 3\ mol/L$ abreagiert haben, da Wasserstoff und Methanol im Verhältnis 2 : 1 reagieren. Somit sind im Gleichgewicht noch $c(H_2) = 1\ mol/L$ vorhanden.

Nach Gl. 3.5.9 lässt sich die Konzentration von Kohlenmonoxid im Gleichgewicht berechnen.

$$K_C = \frac{1,5\ \text{mol/L}}{c(CO) \cdot (1\ \text{mol/L})^2} = 3\ L^2/\text{mol}^2 \qquad \text{(Gl. 3.5.9)}$$

Nach $c(CO)$ umgestellt ergibt sich:

$$c(CO) = \frac{1,5\ \text{mol/L}}{3\ L^2/\text{mol}^2 \cdot (1\ \text{mol/L})^2} = 0,5\ \text{mol/L}$$

Die Konzentration von Kohlenmonoxid im Gleichgewicht beträgt 0,5 mol/L. Da die Umsetzung von Kohlenmonoxid zu Methanol im Verhältnis 1 : 1 verläuft und im Gleichgewicht $c(CH_3OH)$ = 1,5 mol/L vorliegen, müssen auch $c(CO)$ = 1,5 mol/L abreagiert haben. Die *Anfangs*konzentration von Kohlenmonoxid muss demnach $c(CO)$ = 0,5 mol/L + 1,5 mol/L = 2 mol/L betragen.

3.5.10 Herstellen von Stickstoffmonoxid

Stickstoffmonoxid (NO) wird nach dem OSTWALD-Verfahren aus Ammoniak hergestellt. Das Edukt Ammoniak wird zuvor nach dem HABER-BOSCH-Verfahren gewonnen.
a) Stellen Sie beide Reaktionen mit Hilfe geeigneter Reaktionsgleichungen dar.
b) Wieviel g Stickstoffmonoxid können aus 150 L Wasserstoff im Normzustand (Annahme: Wasserstoff verhält sich wie ein ideales Gas) hergestellt werden, wenn man davon ausgeht, dass die Umsetzungen vollständig verlaufen?

Lösungsvorschlag

a) Gl. 3.5.10 zeigt die Synthese von Ammoniak, Gl. 3.5.11 die weitere Umsetzung zu Stickstoffmonoxid:

$$\underset{}{\overset{\text{Kat., } \vartheta\,=\,450\ °C,\ p\,=\,300\ \text{bar}}{N_2 + 3\ H_2 \rightleftharpoons}} \quad 2\ NH_3 \qquad \Delta H = -92,1\ \text{kJ/mol} \qquad \text{(Gl. 3.5.10)}$$

$$\underset{}{\overset{\text{Pt., } \vartheta\,=\,800\ °C}{2\ NH_3 + 2,5\ O_2 \rightleftharpoons}} \quad 2\ NO + 3\ H_2O \qquad \Delta H \approx -900\ \text{kJ/mol} \qquad \text{(Gl. 3.5.11)}$$

b) Die Stoffmenge an Wasserstoff berechnet man mit Gl. 3.5.12:

$$n(H_2) = \frac{V(H_2)}{V_{mn}} \qquad \text{(Gl. 3.5.12)}$$

Durch Einsetzen der Angaben in Gl. 3.5.12 erhält man:

$$n(H_2) = \frac{150\ L}{22,4\ \text{L/mol}} = 6,7\ \text{mol}$$

Da die Umsetzung von Wasserstoff zu Ammoniak im Verhältnis 3 : 2 verläuft (siehe Gl. 3.5.10) entstehen zunächst $n(NH_3)$ = 4,47 mol Ammoniak. Ammoniak wird anschließend nach dem OSTWALD-Verfahren im Verhältnis 1 : 1 (siehe Gl. 3.5.11) zu Stickstoffmonoxid umgesetzt. Die entstehende Stoffmenge an Stickstoffmonoxid beträgt somit auch $n(NO)$ = 4,47 mol. Die entstehende Masse an Stickstoffmonoxid beträgt demnach:

$$m(NO) = n \cdot M = 4,47\ \text{mol} \cdot 30\ \text{g/mol} = 134,1\ \text{g}$$

3.5.11 Reaktionsbedingungen beim Ostwald-Verfahren

Die Kontaktzeit des Ammoniak-Luft-Gemisches am Platinkatalysator beim Ostwald-Verfahren muss kurz gehalten werden.
a) Erklären Sie dies.
b) Das entstehende Stickstoffmonoxid bezeichnet man nach einem Abkühlvorgang als *metastabil*. Was versteht man unter diesem Zustand?

Lösungsvorschlag

a) Die Kontaktzeit am Platinkatalysator darf nicht länger als 1/1000 s betragen, da das gebildete NO sonst wieder in die Elemente Stickstoff und Sauerstoff zerfallen würde.
b) Ist eine Verbindung metastabil, so ist sie stabil gegenüber *kleinen* Veränderungen. Für das NO bedeutet dies, dass es nach einem Abkühlvorgang auf $\vartheta \approx 120...150\,°C$ nicht mehr in die Elemente zerfällt.

3.5.12 Vergleich von Doppelkontaktverfahren und Ostwald-Verfahren

Es sollen zwei großtechnische Verfahren, nämlich das Doppelkontaktverfahren und das Ostwald-Verfahren, miteinander verglichen werden. Die jeweiligen Reaktionen werden durch Gl. 3.5.13 und Gl. 3.5.14 beschrieben.

$2\ SO_2 + O_2 \rightleftharpoons 2\ SO_3\quad \Delta H \approx -99\ kJ/mol$ (Doppelkontaktverfahren)   (Gl. 3.5.13)

$2\ NH_3 + 2{,}5\ O_2 \rightleftharpoons 2\ NO + 3\ H_2O\quad \Delta H \approx -900\ kJ/mol$ (Gl. 3.5.14)

a) Beide großtechnische Synthesen sind katalytische Verfahren. Nennen Sie jeweils den Katalysator für das Verfahren.
b) Vervollständigen Sie bitte Tabelle 3.15.

Tabelle 3.15 Vergleich der Verfahren

Einfluss	Doppelkontaktverfahren	Ostwald-Verfahren
Druckerhöhung	Verschiebung des Gleichgewichts in Richtung der _____	Verschiebung des Gleichgewichts in Richtung der _____
Temperaturerhöhung	Verschiebung des Gleichgewichts in Richtung der _____	Verschiebung des Gleichgewichts in Richtung der _____

Lösungsvorschlag

a) Vanadiumpentoxid (V_2O_5) für das Doppelkontaktverfahren und Platin(drahtnetz) für das Ostwald-Verfahren

b)

Tabelle 3.16 Lösung der Tabelle 3.15

Einfluss	Doppelkontaktverfahren	Ostwald-Verfahren
Druckerhöhung	Verschiebung des Gleichgewichts in Richtung der **Produkte**	Verschiebung des Gleichgewichts in Richtung der **Edukte**
Temperaturerhöhung	Verschiebung des Gleichgewichts in Richtung der **Edukte**	Verschiebung des Gleichgewichts in Richtung der **Edukte**

3.5.13 Säurestärken in Abhängigkeit zur Stellung der Elemente im PSE

Das Element Brom bildet mit Wasserstoff u.a. eine sauerstofffreie Säure.
Vergleichen Sie die Säurestärke mit den in der gleichen Gruppe im PSE darüber und darunter stehenden Elementen, die ebenfalls Wasserstoffsäuren bilden.

Lösungsvorschlag

HBr ist verglichen zur Salzsäure (HCl) stärker und verglichen zur Iodwasserstoffsäure (HI) schwächer. Die Säurestärke der sauerstofffreien Wasserstoffsäuren nimmt in der 7. Hauptgruppe demnach von oben nach unten zu. Grund ist die immer schwächer werdende Bindung des Wasserstoffatoms an das jeweilige Halogen, wodurch die Säure das Proton leichter abgeben kann.

3.5.14 Verhalten von Ampholyten

Hydrogensulfat (HSO_4^-) bezeichnet man als «amphoter».
Erklären Sie diesen Begriff anhand der Verbindung und nennen Sie zwei weitere Beispiele für Ampholyte.

Lösungsvorschlag

Stoffe, die amphoteres Verhalten zeigen (auch als Ampholyte bezeichnet), können sowohl als Säuren als auch als Basen wirken. Hydrogensulfat kann je nach Reaktionspartner sowohl ein Proton abgeben als auch ein Proton aufnehmen und ist somit amphoter. Gl. 3.5.15 verdeutlicht die Zusammenhänge.

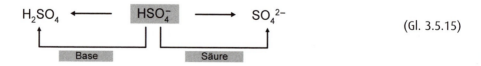

(Gl. 3.5.15)

Weitere Beispiele für amphotere Substanzen sind Wasser, Hydrogenphosphat (HPO_4^{2-}), Dihydrogenphosphat ($H_2PO_4^-$), Ammoniak (NH_3) oder Hydrogencarbonat (HCO_3^-).

3.5.15 Bedeutung von Gitterenergie und Hydratationsenergie beim Lösen von Salzen

Beim Lösen eines Salzes in Wasser spielen die Begriffe «Gitterenergie» und «Hydratationsenergie» eine große Rolle.

a) Erklären Sie die Begriffe «Gitterenergie» und «Hydratationsenergie» in Zusammenhang mit dem Lösevorgang eines Salzes in Wasser. Welche der Vorgänge sind dabei exotherm, welche endotherm?

b) Für eine mögliche Temperaturänderung der Lösung muss die Bilanz der beiden Energien betrachtet werden. Erklären Sie, wann es zu einer Temperaturänderung kommt.

Lösungsvorschlag

a) Beim Lösen eines Salzes in Wasser wird Gitterenergie benötigt, um das Kristallgitter zu zerstören. Der Vorgang ist prinzipiell endotherm. (Im umgekehrten Fall, bei der Bildung des Kristallgitters, wird diese Energie mit dem gleichen Betrag frei.) Die Umlagerung der Ionen mit Wassermolekülen verläuft unter Energieabgabe und ist somit exotherm. Diese frei werdende Energie bezeichnet man als Hydratationsenergie.

b) Beim Lösen eines Salzes in Wasser, kann sich die Lösung abkühlen, erwärmen oder die Temperatur beibt gleich, je nachdem, welchen Zahlenwert die Bilanz aus Gitter- und Hydratationsenergie ergibt. Beim Abkühlvorgang ist der Zahlenwert positiv. Die Gitterenergie ist größer als die Hydratationsenergie, es wird mehr Energie benötigt als frei wird. Beim Erwärmen der Lösung ist die Bilanz negativ. Die Gitterenergie ist kleiner als die Hydratationsenergie, es wird mehr Energie frei als zur Zerstörung des Gitters benötigt wird. Bleibt die Temperatur der Lösung konstant, ist der Betrag der Gitterenergie gleich dem der Hydratationsenergie.

3.5.16 Herstellung von Hydrogenchlorid

Hydrogenchlorid ist eine wichtige Grundchemikalie für eine Vielzahl von chemischen Prozessen.

a) Nennen Sie drei Möglichkeiten zur Herstellung von Hydrogenchlorid. Geben Sie die jeweiligen Reaktionsgleichungen an.

b) Welche Methode wird im Labor, welche wird in der Technik eingesetzt?

Lösungsvorschlag

a)

1. Herstellung von Hydrogenchlorid aus Chlor und Wasserstoff nach Gl. 3.5.16:

$$Cl_2 + H_2 \rightarrow 2\ HCl \tag{Gl. 3.5.16}$$

2. Herstellung von Hydrogenchlorid aus Natriumchlorid durch eine saure Verdrängungsreaktion beispielhaft nach Gl. 3.5.17:

$$2\ NaCl + H_2SO_4 \rightarrow 2\ HCl + Na_2SO_4 \tag{Gl. 3.5.17}$$

3. Herstellung von Hydrogenchlorid durch Chlorierung organischer Substanzen beispielhaft nach Gl. 3.5.18:

$$\text{+ Cl}_2 \xrightarrow{\text{KAT}} \qquad \text{+ HCl} \qquad\qquad \text{(Gl. 3.5.18)}$$

b) Die zweite Methode (Verdrängungsreaktion) wird im Labor, die beiden anderen
Methoden werden in der Technik eingesetzt.

3.5.17 Reaktionsfähigkeit von Alkanen, Alkenen und Alkinen

Alkane, Alkene und Alkine stellen die einfachsten Vertreter der Kohlenwasserstoffe in
der organischen Chemie dar.
Erklären Sie, warum Alkane gegenüber Alkenen und Alkinen deutlich reaktionsträger
sind.

Lösungsvorschlag

Die Kohlenstoffatome der Alkane sind alle durch Einfachbindungen, so genannte σ-Bin-
dungen miteinander verknüpft. Diese σ-Bindung ist im Vergleich zu einer π-Bindung,
wie sie in Alkenen und Alkinen vorliegt, stabiler und damit schwerer für eine mögliche
Reaktion zu lösen. Die Doppelbindung in Alkenen setzt sich aus einer σ-Bindung und
einer π-Bindung zusammen. Die Dreifachbindung in Alkinen besteht aus einer σ-Bin-
dung und zwei π-Bindungen, was die Alkine gegenüber Alkenen noch reaktiver macht.

3.5.18 Löslichkeit von Alkoholen in Wasser

Kurzkettige Alkohole wie Ethanol lassen sich gut mit Wasser mischen. Mit zunehmender Kettenlänge nimmt die Löslichkeit hingegen wieder ab.
Erklären Sie diesen Sachverhalt.

Lösungsvorschlag

Durch die funktionelle Hydroxylgruppe eines Alkohols erhöht sich die Polarität des
gesamten Moleküls, so dass sich Alkohole mit kleiner Kettenlänge in der Polarität von
Wasser ähneln. Mit zunehmender Kettenlänge nimmt der Einfluss der OH-Gruppe ab
und der der unpolaren Kohlenstoffkette zu. Dadurch sinkt mit steigender Kettenlänge
die Löslichkeit in polaren Lösemitteln wie Wasser. Sind mehrere Hydroxylgruppen im
Molekül vorhanden, steigt die Polarität und damit die Löslichkeit in polaren Lösemitteln wieder an.

3.5.19 Peroxidprüfung bei Ethern

Ether neigen bei Anwesenheit von Luftsauerstoff und Licht zur Peroxidbildung. Diese
können sich bei leichter Erwärmung explosionsartig zersetzen. Vor der Verwendung
von Ethern ist deshalb eine Prüfung auf Peroxide durchzuführen.
a) Geben Sie an, wie Ether auf mögliche Peroxide getestet werden können.
b) Wie kann die Entfernung nachgewiesener Peroxide erfolgen?

Lösungsvorschlag

a) Die Prüfung auf Peroxide ist mit schwefelsaurer Kaliumiodid-Lösung oder einfacher mit im Handel erhältlichen Teststäbchen möglich.

b) Eine Entfernung nachgewiesener Peroxide erfolgt mit gesättigter Eisen(II)sulfat-lösung.

3.5.20 Nachweis von Wasser in Ethern

Vor der Verwendung von Ethern ist oft eine Prüfung auf Wasserfreiheit notwendig, da Wasser organische Reaktionen stören kann und somit vorher entfernt werden muss.

a) Wie können Sie Wasser im Ether nachweisen?

b) Geben Sie zwei Möglichkeiten an, um den Ether vor Verwendung zu trocknen.

Lösungsvorschlag

a) Die Prüfung auf Wasserfreiheit erfolgt häufig durch trockenes, wasserfreies Kupfersulfat. Tritt eine blaue Verfärbung ein, so ist Kupfersulfatpentahydrat, ein Nachweis für die Anwesenheit von Wasser, entstanden.

b) Die Trocknung von Ethern kann über ein Molekularsieb oder mit Natriumfäden aus einer Natriumpresse erfolgen.

3.5.21 Basizität von Aminen

Amine sind basische Substanzen.

a) Ordnen Sie folgende Amine nach *steigender* Basizität.

- ❏ Ethylamin,
- ❏ 2-Aminoethanol,
- ❏ Diethylamin.

b) Begründen Sie Ihre Entscheidung.

Lösungsvorschlag

a) Ordnung nach steigender Basizität: 2-Aminoethanol, Ethylamin, Diethylamin.

b) Die Ethylgruppen üben einen +I-Effekt aus, der eine Erhöhung der Elektronendichte am Stickstoff-Atom zur Folge hat, wodurch der basische Charakter ansteigt. Ethylamin besitzt im Gegensatz zu Diethylamin nur eine Ethylgruppe – somit ist Ethylamin weniger basisch.
Die Hydroxylgruppe im 2-Aminoethanol (Ethanolamin) sorgt durch ihren –I-Effekt für eine Abnahme der Elektronendichte am Stickstoffatom. Deshalb ist 2-Aminoethanol (Ethanolamin) in der unter a) angegebenen Reihe die am schwächsten basische Verbindung.

3.5.22 Intermolekulare Kräfte zwischen Carbonsäuren bzw. Alkoholen

Sowohl Carbonsäuren als auch Alkohole können Wasserstoffbrückenbindungen ausbilden. Dennoch besitzen Carbonsäuren gegenüber Alkoholen gleicher Kohlenstoffkettenlänge deutlich höhere Siedepunkte.
Erklären Sie dies.

Lösungsvorschlag

Carbonsäuremoleküle können gegenüber Alkoholen untereinander **zwei** Wasserstoff-brückenbindungen ausbilden, was auch als Dimerisierung von Carbonsäuren bezeichnet wird. Bild 3.14 verdeutlicht dies. Deshalb ist ein besonders starker Zusammenhalt möglich.

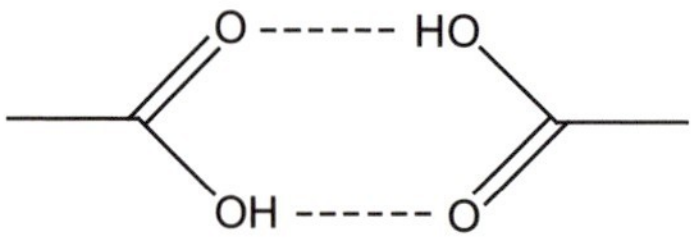

Bild 3.14 Dimerisierung von Carbonsäuren

3.5.23 Einfluss der Polarität auf die Reaktivität organischer Verbindungen

Die Polarität spielt für die Reaktivität organischer Verbindungen eine große Rolle.
a) Ordnen Sie folgende Verbindungen nach steigender Polarität.

- ❏ Ethanol,
- ❏ Ethansäure,
- ❏ Butanal,
- ❏ Propan.

b) Begründen Sie Ihre Entscheidung.

Lösungsvorschlag

a) Nach steigender Polarität: Propan, Butanal, Ethanol, Ethansäure.
b) In den drei Molekülen Ethanol, Ethansäure und Butanal befinden sich funktionelle Gruppen, die die Polarität des Moleküls erhöhen. Die Carboxylgruppe ist die stärkste polare funktionelle Gruppe in der unter a) aufgeführten Reihe, wodurch Ethansäure die höchste Polarität besitzt. Die Hydroxlgruppe ist stärker polar als die Carbonylgruppe. Dadurch ist die Polarität von Butanal geringer als die von Ethanol. Propan besitzt keine funktionelle Gruppe und ist in der unter a) aufgeführten Reihe die schwächste polare Verbindung.

3.5.24 Einfluss intermolekularer Kräfte auf physikalische Stoffeigenschaften

Ethanol besitzt einen Siedepunkt von $\vartheta_b = 78{,}4$ °C, Dimethylether von $\vartheta_b = -24{,}8$ °C.
a) Welche Kräfte sorgen für diesen großen Unterschied, trotz gleicher Summenformeln?
b) Beschreiben Sie diese Kräfte.

Lösungsvorschlag

a) Grund für diesen großen Unterschied sind Wasserstoffbrückenbindungen.
b) Bei Wasserstoffbrückenbindungen handelt es sich um *inter*molekulare Kräfte zwischen mindestens zwei Molekülen. Sie sind für wichtige charakteristische Eigenschaften von Stoffen (z.B.: Siedepunkt) verantwortlich.

Liegt ein Dipolmolekül mit Wasserstoff als beteiligter Partner vor, kommt es zu einer Anziehung zwischen dem positivierten Wasserstoff des einen und dem freien Elektronenpaar des negativ polarisierten Atoms im Nachbarmolekül. Je größer die Elektronegativität und je kleiner das Atom im Nachbarmolekül ist, desto stärker ist die Anziehung. Man bezeichnet diese Art von Bindung als «Brücke» zwischen den beiden Molekülen und kennzeichnet sie mit Punkten. Ethanol als Dipolmolekül kann im Gegensatz zu Dimethylether Wasserstoffbrückenbindungen erzeugen, wodurch der Zusammenhalt zwischen den einzelnen Molekülen größer und der Siedepunkt somit höher ist.

3.5.25 Bildung von Molekülagglomeraten

Ethanolmoleküle bilden Molekülagglomerate, wobei 5 Moleküle verbunden werden sollen.
a) Zeigen Sie eine solche Anordnung mit Hilfe geeigneter Strukturformeln. Beziehen Sie dabei die Wasserstoffbrückenbindungen mit ein.
b) Mit welchen zwischenmolekularen Kräften lässt sich erklären, dass Dimethylether unterhalb von ϑ = −24,8 °C flüssig vorliegt?

Lösungsvorschlag

a)

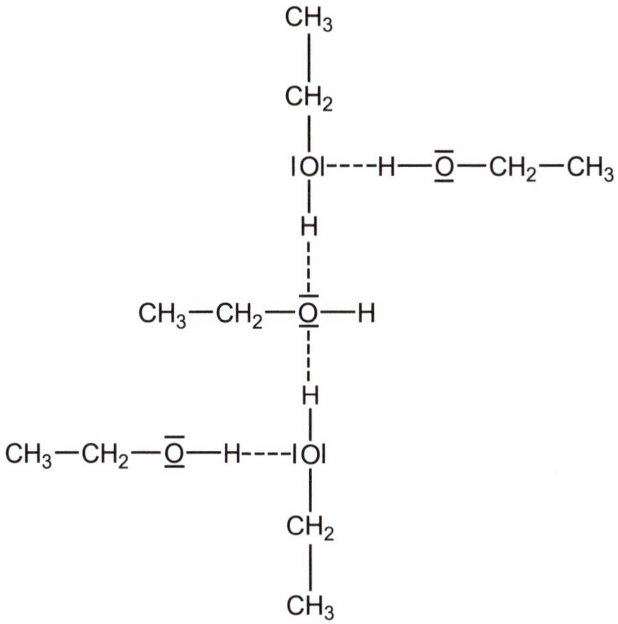

Bild 3.15 Mögliche Anordnung von 5 Ethanolmolekülen

(Auch eine beliebige andere Anordnung der fünf Moleküle unter Berücksichtigung der möglichen Wasserstoffbrückenbindungen ist möglich.)

b) Dies lässt sich mit den intermolekularen Van-der-Waals-Kräften erklären. Dabei kommt es zu kurzzeitig unsymmetrischen Verteilungen der Elektronen, die die Atomkerne umgeben. Daraus entstehen kurzlebige Dipole, die auch als «induzierte

Dipole» bezeichnet werden. Diese intermolekularen Bindungen sind im Gegensatz zu Wasserstoffbrückenbindungen viel schwächer ausgeprägt. Somit lässt sich erklären, dass Dimethylether bei Raumtemperatur gasförmig ist, jedoch unterhalb von $\vartheta = -24{,}8$ °C flüssig vorliegt. Die Zunahme der molaren Masse hat auch eine Zunahme der Van-der-Waals-Kräfte zur Folge. Diethylether z.B. ist bei Raumtemperatur bereits flüssig.

3.5.26 Säurestärke von Carbonsäuren

Carbonsäuren können hinsichtlich ihrer Säurestärke eingeordnet werden.

a) Ordnen Sie folgende Carbonsäuren nach *abnehmender* Säurestärke:

❑ Ethansäure (Essigsäure),
❑ Difluorethansäure,
❑ Propansäure (Propionsäure),
❑ Bromethansäure.

b) Begründen Sie Ihre Entscheidung.

Lösungsvorschlag

a) In abnehmender Säurestärke:

❑ Difluorethansäure,
❑ Bromethansäure,
❑ Ethansäure,
❑ Propansäure

b) Halogene üben einen –I-Effekt aus und erhöhen damit die Säurestärke. Difluorethansäure und Bromethansäure sind in der aufgeführten Reihe somit die stärksten Säuren, wobei Difluorethansäure durch zwei gebundene Halogene die stärkere der beiden Säuren ist. Propansäure ist schwächer als Ethansäure, da Alkylreste mit einem +I-Effekt die Säurestärke verringern. Da Propansäure mit einem an der Säurefunktion gebundenen Propylrest einen größeren positiven induktiven Effekt als Ethansäure mit einem Ethylrest ausüben kann, ist Propansäure schwächer.

3.5.27 Funktionelle Gruppen

Funktionelle Gruppen haben einen maßgeblichen Einfluss auf die Eigenschaften chemischer Verbindungen.

a) Vervollständigen Sie Tabelle 3.17 mit den fehlenden funktionellen Gruppen:

Tabelle 3.17 Funktionelle Gruppen

Name	Summenformel
Nitrogruppe	
	$-SO_3H$
	$-CHO$
Aminogruppe	

b) Welche der unter a) genannten Gruppen erhöht die Löslichkeit einer organischen Verbindung in einem polaren Lösungsmittel?

Lösungsvorschlag

a)

Tabelle 3.18 Lösung zu Tabelle 3.17

Name	Summenformel
Nitrogruppe	$-NO_2$
Sulfonsäuregruppe	$-SO_3H$
Carbonylgruppe	$-CHO$
Aminogruppe	$-NH_2$

b) Die Löslichkeit einer organischen Verbindung wird durch die Anwesenheit einer Sulfonsäuregruppe im Molekül erhöht, da die Sulfonsäuregruppe die Polarität des gesamten Moleküls erhöht und damit auch die Löslichkeit in polaren Lösemitteln.

3.5.28 Aussagen zu Aggregatzustandsänderungen

Die Kenntnis über Aggregatzustandsänderungen einer Substanz ist wichtig für die Durchführbarkeit chemischer Umsetzungen.
Bewerten Sie die Aussagen, die in Tabelle 3.19 vorgenommen wurden.

Tabelle 3.19 Aussagen zu Aggregatzustandsänderungen

Aussage	richtig	falsch
Der Übergang einer flüssigen Substanz in den gasförmigen Zustand unterhalb des Siedepunktes bezeichnet man als Verdunsten.		
Als latente Wärme bezeichnet man die Energie, die benötigt wird, um die Temperatur bei einer Aggregatzustandsänderung weiter ansteigen zu lassen.		
Den direkten Übergang von gasförmig nach flüssig bezeichnet man als Sublimieren.		
Die Verunreinigung einer Substanz bewirkt eine Schmelzpunktdepression.		
Der Erstarrungspunkt von Wasser ist erreicht, wenn Wasser zu Eis gefriert.		

Lösungsvorschlag

Tabelle 3.20 Lösung zu Tabelle 3.19

Aussage	richtig	falsch
Der Übergang einer flüssigen Substanz in den gasförmigen Zustand unterhalb des Siedepunktes bezeichnet man als Verdunsten.	×	
Als latente Wärme bezeichnet man die Energie, die benötigt wird, um die Temperatur bei einer Aggregatzustandsänderung weiter ansteigen zu lassen.		×
Den direkten Übergang von gasförmig nach flüssig bezeichnet man als Sublimieren.		×
Die Verunreinigung einer Substanz bewirkt eine Schmelzpunktdepression.	×	
Der Erstarrungspunkt von Wasser ist erreicht, wenn Wasser zu Eis gefriert.	×	

3.5.29 Unterschiede primärer und sekundärer Alkohole am Beispiel von Propan-1-ol und Propan-2-ol

Propan-1-ol besitzt mit ϑ_b = 97 °C den höheren Siedepunkt als Propan-2-ol (ϑ_b = 81 – 83 °C).

a) Erklären Sie den Unterschied und die Gemeinsamkeit beider Verbindungen in Bezug auf ihre Summen- und Strukturformeln.
b) Wie bezeichnet man derartige Verbindungen ganz allgemein?
c) Wie lässt sich der Siedepunktunterschied erklären?

Lösungsvorschlag

a) Die Alkohole Propan-1-ol und Propan-2-ol haben die gleiche Summenformel (C_3H_7OH) aber unterschiedliche Strukturformeln.
b) Verbindungen mit gleichen Summenformeln aber unterschiedlichen Strukturformeln bezeichnet man als «Isomere».
c) Der Zusammenhalt der Alkoholmoleküle erfolgt zum einen durch Wasserstoffbrückenbindungen zwischen den OH-Gruppen, zum anderen durch Van-der-Waals-Kräfte zwischen den Alkylresten. Je verzweigter ein Molekül ist, desto schwieriger können sich die intermolekularen Kräfte aufgrund sterischer Hinderungen ausbilden. Da Propan-2-ol verzweigt und Propan-1-ol unverzweigt ist, besitzt Propan-1-ol den höheren Siedepunkt.

3.5.30 Reaktion von 3-Hydroxycyclohexanon mit Kaliumdichromat in schwefelsaurer Lösung

3-Hydroxycyclohexanon reagiert mit Kaliumdichromat in schwefelsaurer Lösung.
a) Formulieren Sie die Reaktionsgleichung.
b) Welcher Reaktionspartner ist das Oxidationsmittel, welcher ist das Reduktionsmittel?

Lösungsvorschlag

a)
1. Schritt: Aufstellen der unausgeglichenen Reaktionsgleichung (Gl. 3.5.19)

$$+ K_2Cr_2O_7 + H_2SO_4 \rightarrow \qquad + Cr_2(SO_4)_3 + K_2SO_4 + H_2O \qquad \text{(Gl. 3.5.19)}$$

2. Schritt: Betrachtung des Oxidations- und Reduktionsvorganges (Gl. 3.5.20 + 3.5.21)

$$\text{(Gl. 3.5.20)}$$

Oxidation: $\quad -2\,e^- \rightarrow$

Reduktion: $\quad K_2Cr_2O_7 + 2 \cdot 3\,e^- \rightarrow Cr_2(SO_4)_3 \qquad \text{(Gl. 3.5.21)}$

3. Schritt: Ausgleichen des Oxidations- und Reduktionsvorganges

Das kleinste gemeinsame Vielfache aus Oxidation und Reduktion beträgt sechs; folglich muss der Oxidationsschritt mit dem Faktor drei multipliziert werden. Es ergibt sich Gl. 3.5.22:

$$3 \qquad + K_2Cr_2O_7 + H_2SO_4 \rightarrow 3 \qquad + Cr_2(SO_4)_3 + K_2SO_4 + H_2O$$

$$\text{(Gl. 3.5.22)}$$

4. Schritt: Ermittlung der benötigten Anzahl an Schwefelsäuremolekülen

Auf der rechten Seite der Reaktionsgleichung entstehen vier Sulfationen. Die linke Seite der Reaktionsgleichung muss somit mit vier Molekülen Schwefelsäure ausgeglichen werden. Es ergibt sich Gl. 3.5.23:

$$3 \qquad + K_2Cr_2O_7 + 4\,H_2SO_4 \rightarrow 3 \qquad + Cr_2(SO_4)_3 + K_2SO_4 + H_2O$$

$$\text{(Gl. 3.5.23)}$$

5. Schritt: H/O-Bilanz

Damit die Reaktionsgleichung stöchiometrisch ausgeglichen ist, muss die rechte Seite sieben Wassermoleküle aufweisen. Die vollständige Reaktionsgleichung lautet (Gl. 3.5.24):

(Gl. 3.5.24)

$$3 \quad \text{(Verbindung mit OH)} + K_2Cr_2O_7 + 4\,H_2SO_4 \rightarrow 3 \quad \text{(Verbindung)} + Cr_2(SO_4)_3 + K_2SO_4 + 7\,H_2O$$

b) Kaliumdichromat ist das Oxidationsmittel, 3-Hydroxycyclohexanon ist das Reduktionsmittel.

3.5.31 Reaktion von Mangandioxid mit Salzsäure

Mangandioxid reagiert mit Salzsäure.
Formulieren Sie die Reaktionsgleichung.

Lösungsvorschlag

1. Schritt: Aufstellen der unausgeglichenen Reaktionsgleichung (Gl. 3.5.25)

$$MnO_2 + HCl \rightarrow MnCl_2 + Cl_2 + H_2O \qquad \text{(Gl. 3.5.25)}$$

2. Schritt: Betrachtung des Oxidations- und Reduktionsvorganges (Gl. 3.5.26 + 3.5.27)

$$\textit{Oxidation:}\ 2\,\overset{-I}{HCl}\ -\mathbf{2 \cdot 1\,e^-} \rightarrow \overset{0}{Cl_2} \qquad \text{(Gl. 3.5.26)}$$

$$\textit{Reduktion:}\ \overset{+IV}{MnO_2} + \mathbf{2\,e^-} \rightarrow \overset{+II}{MnCl_2} \qquad \text{(Gl. 3.5.27)}$$

3. Schritt: Ausgleichen des Oxidations- und Reduktionsvorganges

Der Oxidations- und Reduktionsvorgang sind ausgeglichen. Es ergibt sich Gl. 3.5.28:

$$MnO_2 + 2\,HCl \rightarrow MnCl_2 + Cl_2 + H_2O \qquad \text{(Gl. 3.5.28)}$$

4. Schritt: Ermittlung der benötigten Anzahl an Salzsäuremolekülen

Auf der rechten Seite der Reaktionsgleichung entstehen zusätzlich zum Chlor noch 2 Chloridionen. Die linke Seite der Reaktionsgleichung muss somit 4 Salzsäuremoleküle liefern. Es ergibt sich Gl. 3.5.29:

$$MnO_2 + 4\,HCl \rightarrow MnCl_2 + Cl_2 + H_2O \qquad \text{(Gl. 3.5.29)}$$

5. Schritt: H/O-Bilanz

Damit die Reaktionsgleichung stöchiometrisch ausgeglichen ist, muss die rechte Seite 2 Wassermoleküle aufweisen. Die vollständige Reaktionsgleichung lautet:

$$MnO_2 + 4\,HCl \rightarrow MnCl_2 + Cl_2 + 2\,H_2O \qquad \text{(Gl. 3.5.30)}$$

3.5.32 Bestimmen von Oxidationszahlen

Zur Beurteilung von Oxidations- und Reduktionsvorgängen ist die Kenntnis über die Oxidationszahlen der beteiligten Verbindungen eine wichtige Voraussetzung.

a) Bestimmen Sie die Oxidationszahlen des Elements Sauerstoff in folgenden Verbindungen: H_2O, H_2O_2, O_2, HClO, CaO
Verwenden Sie dazu Tabelle 3.21:

Tabelle 3.21 Oxidationszahlen

Verbindung	Oxidationszahl Sauerstoff
H_2O	
H_2O_2	
O_2	
HClO	
CaO	

b) Erklären Sie die Begriffe «Oxidation» und «Reduktion».

Lösungsvorschlag

a)

Tabelle 3.22 Lösung zu Tabelle 3.21

Verbindung	Oxidationszahl Sauerstoff
H_2O	–II
H_2O_2	–I
O_2	0
HClO	–II
CaO	–II

b) Jede Oxidation ist mit der Abgabe von Elektronen bzw. einer Erhöhung der Oxidationszahl verbunden. Unter einer Reduktion versteht man die Aufnahme von Elektronen bzw. die Erniedrigung der Oxidationszahl.

3.5.33 Reaktion von Kalilauge mit Chlorgas

Lässt man Kalilauge mit Chlorgas reagieren, entsteht Kaliumhypochlorit und Kaliumchlorid.

a) Formulieren Sie die Reaktionsgleichung.
b) Geben Sie an, um welchen speziellen Reaktionstyp es sich handelt.

Lösungsvorschlag

a) Gl. 3.5.31 zeigt die Reaktion:

$$2 \text{ KOH} + Cl_2 \rightarrow \text{KOCl} + \text{KCl} + H_2O \tag{Gl. 3.5.31}$$

b) Da das Element Chlor bei dieser Reaktion *gleichzeitig* sowohl oxidiert als auch reduziert wird, handelt es sich um eine spezielle Art der Redoxreaktion, der so genannten Disproportionierung.

3.5.34 Betrachtung von Metalloxiden und Nichtmetalloxiden

Oxide sind Verbindungen von Sauerstoff mit einem anderen Element, wobei Sauerstoff den stärker elektronegativen Anteil bildet.

a) Erläutern Sie den Unterschied zwischen Metalloxiden und Nichtmetalloxiden.
b) Geben Sie anhand jeweils einer geeigneten Reaktionsgleichung an, wie Metalloxide und Nichtmetalloxide in wässriger Lösung reagieren.

Lösungsvorschlag

a) Metalloxide sind ionisch, Nichtmetalloxide kovalent aufgebaut. Metalloxide bilden in wässriger Lösung Basen, Nichtmetalloxide reagieren in wässriger Lösung fast ausnahmslos sauer und werden deshalb häufig als Säureanhydride bezeichnet.
b) Beispiele für die Reaktion von Metalloxiden in Wasser zeigen Gl. 3.5.32 und Gl. 3.5.33:

$$CaO + H_2O \rightarrow Ca(OH)_2 \qquad \text{(Gl. 3.5.32)}$$

$$Na_2O + H_2O \rightarrow 2\,NaOH \qquad \text{(Gl. 3.5.33)}$$

Beispiele für die Reaktion von Nichtmetalloxiden in Wasser zeigen Gl. 3.5.34 und Gl. 3.5.35:

$$P_2O_3 + 3\,H_2O \rightarrow 2\,H_3PO_3 \qquad \text{(Gl. 3.5.34)}$$

$$Cl_2O + H_2O \rightarrow 2\,HClO \qquad \text{(Gl. 3.5.35)}$$

3.5.35 Benennung anorganischer Verbindungen

Vervollständigen Sie Tabelle 3.23 mit anorganischen Verbindungen.

Tabelle 3.23 Anorganische Verbindungen

Name	Summenformel
Nitrit-Ion	
Phosphonsäure	
	PO_4^{2-}
schweflige Säure	
	SO_2^{2-}
	H_2SO_5
Chlor(V)säure	
Perchlorat-Ion	
	Cl^-

Lösungsvorschlag

Tabelle 3.24 Lösung zu Tabelle 3.23

Name	Summenformel
Nitrit-Ion	NO_2^-
Phosphonsäure	H_3PO_3
Phosphat-Ion	PO_4^{2-}
schweflige Säure	H_2SO_3
Hyposulfit-Ion	SO_2^{2-}
Peroxoschwefelsäure	H_2SO_5
Chlor(V)säure	$HClO_3$
Perchlorat-Ion	ClO_4^-
Chlorid-Ion	Cl^-

3.5.36 Beispiele für Anhydride

Schwefeltrioxid ist ein wichtiges Anhydrid.

a) Erklären Sie den Begriff «Anhydrid» anhand dieser Verbindung. Formulieren Sie eine geeignete Reaktionsgleichung.

b) Welche Anhydride können aus Phosphorsäure und salpetriger Säure entstehen?

Lösungsvorschlag

a) Anhydride entstehen durch Abspaltung von mindestens einem Molekül Wasser aus ihren Säuren. Schwefeltrioxid ist das Anhydrid der Schwefelsäure und entsteht nach Gl. 3.5.36:

$$H_2SO_4 \rightarrow \mathbf{SO_3} + H_2O \qquad \text{(Gl. 3.5.36)}$$

b) Aus zwei Molekülen Phosphorsäure entsteht durch Abspaltung von drei Molekülen Wasser nach Gl. 3.5.37 das Anhydrid Phosphorpentoxid.

$$2\,H_3PO_4 \rightarrow \mathbf{P_2O_5} + 3\,H_2O \qquad \text{(Gl. 3.5.37)}$$

Das Anhydrid Distickstofftrioxid entsteht durch Abspaltung von Wasser aus zwei Molekülen salpetriger Säure nach Gl. 3.5.38.

$$2\,HNO_2 \rightarrow \mathbf{N_2O_3} + H_2O \qquad \text{(Gl. 3.5.38)}$$

3.5.37 Aussagen zu induktiven und mesomeren Effekten

Induktive und mesomere Effekte spielen eine große Rolle in der organischen Chemie. Bewerten Sie die Aussagen, die in Tabelle 3.25 vorgenommen wurden.

Tabelle 3.25 Induktive und mesomere Effekte

Aussage	richtig	falsch
Halogene üben einen –I-Effekt aus.		
Funktionelle Gruppen mit freien Elektronenpaaren erhöhen durch ihren +M-Effekt die Elektronendichte an benachbarten Resten.		
Von den bei jeder Mesomerie auftretenden Grenzstrukturen ist jeweils nur eine existent.		
Alkylreste erhöhen durch ihren +I-Effekt den pKs-Wert einer Säure.		
M-Effekte sind im allgemeinen schwächer als I-Effekte.		

Lösungsvorschlag

Tabelle 3.26 Lösung zu Tabelle 3.25

Aussage	richtig	falsch
Halogene üben einen –I-Effekt aus.	✗	
Funktionelle Gruppen mit freien Elektronenpaaren erhöhen durch ihren +M-Effekt die Elektronendichte an benachbarten Resten.	✗	
Von den bei jeder Mesomerie auftretenden Grenzstrukturen ist jeweils nur eine existent.		✗
Alkylreste erhöhen durch ihren +I-Effekt den pKs-Wert einer Säure.	✗	
M-Effekte sind im allgemeinen schwächer als I-Effekte.		✗

3.5.38 Benennung der Salze anorganischer Chlorsäuren

Vervollständigen Sie Tabelle 3.27 mit den Namen der Salze der jeweiligen anorganischen Säuren des Elements Chlor.

Tabelle 3.27 Salze der anorganischen Säuren des Elements Chlor

Summenformel Säure	Namen der Salze
HCl	
HClO	
$HClO_2$	
$HClO_3$	
$HClO_4$	

Lösungsvorschlag

Tabelle 3.28 Lösung zu Tabelle 3.27

Summenformel Säure	Namen der Salze
HCl	Chloride
HClO	Hypochlorite
$HClO_2$	Chlorite
$HClO_3$	Chlorate
$HClO_4$	Perchlorate

4 Musterklausuren zur gestreckten Abschlussprüfung Teil 1 – Präparative Chemie

Diese Musterklausuren enthalten nach der Prüfungsordnung 12 Fragen. Sie müssen bei der Bearbeitung 2 Fragen streichen. Wenn Sie das Streichen vergessen, werden durch den Prüfer die zwei letzten Aufgaben gestrichen. Fachrechenaufgaben dürfen nicht gestrichen werden. Die Lösungen zu den Aufgaben folgen im Anschluss an die Klausuren. Für die Bewertung wenden Sie bitte den Punktemaßstab aus Abschnitt 2.7.1 an.

4.1 Musterklausur 1

1. Aufgabe

Bei der katalytischen Hydrierung von $m = 0,486$ g einer organischen Substanz mit der molaren Masse von $M = 58$ g/mol werden $V = 204$ mL Wasserstoff bei $\vartheta = 23\ °C$ und $p = 1010$ mbar benötigt.
Wie viel Doppelbindungen enthält die Verbindung?
$R = 0,08314$ L·bar/(mol·K)

2. Aufgabe

Geben Sie je eine Beispielreaktion an:
a) Wurtz-Fittig-Reaktion
b) Sandmeyer-Reaktion
c) Williamson-Synthese
d) Friedel-Crafts-Reaktion

3. Aufgabe

2,2-Dimethylbutanal wird mit Kalilauge zur Reaktion gebracht.
a) Formulieren Sie die Reaktionsgleichung.
b) Um welche Art der Reaktion handelt es sich? Begründen Sie Ihre Entscheidung.
c) Bestimmen Sie die Oxidationszahlen des Eduktes und der Reaktionsprodukte und nennen Sie den Namen dieser speziellen Redoxreaktion.

4. Aufgabe

Ammoniak bildet in Wasser Ammoniumhydroxid. Es werden bei $\vartheta = 25\ °C$ und $p = 1,3$ bar vom Ammoniak $V(NH_3) = 2,97$ L in Wasser eingeleitet.
Welche Stoffmengenkonzentration $c(NH_4OH)$ liegt bei einem Gesamtvolumen von $V(\text{Lösung}) = 4,8$ L vor?
$NH_3 + H_2O \rightarrow NH_4OH$
$M(NH_4OH) = 35$ g/mol, $R = 0,08314$ L · bar/(mol · K)

5. Aufgabe

Aceton wird durch eine Oxidationsreaktion von Propan-2-ol mit Kaliumdichromat hergestellt. Die durchschnittliche Ausbeute liegt bei η = 85%.
Wie viel Aceton können Sie aus m(Propan-2-ol) = 56 g herstellen?

$$3\ C_3H_7OH + K_2Cr_2O_7 + 4\ H_2SO_4 \rightarrow 3\ C_3H_6O + K_2SO_4 + Cr_2(SO_4)_3 + 7\ H_2O$$

M(Propan-2-ol) = 60 g/mol, M(Aceton) = 58 g/mol

6. Aufgabe

Um Stoffe zu Reinigen, werden im Labor physikalische Aufarbeitungsmethoden angewandt. Eine Methode ist die Umkristallisation aus heißgesättigter Lösung.
a) Wie wird die Löslichkeitsprobe (Vorprobe) bei der Umkristallisation durchgeführt?
b) Welche Anforderungen werden an das Lösemittel bei der Umkristallisation gestellt?

7. Aufgabe

Für die Trennung von Flüssigkeiten kommen verschiedene Destillationsverfahren zur Anwendung.
a) Wann wird zur Trennung von Flüssigkeiten eine Vakuumdestillation angewandt?
b) Zählen Sie die Geräte auf, die hierbei zum Einsatz kommen.
c) Welche Sicherheitsmaßnahmen müssen getroffen werden?

8. Aufgabe

In der Dünnschichtchromatografie müssen die Flecken der Analyten und der Vergleichslösungen nach der Entwicklung verglichen werden.
Nennen und erläutern Sie kurz vier Methoden.

9. Aufgabe

Die Dichte ist eine charakteristische Größe für Feststoffe und Flüssigkeiten.
a) Auf welchem Prinzip basiert die Messung mit der hydrostatischen Waage?
b) Beschreiben Sie die Methode der Festkörperbestimmung mit Hilfe der hydrostatischen Waage, und geben Sie die Formel zur Berechnung an.

10. Aufgabe

Der pH-Wert einer Salzsäurelösung liegt nach einer Messung bei pH = 4.
a) Wie würde sich der pH-Wert durch die Zugabe von konzentrierter Salzsäure ändern?
b) Wie können Sie den pOH-Wert bei bekanntem pH-Wert bestimmen?

11. Aufgabe

Chlor kann großtechnisch mit Hilfe der Chloralkalielektrolyse hergestellt werden.
a) Geben Sie die allgemeine Reaktionsgleichung zur Herstellung von Chlor bei der Chloralkalielektrolyse an.
b) Nennen Sie die drei miteinander konkurrierenden Verfahren?
c) Nennen Sie jeweils einen Vorteil und einen Nachteil aller drei Verfahren.

12. Aufgabe

Eisen(II)phosphat reagiert in phosphorsaurer Lösung mit Kaliumpermanganat.
a) Formulieren Sie die Reaktionsgleichung. Gehen Sie davon aus, dass die Phosphorsäure vollständig protolysiert.
b) Warum eignet sich Salzsäure in der Regel nicht zum Ansäuern bei permanganometrischen Bestimmungen?

4.2 Lösungsvorschlag zur Musterklausur 1

1. Aufgabe – Lösungsvorschlag

Bei einem Mol Substanz wird zur Hydrierung pro Doppelbindung ebenfalls ein Mol Wasserstoff benötigt. Daher müssen zuerst beide Stoffmengen berechnet werden. Gl. 4.2.1 zeigt zuerst die Berechnung der Stoffmenge an organischer Substanz:

$$n(\text{org. Substanz}) = \frac{m}{M} = \frac{0,486\ \text{g}}{58\ \text{g/mol}} = 8,38 \cdot 10^{-3}\ \text{mol} = 8,38\ \text{mmol} \qquad \text{(Gl. 4.2.1)}$$

In Gl. 4.2.2 wird die Berechnung der Stoffmenge an Wasserstoff gezeigt:

$$n(\text{H}_2) = \frac{p \cdot V}{R \cdot T} = \frac{1,010\ \text{bar} \cdot 0,204\ \text{L}}{0,08314\ \text{L} \cdot \text{bar}/(\text{mol} \cdot \text{K}) \cdot 296\ \text{K}} = 8,37 \cdot 10^{-3}\ \text{mol} = 8,37\ \text{mmol}$$
$$\text{(Gl. 4.2.2)}$$

Die Bestimmung der Anzahl an Doppelbindungen erfolgt nun durch die Berechnung des Verhältnisses an verbrauchtem Wasserstoff beim Hydrieren zur Stoffmenge an Substanz nach Gl. 4.2.3:

$$\frac{n(\text{H}_2)}{n(\text{org. Substanz})} = \frac{8,38\ \text{mmol}}{8,37\ \text{mmol}} \approx \underline{1} \qquad \text{(Gl. 4.2.3)}$$

Die Verbindung enthält demnach eine Doppelbindung.

2. Aufgabe – Lösungsvorschlag

a) Gl. 4.2.4 zeigt eine Wurtz-Fittig-Reaktion:

$$+ \ H_3C{-}CH_2Cl \ + \ 2 \ Na \ \longrightarrow \qquad + \ 2 \ NaCl \qquad \text{(Gl. 4.2.4)}$$

b) Gl. 4.2.5 zeigt eine Sandmeyer-Reaktion:

(Gl. 4.2.5)

c) Gl. 4.2.6 zeigt die Williamson-Synthese:

$$H_3C{-}ONa \ + \ H_3C{-}CH_2Cl \ \rightarrow \ H_3C{-}O{-}CH_2{-}CH_3 \ + \ NaCl \qquad \text{(Gl. 4.2.6)}$$

d) Gl. 4.2.7 zeigt die Friedel-Crafts-Reaktion

$$+ \ CH_3Cl \ \xrightarrow{\ AlCl_3\ } \qquad + \ HCl \qquad \text{(Gl. 4.2.7)}$$

3. Aufgabe – Lösungsvorschlag

a) In Gl. 4.2.8 ist die Reaktion dargestellt:

(Gl. 4.2.8)

b) Es handelt sich um eine Cannizzaro-Reaktion, da das Aldehyd kein α-H-Atom besitzt.

c) Bei einer Cannizzaro-Reaktion handelt es sich immer um eine sog. Disproportionierung, bei der das Kohlenstoffatom der Aldehydgruppe mit der Oxidationszahl (+I) zu einer niedrigeren Oxidationszahl im Alkohol (–I) und einer höheren im Salz der Carbonsäure (+III) reagiert.

4. Aufgabe – Lösungsvorschlag

$$p \cdot V = n \cdot R \cdot T \qquad \text{(Gl. 4.2.9)}$$

$$n(NH_3) = \frac{p \cdot V(NH_3)}{R \cdot T}$$

$$n(NH_3) = \frac{1,3 \ bar \cdot 2,97 \ L \cdot mol \cdot K}{0,08314 \ L \cdot bar \cdot 298,15 \ K}$$

$$n(NH_3) = 0,156 \ mol$$

Da Ammoniak im Verhältnis 1 : 1 zu Ammoniumhydroxid reagiert, kann die Stoffmenge gleichgesetzt werden.

$n(NH_3) = n(NH_4OH) = 0,156$ mol

$$c(NH_4OH) = \frac{n(NH_4OH)}{V}$$

$$c(NH_4OH) = \frac{0,156 \text{ mol}}{4,8 \text{ L}}$$

$c(NH_4OH) = \underline{0,033 \text{ mol/L}}$

Die Stoffmengenkonzentration beträgt $c(NH_4OH) = 0,033$ mol/L.

5. Aufgabe – Lösungsvorschlag

$$m(\text{Produkt}) = \frac{m(\text{Edukt})}{M(\text{Edukt})} \cdot M(\text{Produkt}) \cdot \eta \qquad \text{(Gl. 4.2.10)}$$

$$m(\text{Aceton}) = \frac{56 \text{ g}}{60 \text{ g/mol}} \cdot 58 \text{ g/mol} \cdot 0,85$$

$m(\text{Aceton}) = \underline{46,01 \text{ g}}$

Bei einer Ausbeute von 85% können Sie $m(\text{Aceton}) = 46$ g herstellen.

6. Aufgabe – Lösungsvorschlag

a) Der zu reinigende Stoff wird homogenisiert. Anschließend wird hiervon eine Probe von $m = 500$ mg in ein Reagenzglas auf einer Analysenwaage abgewogen. Nun wird in kleinen Portionen das Lösemittel zugefügt und bis zum Siedepunkt erhitzt. Je nach Lösemittel (brennbar, nicht brennbar) muss hierzu ein Wasserbad, Ölbad oder Gasbrenner verwendet werden. Es ist darauf zu achten, dass beim Erhitzen das Reagenzglas ständig bewegt wird, so dass kein Siedeverzug entstehen kann. Es ist gerade die Menge an Lösemittel dazuzugeben, dass sich der Stoff in der Siedehitze gerade löst. Das eingesetzte Volumen wird nun auf die Gesamtmenge des zu reinigenden Stoffes hochgerechnet. Um sicher zu gehen, dass möglichst nichts bei der Filtration ausfällt, wird zum ermittelten Volumen an Lösemittel ein Sicherheitsaufschlag von 10% dazugerechnet.

Beispiel:

Gesamtmenge Probe:	$m = 25,0$ g
Einwaage zur Vorprobe:	$m = 483,5$ mg
Verbrauch an Lösemittel zur Vorprobe:	$V = 6,5$ mL

$$V_{\text{Gesamt}} = \frac{m_{\text{Gesamt}} \cdot V_{\text{Probe}}}{m_{\text{Probe}}} \cdot 1,1 \qquad \text{(Gl. 4.2.11)}$$

$$V_{\text{Gesamt}} = \frac{25 \text{ g} \cdot 6,5 \text{ mL}}{0,4835} \cdot 1,1 = 336 \text{ mL}$$

b) Das Lösemittel soll den zu reinigenden Stoff in der Siedehitze gut und in der Kälte schlecht lösen. Es darf mit dem zu reinigenden Stoff keine chemische Reaktion eingehen und es sollte die Verunreinigung nicht lösen.

7. Aufgabe – Lösungsvorschlag

a) Eine Vakuumdestillation ist bei Flüssigkeiten durchzuführen, die sich bei höheren Temperaturen zersetzen. Die Temperatur, die zum Erreichen der Siedepunkte notwendig ist, kann aus apparativen Gründen nicht erreicht werden. Durch das Herabsetzen des Umgebungsdrucks auf die Flüssigkeitsoberfläche wird der Siedepunkt gesenkt und somit auch die Energiekosten, die zum Erwärmen des Flüssigkeitsgemisches notwendig sind.

b) Hebebühne, Heizkorb oder Ölbad, Verdampfungskolben, Siedekapillare, Thermometer, Kolonne, Kolonnenkopf oder Vakuumviereck, Eutervorlage, Vakuumpumpe, Kältefalle, Dewargefäß, Manometer, Nadelventile.

c) Alle apparativen Teile aus Glas müssen auf Beschädigungen untersucht werden. Die Apparatur sollte aus Sicherheitsgründen im Abzug mit geschlossenem Frontschieber betrieben werden. Vor Inbetriebnahme der Apparatur ist diese auf Dichtigkeit zu prüfen. Die Vakuumpumpe ist nur bei belüfteter Apparatur ein- bzw. auszuschalten.

8. Aufgabe – Lösungsvorschlag

1. Methode

Im einfachsten Fall sind die Flecken farbig und können mit bloßem Auge zugeordnet und verglichen werden. Dabei werden die Flecken häufig mit einem Bleistift eingekreist.

2. Methode

Unsichtbare Flecken der Substanzen können durch eine chemische Reaktion sichtbar gemacht werden. Dazu kann die DC-Platte mit einem Sprühreagenz besprüht oder komplett in ein Tauchbad mit Färbereagenz getaucht werden. Für Aminosäuren wird z.B. Ninhydrin verwendet, die Aminosäuren zeigen dann eine spezifische Färbung.

3. Methode

Eine weitere Möglichkeit stellt das Bedampfen dar. Hierzu wird eine Kammer mit Iod-Dampf gesättigt. Ungesättigte Verbindungen würden mit Iod reagieren und die Färbung dadurch an den Flecken verblassen.

4. Methode

Wenn die Substanzen UV-aktiv sind, kann mit Hilfe einer UV-Lampe ausgewertet werden. Dazu muss aber eine spezielle Plattenart verwendet werden. Diese Platten tragen in der Bezeichnung den Zusatzbuchstaben F für «Fluoreszenz-Indikator». Hält man diese Art Platten bei $\lambda = 245$ nm unter eine UV-Lampe, leuchtet sie grünlich.

9. Aufgabe – Lösungsvorschlag

a) Nach dem Prinzip von Archimedes verliert ein Körper beim Eintauchen in Wasser scheinbar an Masse. Dies bewirkt der Auftrieb in der Flüssigkeit, der der Erdanziehung entgegenwirkt. Dadurch verliert der Körper an Gewichtskraft.

b) Der Körper wird zuerst an der Luft gewogen (m_{Luft}). Dann wird der Körper komplett in Wasser eingetaucht und dabei gewogen (m_{Wasser}). Aus der Differenz der zwei Wägungen und der Dichte von Wasser kann die Dichte des Feststoffkörpers nach Gl. 4.2.12 berechnet werden.

$$\varrho = \frac{m_{Luft}}{(m_{Luft} - m_{Wasser})} \cdot \varrho_{H_2O} \qquad \text{(Gl. 4.2.12)}$$

10. Aufgabe – Lösungsvorschlag

a) Der *pH*-Wert würde sinken, da die Konzentration an Hydronium-Ionen steigt.

b) Der *pOH*-Wert und der *pH*-Wert stehen mathematisch in folgendem Zusammenhang: $pOH + pH = 14$. Damit ergibt sich für den *pOH*-Wert folgende Berechnung:

$$pOH = 14 - pH \qquad \text{(Gl. 4.2.13)}$$
$$pOH = 14 - 4$$
$$pOH = \underline{10}$$

11. Aufgabe – Lösungsvorschlag

a) Gl. 4.2.14 zeigt die allgemeine Reaktion:

$$2\,NaCl + 2\,H_2O \;\rightarrow\; Cl_2 + 2\,NaOH + H_2 \quad \Delta H = +454\ kJ \qquad \text{(Gl. 4.2.14)}$$

b) Amalgam-Verfahren, Diaphragma-Verfahren, Membran-Verfahren.

c) Tabelle 4.1 stellt Vor- und Nachteile der drei Verfahren gegenüber.

Tabelle 4.1 Vergleich der Verfahren

Vergleich	Vorteile	Nachteile
Amalgam-Verfahren	• reinste NaOH • direkte Herstellung einer NaOH mit $w(NaOH) = 50\%$ • hochreines Chlor	• Umweltbelastung (Hg); entstehende höhere Kosten zum Schutz der Umwelt • Verwendung von reiner Sole notwendig • hoher Platzbedarf
Diaphragma-Verfahren	• geringe Investitionskosten • Vermeidung von Hg • Verwendung von weniger reinen Solen	• Umweltbelastung (Asbest), entstehende Kosten zum Schutz der Umwelt • verunreinigte NaOH mit Natriumchlorid • geringere Chlorqualität (mit Sauerstoff verunreinigt) • Entstehung von Natriumchlorat • hohe Kosten zur Aufkonzentrierung der entstehenden NaOH
Membran-Verfahren	• reinste NaOH • umweltfreundlich • geringer Energieverbrauch	• Verwendung von sehr reiner Sole notwendig (Anfälligkeit der Membran) • hohe Kosten der Membrane • mit Sauerstoff verunreinigtes Chlor • Entstehung von Natriumchlorat

12. Aufgabe – Lösungsvorschlag

a) 1. Schritt: Aufstellen der unausgeglichenen Reaktionsgleichung.

$$Fe_3(PO_4)_2 + KMnO_4 + H_3PO_4 \rightarrow FePO_4 + Mn_3(PO_4)_2 + K_3PO_4 + H_2O \qquad \text{(Gl. 4.2.15)}$$

2. Schritt: Betrachtung des Oxidations- und Reduktionsvorganges.

$$\overset{+II}{\text{Oxidation: 3 Fe}^{2+}} \; \textbf{–3} \cdot \textbf{1 e}^- \; \rightarrow \; \overset{+III}{\text{3 Fe}^{3+}} \qquad \text{(Gl. 4.2.16)}$$

$$\overset{+VII}{\text{Reduktion: 3 KMnO}_4} \; \textbf{+ 3} \cdot \textbf{5 e}^- \; \rightarrow \; \overset{+II}{\text{Mn}_3(\text{PO}_4)_2} \qquad \text{(Gl. 4.2.17)}$$

3. Schritt: Ausgleichen des Oxidations- und Reduktionsvorganges
Das kleinste gemeinsame Vielfache aus Oxidation und Reduktion beträgt 15; folglich muss der Oxidationsschritt mit dem Faktor fünf multipliziert werden.

$$5\,Fe_3(PO_4)_2 + 3\,KMnO_4 + H_3PO_4 \; \rightarrow \; 15\,FePO_4 + Mn_3(PO_4)_2 + K_3PO_4 + H_2O$$
$$\text{(Gl. 4.2.18)}$$

4. Schritt: Ermittlung der benötigten Anzahl an Phosphorsäuremolekülen
Auf der rechten Seite der Reaktionsgleichung entstehen 18 Phosphationen. Die linke Seite der Reaktionsgleichung liefert mit dem Eisen(II)phosphat bereits 10 Phosphationen, die acht restlichen werden durch acht Moleküle Phosphorsäure zur Verfügung gestellt.

$$5\,Fe_3(PO_4)_2 + 3\,KMnO_4 + 8\,H_3PO_4 \; \rightarrow \; 15\,FePO_4 + Mn_3(PO_4)_2 + K_3PO_4 + H_2O$$
$$\text{(Gl. 4.2.19)}$$

5. Schritt: H/O-Bilanz
Damit die Reaktionsgleichung stöchiometrisch ausgeglichen ist, muss die rechte Seite 12 Wassermoleküle aufweisen. Die vollständige Reaktionsgleichung lautet

$$5\,Fe_3(PO_4)_2 + 3\,KMnO_4 + 8\,H_3PO_4 \; \rightarrow \; 15\,FePO_4 + Mn_3(PO_4)_2 + K_3PO_4 + 12\,H_2O$$
$$\text{(Gl. 4.2.20)}$$

b) Salzsäure ist ungeeignet, da die Chloridionen durch das Kaliumpermanganat zu Chlor oxidiert werden.

4.3 Musterklausur 2

1. Aufgabe

Erläutern Sie den Unterschied zwischen einem Säurehalogenid und einer Halogensäure, und geben Sie je ein Beispiel an.

2. Aufgabe

Bei der Sandmeyer-Reaktion zur Herstellung von o-Chlorbenzoesäure entsteht als Nebenprodukt Stickstoff.

a) Formulieren Sie die vollständige(n) Reaktionsgleichung(en) ausgehend vom Edukt 2-Aminobenzoesäure.

b) Welches Volumen an Stickstoff entsteht bei der Reaktion bei ϑ = 22 °C und p = 1005 mbar, wenn m = 12,8 g Edukt diazotiert werden und mit einer Gesamtausbeute von η = 83% zu rechnen ist? R = 0,08314 L · bar/(mol · K)

---

3. Aufgabe

Formulieren Sie die entsprechenden Reaktionsgleichungen, und benennen Sie die Endprodukte:
a) Propansäuremethylester reagiert säurekatalysiert mit Wasser.
b) Isopropylmagnesiumbromid wird mit Kohlenstoffdioxid umgesetzt und anschließend hydrolysiert.
c) Acetonitril wird mit Wasser versetzt.

---

4. Aufgabe

Eine Salzsäurelösung w(HCl) = 37,0% soll durch die Zugabe von Wasser verdünnt werden. Der Massenanteil soll danach w(HCl) = 10,0% betragen.

a) Wie viel Salzsäure, w(HCl) = 37,0% würden Sie benötigen, um von der verdünnten Salzsäure V(HCl) = 5 L herzustellen? ϱ (HCl) = 1,05 g/mL
b) Wie viel Wasser wäre notwendig?

---

5. Aufgabe

Bei der Elementaranalyse einer organischen Verbindung wurden die folgenden Massenanteile ermittelt: w(C) = 68,9%, w(O) = 26,2%, w(H) = 4,9%. Die molare Masse beträgt M(org. Verbindung) = 122 g/mol.
Geben Sie die Summenformel für die Verbindung an.

---

6. Aufgabe

Ein Quecksilberthermometer ist bei einem Versuch vom Labortisch gefallen und zerbrochen.
a) Wie reagieren Sie nach den bestehenden Sicherheitsrichtlinen?
b) Worauf ist beim Umgang mit Quecksilber zu achten?
c) Wie ist Quecksilber fachgerecht aufzunehmen und zu entsorgen?

---

7. Aufgabe

Je nach Trennproblem und eingesetzten Geräten werden im Labor die unterschiedlichsten Filtrationsmethoden eingesetzt.
a) Nennen Sie fünf Filtrationsmethoden?
b) Wie lassen sich diese unterscheiden?
c) Welche Geräte werden bei den verschiedenen Methoden benötigt?

8. Aufgabe

In der Polarimetrie wird monochromatisches, linear polarisiertes Licht benötigt.
a) Beschreiben Sie «monochromatisch» und «linear polarisiert» genauer.
b) Mit welchen Hilfsmitteln kann diese Art von Licht erzeugt werden?

9. Aufgabe

Im Labor werden häufig physikalische Messmethoden zur Bestimmung von selbst hergestellten Substanzen angewandt.
Nennen Sie sechs klassische und drei instrumentell-analytische Methoden.

10. Aufgabe

Nach einer Synthese liegt ein flüssiges organisches Produkt vor. Neben dem Produkt ist noch Wasser entstanden. Trotz Aufarbeitung ist im gereinigten Produkt häufig noch Wasser enthalten.
a) Wie kann nachgewiesen werden, ob noch Wasser vorhanden ist?
b) Wie kann die Reinheit des Produktes bestimmt werden?

11. Aufgabe

In der chemischen Industrie wird das Doppelkontaktverfahren eingesetzt.
a) Welches großtechnische Produkt wird nach dem Doppelkontaktverfahren hergestellt?
b) Für welchen Reaktionsschritt wird der Katalysator Vanadiumpentoxid benötigt? Geben Sie die entsprechende Reaktionsgleichung an.
c) Früher wurde das Kontaktverfahren angewendet. Welchen Vorteil bietet das heute übliche Doppelkontaktverfahren gegenüber dem früheren Kontaktverfahren?

12. Aufgabe

Zur Beschreibung einer Säure bzw. Base werden verschiedene Säure-Base Definitionen unterschieden.
a) Geben Sie die jeweiligen Säure-Base-Definitionen nach ARRHENIUS, BRÖNSTED und LEWIS an.
b) Ordnen Sie folgende Substanzen den vorhergehenden Definitionen zu (Doppelnennungen sind möglich):

   HCl, Cu^{2+}, NaOH, COO^-

Verwenden Sie zur Beantwortung Tabelle 4.2.

Tabelle 4.2 Säure- / Basedefinitionen

Name	Säure-Definition	Base-Definition	Zuordnung Säure	Zuordnung Base
Arrhenius				
Brönsted				
Lewis				

4.4 Lösungsvorschlag zur Musterklausur 2

1. Aufgabe – Lösungsvorschlag

Bei einem Säurehalogenid handelt es sich um das Halogenid einer Carbonsäure, bei dem die OH-Gruppe der Carbonsäure durch das Halogen ersetzt wurde. Eine Halogensäure hingegen ist eine Carbonsäure, bei der sich ein Halogen in der Kohlenstoffkette anstelle eines H-Atoms der Säure befindet.

Bild 4.1 zeigt den Unterschied anhand der Strukturen:

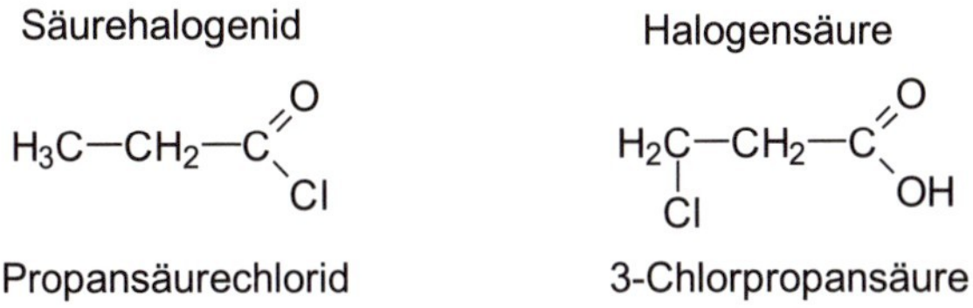

Säurehalogenid

$H_3C-CH_2-C\overset{O}{\underset{Cl}{\diagdown}}$

Propansäurechlorid

Halogensäure

$H_2C-CH_2-C\overset{O}{\underset{OH}{\diagdown}}$
$|$
Cl

3-Chlorpropansäure

Bild 4.1 Säurehalogenid – Halogensäure

2. Aufgabe – Lösungsvorschlag

a) Gl. 4.4.1 zeigt die Sandmeyer-Reaktion:

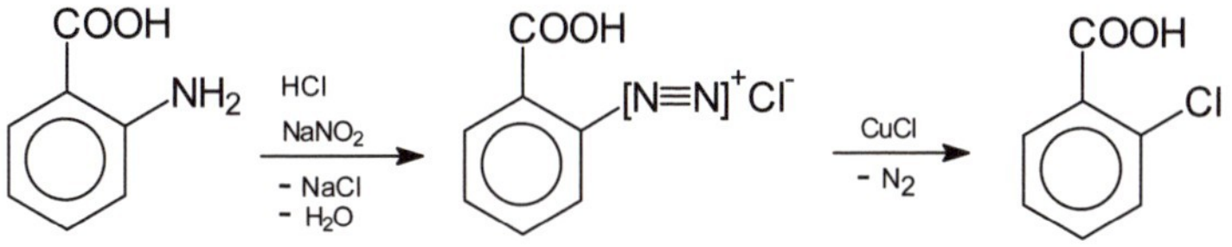

$$(Gl.\ 4.4.1)$$

b) $M(C_7H_5O_2NH_2) = 137\ g/mol$
Zuerst wird nach Gl. 4.4.2 die Stoffmenge an Edukt errechnet:

$$n(\text{Edukt}) = \frac{m}{M} = \frac{12{,}8\ g}{137\ g/mol} = 0{,}09343\ mol \qquad (Gl.\ 4.4.2)$$

Der tatsächliche Umsatz errechnet sich nach Gl. 4.4.3:

$$n_{\text{tatsächlich}} = n \cdot \eta = 0{,}09343\ mol \cdot 0{,}83 = 0{,}07755\ mol \qquad (Gl.\ 4.4.3)$$

Dies entspricht nach Gl. 4.4.4 einem Volumen an Stickstoff von:

$$V(N_2) = \frac{n \cdot R \cdot T}{p} = \frac{0{,}07755\ mol \cdot 0{,}08314\ L \cdot bar/(mol \cdot K) \cdot 295\ K}{1{,}005\ bar} = \underline{1{,}89\ L}$$
$$(Gl.\ 4.4.4)$$

Bei der Reaktion entstehen 1,89 L Stickstoffgas.

3. Aufgabe – Lösungsvorschlag

a) Gl. 4.4.5 zeigt die Reaktion a), eine Verseifung:

Propansäure   Methanol
(Methylalkohol)

(Gl. 4.4.5)

b) Gl. 4.4.6 zeigt die Reaktion b), eine Grignard-Reaktion:

2-Methylpropansäure

(Gl. 4.4.6)

c) Bei der Umsetzung mit einem Molekül Wasser entsteht zunächst nach Gl. 4.4.7 das Säureamid:

Ethansäureamid
(Acetamid)   (Gl. 4.4.7)

Mit einem weiteren Molekül Wasser erfolgt anschließend die Umsetzung zur Carbonsäure unter Bildung von Ammoniak, wie Gl. 4.4.8 zeigt:

Ethansäure   Ammoniak
(Essigsäure)

(Gl. 4.4.8)

4. Aufgabe – Lösungsvorschlag

a)

$$m(HCl) = V(HCl) \cdot \varrho(HCl)$$ (Gl. 4.4.9)

$$m(HCl) = 5000 \text{ mL} \cdot 1,05 \text{ g/mL}$$

$$m(HCl) = 5250 \text{ g}$$

$$m_1 = \frac{m_3 \cdot w_3 - m_2 \cdot w_2}{w_1}$$

$$m_1 = \frac{5250 \text{ g} \cdot 0,1 - m_2 \cdot 0}{0,37}$$

$$m_1 = \underline{1418,92 \text{ g}}$$

b)

$$m_2 = m_3 - m_1$$ (Gl. 4.4.10)

$$m_2 = 5250 \text{ g} - 1418,92 \text{ g}$$

$$m_2 = \underline{3831,08 \text{ g}}$$

Es werden von der konzentrierten Salzsäure $m = 1419$ g benötigt. Weiterhin müssen $m = 3831$ g Wasser eingesetzt werden.

5. Aufgabe – Lösungsvorschlag

C-Bilanz $\qquad \dfrac{68,9 \text{ g} \cdot \text{mol}}{12 \text{ g}} = 5,74$ (Gl. 4.4.11)

O-Bilanz $\qquad \dfrac{26,2 \text{ g} \cdot \text{mol}}{16 \text{ g}} = 1,64$ (Gl. 4.4.12)

H-Bilanz $\qquad \dfrac{4,9 \text{ g} \cdot \text{mol}}{1 \text{ g}} = 4,9$ (Gl. 4.4.13)

Aus den Quotienten wird das kleinste gemeinsame, ganzzahlige Vielfache bestimmt.

$5,74 : 1,64 : 4,9 \cong 7 : 2 : 6$

Das Verhältnis ergibt folgende empirische Formel: $C_7H_6O_2$.
Der Abgleich mit der angegebenen molaren Masse bestätigt die Summenformel $C_7H_6O_2$.

6. Aufgabe – Lösungsvorschlag

a) Der Unfallort ist abzusichern und abzusperren, um weitere Kontaminationen zu vermeiden. Der Vorgesetzte ist zu informieren.
b) Quecksilberdämpfe sind gesundheitsschädlich und entstehen auch schon bei Raumtemperatur. Deshalb sollte ausgetretenes Quecksilber schnell aufgenommen und entsorgt werden.
c) Quecksilber ist mit einer Quecksilber-Zange oder mit einem Adsorbtionsmittel wie z.B. Mercurisorb aufzunehmen. Elementares Quecksilber sollte mit Wasser überschichtet werden. Das gebundene, wie das elementare Quecksilber muss über einen Fachbetrieb entsorgt oder wieder aufgearbeitet werden. Im Labor sollten die Sammelgefäße unter Verschluss stehen.

7. Aufgabe – Lösungsvorschlag

a) Normaldruck-, Überdruck-, Unterdruck-, Kuchen- und Klärfiltration.
b) Die Methoden unterscheiden sich durch die Anwendung der Filtrationen bei verschiedenen Arbeitsdrücken. Bei der Kuchenfiltration wird nur der Rückstand weiterverarbeitet. Bei einer Klärfiltration wird nur das Filtrat benötigt. Der Rückstand wird verworfen.
c) Bei der Normaldruckfiltration wird ein Filtergestell, ein Trichter, ein Faltenfilter und ein Auffanggefäß benutzt.
Bei der Überdruckfiltration werden nur druckgeeignete Geräte wie Drucknutsche und Filterpressen verwendet.
Bei der Unterdruckfiltration setzt man Vakuum ein, d.h., alle Geräte wie Saugflaschen, Porzellannutsche, Vorstöße und Glasfilter müssen vakuumfest sein.

8. Aufgabe – Lösungsvorschlag

a) Unter monochromatischem Licht versteht man Licht, das nur aus Strahlung einer ganz bestimmten Wellenlänge besteht.
Ein Lichtstrahl kann als elektromagnetische Welle, die in alle Raumrichtungen schwingt, beschrieben werden. Linear polarisiertes Licht ist auf eine Schwingungsebene reduziert. Alle anderen Schwingungsebenen wurden absorbiert (Bild 4.2).

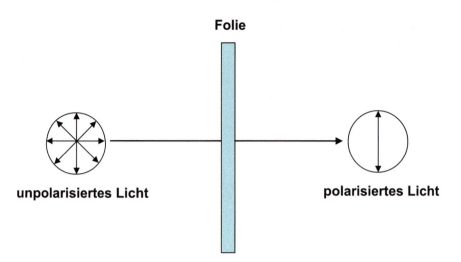

Bild 4.2 Unpolarisiertes Licht und polarisiertes Licht nach Durchtritt eines Polarisators

b) Monochromatisches Licht entsteht durch die Zerlegung von polychromatischem Licht mit Hilfe eines Monochromators. Dazu dienen Prismen oder Reflexionsgitter. Linear polarisiertes Licht entsteht durch einen Polarisator, der alle Schwingungsebenen bis auf eine absorbiert. Dazu werden Nicol'sche Prismen verwendet.

9. Aufgabe – Lösungsvorschlag

Zu den klassischen Methoden zählen: Schmelzpunktbestimmung, Dichtebestimmung, Viskositätsbestimmung, Refraktometrie, Dünnschichtchromatografie und Molmassenbestimmung. An instrumentell-analytischen Methoden können die UV/Vis-Spektroskopie, die IR-Spektroskopie, die Massenspektrometrie und die NMR-Spektroskopie eingesetzt werden.

10. Aufgabe – Lösungsvorschlag

a) Mit wasserfreiem Kupfersulfat kann auf Wasserspuren getestet werden. Das weiße Kupfersulfat wird bei Anwesenheit von Wasser blau.

b) Zur quantitativen Wasserbestimmung kann die Karl-Fischer-Titration herangezogen werden. Eine weitere Möglichkeit wäre die Direktbestimmung des Produktes mittels einer physikalischen Methode.

11. Aufgabe – Lösungsvorschlag

a) Nach dem Doppelkontaktverfahren wird Schwefeltrioxid hergestellt, das anschließend zu Schwefelsäure umgesetzt wird.

b) Vanadiumpentoxid wird für die Oxidation des Schwefeldioxids zu Schwefeltrioxid mit Hilfe von Luftsauerstoff nach Gl. 4.4.14 benötigt.

$$2\ SO_2\ +\ O_2\ \overset{V_2O_5}{\rightleftharpoons}\ 2\ SO_3\ \ \Delta H \approx -99\ kJ/mol \qquad \text{(Gl. 4.4.14)}$$

c) Der «doppelte Kontakt» ermöglicht einen höheren SO_2-Umsatz und sorgt gleichzeitig für einen geringen umweltbelastenden Restanteil an SO_2 im Abgas. Durch den doppelten Kontakt sind zum Schluss ca. 99,8% des anfangs vorhandenen SO_2 zu SO_3 umgesetzt worden. Mit Hilfe des Kontaktverfahrens wurden hingegen nur ca. 94% des Schwefeldioxids zu Schwefeltrioxid umgesetzt.

12. Aufgabe – Lösungsvorschlag

Tabelle 4.3 Lösung zu Tabelle 4.2

Name	Säure-Definition	Base-Definition	Zuordnung Säure	Zuordnung Base
Arrhenius	Stoffe, die in wässriger Lösung Protonen abspalten	Stoffe, die in wässriger Lösung Hydroxid-Ionen abspalten	HCl	NaOH
Brönsted	Protonenspender (Protonendonatoren)	Protonenempfänger (Protonenakzeptoren)	HCl	NaOH, COO$^-$
Lewis	Elektronenempfänger (Elektronenakzeptoren)	Elektronenspender (Elektronendonatoren)	Cu^{2+}	NaOH, COO$^-$

5 Pflichtqualifikation – Allgemeine und Analytische Chemie

5.1 Analysenverfahren einschließlich Probenvorbereitung und Reaktionsgleichungen

5.1.1 Trennung mittels Flüssig-Flüssig-Extraktion

Bei einer Flüssig-Flüssig-Extraktion wird mit Hilfe eines Extraktionsmittels eine Komponente aus einem Gemisch abgetrennt.

a) Ergänzen Sie in Tabelle 5.1 die Begriffe und Erklärungen, welche zur Flüssig-Flüssig-Extraktion gehören.

Tabelle 5.1 Begriffe zur Extraktion

Begriff	Erklärung
Extraktionsgut	
	Es handelt sich um ein Lösemittel, welches die herauszulösende Komponente gut löst und die anderen Komponenten sehr schlecht löst.
Extrakt	
	Es handelt sich um den Rückstand der Extraktion. Darin befinden sich die Neben-Komponenten und noch etwas Lösemittel. Ein geringer Anteil an der herauszulösenden Komponente wird auch noch vorhanden sein.

b) Auf welchem mathematischen Zusammenhang beruht die Flüssig-Flüssig-Extraktion? Erklären Sie diesen kurz anhand der Formel.

Lösungsvorschlag

a) Tabelle 5.2 zeigt die zu ergänzenden Begriffe und die Erklärungen.

Tabelle 5.2 Lösung zu Tabelle 5.1

Begriff	Erklärung
Extraktionsgut	Das Extraktionsgut ist das Gemisch, aus dem die Komponente herausgelöst werden soll.
Extraktionsmittel	**Es handelt sich um ein Lösemittel, welches die herauszulösende Komponente gut löst und die anderen Komponenten sehr schlecht löst.**
Extrakt	Als Extrakt bezeichnet man das Extraktionsmittel mit der abgetrennten Komponente.
Raffinat	**Es handelt sich um den Rückstand der Extraktion. Darin befinden sich die Neben-Komponenten und noch etwas Lösemittel. Ein geringer Anteil an der herauszulösenden Komponente wird auch noch vorhanden sein.**

b) Die Flüssig-Flüssig-Extraktion basiert mathematisch auf dem NERNST'schen Verteilungssatz. Der Verteilungskoeffizient k ist für ein gegebenes 2-Phasen-System konstant. Verteilt sich eine Substanz zwischen zwei Phasen, wird sich ein Konzentrationsgleichgewicht einstellen. Auch mit abnehmender Gesamtkonzentration wird sich die Substanz im Verhältnis des Gleichgewichtes zwischen den beiden Phasen verteilen.

Mit Gl. 5.1.1 nach NERNST kann die Phasenkonzentration einer Substanz in einem bekannten 2-Phasen-System bestimmt werden.

$$k = \frac{c_2}{c_1} \qquad \text{(Gl. 5.1.1)}$$

k NERNST'scher Verteilungskoeffizient

c_1 Konzentration des zu extrahierenden Stoffes im Extraktionsgut in mol/L

c_2 Konzentration des zu extrahierenden Stoffes im Extraktionsmittel in mol/L

5.1.2 Verteilungskoeffizient nach NERNST

Der Verteilungskoeffizient nach NERNST ist für eine Komponente A in einem Lösemittel B mit k = 4,0 gegeben. Sie extrahieren einmal mit dem gegebenen Extraktionsmittel B. Wie viel der Komponente A befindet sich noch im Extraktionsgut, wenn Sie von einer Ausgangskonzentration c(A) = 40 mmol/L und einem Volumen von V(Probe) = 0,75 L ausgehen?

Lösungsvorschlag

Mit dem NERNST'schen Verteilungssatz (Gl. 5.1.2) kann die Konzentration im Extraktionsmittel berechnet werden.

$$k = \frac{c_B}{c_A} \qquad \text{(Gl. 5.1.2)}$$

k NERNST'scher Verteilungskoeffizient

c_A Konzentration des zu extrahierenden Stoffes im Extraktionsgut in mmol/L

c_B Konzentration des zu extrahierenden Stoffes im Extraktionsmittel in mmol/L

$$4{,}0 = \frac{x}{40 \text{ mmol/L} - x}$$

x = 32 mmol/L

40 mmol/L – 32 mmol/L = <u>8 mmol/L</u>

Bezogen auf das gegebene Volumen von 0,75 L muss die Stoffmenge noch ausgerechnet werden.

$$n = c \cdot V \qquad \text{(Gl. 5.1.3)}$$

n = 8 mmol/L · 0,75 L

n = <u>6 mmol</u>

Nach der Extraktion befinden sich im Extraktionsgut noch 6 mmol der Komponente A.

5.1.3 Überprüfen der Struktur von Substanzen mit IR-Spektroskopie

In der IR-Spektroskopie wird die Struktur von Substanzen überprüft.

a) Welche Bedingungen muss ein Molekül erfüllen, damit es IR-Strahlung absorbiert?

b) Welche Schwingungen können Sie von einem 3-atomigen Molekül als Absorptionsbanden im Spektrum sehen?

Lösungsvorschlag

a) Damit ein Molekül IR-Strahlung absorbieren kann, muss die Frequenz der Eigenschwingung des Moleküls gleich der Frequenz des eingestrahlten Lichtes sein. Man spricht von der Resonanzfrequenz.

b) Wird bei der angeregten Schwingung das Dipolmoment im Molekül verändert, entstehen sichtbare und nicht sichtbare Banden im IR-Spektrum. Dazu gehören die Normalschwingungen. In Bild 5.1 sind die Normalschwingungen für ein Wassermolekül und in Bild 5.2 die von einem CO_2-Molekül zu sehen. Man unterscheidet gewinkelte und lineare Moleküle. Bei Wasser sind alle drei Schwingungen im IR-Spektrum zu sehen. Für CO_2 trifft das nicht zu. Die symmetrische Valenzschwingung ist im IR-Spektrum nicht zu sehen. Damit sind nur drei von vier Normalschwingungen bei CO_2 sichtbar.

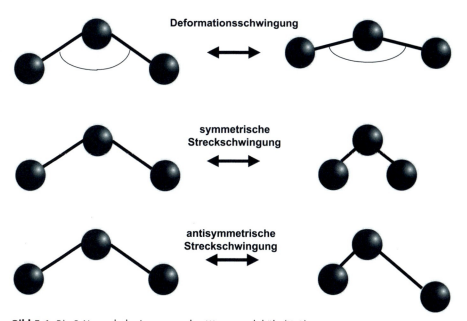

Bild 5.1 Die 3 Normalschwingungen des Wassermoleküls (H_2O)

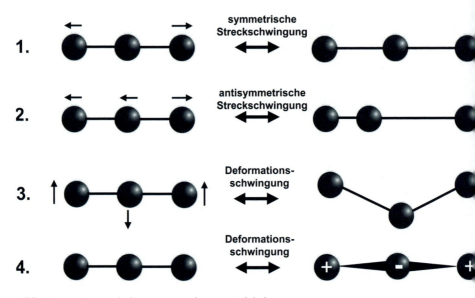

Bild 5.2 Die 4 Normalschwingungen des CO_2-Moleküls

5.1.4 Verhalten von Puffersystemen

Wenn zu Pufferlösungen Säuren oder Basen gegeben werden, verändert sich kaum der *pH*-Wert. Wie ist ein Puffersystem aufgebaut? Gehen Sie auf die verwendeten Chemikalien und die bei einer Pufferung stattfindenden Reaktionen am Beispiel eines Essigsäure-Acetatpuffers ein.

Lösungsvorschlag

Puffersysteme bestehen aus mindestens zwei Komponenten. Dazu gehört eine schwach dissoziierende Säure oder Base und ein korrespondierendes Salz. Ein häufig verwendetes Puffersystem besteht aus Essigsäure und Natriumacetat. Essigsäure protolysiert zu ca. 1% in wässriger Lösung.

$$CH_3COOH + H_2O \rightarrow CH_3COO^- + H_3O^+ \hspace{2cm} \text{(Gl. 5.1.4)}$$

Bei der Zugabe einer Base kann die nicht protolysierte Essigsäure mit der Base reagieren.

$$CH_3COOH + OH^- \rightarrow CH_3COO^- + H_2O \hspace{2cm} \text{(Gl. 5.1.5)}$$

Wird eine Säure zum Puffer gegeben, kann die protolysierte Essigsäure reagieren.

$$CH_3COO^- + H_3O^+ \rightarrow CH_3COOH + H_2O \hspace{2cm} \text{(Gl. 5.1.6)}$$

Die Zugabe einer Säure oder Base ist natürlich nur begrenzt durch das Puffersystem aufnehmbar, da der Puffer aufgebraucht wird. Man spricht dabei von der Pufferkapazität.

5.1.5 Komplexometrisches Bestimmen von Metallionen

Metallionen lassen sich komplexometrisch bestimmen. Dabei werden die Metallionen als Zentralatom im Kationenkomplex der Maßlösung gebunden.

a) Nennen Sie den am häufigsten verwendeten Komplexbildner in der Volumetrie und beschreiben Sie den gebildeten Komplex.

b) Wie wird bei einer maßanalytischen Bestimmung mit dem unter a) genannten Komplexbildner die Äquivalenzzahl bestimmt?

Lösungsvorschlag

a) Der am häufigsten verwendete Komplexbildner in der Maßanalyse ist das Natriumsalz der Ethylendiamintetraessigsäure. Die Maßlösung wird EDTA oder Idranal III genannt. EDTA bindet die Metallionen im Molekül in einer Art «Krebsschere», weshalb man von einem «Chelatbildner» spricht. Die markierten Wasserstoffe spalten sich ab.

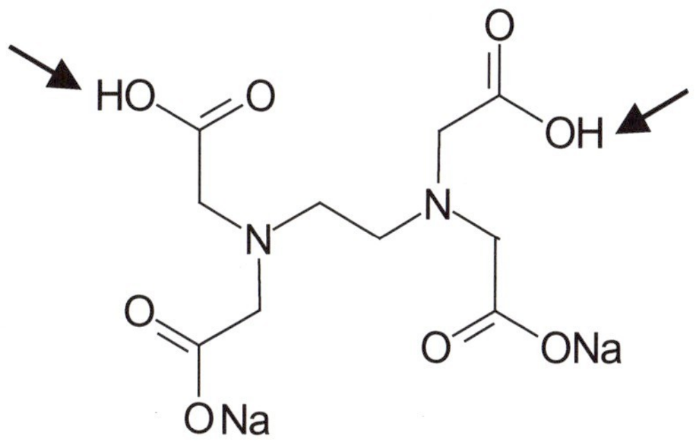

Bild 5.3 Struktur von Na_2H_2-EDTA

In gekürzter Formelschreibweise wird $C_{10}H_{14}N_2Na_2O_8 \cdot 2\ H_2O$ auch als H_2Y^{2-} aufgeführt.

b) Bei der Bestimmung mit EDTA kann immer mit einer Äquivalenzzahl von $z = 1$ gerechnet werden, weil Metalle mit der Wertigkeit $z = 1$ oder 2 gleichermaßen im Verhältnis $1 : 1$ gebunden werden. Die Abspaltung von einem oder mehren Protonen muss nur durch einen geeigneten Puffer abgefangen werden.

Beispielreaktion von EDTA mit ein- und zweiwertigem Metall:

$$M^{2+} + H_2Y^{2-} \rightarrow MY^{2-} + 2\ H^+ \tag{Gl. 5.1.7}$$

$$M^{3+} + H_2Y^{2-} \rightarrow MY^- + 2\ H^+ \tag{Gl. 5.1.8}$$

5.1.6 Aufbau einer HPLC

Die High-Performance-Liquid-Chromatography gehört zu den Standardmethoden in analytischen Laboratorien.

a) Nennen Sie die wesentlichen Bauteile, die zu einer isokratischen HPLC-Anlage gehören.

b) Skizzieren Sie den prinzipiellen Aufbau einer HPLC-Anlage.

Lösungsvorschlag

a) Zu den wesentlichen Bauteilen einer isokratischen HPLC gehören die Fritte, das Eluentenvorratsgefäß, die Pumpe, der Injektor, die Vor- und Trennsäule sowie ein Detektor.

b) Das Bild 5.4 zeigt die Anordnung der einzelnen Bauteile einer isokratischen HPLC-Anlage.

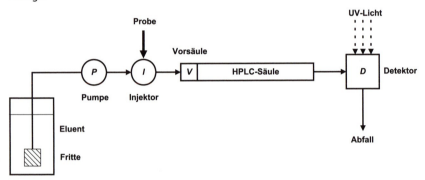

Bild 5.4 Funktionsbild einer HPLC-Anlage (isokratisch)

5.1.7 Aufbau eines GCs

Die Gaschromatografie gehört zu den Standardmethoden in analytischen Laboratorien.

a) Welche Bauteile gehören zu einem Gaschromatografen?

b) Skizzieren Sie den prinzipiellen Aufbau eines GCs.

Lösungsvorschlag

a) Zu den wesentlichen Bauteilen eines Gaschromatografen gehören Gasversorgung, Reduzierventil, der Injektor mit dem Make-up-Gas, der Säulenofen mit der Säule und der Detektor.

b) Bild 5.5 zeigt die Anordnung der einzelnen Bauteile eines Gaschromatografen.

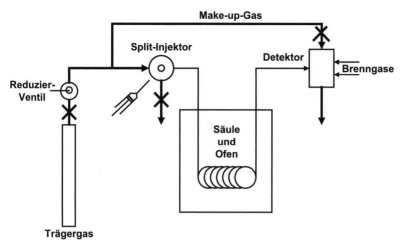

Bild 5.5 Funktionsprinzip eines GCs mit Splitinjektor

5.1.8 Verfahrensschritte eines Analyseverfahrens

Zu einem Analyseverfahren gehören mehrere, chronologisch aufeinander folgende Verfahrensschritte. Nennen Sie mindestens vier wichtige Verfahrensschritte.

Lösungsvorschlag

Zu den wesentlichen Schritten eines Analyseverfahrens gehören:
1. Probenahme,
2. Probevorbereitung,
3. Auswahl der Analysenmethode,
4. Messung und die anschließende Auswertung.

5.1.9 Auswahl des Indikators einer Säure-Base-Titration

Für eine Säure-Base-Titration kann die Auswahl des Indikators entscheidend für die Genauigkeit des Ergebnisses sein.
a) Wann verwenden Sie Indikatoren mit einem Umschlagspunkt im sauren, neutralen oder basischen Medium?
b) Nennen Sie je einen Indikator für die drei Umschlagsbereiche mit den angezeigten Umschlagsfarbtönen.

Lösungsvorschlag

a) Der Indikator soll den Äquivalenzpunkt einer Säure-Base-Reaktion anzeigen. Titriert man eine schwache Säure gegen eine starke Base, dann liegt der Äquivalenzpunkt im alkalischen Bereich (z.B. Essigsäure gegen Natronlauge).

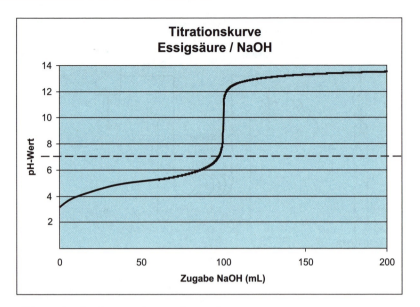

Bild 5.6 Titrationskurve Essigsäure / Natronlauge

Wird eine starke Säure gegen eine schwache Base titriert, dann liegt der Äquivalenzpunkt im sauren Bereich (z.B. Salzsäure gegen Ammoniumhydroxid).

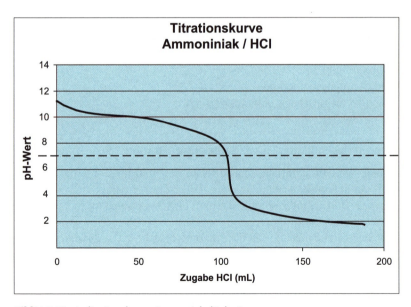

Bild 5.7 Neutralisationskurve Ammoniak / Salzsäure

Für den Äquivalenzpunkt im neutralen Bereich müssen daher starke Säure und starke Base oder schwache Säure und schwache Base miteinander reagieren (z.B. Salzsäure gegen Natronlauge).

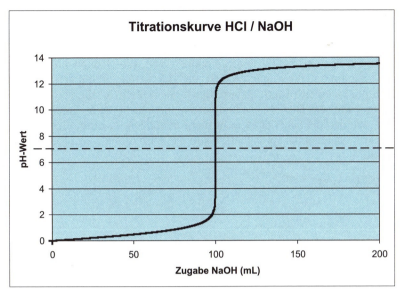

Bild 5.8 Titrationskurve HCl / NaOH

Wenn der *pH*-Wert am Wendepunkt einer aufgenommen Titrationskurve bestimmt wird, kann der Indikator mit dem passenden Umschlagspunkt ausgewählt werden.

b) Für einen Umschlagspunkt im sauren Bereich kann man Methylorange oder Methylrot verwenden. Im neutralen Bereich schlägt zum Beispiel Tashiro um. Für den Umschlag im alkalischen Bereich ist Phenolphthalein oder Thymolphthalein geeignet.

Tabelle 5.3 Indikatorübersicht

Indikator	Umschlagsbereich	Farbe im sauren Bereich	Farbe am Umschlagspunkt	Farbe im alkalischen Bereich
Methylorange	sauer	Rot	Orange	Gelb
Methylrot	sauer	Rot	Orange	Gelb
Tashiro	neutral	Violett	Grau	Grün
Phenolphthalein	basisch	farblos	Rosa	Rot
Thymolphthalein	basisch	farblos	Hellblau	Blau

5.1.10 Analysieren von Chlor-Ionen mit potentiometrischer Titration

Mit der potentiometrischen Titration können Chlor-Ionen analysiert werden.

a) Beschreiben Sie die Durchführung der Messung und die chemisch-physikalischen Vorgänge.

b) Geben Sie die Reaktionsgleichung an.

Lösungsvorschlag

a) Die potentiometrische Messung beruht auf der Bestimmung von gebildeten Potentialen. Im Messgefäß befinden sich eine Silber- und eine Bezugselektrode, die über ein Spannungsmessgerät verbunden sind. Die chlorionenhaltige Probe wird mit Silbernitrat-Maßlösung versetzt. Das Chlorid reagiert mit den Silberionen, das Potential wird sich kaum ändern. Durch die weitere Zugabe von Silbernitrat-Maßlösung wird das Chlorid nach und nach aufgebraucht. Ist der Äquivalenzpunkt erreicht, werden die Silberionen nicht mehr gebunden. Zwischen den Elektroden ändert sich das Potential sprunghaft, wenn die Konzentration an Silberionen weiter steigt.

b) $Cl^- + AgNO_3 \rightarrow AgCl + NO_3^-$ (Gl. 5.1.9)

5.1.11 Analysenmethoden zur quantitativen Bestimmung

In Tabelle 5.4 sind verschiedene Analyten aufgeführt. Geben Sie je eine Analysenmethode zu deren quantitativen Bestimmung an.

Tabelle 5.4 Verschiedene Analyten

Analyt	Methode
Wasserspuren in Isopropanol	
Fe^{2+}-Ionen in wässriger Lösung	
Phosphorionen in wässriger Lösung	
Methylethylketon in Ethanol	
Acetanilid in wässriger Lösung	
Phosphorsäure	
Chlor-Ionen in wässriger Lösung	

Lösungsvorschlag

Tabelle 5.5 Lösung zu Tabelle 5.4

Analyt	Methode
Wasserspuren in Isopropanol	Karl-Fischer-Titration
Fe^{2+}-Ionen in wässriger Lösung	permanganometrische Titration
Phosphorionen in wässriger Lösung	Vis-Spektroskopie
Methylethylketon in Ethanol	Gaschromatografie / UV-Spektroskopie
Acetanilid in wässriger Lösung	HPLC
Phosphorsäure	Säure-Base-Titration
Chlor-Ionen in wässriger Lösung	potentiometrische Titration, Chlor nach Mohr

5.1.12 Qualitativer Ionennachweis

In einer festen Probe werden folgende Ionen vermutet: NO_3^-, Fe^{3+}, Cu^{2+}.
a) Welches Ion kann durch eine Flammenfärbung nachgewiesen werden?
b) Beschreiben Sie kurz den Nachweis von NO_3^--Ionen und nennen Sie dabei zwei Fehlerquellen!
c) Beschreiben Sie kurz den Nachweis von Fe^{3+}-Ionen!

Lösungsvorschlag

a) Kupferionen färben die Flamme eines Brenners blaugrün.
b) Nachweis von Nitrationen: Man entnimmt eine kleine Spatelspitze aus der Probe und gibt die Teilprobe in ein Reagenzglas und löst mit etwas Wasser. Die Lösung wird mit Schwefelsäure $w(H_2SO_4)$ = 10% versetzt, bis sie sauer reagiert. Nun werden 5 Tropfen einer kaltgesättigten Eisensulfatlösung zugetropft. Unter Schräghalten des Reagenzglases wird vorsichtig mit konzentrierter Schwefelsäure unterschichtet. Entsteht an der Schichtgrenze ein rotbrauner Ring, ist der Nachweis von NO_3^--Ionen positiv. Als mögliche Fehlerquellen sind zu nennen:
   1. Es wurde keine frische Eisensulfatlösung verwendet, dadurch entstand kein eindeutig erkennbarer Ring.
   2. Bei der Unterschichtung wurde zu schell zugetropft, dadurch entsteht keine eindeutige Phasentrennung.
c) Nachweis von Eisen(III)-Ionen: Eine kleine Menge der Probe wird im Reagenzglas mit Salzsäure $w(HCl)$ = 10% gelöst. Danach wird die Lösung mit 1 mL Wasserstoffperoxid-Lösung mit $w(H_2O_2)$ = 3% versetzt und zum Sieden erhitzt. Nachdem die Lösung abgekühlt ist, wird sie mit Kaliumhexacyanoferrat(II)-Lösung (10%) versetzt. Das Auftreten eines tiefblauen Niederschlags (Berliner Blau) zeigt Eisenionen an.

5.1.13 Gravimetrische Bestimmungen

Um An- oder Kationen in einer Probe zu quantifizieren, kann die gewichtsanalytische Methode benutzt werden.
a) Welche Vorraussetzungen müssen erfüllt sein, damit ein Ion gravimetrisch bestimmt werden kann?
b) Beschreiben Sie kurz das Prinzip der Gravimetrie.
c) Nennen Sie zwei Vorteile und zwei Nachteile der Gravimetrie im Vergleich zur Maßanalyse.

Lösungsvorschlag

a) Voraussetzung für die Verwendung der gravimetrischen Methode ist, dass der Reaktion eindeutige stöchiometrische Verhältnisse zugrunde liegen und dass das zu bestimmende Ion mit einem Fällungsmittel möglichst vollständig ausfällt. Dazu ist wiederum Voraussetzung, dass der gefällte Stoff ein geringes Löslichkeitsprodukt im Lösemittel aufweist.
b) Zur Lösung des zu bestimmenden Ions wird die Fällungslösung im leichten Überschuss zugegeben und damit das zu bestimmende Ion möglichst vollständig ausgefällt. Nach der Isolierung des Niederschlags durch Filtration und ausreichendes Waschen mit Wasser oder der Reagenzlösung wird der Niederschlag in eine wägbare Form übergeführt. Das geschieht durch Trocknen oder durch Glühen. Durch die genaue Auswage des Rückstandes kann auf die Masse des zu bestimmenden Ions geschlossen werden.

c) Vorteile der Gewichtsanalyse:
1. Es ist eine relativ genaue Methode.
2. Das zugegebene Volumen und die Konzentration des Fällungsreagenzes müssen nicht sehr genau sein.
3. Der apparative Aufwand ist gering.

Nachteile:
1. Es entsteht ein höherer zeitlicher Aufwand, und dadurch entstehen höhere Kosten.
2. Es können nicht alle Ionen quantifiziert werden.
3. Es entstehen höhere Energiekosten durch Trocknen der Fällungsform.
4. Es besteht die Gefahr des Einschlusses von Fremdionen.

5.1.14 Gravimetrisches Bestimmen von Chlorionen als Silberchlorid

Eine Probe, die Chlorionen enthält, soll gravimetrisch als Silberchlorid bestimmt werden. Die erhaltene Probe wurde im Messkolben auf 100,0 mL aufgefüllt, je 20,00 mL dieser Lösung wurden analysiert. Es wurden folgende Auswagen erhalten:
1. Auswaage: 254,3 mg
2. Auswaage: 253,3 mg
3. Auswaage: 273,5 mg

Berechnen Sie die Masse an Chlorionen in der Probe. Reaktionsgleichung:

$$Cl^- + AgNO_3 \rightarrow AgCl + NO_3^-$$ (Gl. 5.1.10)

$M(Cl^-) = 35,45$ g/mol, $M(AgCl) = 143,32$ g/mol

Lösungsvorschlag

Bei der dritten Auswaage handelt es sich um einen Ausreißer, er findet keinen Eingang in die Berechnung zum Mittelwert. Der Mittelwert der beiden verbleibenden Auswagen beträgt:

$$m_A = \frac{254,3 \text{ mg} + 253,3 \text{ mg}}{2} = 253,8 \text{ mg AgCl}$$

Die Masse an Chlorionen berechnet sich nach Gl. 5.1.11:

$$m_{Cl^-} = \frac{m_A \cdot M(Cl^-) \cdot \dfrac{V(\text{Messkolben})}{V(\text{Pipette})}}{M(AgNO_3)}$$ (Gl. 5.1.11)

$$m_{Cl^-} = \frac{0,2538 \text{ g} \cdot 35,45 \text{ g} \cdot \dfrac{100,00 \text{ mL}}{20,00 \text{ mL}} \cdot \text{mol}}{143,32 \text{ g} \cdot \text{mol}} = \underline{0,3139 \text{ g}}$$

5.1.15 Aufbau eines UV/Vis-Gerätes und physikalische Grundlage

Zur Quantifizierung von einem Analyten in einer Probe wird oft die UV / VIS-Spektroskopie eingesetzt.
a) Skizzieren Sie ein Zweistrahlspektralfotometer und benennen Sie die Bauteile.
b) Auf welche Analyten ist die Anwendung der VIS-Spektroskopie beschränkt?
c) In welchem Zusammenhang stehen die Messgröße und die Konzentration des Stoffes?

Lösungsvorschlag

a)

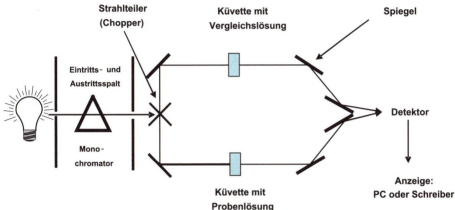

Bild 5.9 Schematischer Aufbau eines Zweistrahlfotometers

b) Für die Messungen im VIS-Bereich sind anregbare Elektronensysteme im Wellenlängenbereich von 360 ... 800 nm notwendig. Daher können im VIS-Bereich farbige Kationen, organische Farbstoffe und farbige, anorganische Komplexionen gemessen werden. Farblose Analyten können oftmals mit speziellen Reagenzien in stabile, farbige Lösungen überführt werden.
c) Grundlage der quantitativen Auswertung bei der VIS-Spektroskopie ist das Lambert-Beer'sche-Gesetz. Für verdünnte Lösungen ist die Messgröße «Extinktion» der Konzentration der Lösungen direkt proportional. Dies gilt gewöhnlich für verdünnte Lösungen mit Extinktionswerten zwischen $E = 0,1$ bis $E = 1,0$.

5.1.16 Bestimmen von Lichtbrechzahl mit dem Refraktometer

Zur Reinheitsbestimmung und Identifizierung von Flüssigkeiten kann die Brechzahl bestimmt werden.
a) Wie ist die Brechung eines Lichtstrahles zu erklären, der von einem optisch dünneren Medium in ein optisch dichteres Medium übergeht? Wie wird der Lichtstrahl gebrochen?
b) Mit welchem Messgerät wird die Brechzahl bestimmt? Beschreiben Sie kurz eine Messung der Brechzahl n mit dem Gerät.
c) Von was ist die Brechzahl n einer Flüssigkeit abhängig?

Lösungsvorschlag

a) Die Brechung des Lichtes ist die Folge der unterschiedlichen Ausbreitungsgeschwindigkeiten des Lichtes in den unterschiedlichen Medien, zum Beispiel beim Übergang des Lichtes zwischen Luft und einer Flüssigkeit. Dabei wird das Licht beim Übergang vom dünneren zum dichteren Medium zum Lot hin gebrochen.

b) Die Messung der Brechzahl erfolgt mit dem Abbe-Refraktometer. Der Abbe-Refraktometer ist dabei thermostatisiert und eine Lichtquelle (meistens Na-Dampflicht mit λ = 589 nm Wellenlänge) ist vor dem Messgerät angebracht. Nach der Auftragung der zu messenden Flüssigkeit auf das ebene Glas des Refraktometers werden die beiden aufeinander liegenden Prismen durch Drehen an einem Handrad so lange verändert, bis der ausfallende Lichtstrahl zum Grenzwinkel (90°) wird. Dies kann am Messgerät durch eine Hell-dunkel-Grenzlinie erkannt werden, die durch das in der Optik befindliche Fadenkreuz verläuft. An einer Anzeige kann dann direkt die Brechzahl abgelesen werden.

c) Die Brechzahl ist abhängig:

   – von der Wellenlänge des einfallenden Lichtes und

   – von der Temperatur.

   Daher muss die Brechzahl n immer mit der Angabe der Temperatur und der Wellenlänge versehen werden. So entspricht die Angabe n_D^{20} der Temperatur von 20 °C und der Verwendung von «D-Licht», d.h. dem Licht einer Na-Dampflampe mit λ = 589 nm.

5.1.17 Durchführung von permanganometrischen Titrationen

Permanganometrische Titrationen können eingesetzt werden, um oxidierbare Analyten zu quantifizieren.

a) Wovon ist die Äquivalenzzahl z bei einer permanganometrischen Titration abhängig?

b) Wie kann eine oft zu beobachtende verzögerte Reaktion bei der Zugabe der Maßlösung verhindert werden?

c) Welche Urtitersubstanz wird in der Permanganometrie verwendet?

d) Wie lautet die vollständige Reaktionsgleichung in Ionenschreibweise bei der Reaktion der Urtitersubstanz mit Kaliumpermanganat in einer Lösung, die mit Schwefelsäure angesäuert wurde?

Lösungsvorschlag

a) Bei der Redox-Maßanalyse ist die Äquivalenzzahl z von der Anzahl der ausgetauschten Elektronen zwischen Oxidations- und Reduktionsmittel abhängig.

b) Durch Zugabe von wenig Mangansulfat oder durch eine gelinde Erwärmung der zu titrierenden Lösung kann die verzögerte Reaktion bei der Zugabe von Kaliumpermanganat verhindert werden.

c) Als Urtiter wird in der Permanganometrie Oxalsäuredihydrat oder Natriumoxalat verwendet. Letzteres wird durch Zugabe von Schwefelsäure in Oxalsäure überführt.

d) Reaktionsgleichung in Ionenschreibweise (Gl. 5.1.12):

$$2\ MnO_4^- + 5\ H_2C_2O_4 + 6\ H^+ \rightarrow 2\ Mn^{2+} + 10\ CO_2 + 8\ H_2O \qquad \text{(Gl. 5.1.12)}$$

5.1.18 Durchführung einer indirekten iodometrischen Titration

Beschreiben Sie eine indirekte iodometrische Titrationsmethode am Beispiel der Titration von Cu^{2+}-Ionen. Geben Sie die entsprechenden Reaktionsgleichungen an!

Lösungsvorschlag

Die kupferhaltige Lösung wird nach dem Ansäuern mit einem Überschuss an Kaliumiodid versetzt. Es bilden sich nach Gl. 5.1.13 Cu^+-Ionen und in stöchiometrischen Mengen elementares Iod, das in der kaliumiodhaltigen Lösung in Lösung geht.

$$Cu^{2+} + 2\,I^- \rightarrow Cu^+ + I_2 \qquad\qquad \text{(Gl. 5.1.13)}$$

Das in der Reaktion entstandene Iod wird zunächst nach Gl. 5.1.14 mit Natriumthiosulfat-Maßlösung bis zur hellgelben Farbe titriert. Nach Zugabe von Stärkelösung wird bis zum Farbumschlag nach Farblos weiter mit der Natriumthiosulfat-Maßlösung titriert.

$$2\,S_2O_3^{2-} + I_2 \rightarrow S_4O_6^{2-} + 2\,I_2^- \qquad\qquad \text{(Gl. 5.1.14)}$$

5.1.19 Kalibrieren und Justieren eines *pH*-Wert-Systems

Worin besteht der Unterschied zwischen «Kalibrierung» und «Justierung» eines *pH*-Wert-Systems?

Lösungsvorschlag

Unter *Kalibrieren* versteht man den gemessenen Zusammenhang zwischen dem Messwert einer Pufferlösung mit dem zu kalibrierenden *pH*-Wert-Messsystem und dem vorgegebenen *pH*-Wert der Pufferlösung. Dabei besteht das *pH*-Wert-Messsystem aus der Elektrode und dem *pH*-Meter.
Unter *Justieren* des *pH*-Messsystems versteht man die Verringerung der Differenz zwischen Sollwert und dem *pH*-Wert der Pufferlösung (= richtiger Wert) durch Einstellen des Nullpunkts und Einstellen der Steilheit.

5.1.20 Bestimmen des Titers einer Maßlösung

Es werden m = 79,1 g Natriumthiosulfat in etwas Wasser gelöst und dann auf 5 L aufgefüllt. Zur Titerbestimmung dieser hergestellten Maßlösung werden $m_{Einwaage}$ = 0,120 g Kaliumiodat abgewogen und mit der Natriumthiosulfat-Maßlösung titriert. Der Verbrauch beträgt V = 28,3 mL.

Welchen Titer t hat die Maßlösung?

$M(Na_2S_2O_3)$ = 158,1 g/mol, $M(KIO_3)$ = 224,0 g/mol

Lösungsvorschlag

Die angestrebte Äquivalentkonzentration c_{eq} berechnet man mit Gl. 5.1.15:

$$c = \frac{m}{M \cdot z \cdot V} = \frac{78,2 \text{ g} \cdot \text{mol}}{158,1 \text{ g} \cdot 1 \cdot 5 \text{ L}} = \underline{0,099 \text{ mol/L}} \qquad \text{(Gl. 5.1.15)}$$

Geplant ist also eine Maßlösung mit $c(1/1 \text{ Na}_2\text{S}_2\text{O}_3) = 0,1$ mol/L.
Den Titer t berechnet man nach Gl. 5.1.16 mit:

$$t = \frac{m_{\text{Einwaage}} \cdot z}{V \cdot c_{eq} \cdot M} = \frac{0,120 \text{ g} \cdot 6 \text{ mol} \cdot \text{L}}{0,0334 \text{ L} \cdot 0,1 \text{ mol} \cdot 224,0 \text{ g}} = \underline{0,962} \qquad \text{(Gl. 5.1.16)}$$

5.1.21 Durchführung von konduktometrischen Titrationen

Konduktometrische Titrationen werden oft zur Quantifizierung trüber Lösungen eingesetzt, die leitfähige Elektrolyten enthalten.
a) Beschreiben Sie kurz den prinzipiellen Ablauf einer konduktometrischen Titration!
b) Skizzieren Sie die Leitfähigkeitskurve, wenn der Analyt Essigsäure mit einer Natronlauge-Maßlösung konduktometrisch titriert wird.

Lösungsvorschlag

a) Eine Leitfähigkeitsmesszelle wird in die zu messende Lösung gehängt. Dabei ist zu beachten, dass keine Luftblasen in der Zelle vorhanden sind. Die zu titrierende Lösung ist langsam zu rühren, dabei wird die Maßlösung kontinuierlich zugetropft. Die Leitfähigkeitszelle wird mit einem Wechselstrom mit hoher Frequenz betrieben, der die Elektrolyse der Lösung weitgehend verhindert. Es wird die spezifische Leitfähigkeit der Lösung (mS/cm) in Abhängigkeit von der Maßlösungszugabe gemessen.

b)

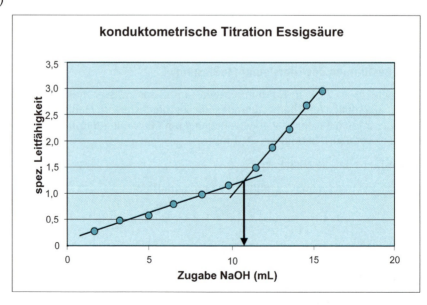

Bild 5.10 Konduktometrische Titration von Essigsäure mit $c(1/1 \text{ NaOH}) = 0,1$ mol/L

5.2 Stoffkonstanten und physikalische Größen

5.2.1 Bestimmen von Stoffkenngrößen zur Identifizierung von Stoffen

Um im Laboratorium die Identität von Stoffen zu bestimmen, werden oft einfache Methoden zur Bestimmung von Stoffkenngrößen verwendet.

a) Nennen Sie vier Bestimmungen zur Identifizierung von Stoffen.

b) Beschreiben Sie kurz das Messprinzip oder die Messanordnung, mit deren Hilfe die genannten Größen ermittelt werden!

c) Von welchen äußeren Einflüssen sind die genannten Größen abhängig?

Lösungsvorschlag

a) Zur Identifizierung von Stoffen werden folgende Fixpunkt-Bestimmungen benutzt:
   – Bestimmung des Siedepunktes,
   – Bestimmung des Schmelzpunktes,
   – Bestimmung der Brechzahl,
   – Bestimmung der Dichte,
   – Bestimmung der Viskosität.

b) Der *Siedepunkt* kann mit Hilfe einer Gleichstromdestillationsapparatur bestimmt werden. Hierbei wird der zu bestimmende Stoff in einem Verdampfungskolben vorgelegt und zum Sieden erhitzt. Der heiße Dampf steigt in der aufgesetzten Claisen-Brücke zum Kondensator. Hierbei umströmt der Dampf ein Flüssigkeitsthermometer, an dem der Siedepunkt abgelesen werden kann.

Der *Schmelzpunkt* wird mit einem Schmelzpunktapparat ermittelt. Man zermahlt den zu untersuchenden Stoff fein und gibt ihn in ein dünnwandiges Schmelzpunktröhrchen. Das Glasröhrchen mit der Probe kommt nun in einen elektrisch beheizbaren Metallblock, in dem sich ein Temperaturmessgerät befindet. Durch ein Sichtfenster am Metallblock kann die Probe während des langsamen Temperaturanstiegs beim Übergang von fest nach flüssig beobachtet werden.

Die *Brechungszahl* kann mit einem Refraktometer bestimmt werden. Die zu bestimmende Flüssigkeit wird zwischen ein aufklappbares Prismenpaar gebracht. Den Beleuchtungsspiegel stellt man so ein, dass das einfallende Licht eine scharfe Hell-dunkel-Zone im Fadenkreuz des Sichtfeldes abbildet. Die Brechzahl kann auf der eingeblendeten Skala abgelesen werden.

Die *Dichte* ist mit unterschiedlichen Messgeräten bestimmbar. Zur Anwendung kommen Pyknometer, Mohr-Westphal'sche Waage, Spindel und Biegeschwinger. Die Methoden beruhen entweder auf einer genauen Massen- und Volumenmessung (Pyknometer), auf der Messung des Auftriebs (Spindel, Mohr-Westphal'sche Waage) oder auf einer elektronischen Messung der Schwingungsdauer (Biegeschwinger) aus der die Dichte errechnet wird.

Die *Viskosität* wird entweder mit dem

   – Kugelfallviskosimeter,
   – Kapillarviskosimeter oder
   – Rotationsviskosimeter

gemessen.

Beim Kugelfallviskosimeter wird die Falldauer einer Kugel zwischen zwei Marken durch die Flüssigkeit gemessen. Beim Kapillarviskosimeter wird gemessen, wie lange es dauert, bis die Flüssigkeit durch eine genau definierte Strecke einer Kapillare strömt. Beim Rotationsviskosimeter wird ein definierter Körper in der Flüssigkeit gedreht. Während des Drehens wird das benötigte Drehmoment gemessen. Aus dem Drehmoment, der exakten Geometrie des verwendeten Drehkörpers und der Drehgeschwindigkeit kann die Viskosität der Flüssigkeit bestimmt werden.

c) Die genannten Fixpunkt-Bestimmungsmethoden sind von folgenden Einflüssen abhängig:

- *Siedepunkt*:   vom Luftdruck und der Reinheit des Stoffes,
- *Schmelzpunkt*: von der Reinheit des Stoffes,
- *Brechungszahl*: von der Temperatur, von der Wellenlänge des verwendeten Lichtes, von der Konzentration der Lösung,
- *Dichte*:   von der Temperatur (bei Gasen auch vom Druck) und von der Reinheit des Stoffes,
- *Viskosität*:   von der Temperatur und von der Reinheit des Stoffes.

5.2.2 Ermitteln des R_f-Wertes bei einer DC

a) Ermitteln Sie anhand des nachfolgend abgebildeten Chromatogrammes in Bild 5.11 den R_f-Wert der chromatografierten Verbindung.

b) Wovon ist der R_f-Wert prinzipiell abhängig?

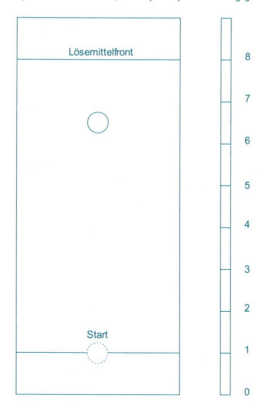

Bild 5.11 Chromatogramm

Lösungsvorschlag

a) Der R_f-Wert wird berechnet durch den Quotient aus der Laufstrecke des Fleckes durch die Lösemittelstrecke. Die Laufstrecke des Lösemittels beträgt: 8 cm – 1 cm = 7 cm. Die Laufstrecke der Substanz beträgt 6,5 cm – 1 cm = 5,5 cm. Der R_f-Wert beträgt somit nach Gl. 5.2.1:

$$R_f = \frac{5,5 \text{ cm}}{7 \text{ cm}} = \underline{0,79} \qquad\qquad\qquad\qquad (\text{Gl. 5.2.1})$$

b) Der R_f-Wert ist abhängig von der Art der stationären Phase, von der Art und Zusammensetzung der mobilen Phase und von der Temperatur. Wird die Auftragsmenge des Analyten zu hoch gewählt, wird sich der R_f-Wert ebenfalls verändern.

5.2.3 Umgang mit Volumenmessgeräten

a) Nennen Sie Volumenmessgeräte, die bei einer maßanalytischen Bestimmung benötigt werden!
b) Wie unterscheiden sich die Volumenmessgeräte hinsichtlich ihrer Eichung?
c) Welches der von Ihnen genannten Volumenmessgeräte mit je V = 50 mL hat die größte Genauigkeit? Begründen Sie Ihre Antwort!

Lösungsvorschlag

a) Bei einer maßanalytischen Analyse kommen die Volumenmessgeräte

- Messkolben,
- Vollpipette und
- Bürette

zum Einsatz.

b) Man unterscheidet zwischen einlaufgeeichten («In») und auslaufgeeichten («Ex») Volumenmessgeräten. Messkolben sind auf Einlauf geeicht, Vollpipette und Bürette sind auf Auslauf geeicht.
c) Die Vollpipette hat von den genannten Messgeräten mit V = 50 mL die größte Messgenauigkeit, da sie an der Ablesestelle (Ring) den kleinsten Durchmesser hat. Eine Änderung des Volumens während des Abmessvorgangs macht sich beim kleinen Durchmesser am stärksten bemerkbar.

5.2.4 Umgang mit pH-Metern

Bevor der pH-Wert mit einem elektronischen System gemessen werden kann, muss das System, bestehend aus einer Elektrode und einem pH-Meter, kalibriert und justiert werden.
a) Welche Lösungen sind hierfür notwendig?
b) Wie wird die Justierung durchgeführt (Reihenfolge)?
c) Was sollte man generell beim Umgang mit einer pH-Elektrode beachten?

Lösungsvorschlag

a) Es werden zur Überprüfung und Einstellung des *pH*-Systems Pufferlösungen mit genau definiertem *pH*-Wert verwendet. Mit einer Pufferlösung *pH* 7,0 wird der Nullpunkt der Elektrode eingestellt. Je nach geplantem Messbereich verwendet man zur Einstellung der Steilheit bzw. Empfindlichkeit die Pufferlösung mit *pH* 4,0 für den sauren Messbereich. Für den alkalischer Messbereich wird eine Pufferlösung mit *pH* 10,0 benutzt.

b) Zunächst wird der *pH*-Meter mit der *pH*-Elektrode verbunden. Die Elektrode sollte mindestens eine halbe Stunde in Wasser quellen. Der Bereichsschalter des *pH*-Meters wird auf «*pH*-Wert» eingestellt und der Temperaturschalter auf die Temperatur der Pufferlösungen. Die Elektrode wird in die Pufferlösung 7,0 getaucht und dabei leicht gerührt. Am *pH*-Meter wird der Drehknopf «*pH*» exakt auf 7,0 einstellt. Danach wird die Elektrode mit Wasser abgespült, abtrocknet und in Pufferlösung 4,0 eingetaucht und dabei leicht gerührt. Nun wird am *pH*-Meter der Drehknopf «*mV/pH*» auf den Wert *pH* = 4,0 einstellt. Jetzt ist das *pH*-System einsatzfähig.

c) Eine Beschädigung der Elektrode ist unbedingt auszuschließen. Daher sollten die Elektroden immer in eine Elektrodenflüssigkeit getaucht sein (eine KCl-Lösung mit $c(KCl) = 3$ mol/L). So wird ein Austrocknen der Elektroden vermieden und die Membran ist immer vorgequollen.

5.2.5 Messprinzipien von Dichtemessgeräten

Die Dichte einer Flüssigkeit kann z.B. mit einem Pyknometer oder mit einer Mohr-Westphal'schen Waage gemessen werden. Worin besteht der wesentliche Unterschied der beiden Messprinzipien?

Lösungsvorschlag

Bei der Bestimmung der Dichte einer Flüssigkeit mit Hilfe des Pyknometers wird die Masse der Flüssigkeit bestimmt. Das Volumen ist durch den Inhalt des Pyknometers festgelegt. Aus beiden kann die Dichte direkt berechnet werden.
Bei der Bestimmung der Dichte mit Hilfe der Mohr-Westphal'schen Waage wird die scheinbare Gewichtsabnahme durch den Auftrieb eines Senkkörpers in der zu messenden Flüssigkeit bestimmt.

5.2.6 Messprinzipien von Temperaturmessgeräten

Erläutern Sie das Messprinzip folgender Temperaturmessgeräte:
a) Quecksilberthermometer
b) Thermoelement
c) Widerstandsthermometer

Lösungsvorschlag

a) Bei Erwärmung dehnt sich die Messflüssigkeit Quecksilber aus und steigt in einer Kapillare hoch. Die Höhe des Quecksilberfadens in der Kapillare ist das Maß für die umgebende Temperatur. Die gleichmäßige Ausdehnung der Messflüssigkeit über einen bestimmten Messbereich ist die Vorraussetzung, dass sie als Thermometerfüllung dienen kann.

b) Bei einem Thermoelement sind ein edles und ein unedles Metall an einer Lötstelle miteinander verbunden. Es kommt zu einer Elektronenverlagerung zwischen den Metallen und die dabei entstehende Thermospannung ist einem bestimmten Messbereich der Temperatur direkt proportional.

c) In metallischen Leitern ist der elektrische Widerstand temperaturabhängig. Je höher die Temperatur wird, desto größer wird der elektrische Widerstand. Bei konstanter Spannung nimmt in einem erhitzten Leiter die Stromstärke ab.

5.2.7 Messprinzipien von Viskositätsmessgeräten

Die Viskosität ist eine wichtige Kenngröße, um das Fließverhalten von Flüssigkeiten zu beschreiben.

a) Mit welchen Messgeräten kann die Viskosität von Flüssigkeiten gemessen werden?

b) Wodurch unterscheiden sich prinzipiell die Messungen?

Lösungsvorschlag

a) Die Viskosität kann mit dem

– Kugelfallviskosimeter (nach Höppler),
– Kapillarviskosimeter (nach Ostwald) oder
– Rotationsviskosimeter

bestimmt werden.

b) Beim Kugelfallviskosimeter wird eine Stahlkugel durch die zu messende Lösung bewegt und die Zeit gemessen, die die Kugel für eine bestimmte Fallstrecke benötigt.

Beim Kapillarviskosimeter wird die Messlösung durch ein Kapillarsystem einer Glasröhre bewegt und die Zeit gemessen, die sie für eine definierte Strecke benötigt.

Beim Rotationsviskosimeter wird durch einen Motor ein Körper in der Flüssigkeit gedreht. Während des Drehens wird das benötigte Drehmoment gemessen. Aus der Geometrie des verwendeten Drehkörpers, der Drehgeschwindigkeit und dem gemessenen Drehmoment kann die Viskosität der Flüssigkeit bestimmt werden.

5.3 Reaktionskinetik und Thermodynamik, chemisches Gleichgewicht

5.3.1 Beeinflussen der Reaktionsgeschwindigkeit

Bei chemischen Reaktionen sollen gewöhnlich hohe Reaktionsgeschwindigkeiten erzielt werden.

Nennen Sie fünf Maßnahmen, mit denen Sie prinzipiell im Laboratorium die Reaktionsgeschwindigkeit eines Synthesegemisches erhöhen können und was dabei jeweils verändert wird.

Lösungsvorschlag

Tabelle 5.6

Nr.	Maßnahme zur Reaktions-geschwindigkeitserhöhung	Veränderung
1	Erhöhung der Temperatur	Die kinetische Energie der Moleküle wird größer, dadurch erfolgen mehr Zusammenstöße.
2	Erhöhung der Konzentration	Die Stoßzahl wird erhöht.
3	Einsatz eines Katalysators	Die Aktivierungsenergie wird erniedrigt.
4	Erhöhung des Druckes bei Gasreaktionen unter Beachtung des Le-Chatelier-Prinzips	Die Konzentration steigt durch die Druckerhöhung, was wiederum die Stoßzahl erhöht.
5	Beim Einsatz fester Reaktanden zerkleinern der Eduktkristalle	Die Oberfläche wird vergrößert, was die Angriffsmöglichkeiten der Eduktmoleküle verbessert.
6	Beim Einsatz flüssiger Reaktanden, die sich nicht mischen, intensives Verrühren	Die Reaktionsoberfläche wird vergrößert, was die Angriffsmöglichkeiten der Eduktmoleküle verbessert.

5.3.2 Bestimmen der Reaktionsenthalpie

Bei der Herstellung von Ammoniumchlorid aus gasförmigem Ammoniak und gasförmiger HCl mit anschließendem Lösen des Salzes in Wasser ist eine Gesamtenthalpie mit $\Delta H = -158{,}76$ kJ/mol messbar.

a) Ist die Herstellung von NH_4Cl ein exothermer oder endothermer Prozess?

b) Wie lautet der Heß'sche-Satz der konstanten Wärmesummen?

c) Bei einem zweiten Prozess zur Herstellung von Ammoniumchlorid, wird NH_3-Gas in Wasser gelöst, HCl-Gas in Wasser gelöst ($\Delta H = -72{,}66$ kJ/mol) und beide Lösungen gemischt ($\Delta H = -50{,}82$ kJ/mol). Wie groß ist die Enthalpie beim Lösen des NH_3-Gases in Wasser?

Lösungsvorschlag

a) Da die Reaktionsenthalpie negativ ist, handelt es sich um einen exothermen Prozess.

b) Die von einem chemischen System aufgenommene oder abgegebene Wärmemenge ist nicht abhängig vom Reaktionsweg.

c) Die Gesamtenthalpie berechnet sich additiv aus den Einzelenthalpien:

– Lösen von NH_3-Gas in Wasser ($\Delta H = x$ kJ/mol)
– Lösen von HCl-Gas in Wasser ($\Delta H = -72{,}66$ kJ/mol)
– Mischen beider Lösungen ($\Delta H = -50{,}82$ kJ/mol)

Da die Enthalpie des Gesamtprozesses $\Delta H = -158{,}76$ kJ/mol beträgt, kann die Enthalpie nach Gl. 5.3.1 beim Lösen von NH_3-Gas berechnet werden:

$$x \text{ kJ/mol} + (-72{,}66 \text{ kJ/mol}) + (-50{,}82 \text{ kJ/mol}) = -158{,}76 \text{ kJ/mol} \qquad \text{(Gl. 5.3.1)}$$

Die Auflösung nach x ergibt eine Enthalpie von $\Delta H = \underline{-35{,}28 \text{ kJ/mol}}$.

5.3.3 Beurteilen von Reaktionsmerkmalen

Kreuzen Sie in Tabelle 5.7 an, ob die jeweilige Aussage richtig oder falsch ist.

Tabelle 5.7 Beurteilung von Reaktionsmerkmalen

Aussage	richtig	falsch
Wird bei der Reaktion nach 1. Ordnung die Konzentration des Edukts verdoppelt, verdoppelt sich auch die Reaktionsgeschwindigkeit.		
Eine typische Reaktion 1. Ordnung ist: $2\,N_2O_5 \rightleftharpoons 4\,NO_2 + O_2$		
Eine Reaktionserhöhung um 10 °C führt ungefähr zu einer Verzehnfachung der Reaktionsgeschwindigkeit.		
Die Halbwertszeit ist die Zeit, in der sich die mit der Zeit abnehmende Konzentration des Eduktes halbiert hat.		
Ein Inhibitor hat direkten Einfluss auf die Gleichgewichtslage.		
Ein Katalysator erniedrigt die Aktivierungsenergie.		

Lösungsvorschlag

Tabelle 5.8 Lösungen zu Tabelle 5.7

Aussage	richtig	falsch
Wird bei der Reaktion nach 1. Ordnung die Konzentration des Edukts verdoppelt, verdoppelt sich auch die Reaktionsgeschwindigkeit.	✗	
Eine typische Reaktion 1. Ordnung ist: $2\,N_2O_5 \rightleftharpoons 4\,NO_2 + O_2$	✗	
Eine Reaktionserhöhung um 10 °C führt ungefähr zu einer Verzehnfachung der Reaktionsgeschwindigkeit.		✗
Die Halbwertszeit ist die Zeit, in der sich die mit der Zeit abnehmende Konzentration des Eduktes halbiert hat.	✗	
Ein Inhibitor hat direkten Einfluss auf die Gleichgewichtslage.		✗
Ein Katalysator erniedrigt die Aktivierungsenergie.	✗	

5.3.4 Reaktionsordnung einer Veresterung

Veresterungen sind Gleichgewichtsreaktionen einer Carbonsäure mit einem Alkohol.

a) Begründen Sie, warum eine Veresterungsreaktion eine typische Reaktion 2. Ordnung ist.

b) Skizzieren Sie in einer Funktionsgrafik die Abhängigkeit der Konzentration des entstehenden Esters so, dass eine Gerade entsteht. Was muss auf die Achsen der Funktion aufgetragen werden?

Lösungsvorschlag

a) Die Veresterungsreaktion ist eine typische Reaktion 2. Ordnung, weil sie sowohl von der Stoffmengenkonzentration der Carbonsäure als auch von der Stoffmengenkonzentration des Alkohols abhängig ist. Das Geschwindigkeitsgesetz lautet nach Gl. 5.3.2:

$$r = k \cdot c^1 (\text{Carbonsäure}) \cdot c^1 (\text{Alkohol}) \qquad \text{(Gl. 5.3.2)}$$

Die Summe der Exponenten im Geschwindigkeitsgesetz ist die Reaktionsordnung *RO*:

$$RO = 1 + 1 = 2$$

b) Wird in der Grafik auf die Ordinate der Kehrwert der Stoffmengenkonzentration an Carbonsäure (oder Alkohol) in Abhängigkeit von der vergangenen Zeit (Abszisse) aufgetragen, entsteht eine Gerade nach Bild 5.12.

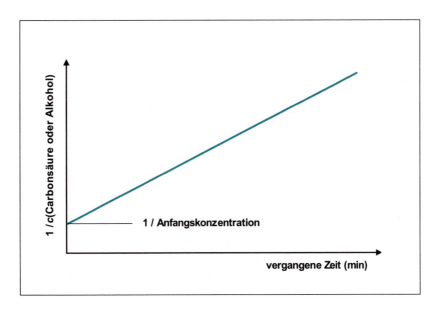

Bild 5.12 Reaktion 2. Ordnung

5.3.5 Ausbeuteberechnung einer Gleichgewichtsreaktion

Bei der Herstellung eines Esters durch Reaktion einer Carbonsäure und einem Alkohol werden im Gleichgewicht 10 mol/L Carbonsäure (mit einer COOH-Gruppe) und 6 mol/L Alkohol (mit einer –OH-Gruppe) gefunden.

a) Wie viel mol/L Ester entstehen, wenn der K_C-Wert 2 beträgt?

b) Wie viel mol/L Ester entstehen, wenn dabei 2 mol/L Wasser abgedampft werden?

Lösungsvorschlag

a) Im Gleichgewicht sind

- 10 mol/L Carbonsäure
- 6 mol/L Alkohol
- x mol/L Ester
- x mol/L Wasser

enthalten. Die Gleichgewichtskonstante K_C beträgt 2. Daraus kann die MWG-Gleichung nach Gl. 5.3.3 aufgestellt werden:

$$\frac{x \, \text{mol/L} \cdot x \, \text{mol/L}}{10 \, \text{mol/L} \cdot 6 \, \text{mol/L}} = 2 \qquad \text{(Gl. 5.3.3)}$$

Durch Umstellen der Gl. 5.3.3 erhält man Gl. 5.3.4:

$$x \, \text{mol/L} \cdot x \, \text{mol/L} = x^2 = 2 \cdot 10 \, \text{mol/L} \cdot 6 \, \text{mol/L} = 120 \, \text{mol}^2/\text{L}^2 \qquad \text{(Gl. 5.3.4)}$$

Durch Radizieren (Wurzelziehen) erhält man nach Gl. 5.3.5 die Konzentration für den Ester und das Wasser im Gleichgewicht:

$$x = \sqrt{120 \, \text{mol}^2/\text{L}^2} = \underline{10{,}95 \, \text{mol/L}} \qquad \text{(Gl. 5.3.5)}$$

b) Wenn aus dem Gleichgewicht c = 2 mol/L Wasser abgedampft werden, erhält man wieder x mol/L für den Ester, aber nun (x mol/L - 2 mol/L) für das Wasser. Daraus kann die folgende Gl. 5.3.6 aufgestellt werden:

$$\frac{x \, \text{mol/L} \cdot (x \, \text{mol/L} - 2) \, \text{mol}^2/\text{L}^2}{10 \, \text{mol/L} \cdot 6 \, \text{mol/L}} = 2 \qquad \text{(Gl. 5.3.6)}$$

Die Umstellung von Gl. 5.3.6 ergibt Gl. 5.3.7:

$$x^2 \, \text{mol}^2/\text{L}^3 - 2 \, x \, \text{mol/L} = 10 \, \text{mol/L} \cdot 6 \, \text{mol/L} \cdot 2 = 120 \, \text{mol}^2/\text{L}^2 \qquad \text{(Gl. 5.3.7)}$$

Gleichung 5.3.7 ist eine quadratische Gleichung, die nach der Umstellung gelöst werden kann:

$$x^2 \, \text{mol}^2/\text{L}^2 - 2 \, x \, \text{mol/L} - 120 \, \text{mol}^2/\text{L}^2 = 0 \qquad \text{(Gl. 5.3.8)}$$

Von der allgemeinen Form $x^2 + px + q = 0$ ausgehend ist

p = −2 und

q = −120

Damit kann Gl. 5.3.8 über die allgemeine Form der quadratischen Gleichung 5.3.9 gelöst werden:

$$x_{1,2} = -\frac{p}{2} \pm \sqrt{\left(\frac{p}{2}\right)^2 - q}$$

(Gl. 5.3.9)

$$x_{1,2} = -\frac{-2}{2} \pm \sqrt{\left(\frac{-2}{2}\right)^2 - (-120 \text{ mol}^2/\text{L}^2)} = \underline{12 \text{ mol/L}}$$

Es ergibt sich ein sinnvoller positiver Wert von x = 12 mol/L. Der dazugehörige negative Wert macht keinen Sinn.

Die Probe durch Einsetzen der Werte in die quadratische Gleichung bestätigt das Ergebnis:

$12^2 - 2 \cdot 12 - 120 = 0$

Es entstehen beim zusätzlichen Abdampfen von 2 mol/L Wasser im Gleichgewicht 12 mol/L Ester.

5.3.6 Beurteilung von exothermen Reaktionen

Begründen Sie, warum exotherme Reaktionen bei Energiezufuhr benachteiligt werden.

Lösungsvorschlag

Nach LE CHATELIER weicht ein im Gleichgewicht stehendes System einer Temperaturerhöhung aus, in dem es die zugeführte Wärme wieder verbraucht. Daher wird bei einer exothermen Reaktion gewöhnlich die *Rück*reaktion begünstigt, was ungünstig für die Ausbeute ist. Bei einer endothermen Reaktion wird sich die Gleichgewichtslage bei einer Energiezufuhr zugunsten der Hinreaktion zu einer Ausbeuteerhöhung verschieben.

5.4 Auswertung von Messergebnissen unter Berücksichtigung stöchiometrischer Berechnungen

5.4.1 Bestimmen des Titers einer EDTA-Maßlösung

Der Titer einer EDTA-Maßlösung für eine komplexometrische Bestimmung soll mit Zinksulfatheptahydrat bestimmt werden.

Es wurden m(Urtitersubstanz) = 337,8 mg eingewogen, in einem 300-mL-Erlenmeyerkolben in 100 mL E-Wasser gelöst, mit Puffer und Indikator versetzt und dann gegen die EDTA-Maßlösung, $\bar{c}$(EDTA) = 0,05 mol/L titriert. Dabei lag der Verbrauch an Maßlösung bei V(EDTA) = 24,2 mL.

Wie groß ist der Titer der Maßlösung?

M_{eq}(ZnSO$_4$ · 7 H$_2$O) = 287,54 g/mol

Lösungsvorschlag

$$t(x) = \frac{m(\text{Urtiter})}{\tilde{c}(x) \cdot V(x) \cdot M_{eq}(\text{Urtiter})}$$ (Gl. 5.4.1)

$$t(\text{EDTA}) = \frac{0{,}3378 \text{ g}}{0{,}05 \text{ mol/L} \cdot 0{,}0242 \text{ L} \cdot 287{,}54 \text{ g/mol}}$$

$$t(\text{EDTA}) = \underline{0{,}971}$$

Der Titer der EDTA-Maßlösung beträgt 0,971.

5.4.2 Bestimmen des Titers einer Natronlauge-Maßlösung

Bei der Titerbestimmung einer Natronlauge-Maßlösung, $\tilde{c}\,(\text{NaOH}) = 0{,}1$ mol/L mit Oxalsäuredihydrat, ergab sich ein Verbrauch von $V(\text{NaOH}) = 19{,}7$ mL. Die Einwaage an Oxalsäuredihydrat betrug $m(\text{Oxalsäuredihydrat}) = 125$ mg.

Wie groß ist der Titer der Maßlösung?

$M(\text{C}) = 12$ g/mol, $M(\text{O}) = 16$ g/mol, $M(\text{H}) = 1$ g/mol, $M(\text{Na}) = 23$ g/mol

$(\text{COOH})_2 \cdot 2\,\text{H}_2\text{O} + 2\,\text{NaOH} \rightarrow (\text{COONa})_2 + 4\,\text{H}_2\text{O}$

Lösungsvorschlag

$$t(x) = \frac{m(\text{Urtiter})}{\tilde{c}_{eq}(x) \cdot V(x) \cdot M_{eq}(\text{Urtiter})}$$ (Gl. 5.4.2)

(Hinweis: Die Äquivalenzzahl z von Oxalsäuredihydrat beträgt 2, da es sich um eine Dicarbonsäure handelt und sie mit zwei mol Natronlauge reagiert.)

$$t(\text{NaOH}) = \frac{0{,}125 \text{ g}}{0{,}1 \text{ mol/L} \cdot 0{,}0197 \text{ L} \cdot 63 \text{ g/mol}}$$

$$t(\text{NaOH}) = \underline{1{,}0072}$$

Der Titer der Natronlauge-Maßlösung beträgt 1,0072.

5.4.3 Bestimmen des Titers einer Natriumthiosulfat-Maßlösung

Zur Titerbestimmung einer Natriumthiosulfat-Maßlösung werden Iodat-Ionen mit Iodid-Ionen in saurer Lösung zu Iod komproportioniert. Das entstandene Iod reagiert dann in einem zweiten Schritt mit Natriumthiosulfat zu Iodid-Ionen und Natriumtetrathionat.

a) Formulieren Sie beide Reaktionsgleichungen.
b) Bei der Titerbestimmung einer Natriumthiosulfatlösung, $\tilde{c}(1/1\ \text{Na}_2\text{S}_2\text{O}_3) = 0{,}1$ mol/L mit Kaliumiodat ergab sich ein Verbrauch von $V(\text{Na}_2\text{S}_2\text{O}_3) = 29{,}2$ mL. Die Einwaage an Kaliumiodat betrug $m(\text{Kaliumiodat}) = 105$ mg.
   Wie groß ist der Titer der Maßlösung?

$M(\text{I}) = 126{,}9$ g/mol, $M(\text{K}) = 39{,}1$ g/mol, $M(\text{O}) = 16$ g/mol

Lösungsvorschlag

a) $IO_3^- + 5\,I^- + 6\,H^+ \rightarrow 3\,I_2 + 3\,H_2O$ (Gl. 5.4.3)

$2\,S_2O_3^{2-} + I_2 \rightarrow S_4O_6^{2-} + 2\,I^-$ (Gl. 5.4.4)

b) $t(x) = \dfrac{m(\text{Urtiter})}{\tilde{c}_{eq}(x) \cdot V(x) \cdot M_{eq}(\text{Urtiter})}$ (Gl. 5.4.5)

(Hinweis: Die Äquivalentzahl z von Kaliumiodat beträgt 6, dadurch ergibt sich eine äquivalente molare Masse des Kaliumiodats von 35,67 g/mol (1/6). Die Umsetzung von Iod mit Natriumthiosulfat verläuft anschließend im Verhältnis 1 : 1.)

$t(\text{Natriumthiosulfat}) = \dfrac{0{,}105\ \text{g}}{0{,}1\ \text{mol/L} \cdot 0{,}0292\ \text{L} \cdot 35{,}67\ \text{g/mol}}$

$t(\text{Natriumthiosulfat}) = 1{,}0081$

Der Titer der Natriumthiosulfat-Maßlösung beträgt 1,0081.

5.4.4 Bestimmen des Calciumgehalts in der Komplexometrie

Bei einer Bestimmung von Calcium wurden von der Calciumprobe (Gesamtvolumen 100 mL) 20,0 mL entnommen und gegen eine EDTA-Maßlösung titriert. Der Titer der Maßlösung, $\tilde{c}(\text{EDTA}) = 0{,}05$ mol/L wurde mit $t(\text{EDTA}) = 0{,}9271$ angegeben, dabei lag der Verbrauch an Maßlösung bei $V(\text{EDTA}) = 30{,}2$ mL.

Wie viel Calcium ist in der Probe enthalten?

$M(\text{Ca}) = 40{,}1$ g/mol

Lösungsvorschlag

$m(x) = \tilde{c}_{eq}(y) \cdot t(y) \cdot V(y) \cdot M_{eq}(x) \cdot F_V$ (Gl. 5.4.6)

$m(\text{Ca}) = 0{,}05\ \text{mol/L} \cdot 0{,}9271 \cdot 0{,}0302\ \text{L} \cdot 40{,}1\ \text{g/mol} \cdot 5$

$m(\text{Ca}) = \underline{0{,}281\,\text{g}}$

In der Probe befinden sich 0,281 g Calcium.

5.4.5 Bestimmen des Wasserstoffperoxidgehalts in der Permanganometrie

Bei einer permanganometrischen Bestimmung von Wasserstoffperoxid wurden 25,0 mL der Probe (Gesamtvolumen 500 mL) in einem 300-mL-Erlenmeyer mit 150 mL E-Wasser verdünnt und mit Schwefelsäure versetzt. Bei der anschließenden Titration mit Kaliumpermanganat-Maßlösung wurden $V(\text{KMnO}_4) = 29{,}6$ mL verbraucht.
$\tilde{c}(1/5\ \text{KMnO}_4) = 0{,}1$ mol/L, $t(\text{KMnO}_4) = 0{,}9787$

a) Stellen Sie die Reaktionsgleichung auf.
b) Wie viel Wasserstoffperoxid befindet sich in der Probe?

$M(\text{H}) = 1$ g/mol, $M(\text{O}) = 16$ g/mol

Lösungsvorschlag

a) $Mn^{7+} + 5\ e^- \rightarrow Mn^{2+}$ (Gl. 5.4.7)

$H_2O_2 \rightarrow O_2 + 2\ e^- + 2\ H^+$ (Gl. 5.4.8)

$5\ H_2O_2 + 2\ MnO_4^- + 6\ H^+ \rightarrow 5\ O_2 + 2\ Mn^{2+} + 8\ H_2O$ (Gl. 5.4.9)

(Hinweis: Die Äquivalentzahl z von Wasserstoffperoxid beträgt 2, die Äquivalentzahl z von Kaliumpermanganat 5.)

b) $m(x) = \tilde{c}_{eq}(y) \cdot t(y) \cdot V(y) \cdot M_{eq}(x) \cdot F_V$ (Gl. 5.4.10)

$m(H_2O_2) = 0{,}1\ mol/L \cdot 0{,}9787 \cdot 0{,}0296\ L \cdot 17\ g/mol \cdot 20$

$m(H_2O_2) = \underline{0{,}985\ g}$

Die Masse an Wasserstoffperoxid in der Probe beträgt 0,99 g.

5.4.6 Bestimmen des Titers einer Natronlauge-Maßlösung

Der Titer einer NaOH-Maßlösung soll bestimmt werden. Es stehen $V(NaOH) = 1\ L$, $\tilde{c}(NaOH) = 0{,}1\ mol/L$ zur Verfügung. Als Urtitersubstanz wird Oxalsäuredihydrat verwendet. Es stehen weiterhin mehrere 300-mL-Erlenmeyer-Kolben und eine 25-mL-Bürette zur Verfügung.

$M(C) = 12\ g/mol$, $M(O) = 16\ g/mol$, $M(H) = 1\ g/mol$, $M(Na) = 23\ g/mol$

a) Stellen Sie die Reaktionsgleichung für die Reaktion auf.
b) Wie viel Urtitersubstanz sollten Sie einwiegen, um den idealen Arbeitsbereich der Bürette auszunutzen?

Lösungsvorschlag

a) $2\ NaOH + (COOH)_2 \cdot 2\ H_2O \rightarrow (COONa)_2 + 4\ H_2O$ (Gl. 5.4.11)

b) Annahmen: Bei der Verwendung einer 25-mL-Bürette sollte der Verbrauch im mittleren Arbeitsbereich, also um 12,5 mL liegen. Der Titer sollte bei einem Wert von $t = 1$ liegen.

$m(\text{Urtiter}) = t(x) \cdot \tilde{c}_{eq}(x) \cdot V(x) \cdot M_{eq}(\text{Urtiter})$ (Gl. 5.4.12)

$m(\text{Urtiter}) = 1 \cdot 0{,}1\ mol/L \cdot 0{,}015\ L \cdot 63\ g/mol$

$m(\text{Urtiter}) = \underline{0{,}095\ g}$

Um die Bürette im idealen Messbereich auszunutzen, sollten Sie ca. 95 mg Oxalsäuredihydrat genau einwiegen.

5.4.7 Ermitteln des Masseanteils einer Carbonsäure

Es wurde das Produkt Acetylendicarbonsäure hergestellt und nun soll der Massenanteil an Dicarbonsäure ermittelt werden.

Es steht eine Natronlauge-Maßlösung mit $\tilde{c}(NaOH) = 0{,}1$ mol/L, $t(NaOH) = 0{,}9911$ zur Verfügung. Der Verbrauch an Maßlösung sollte bei der verwendeten 50-mL-Bürette um 25 mL liegen.

$M(C) = 12$ g/mol, $M(O) = 16$ g/mol, $M(H) = 1$ g/mol, $M(Na) = 23$ g/mol

a) Stellen Sie die Reaktionsgleichung auf.

b) Wie viel Produkt sollten Sie für die Titration einwiegen?

Lösungsvorschlag

a) $C_2(COOH)_2 \;+\; 2\,NaOH \;\rightarrow\; C_2(COONa)_2 \;+\; 2\,H_2O$ $\hspace{2cm}$ (Gl. 5.4.13)

b) $m(\text{Einwaage}) = \dfrac{t(y) \cdot \tilde{c}_{eq}(y) \cdot V(y) \cdot M_{eq}(x)}{w(x)}$ $\hspace{2cm}$ (Gl. 5.4.14)

$$m(\text{Dicarbonsäure}) = \frac{t(NaOH) \cdot \tilde{c}(NaOH) \cdot V(NaOH) \cdot M_{eq}(\text{Dicarbonsäure})}{w(\text{Dicarbonsäure})}$$

(Als Dicarbonsäure hat das Produkt eine Wertigkeit von $z = 2$. Für die Berechnung der Einwaage wird normalerweise ein Massenanteil von $w = 1$ angenommen.)

$$m(\text{Dicarbonsäure}) = \frac{0{,}9911 \cdot 0{,}1 \text{ mol/L} \cdot 0{,}025 \text{ L} \cdot 57 \text{ g/mol}}{1}$$

$m(\text{Dicarbonsäure}) = \underline{0{,}141\,g}$

Es sollten für die Titration ca. $m = 0{,}14$ g an Acetylendicarbonsäure eingewogen werden.

5.4.8 Bestimmen des Massenanteils einer verunreinigten Sulfanilsäure

Eine Feststoffprobe mit verunreinigter Sulfanilsäure wurde zur Massenanteilsbestimmung homogenisiert. Bei einer Einwaage von m(Sulfanilsäure) = 349,2 mg lag der Verbrauch an Natronlauge bei $V(NaOH) = 28{,}9$ mL.

$\tilde{c}(NaOH) = 0{,}05$ mol/L, $t(NaOH) = 0{,}9739$, $M(\text{Sulfanilsäure}) = 173$ g/mol

Wie hoch ist der Massenanteil an Sulfanilsäure in der Feststoffprobe (Angabe in %)?

$C_6H_7NO_3S + NaOH \rightarrow C_6H_6NO_3SNa + H_2O$

Lösungsvorschlag

$$w(x) = \frac{t(y) \cdot \tilde{c}_{eq}(y) \cdot V(y) \cdot M_{eq}(x)}{m(\text{Einwaage})} \cdot 100\%$$ (Gl. 5.4.15)

$$w(\text{Sulfanilsäure}) = \frac{t(\text{NaOH}) \cdot \tilde{c}(\text{NaOH}) \cdot V(\text{NaOH}) \cdot M_{eq}(\text{Sulfanilsäure})}{m(\text{Probe})} \cdot 100\%$$

$$w(\text{Sulfanilsäure}) = \frac{0{,}9739 \cdot 0{,}05 \text{ mol/L} \cdot 0{,}0289 \text{ L} \cdot 173 \text{ g/mol}}{0{,}3492 \text{ g}} \cdot 100\%$$

$$\underline{w(\text{Sulfanilsäure}) = 69{,}72\%}$$

Der Massenanteil an Sulfanilsäure beträgt $w = 69{,}7\%$.

5.4.9 Bestimmen des Massenanteils von verunreinigter Anthranilsäure

Bevor verunreinigte Anthranilsäure als Edukt für die Synthese von 2-Chlorbenzoesäure verwendet werden kann, sollte der Gehalt bestimmt werden.
Bei einer Einwaage von m(Anthranilsäure) = 221,3 mg lag der Verbrauch an Natronlauge bei V(NaOH) = 26,1 mL.
$\tilde{c}$(NaOH) = 0,05 mol/L, t(NaOH) = 0,9814, M(Anthranilsäure) = 137 g/mol
Wie hoch ist der Gehalt an Anthranilsäure?
$C_7H_7NO_2 + NaOH \rightarrow C_7H_6NO_2Na + H_2O$

Lösungsvorschlag

$$w(x) = \frac{t(y) \cdot \tilde{c}_{eq}(y) \cdot V(y) \cdot M_{eq}(x)}{m(\text{Einwaage})} \cdot 100\%$$ (Gl. 5.4.16)

$$w(\text{Anthranilsäure}) = \frac{t(\text{NaOH}) \cdot \tilde{c}(\text{NaOH}) \cdot V(\text{NaOH}) \cdot M_{eq}(\text{Anthranilsäure})}{m(\text{Probe})} \cdot 100\%$$

$$w(\text{Anthranilsäure}) = \frac{0{,}9814 \cdot 0{,}05 \text{ mol/L} \cdot 0{,}0261 \text{ L} \cdot 137 \text{ g/mol}}{0{,}2213 \text{ g}} \cdot 100\%$$

$$\underline{w(\text{Anthranilsäure}) = 79{,}29\%}$$

Die Probe enthält 79,3% Anthranilsäure.

5.4.10 Bestimmen des Massenanteils einer Calciumcarbonatprobe bei einer Rücktitration

Eine Calciumcarbonatprobe wurde mit V = 50,0 mL Salzsäure, $\tilde{c}$(HCl) = 0,1 mol/L, t(HCl) = 1,013 versetzt und kurz aufgekocht. Die überschüssige Säure wurde mit Natriumhydroxid-Maßlösung bestimmt. Dabei wurden V(NaOH) = 11,9 mL verbraucht.
$\tilde{c}$(NaOH) = 0,1 mol/L, t(NaOH) = 0,9989, M(CaCO_3) = 100,1 g/mol
a) Stellen Sie alle relevanten Reaktionsgleichungen auf.
b) Wie viel g an Calciumcarbonat sind in der Probe enthalten?

Lösungsvorschlag

a) Reaktion von $CaCO_3$ mit HCl

$$CaCO_3 + 2\ HCl \rightarrow CaCl_2 + H_2O + CO_2\uparrow \qquad \text{(Gl. 5.4.17)}$$

Neutralisation der verbleibenden HCl-Maßlösung

$$HCl + NaOH \rightarrow NaCl + H_2O \qquad \text{(Gl. 5.4.18)}$$

b) Zuerst wird der Verbrauch an HCl für die Reaktion mit Calciumcarbonat berechnet.

$$V(HCl) = V(HCl)_{gesamt} \cdot t(HCl) - V(NaOH) \cdot t(NaOH) \qquad \text{(Gl. 5.4.19)}$$

$$V(HCl) = 50\ mL \cdot 1,013 - 11,9\ mL \cdot 0,9989$$

$$V(HCl) = 38,8\ mL$$

Mit dem ermittelten Volumen an HCl-Maßlösung kann die umgesetzte Menge an Calciumcarbonat berechnet werden.

$$m(x) = t(y) \cdot \tilde{c}_{eq}(y) \cdot V(y) \cdot M_{eq}(x) \qquad \text{(Gl. 5.4.20)}$$

(Wie aus der Reaktionsgleichung zu erkennen ist, reagiert Calciumcarbonat mit Salzsäure im Verhältnis 1:2, also muss für Calciumcarbonat $z = 2$ gesetzt werden.)

$$m(CaCO_3) = 1,013 \cdot 0,1\ mol/L \cdot 0,0388\ L \cdot 50,05\ g/mol$$

$$\underline{m(CaCO_3) = 0,197\ g}$$

In der Probe sind 0,2 g Calciumcarbonat enthalten.

5.4.11 Bestimmen des Antimongehalts in der Iodometrie

Antimon(III)chlorid wurde oxidimetrisch durch eine Rücktitration bestimmt. Im ersten Schritt wurden $V = 20,0\ mL$ aus 100 mL der Antimonprobe entnommen und mit Iod-Maßlösung, $V(I_2) = 50,0\ mL$, versetzt. Das überschüssige Iod wurde mit Natriumthiosulfat-Maßlösung, $\tilde{c}(1/1\ Na_2S_2O_3) = 0,1\ mol/L$, $t(Na_2S_2O_3) = 0,9234$ titriert. Dabei wurden $V(Na_2S_2O_3) = 16,4\ mL$ verbraucht.

$\tilde{c}(1/2\ I_2) = 0,1\ mol/L$, $t(I_2) = 0,9441$, $M(Sb) = 121,8\ g/mol$

a) Stellen Sie alle relevanten Reaktionsgleichungen auf.
b) Wie viel g an Antimon sind in der Probe?

Lösungsvorschlag

a) Oxidation von Antimon

$$Sb^{3+} + I_2 \rightarrow Sb^{5+} + 2\ I^- \qquad \text{(Gl. 5.4.21)}$$

Reduktion der verbleibenden Iod-Maßlösung

$$2\ S_2O_3^{2-} + I_2 \rightarrow S_4O_6^{2-} + 2\ I^- \qquad \text{(Gl. 5.4.22)}$$

b) Zuerst wird der Verbrauch an Iod für die Reaktion mit Antimon berechnet.

$$V(I_2) = V(I_2)_{gesamt} \cdot t(I_2) - V(Na_2S_2O_3) \cdot t(Na_2S_2O_3) \qquad \text{(Gl. 5.4.23)}$$

$$V(I_2) = 50 \text{ mL} \cdot 0{,}9441 - 16{,}4 \text{ mL} \cdot 0{,}9234$$

$$V(I_2) = 32{,}1 \text{ mL}$$

Mit dem ermittelten Volumen an Iod-Maßlösung kann die umgesetzte Menge an Antimon berechnet werden.

$$m(x) = t(y) \cdot \tilde{c}_{eq}(y) \cdot V(y) \cdot M_{eq}(x) \cdot F_V \qquad \text{(Gl. 5.4.24)}$$

$$m(Sb) = 0{,}9441 \cdot 0{,}1 \text{ mol/L} \cdot 0{,}0321 \text{ L} \cdot 60{,}9 \text{ g/mol} \cdot 5$$

$$\underline{m(Sb) = 0{,}923 \text{ g}}$$

Die Probe enthält 0,92 g Antimon.

5.4.12 Gravimetrisches Bestimmen von Magnesium

Die Auswaage nach der gravimetrischen Bestimmung von Magnesium als Magnesiumdiphosphat ergab einen Masse von $m(Mg_2P_2O_7) = 1{,}734$ g.

Von der Probe (250 mL) wurden 20,0 mL entnommen und im Becherglas mit Salzsäure, Ammoniumchlorid und Diammoniumhydrogenphosphat versetzt. Mit Ammoniaklösung wurde ausgefällt und anschließend geglüht.

Wie viel Magnesium war in der Probe enthalten?

$$Mg^{2+} + (NH_4)_2HPO_4 + NH_4OH \rightarrow Mg(NH_4)PO_4 \downarrow + 2 \; NH_4Cl + H_2O$$
$$2 \; Mg(NH_4)PO_4 \rightarrow Mg_2P_2O_7 + 2 \; NH_3 + H_2O$$

$$M(Mg) = 24{,}3 \text{ g/mol}, \; M(Mg_2P_2O_7) = 222{,}6 \text{ g/mol}$$

Lösungsvorschlag

$$F = \frac{M(\text{gesuchter Stoff}) \cdot z}{M(\text{Wägeform})} \qquad \text{(Gl. 5.4.25)}$$

$$F = \frac{24{,}3 \text{ g/mol} \cdot 2}{222{,}6 \text{ g/mol}} = 0{,}2183$$

F stöchiometrischer Faktor Mg in Mg-Diphosphat
z Äquivalenzzahl Mg

$$m(x) = m(\text{Auswaage}) \cdot F \cdot F_V \qquad \text{(Gl. 5.4.26)}$$

$$m(Mg) = 1{,}734 \text{ g} \cdot 0{,}2183 \cdot 12{,}5$$

$$\underline{m(Mg) = 4{,}73 \text{ g}}$$

Die Masse an Magnesium in der Probe beträgt 4,7 g.

5.4.13 Gravimetrisches Bestimmen von Mangan

Bei einer gravimetrischen Bestimmung soll der Mangangehalt bestimmt und als Massenanteil $w(MnO_2)$ angeben werden. Die Wägeform, in der Mangan nach der Bestimmung vorliegt, ist Mangandiphosphat ($Mn_2P_2O_7$). Es wurden zur Bestimmung $m(Probe)$ = 1,974 g eingesetzt. Die Auswaage ergab eine Masse von $m(Mn_2P_2O_7)$ = 0,8513 g.

$M(Mn)$ = 54,9 g/mol, $M(P)$ = 31 g/mol, $M(O)$ = 16 g/mol

Lösungsvorschlag

$$F = \frac{M(\text{gesuchter Stoff}) \cdot z}{M(\text{Wägeform})} \qquad \text{(Gl. 5.4.27)}$$

$$F = \frac{86,9 \text{ g/mol} \cdot 2}{283,8 \text{ g/mol}} = 0,6124$$

F stöchiometrischer Faktor MnO_2 in Mn-Diphosphat

z Äquivalenzzahl Mn

$$w(x) = \frac{m(\text{Auswaage}) \cdot F}{m(\text{Einwaage})} \cdot 100\% \qquad \text{(Gl. 5.4.28)}$$

$$w(MnO_2) = \frac{0,8513 \text{ g} \cdot 0,6124}{1,974 \text{ g}} \cdot 100\%$$

$$\underline{w(MnO_2) = 26,4\%}$$

Der Massenanteil an Mangandioxid in der Probe beträgt 26,4%.

5.4.14 Gravimetrisches Bestimmen von Chlorid

Eine Steinsalzprobe soll gravimetrisch auf den Gehalt an Chlorid untersucht werden. Vom Steinsalz wurden $m(Steinsalz)$ = 4,25 g abgewogen, in einen 250-mL-Messkolben überführt und mit E-H_2O aufgefüllt. Zur Bestimmung wurden V = 20,0 mL entnommen und mit Silbernitrat versetzt. Die Auswaage an Silberchlorid lag bei $m(AgCl)$ = 0,941 g.

$M(Cl)$ = 35,5 g/mol, $M(Ag)$ = 107,9 g/mol, $M(Na)$ = 23 g/mol

a) Wie hoch ist der Chloridgehalt in %?

b) Wie viel Natriumchloridlösung $w(NaCl)$ = 0,75 können Sie aus Steinsalz, $m(Steinsalz)$ = 3,6 t herstellen?

Lösungsvorschlag

a) $F = \dfrac{M(\text{gesuchter Stoff}) \cdot z}{M(\text{Wägeform})}$ (Gl. 5.4.29)

$$F = \frac{35,5 \text{ g/mol} \cdot 1}{143,4 \text{ g/mol}} = 0,2476$$

F stöchiometrischer Faktor Cl in AgCl

z Äquivalenzzahl Cl

$$w(x) = \frac{m(\text{Auswaage}) \cdot F \cdot F_V}{m(\text{Einwaage})} \cdot 100\%$$ (Gl. 5.4.30)

$$w(\text{Cl}) = \frac{0{,}941\ g \cdot 0{,}2476 \cdot 12{,}5}{4{,}25\ g} \cdot 100\%$$

$$w(\text{Cl}) = \underline{68{,}5\%}$$

b) $n(\text{Cl}) = n(\text{NaCl})$ (Gl. 5.4.31)

$$n(\text{NaCl}) = \frac{m(\text{Cl})}{M(\text{Cl})} = \frac{m(\text{Steinsalz}) \cdot w(\text{Cl})}{M(\text{Cl})}$$ (Gl. 5.4.32)

$$n(\text{NaCl}) = \frac{3600000\ g \cdot 0{,}685}{35{,}5\ g/mol}$$

$$n(\text{NaCl}) = 69{,}46\ \text{kmol}$$

$$m(\text{Gesamt}) = \frac{m(x)}{w(x)} = \frac{n(x) \cdot M(x)}{w(x)}$$ (Gl. 5.4.33)

$$m(\text{Gesamt}) = \frac{69{,}46\ \text{kmol} \cdot 58{,}5\ g/mol}{0{,}75}$$

$$m(\text{Gesamt}) = \underline{5418\ \text{kg}}$$

Der Massenanteil an Chlorid in der Probe beträgt $w(\text{Cl}) = 68{,}5\%$ und es können 5,4 t NaCl-Lösung hergestellt werden.

5.4.15 Gravimetrisches Bestimmen von Eisen

Eine Eisensalzlösung soll durch eine gravimetrische Bestimmung analysiert werden. Dazu wurden $V = 20{,}0$ mL einer Eisen(III)salzlösung auf 500 mL aufgefüllt. Für die Bestimmung wurden $V = 50{,}0$ mL der aufgefüllten Lösung abgenommen, diese ergaben eine Auswaage von $m(\text{Fe}_2\text{O}_3) = 289{,}3$ mg.
$M(\text{Fe}) = 55{,}85$ g/mol, $M(\text{Fe}_2\text{O}_3) = 159{,}69$ g/mol
Wie groß ist die Massenkonzentration $\beta(\text{Fe})$ in g/L der Ausgangslösung?

Lösungsvorschlag

$$F = \frac{M(\text{gesuchter Stoff}) \cdot z}{M(\text{Wägeform})}$$ (Gl. 5.4.34)

$$F = \frac{55{,}85\ g/mol \cdot 2}{159{,}69\ g/mol} = 0{,}6995$$

F stöchiometrischer Faktor Fe in Fe_2O_3
z Äquivalenzzahl Fe

$$\beta(x) = \frac{m(\text{Auswaage}) \cdot F \cdot F_V}{V(\text{Probe})}$$ (Gl. 5.4.35)

$$\beta(\text{Fe}) = \frac{0{,}2893\ g \cdot 0{,}6995 \cdot 10}{0{,}02\ L}$$

$$\beta(\text{Fe}) = \underline{101{,}18\ g/L}$$

Die Massenkonzentration an Eisen beträgt $\beta = 101$ g/L.

5.4.16 Bestimmen der Massenkonzentration eines Analyten aus einer Kalibrierreihe mit UV/Vis-Messungen

Bei UV/Vis-Messungen einer Kalibrierreihe wurden die in Tabelle 5.9 aufgeführten Werte bestimmt. Die Probe ergab einen Messwert von $E = 0{,}482$.
Welche Massenkonzentration an Analyt liegt in der Probe vor?

Tabelle 5.9 UV/Vis-Messungen

Lösung Nr.	Konzentration in mg/100 mL	Extinktion in abs
1	0,15	0,202
2	0,30	0,348
3	0,45	0,496
4	0,60	0,651
5	0,75	0,794

Lösungsvorschlag

Mit Gl. 5.4.36 kann der Anstieg der Kalibriergeraden berechnet werden.

$$m = \frac{y_2 - y_2}{x_2 - x_1} \qquad \text{(Gl. 5.4.36)}$$

$$m = \frac{0{,}348 - 0{,}202}{0{,}3 - 0{,}15}$$

$$m = 0{,}973$$

Durch Einsetzen eines bekannten Datenpunktes in Gl. 5.4.37 kann der Achsenabschnitt berechnet werden.

$$y = m \cdot x + b \qquad \text{(Gl. 5.4.37)}$$

$$b = 0{,}348 - 0{,}973 \cdot 0{,}3$$

$$b = 0{,}056$$

Mit der bekannten Geradengleichung kann der Gehalt der Probe berechnet werden.

$$x = \frac{y - b}{m} \qquad \text{(Gl. 5.4.38)}$$

$$x = \frac{0{,}482 - 0{,}056}{0{,}973}$$

$$x = \underline{0{,}438}$$

Die Massenkonzentration an Analyt beträgt 0,44 mg/100 mL.

5.4.17 Berechnen der Massenkonzentration eines Analyten aus einer Messung mit dem UV/Vis-Spektralfotometer

Die Messung mit dem UV/Vis-Spektralfotometer ergab für eine Probe den Messwert von $E = 0,317$. Es wurde eine Küvette mit der Schichtdicke $d = 10$ mm verwendet. Der molare Extinktionskoeffizient lag bei $\varepsilon = 49,64$ L/(mol·cm).

Wie groß ist die Massenkonzentration an Analyt in mg/L?

M(Analyt) = 107,8 g/mol

Lösungsvorschlag

$$E = \varepsilon \cdot c \cdot d \tag{Gl. 5.4.39}$$

$$c(x) = \frac{E}{\varepsilon \cdot d} \tag{Gl. 5.4.40}$$

Durch Umstellen und Einsetzen erhält man:

$$c(\text{Analyt}) = \frac{0,317}{49,64 \text{ L/(mol} \cdot \text{cm)} \cdot 1 \text{ cm}} = 0,00639 \text{ mol/L}$$

Mit der berechneten Stoffmengenkonzentration kann die Massenkonzentration berechnet werden. Dabei ist es sinnvoll ein Volumen von $V = 1,0$ L anzunehmen.

$$\beta(x) = \frac{m(x)}{V(\text{Gesamt})} = \frac{c(x) \cdot V(x) \cdot M(x)}{V(\text{Gesamt})} \tag{Gl. 5.4.41}$$

$$\beta(\text{Analyt}) = \frac{0,00639 \text{ mol/L} \cdot 1 \text{ L} \cdot 107,8 \text{ g/mol}}{1 \text{ L}}$$

$$\beta(\text{Analyt}) = 0,688 \text{ g/L} \cong \underline{\underline{690 \text{ mg/L}}}$$

Die Massenkonzentration des Analyten liegt bei 690 mg/L.

5.4.18 Bestimmen der Stoffmengenkonzentration einer Kobalt-Probe aus einer fotometrischen Doppelbestimmung

Eine Kobalt-Probe wurde fotometrisch in einer Doppelbestimmung quantifiziert. Als Vergleichsprobe wurde ein Kobaltstandard $\beta(\text{Co}) = 0,5$ g/L verwendet. Es wurden folgenden Messwerte aufgenommen:

Probe 1:	$E = 0,641$
Probe 2:	$E = 0,644$
Standard:	$E = 0,513$

Wie groß ist die Stoffmengenkonzentration an Kobalt in der Probe?

M(Kobalt) = 58,9 g/mol

Lösungsvorschlag

Der Quotient aus der Extinktion und der Konzentration der Lösungen 1 und 2 ist gleich, wenn es sich um denselben Analyten handelt.

$$\frac{E_1}{c_1} = \frac{E_2}{c_2}$$ (Gl. 5.4.42)

$$c_2 = \frac{E_2 \cdot c_1}{E_1}$$

Zuerst muss noch c_1 aus der Massenkonzentration berechnet werden.

$$c_1 = \frac{n}{V} = \frac{m}{M \cdot V}$$ (Gl. 5.4.43)

$$c_1 = \frac{0,5\,g}{58,9\,g/mol \cdot 1\,L}$$

$$c_1 = 8,5\,mmol/L$$

Die Extinktionswerte der Doppelbestimmung der Probe 1 und 2 werden für die Berechnung gemittelt.

$$c_2 = \frac{0,6425 \cdot 8,5\,mmol/L}{0,513}$$

$$c_2 = \underline{10,65\,mmol/L}$$

Die Stoffmengenkonzentration der Kobaltprobe beträgt 10,7 mmol/L.

5.4.19 Berechnen der mittleren Konzentration, der Standardabweichung und des Variationskoeffizienten aus einer Kalibrierreihe

Berechnen Sie aus der folgenden Messreihe die mittlere Konzentration der Probelösung, die Standardabweichung und den Variationskoeffizienten.

Tabelle 5.10 Messung einer Kalibrierreihe

Kalibrierlösung Nr.	Massenkonzentration in mg/100mL
1	6,12
2	6,09
3	6,14
4	6,11
5	6,10
6	6,12
7	6,11

Lösungsvorschlag

mittlere Konzentration $\bar{\beta}$:

$$\bar{\beta} = \frac{\sum\limits_{i=1}^{7} \beta_i}{N} \qquad \text{(Gl. 5.4.44)}$$

$$\bar{\beta} = \frac{6{,}12 + 6{,}09 + 6{,}14 + 6{,}11 + 6{,}10 + 6{,}12 + 6{,}11}{7}$$

$$\underline{\bar{\beta} = 6{,}113 \text{ mg/100 mL}}$$

Standardabweichung s_x:

$$s_x = \sqrt{\frac{\sum\limits_{i=1}^{7}(\beta_i - \bar{\beta})^2}{N-1}} \qquad \text{(Gl. 5.4.45)}$$

$$s_x = \sqrt{\frac{(6{,}12 - 6{,}113)^2 + (6{,}09 - 6{,}113)^2 + \ldots + (6{,}11 - 6{,}113)^2}{6}}$$

$$\underline{s_x = 0{,}01604}$$

Variationskoeffizient VK:

$$VK = \frac{s_x}{\bar{\beta}} \cdot 100\% \qquad \text{(Gl. 5.4.46)}$$

$$VK = \frac{0{,}01604}{6{,}113} \cdot 100\%$$

$$\underline{VK = 0{,}26\%}$$

Bei dieser Messreihe liegt der Mittelwert bei $\bar{\beta} = 6{,}1$ mg/100 mL, die Standardabweichung beträgt $s_x = 0{,}01604$ und der Variationskoeffizient $VK = 0{,}26\%$.

5.4.20 Berechnen des Mittelwertes einer Peakfläche, der Standardabweichung und des Variationskoeffizienten aus der Kalibrierreihe einer chromatografischen Bestimmung

Tabelle 5.11 zeigt die Messwerte einer chromatografischen Bestimmung. Als Vorgabe für die Bestimmung sollte der Variationskoeffizient der Mehrfachbestimmungen den Wert $VK = 1{,}2\%$ nicht überschreiten.

Für welche Kalibrierlösungen wurde diese Vorgabe eingehalten?

Tabelle 5.11 Messung der Massenkonzentration

Kalibrierlösung Nr.	Massenkonzentration β in mg/100mL	Peakfläche A in counts
1	2,1	34987
1	2,1	34513
1	2,1	34299
1	2,1	35238
1	2,1	34761
2	6,3	89212
2	6,3	91571
2	6,3	91992
2	6,3	90226
2	6,3	89909
3	10,4	142997
3	10,4	142903
3	10,4	141983
3	10,4	140310
3	10,4	140092

Lösungsvorschlag

Mit den Gleichungen 5.4.47, 5.4.48 und 5.4.49 können Sie den Mittelwert, die Standardabweichung und den Variationskoeffizienten berechnen. Eine Tabellenkalkulation (z.B. Excel) vereinfacht die Bearbeitung, da die meisten Formeln für statistische Berechnungen vorprogrammiert sind.

Mittelwert der Peakflächen (Excel-Funktion: «=mittelwert(A_1:A_5)»):

$$\overline{A} = \frac{\sum\limits_{i=1}^{5} A_i}{N} \tag{Gl. 5.4.47}$$

Standardabweichung s_x (Excel-Funktion: «=stabw(A_1:A_5)»):

$$s_x = \sqrt{\frac{\sum\limits_{i=1}^{5} (A_i - \overline{A})^2}{N-1}} \tag{Gl. 5.4.48}$$

Variationskoeffizient *VK:*

$$VK = \frac{s_x}{\overline{A}} \cdot 100\% \tag{Gl. 5.4.49}$$

Tabelle 5.12 Lösung zu Tabelle 5.11

Kalibrierlösung Nr.	Peakfläche in counts	Mittelwert A	Standardabw. s_x	Variationskoeff. VK in %
1	34987			
1	34513			
1	34299			
1	35238			
1	34761	34759,6	372,0	1,070
2	89212			
2	91571			
2	91992			
2	90226			
2	89909	90582,0	1164,3	1,285
3	142997			
3	142903			
3	141983			
3	140310			
3	140092	141657,0	1389,1	0,981

Die Berechnung der Variationskoeffizienten zeigt, dass für die erste und dritte Kalibrierlösung die Variationskoeffizienten in der Toleranz liegen. Die zweite Kalibrierlösung liegt außerhalb der Toleranzgrenze $VK = 1,2\%$ und sollte zur Fehleranalyse nochmals überprüft werden.

5.5 Chemische Bindungen, Periodensystem der Elemente

5.5.1 Elektronegativität und Beurteilung der Polarität

Zur Beurteilung der Polarität einer Verbindung spielt der Begriff «Elektronegativität» eine wichtige Rolle.

a) Was bedeutet der Begriff «Elektronegativität»?

b) Wie kann man erklären, dass die Verbindung Kohlenstoffdioxid eher unpolar ist?

Lösungsvorschlag

a) Die Elektronegativität, EN, ist ein Maß für die Fähigkeit eines Elements, in einer Bindung das bindende Elektronenpaar zu sich hinzuziehen. Die Elektronegativität lässt sich für jedes Element aus dem Periodensystem der Elemente ablesen. Die Elektronegativität von Fluor, dem elektronegativsten Element, wurde auf EN = 4,0 festgelegt. Somit besitzen alle anderen Elemente eine niedrigere Elektronegativität. In Bindungen berechnet man meist Elektronegativitätsdifferenzen (ΔEN). Je höher der Zahlenwert der Differenz ist, desto polarisierter ist die Bindung, bis hin zum vollständigen Elektronenübergang. Als «Faustregel» gilt:

ΔEN bis 0,4:   vorwiegend **unpolare** Atombindung

ΔEN bis 1,7:   vorwiegend **polare** Atombindung

ΔEN > 1,7:   vorwiegend **ionische** Bindung

b) Die jeweiligen Elektronegativitätsdifferenzen von $\Delta EN = 1{,}0$ (aus $EN(C) = 2{,}5$ und $EN(O) = 3{,}5$) lassen auf polare Atombindungen schließen. Als Gesamtmolekül betrachtet ist die Verbindung allerdings eher unpolar, da das Molekül CO_2 symmetrisch linear aufgebaut ist und sich die einzelnen ΔEN-Werte somit gegenseitig aufheben. Über die Betrachtung der ΔEN-Werte hinaus muss somit auch **immer** die Struktur der Verbindung betrachtet werden.

5.5.2 Radioaktivitätsbegriff: α-, β- und γ-Strahlung

Die Radioaktivität ist ein wichtiges Gebiet in der Naturwissenschaft.

a) Was versteht man unter dem Begriff «Radioaktivität»?

b) In Gl. 5.5.1 und Gl. 5.5.2 sind zwei typische Zerfallsarten aufgeführt. Vervollständigen Sie die Kästchen in dem Schema und geben Sie an, bei welcher Reaktionsgleichung es sich um α- und bei welcher es sich um β-Strahlung handelt.

1)

$$ {}^{A}_{Z}X \rightarrow {}^{A-\square}_{Z-2}Y + {}^{\square}_{\square}He^{2+} \qquad \text{(Gl. 5.5.1)} $$

2)

$$ {}^{A}_{Z}X \rightarrow {}^{A}_{Z+\square}Y + \square \qquad \text{(Gl. 5.5.2)} $$

c) Was versteht man unter γ-Strahlung?

Lösungsvorschlag

a) Der spontane Zerfall eines instabilen Nuklids unter Aussendung von Elementarteilchen, Kernbruchstücken oder elektromagnetischer Strahlung wird als Radioaktivität bezeichnet.

b)

1) In Gl. 5.5.1 handelt es sich um α-*Strahlung*.

$$ {}^{A}_{Z}X \rightarrow {}^{A-4}_{Z-2}Y + {}^{4}_{2}He^{2+} \qquad \text{(Gl. 5.5.1)} $$

2) In Gl. 5.5.2 handelt es sich um β-*Strahlung*.

$$ {}^{A}_{Z}X \rightarrow {}^{A}_{Z+1}Y + 1\ \text{Elektron}\ ({}^{0}_{-1}e) \qquad \text{(Gl. 5.5.2)} $$

c) Die γ-Strahlung ist eine energiereiche elektromagnetische Strahlung, die schwer abschirmbar ist. Da die Anzahl der Nukleonen gleich bleibt, lässt sie sich nicht als Gleichung darstellen. Häufig läuft sie parallel als Begleitstrahl zum α- und β-Zerfall ab.

5.5.3 Aufbau und Begriffe des Periodensystems (PSE)

Im Periodensystem der Elemente (PSE) sind alle derzeit bekannten Elemente aufgeführt.
a) Nach welchem Prinzip sind die Elemente im PSE geordnet?
b) Erläutern Sie die Begriffe «Periode» und «Hauptgruppe».

Lösungsvorschlag

a) Die Elemente sind nach steigender Ordnungszahl von links oben nach rechts unten geordnet.
b) Die senkrechten Spalten im gekürzten Periodensystem (ohne Nebengruppen) bilden die Hauptgruppen. In ihnen befinden sich jeweils Elemente ähnlicher chemischer Eigenschaften, da diese Elemente die gleiche Anzahl an Valenzelektronen besitzen. Es gibt insgesamt 8 Hauptgruppen. Die waagerechten Zeilen im Periodensystem werden als Perioden (bzw. Schalen nach dem Bohr'schen Atommodell) bezeichnet. Es gibt insgesamt 7 Perioden bzw. Schalen. Elemente gleicher Periodennummer besitzen die gleiche Anzahl an Perioden bzw. Schalen.

5.5.4 Identifizieren eines Elementes mittels Ordnungszahl und molarer Masse

Ein Element hat die Ordnungszahl 17 und eine molare Masse von $M = 35{,}5$ g/mol.
Beantworten Sie folgende Fragen, ohne Zuhilfenahme eines Periodensystems.
a) Wie viele Außenelektronen besitzt das Element?
b) In welcher Hauptgruppe und in welcher Periode steht das Element?
c) Um welches Element handelt es sich?

Lösungsvorschlag

a) Das Element besitzt sieben Außenelektronen.
b) Das Element steht in der siebten Hauptgruppe und der dritten Periode.
c) Es handelt sich um das Element Chlor.

5.5.5 Zuordnung von Elementarteilchen

Protonen, Elektronen und Neutronen sind Bestandteile eines Atoms.
a) Ordnen Sie diese Begriffe dem Atomkern und der Atomhülle zu.
b) Welche Ladungen besitzen die einzelnen Teilchen und wie verhalten sich die Massen relativ zueinander?

Lösungsvorschlag

a) Im Atomkern befinden sich die Protonen und Neutronen, in der Atomhülle die Elektronen. Protonen und Neutronen werden auch als Kernbausteine, so genannte Nukleonen, bezeichnet.
b) Protonen besitzen die kleinste elektrisch positive Ladung (+1 e), Elektronen die kleinste elektrisch negative Ladung (–1 e). Neutronen sind elektrisch neutral. Damit das Atom insgesamt neutral ist, müssen die Anzahl an Protonen und Elektronen stets gleich sein. Die Abkürzung «e» steht für Elementarladung. Die Massen von Protonen und Neutronen verhalten sich ungefähr im Verhältnis 1:1 zueinander, die Masse eines Elektrons beträgt im Vergleich dazu nur 1/1836.

5.5.6 Bohr'sches Atommodell

Ein Element besitzt insgesamt 16 Elektronen.

a) Geben Sie ohne Zuhilfenahme des Periodensystems die Besetzung der Schalen nach Bohr an.

b) Wie viele Elektronen wären notwendig, um Edelgaskonfiguration zu erreichen und um welches Element würde es sich dann handeln?

Lösungsvorschlag

a) Nach Bohr finden maximal $2 \cdot n^2$ Elektronen auf einer Schale Platz, sodass sich für das Element folgende Besetzung ergibt:

1. Schale: $2 \cdot 1^2 = 2$ Elektronen
2. Schale: $2 \cdot 2^2 = 8$ Elektronen

Die restlichen 6 Elektronen befinden sich auf der dritten Schale.

b) Zwei Elektronen wären notwendig, um eine «volle Achterschale», also Edelgaskonfiguration, zu erreichen. Es würde sich dann um das Element Argon handeln.

5.5.7 Isotope

Was verstehen Sie unter dem Begriff «Isotop»? Geben Sie ein Beispiel an.

Lösungsvorschlag

Unter einem Isotop versteht man die Nuklide eines Elements, die sich in der Anzahl ihrer Neutronen unterscheiden. Die Anzahl an Protonen und damit auch Elektronen bleibt gleich. Isotope gibt es z.B. von den Elementen Chlor, Kohlenstoff und Wasserstoff.

5.5.8 Unterscheiden von Ionenbindung und polarisierter Atombindung

Erklären Sie die Unterschiede zwischen einer Ionenbindung und einer polarisierten Atombindung am Beispiel der beiden Verbindungen HBr und NaBr.

Lösungsvorschlag

Eine Ionenbindung wird aus einem Metall und einem Nichtmetall gebildet. In diesem Beispiel bildet Natrium das Metall und Brom das Nichtmetall. Bei der polarisierten Atombindung sind die beteiligten Partner beide Nichtmetalle (hier Wasserstoff und Brom).

Soll eine Ionenbindung gebildet werden, muss es zu einem vollständigen Elektronenübergang kommen. Natrium erreicht durch die Abgabe seines einzigen Valenzelektrons Edelgaskonfiguration, Brom erreicht dies durch den anschließenden Einbau dieses Elektrons. Es entstehen geladene Teilchen: das Natrium-Kation und das Bromid-Anion. Sie ordnen sich in einem sog. Ionen- oder Kristallgitter an.

Bei der polarisierten Atombindung werden Elektronen nicht vollständig übertragen, sondern von den beteiligten Partnern gemeinsam in Anspruch genommen, hier Wasserstoff und Brom. Die Partner sind allerdings bei einer polarisierten Atombindung nicht gleichberechtigt. Das gemeinsame bindende Elektronenpaar ist zum Brom, dem elektronegativen Partner, hin verschoben, womit Brom negativ und Wasserstoff positiv polarisiert ist. Die Atome besitzen Teilladungen, die jedoch nicht mit «echten» Ladungen, wie bei einer Ionenbindung, verwechselt werden dürfen.

5.5.9 Ableiten von Eigenschaften der Elemente aus dem Periodensystem

Aus dem Periodensystem sind Tendenzen bestimmter Eigenschaften von Elementen ableitbar.

Vervollständigen Sie dazu bitte Tabelle 5.13.

Tabelle 5.13 Eigenschaften von Elementen

Eigenschaft	Änderung innerhalb einer Periode von links nach rechts	Änderung innerhalb einer Hauptgruppe von oben nach unten
Atomradius		
Elektronegativität		
metallischer Charakter		
molare Masse		
Basizität der Oxide		
Ionisierungsenergie		
Elektronenaffinität		

Lösungsvorschlag

Tabelle 5.14 Lösung zu Tabelle 5.13

Eigenschaft	Änderung innerhalb einer Periode von links nach rechts	Änderung innerhalb einer Hauptgruppe von oben nach unten
Atomradius	Abnahme	Zunahme
Elektronegativität	Zunahme	Abnahme
metallischer Charakter	Abnahme	Zunahme
molare Masse	Zunahme	Zunahme
Basizität der Oxide	Abnahme	Zunahme
Ionisierungsenergie	meist Zunahme	Abnahme
Elektronenaffinität	Zunahme (Ausnahme Edelgase)	Abnahme

5.5.10 Elektronenaffinität und Ionisierungsenergie

Was verstehen Sie unter den Begriffen «Elektronenaffinität» und «Ionisierungsenergie»?

Lösungsvorschlag

Unter der «Elektronenaffinität» versteht man den Energiebetrag, der benötigt oder frei wird, wenn ein Elektron zum Zustandekommen einer Bindung in ein Atom eingebaut wird. Ob Energie frei oder benötigt wird, hängt davon ab, ob das Atom durch den Einbau eines Elektrons einen stabileren Zustand, im günstigsten Fall Edelgaskonfiguration, erreicht.

Die «Ionisierungsenergie» ist der Energiebetrag, der benötigt wird, damit ein Atom für das Zustandekommen einer Bindung ein Elektron abgibt.

5.5.11 Intermolekulare und intramolekulare Bindungen

Bei Bindungsarten wird zwischen intermolekularen und intramolekularen Bindungen unterschieden.

a) Ordnen Sie in diesem Zusammenhang die Begriffe

  – Wasserstoffbrückenbindung,
  – Van-der-Waals-Bindung,
  – Atombindung

  zu.

b) Machen Sie eine Aussage über die Stärke der Bindungen.

Lösungsvorschlag

a) Bei Wasserstoffbrückenbindungen und Van-der-Waals-Bindungen handelt es sich in beiden Fällen um intermolekulare Bindungen, also Bindungen zwischen mindestens zwei Molekülen. Die Atombindung ist ein Beispiel für eine intramolekulare Bindung. Hierbei handelt es sich um eine Bindung innerhalb eines Moleküls.

b) Intermolekulare Bindungen sind schwächer ausgeprägt als Bindungen innerhalb eines Moleküls. Die Wasserstoffbrückenbindung ist im Vergleich zwischen intermolekularen Bindungen stärker als die Van-der-Waals-Bindung. Sie kann nur auftreten, wenn ein Dipolmolekül mit Wasserstoff als beteiligtem Partner vorliegt. Van-der-Waals-Bindungen finden sich auch zwischen unpolaren Molekülen wieder.

5.5.12 Komplexbindungen

Komplexbindungen stellen eine wichtige Bindungsart dar.

a) Erklären Sie in diesem Zusammenhang die Begriffe «Koordinationszahl» und «Zähnigkeit».

b) Was ist das Besondere, wenn Komplexionen in Lösung gebracht werden?

Lösungsvorschlag

a) Die «Koordinationszahl» gibt die Anzahl der direkt an das Zentralatom gebundenen Liganden an und entscheidet somit über den räumlichen Bau des Komplexes. Unter der «Zähnigkeit» versteht man die Anzahl an Elektronenpaaren, die ein Ligand zur Verfügung stellen kann.

b) Komplexionen sind in Lösung praktisch nicht dissoziiert. Gl. 5.5.3 verdeutlicht dies am Beispiel von Kaliumhexacyanoferrat(II).

$$K_4[Fe(CN)_6] \xrightarrow{H_2O} 4\ K^+_{(aq)} + [Fe(CN)_6]^{4-}_{(aq)} \qquad \text{(Gl. 5.5.3)}$$

Das Komplexanion (Hexacyanoferrat(II)) dissoziiert nicht in Eisen- und Cyanidionen, sondern bleibt als vierfach negativ geladenes Anion in wässriger Lösung bestehen.

5.5.13 Metallkomplexe und deren Gehaltsberechnung

Gegeben sei die Komplexverbindung: Natriumtetrachloropalladat(II)

a) Geben Sie die Summenformel der Komplexverbindung an.
b) Für die Schwermetallbestimmung mittels AES sollen 100 mL wässrige Lösung mit 5 mg Palladium hergestellt werden. Wie viel mg Palladium-Komplex muss die Lösung enthalten?
c) Wie viel ppm Palladium sind in 100 mL der wässrigen Lösung enthalten, wenn ϱ(Lösung) = 0,98 g/mL beträgt?

M(Pd) = 106,4 g/mol, M(Na) = 23 g/mol, M(Cl) = 35,5 g/mol

Lösungsvorschlag

a) $Na_2[PdCl_4]$
b) Die Stoffmenge an Palladium (bzw. Pd-Komplex) in V = 100 mL Lösung errechnet sich nach Gl. 5.5.4:

$$n(\text{Pd}) = \frac{m(\text{Pd})}{M(\text{Pd})} \qquad\qquad\qquad \text{(Gl. 5.5.4)}$$

Eingesetzt in Gl. 5.5.4 erhält man:

$$n(\text{Pd}) = \frac{0,005 \text{ g}}{106,4 \text{ g/mol}} = 4,7 \cdot 10^{-5} \text{ mol}$$

Die Masse an benötigtem Pd-Komplex errechnet sich nach Gl. 5.5.5:

$$m(\text{Pd-Komplex}) = 4,7 \cdot 10^{-5} \text{ mol} \cdot 294,4 \text{ g/mol} = 0,0138 \text{ g} = \underline{13,8 \text{ mg}} \quad \text{(Gl. 5.5.5)}$$

c) Gl. 5.5.6 zeigt die Umrechnung des angegebenen Volumens in die Masse.

$$m(\text{Lösung}) = \varrho(\text{Lösung}) \cdot V(\text{Lösung}) \qquad\qquad \text{(Gl. 5.5.6)}$$

Eingesetzt in Gl. 5.5.6, erhält man:

$$m(\text{Lösung}) = 0,98 \text{ g/mL} \cdot 100 \text{ mL} = 98 \text{ g}$$

Die Masse an Palladium in 1000 g Lösung errechnet sich nach Gl. 5.5.7.

$$m(\text{Pd}) = \frac{1000 \text{ g} \cdot 5 \text{ mg}}{98 \text{ g}} = \underline{51 \text{ mg}} \qquad\qquad \text{(Gl. 5.5.7)}$$

Der Palladiumgehalt der wässrigen Lösung beträgt somit 51 ppm.

5.5.14 Benennung von Komplexen

Je nach Art eines Komplexes erfolgt dessen Benennung.

Vervollständigen Sie Tabelle 5.15.

Tabelle 5.15 Benennung von Komplexen

Summenformel	Name	Art des Komplexes
$Na_3[Fe(CN)_6]$	Natrium-hexacyanoferrat(III)	
$[Cu(NH_3)_4]SO_4$		
$[Co(CO)_6]$		neutraler Komplex

Lösungsvorschlag

Tabelle 5.16 Lösung zu Tabelle 5.15

Summenformel	Name	Art des Komplexes
$Na_3[Fe(CN)_6]$	Natrium-hexacyanoferrat(III)	anionischer Komplex
$[Cu(NH_3)_4]SO_4$	Kupfertetr(a)amin(II)-sulfat	kationischer Komplex
$[Co(CO)_6]$	Hexacarbonylcobalt(0)	neutraler Komplex

5.5.15 Elektrostatische Anbindungskräfte bei Metallbindungen

Die Metallbindung ist durch starke elektrostatische Anziehungskräfte zwischen den beteiligten Partnern charakterisiert.

a) Erklären Sie die Bindung unter Verwendung der Begriffe «Atomrumpf» und «Elektronengas».
b) Metalle besitzen darüber hinaus eine gute Wärmeleitfähigkeit sowie die Fähigkeit, den elektrischen Strom zu leiten. Erklären Sie diese Eigenschaften.

Lösungsvorschlag

a) Die Valenzelektronen eines Metalls bilden das sog. Elektronengas, das die zurückgebliebenen Metallkationen (Atomrümpfe) umgibt. Die Atomrümpfe ordnen sich in Form eines regelmäßigen Metallgitters auf festen Plätzen an. Die Valenzelektronen (bzw. das Elektronengas) hingegen sind frei beweglich. Elektronengas und Atomrümpfe haben entgegengesetzte Ladungen, wodurch es zu starken elektrostatischen Anziehungskräften kommt.
b) Die gute Wärmeleitfähigkeit von Metallen beruht auf der guten Übertragung der Schwingungen der Metallkationen mit Hilfe des Elektronengases. Der Grund für die Fähigkeit eines Metalls, den elektrischen Strom zu leiten, liegt in der freien Beweglichkeit der Elektronen.

5.5.16 Atomdarstellung nach Bohr

Bild 5.13 zeigt die Darstellung eines Atoms nach dem Bohr'schen Atommodell

Bild 5.13 Atomdarstellung eines Elements nach Bohr

a) Um welches Element handelt es sich?
b) Geben Sie die allgemeine Formel für die maximale Schalenbesetzung für Elektronen nach Bohr an. Wie viele Elektronen haben somit auf der zweiten Schale Platz?

Lösungsvorschlag

a) Es handelt sich um das Element Sauerstoff.
b) Die allgemeine Formel lautet: $2 \cdot n^2$. Folglich haben auf der zweiten Schale maximal acht Elektronen Platz.

6   Wahlqualifikationen – Aufgaben und Lösungen

6.1 Präparative Chemie, Reaktionstypen und Reaktionsführung

6.1.1 Grignard-Reaktion zur Carbonsäure

Mit welchem Edukt lässt sich über eine Grignard-Reaktion Pentansäure herstellen? Formulieren Sie die Reaktionsgleichungen in allen Einzelschritten, beginnend mit dem benötigten Grignard-Reagenz.

Lösungsvorschlag

Eine Carbonsäure lässt sich nach Gl. 6.1.1 über eine Grignard-Reaktion mit dem stark elektrophil wirkenden Kohlenstoffdioxid (CO_2) darstellen. Die anschließende Hydrolyse führt im sauren Medium zur Carbonsäure. Da Pentansäure hergestellt werden soll und durch das CO_2 ein weiterer Kohlenstoff in die Kohlenstoffkette eingeführt wird, muss mit Butylmagnesiumbromid synthetisiert werden.

(Gl. 6.1.1)

6.1.2 Grignard-Reaktion von Aldehyden

Welche Stoffgruppe entsteht bei einer Grignard-Reaktion mit Aldehyden? Zeigen Sie den Reaktionsmechanismus an einem Beispiel. Wie kann aktiv eingegriffen werden, wenn die Reaktion nicht «anspringt»?

Lösungsvorschlag

Aldehyde werden durch Grignard-Reaktionen zu sekundären Alkoholen synthetisiert (Ausnahme: Formaldehyd führt zu einem primären Alkohol). Dies zeigt das Beispiel mit Ethanal:

(Gl. 6.1.2)

Um einen besseren Start einer Grignard-Reaktion zu ermöglichen, kann die Apparatur leicht erwärmt werden (z.B. mit einem Laborfön). Eine weitere Möglichkeit ist das Animpfen mit ein paar wenigen Iodkristallen. Das Iod ätzt hierbei das Magnesium an. Es entsteht dabei beim Magnesium eine größere Oberfläche.

6.1.3 Durchführung von Grignard-Synthesen

Grignard-Reaktionen sind synthesetechnisch sehr aufwendige Reaktionen. Geben Sie fünf Punkte an, die bei einer Grignard-Synthese zu beachten sind.

Lösungsvorschlag

Folgende Punkte sind zu beachten:

– Wasser und bereits oxidiertes Magnesium erschweren das Anspringen der Reaktion.
– Wenige, kleine Iodkörnchen ätzen das Magnesium zur besseren Reaktivität an.
– Verwendung eines absolut verunreinigungsfreien Lösemittels.
– Magnesiumspäne vor der Reaktion gut im Trockenschrank trocknen.
– Verwendung einer absolut trockenen Apparatur.
– Eine leichte Erwärmung der Apparatur erleichtert den Reaktionsbeginn.
– Da Grignard-Reaktionen häufig sehr heftig reagieren, sollte immer ein Kühlbad bereitgehalten werden.

6.1.4 Strukturisomere von Bromchlorpropan

Geben Sie alle möglichen Strukturisomere der Formel C_3H_6BrCl an. Benennen Sie die Isomere nach IUPAC. Welche Isomere sind optisch aktiv? Begründen Sie Ihre Antwort.

Lösungsvorschlag

Folgende fünf Strukturisomere der Formel C_3H_6BrCl gibt es:

Cl HC—CH₂–CH₃ Br	Cl H₂C–CH–CH₃ Br	Br H₂C–CH–CH₃ Cl
1-Brom-1-chlorpropan	2-Brom-1-chlorpropan	1-Brom-2-chlorpropan

Br H₃C—C—CH₃ Cl	Cl Br H₂C–CH₂–CH₂
2-Brom-2-chlorpropan	1-Brom-3-chlorpropan

Bild 6.1 Strukturisomere von Bromchlorpropan

Optisch aktiv sind Substanzen, die ein chirales C-Atom haben. An diesen C-Atomen sind vier verschiedene Bindungspartner (Liganden) vorhanden. Bei den gesuchten Isomeren sind dies die ersten drei (das C-Atom ist grün gekennzeichnet).

6.1.5 Reaktionen von Halogenalkanen in wässrigem Alkohol

Man löst 2-Brom-2-methylpropan bei ϑ = 25 °C in wässrigem Alkohol. Welche drei Produkte können entstehen?

Lösungsvorschlag

Bei dieser Reaktion konkurrieren S_N1 und E1 miteinander. Das entstehende Carbeniumion kann mit dem Alkohol (Gl. 6.1.3) und dem Wasser (Gl. 6.1.4) über eine S_N1 reagieren. Gl. 6.1.5 zeigt die E1. Bei ϑ = 25 °C wird es wenig E1 geben.

$$\text{(Gl. 6.1.3)}$$

$$\text{(Gl. 6.1.4)}$$

$$\text{(Gl. 6.1.5)}$$

6.1.6 Reaktion von 2-Methylcyclohexanol mit HBr

Bei der Reaktion von 2-Methylcyclohexanol mit HBr erhält man 1-Brom-1-methyl-cyclohexan. Beschreiben Sie die Reaktion in allen Einzelschritten. Wie kommt es zu der Stellung des Broms im Produktmolekül?

Lösungsvorschlag

Die Reaktion findet nach Gl. 6.1.6 wie folgt statt:

$$\text{(Gl. 6.1.6)}$$

Das entstehende sekundäre Carbeniumion wird durch die α-Methylgruppe umgelagert. Es kommt zu einem Hydridshift des noch freien H-Atoms an α-C-Atom. Das entstehende tertiäre Carbeniumion ist deutlich stabiler, sodass das Brom trotz der sterischen Hinderung direkt beim methyltragenden C-Atom bindet (Gl. 6.1.7).

$$\text{(Gl. 6.1.7)}$$

sek. Carbeniumion   tert. Carbeniumion

6.1.7 Reaktion von Tetrabrommethan an Propen

Beschreiben Sie die radikalische Reaktion von Tetrabrommethan an Propen.

Lösungsvorschlag

Die Bindung zwischen Brom und Kohlenstoff im Tetrabrommethan ist schwach und kann somit gut radikalisch angegriffen werden.

Kettenstart (Gl. 6.1.8):

$$Br_3C{-}Br \ + RO\bullet \ \longrightarrow \ ROBr + \ Br_3C\bullet \tag{Gl. 6.1.8}$$

Kettenwachstum (Gl. 6.1.9 … 6.1.10):

 (Gl. 6.1.9)

usw.

Beispiel für den Kettenabbruch (Gl. 6.1.11):

(Gl. 6.1.11)

6.1.8 Gefahrstoffsymbole

Wann finden die angegebenen Gefahrstoffsymbole Anwendung? Was bedeuten die Buchstaben in den Symbolen?

Bild 6.2 Gefahrstoffsymbole

Lösungsvorschlag

Gefahrstoffe müssen mit Gefahrstoffsymbolen gekennzeichnet werden, wenn folgende Eigenschaften zutreffen:

C (ätzend): Wird verwendet, wenn bei Berührung mit der Haut diese in ihrer gesamten Dicke zerstört wird.
Xi (reizend): Hiermit sind Gefahrstoffe zu kennzeichnen, wenn sie nach maximal vierstündiger Einwirkzeit z.B. auf der Haut eine Entzündung (z.B. eine Rötung der Haut) bewirken, die mindestens 24 Stunden anhält, um dann wieder zurückzugehen. Die Wirkung ist somit in Unterscheidung zu «ätzend» eine reversible Körperreaktion.

F+ (hochentzündlich): Dies sind Gefahrstoffe, wenn sie als flüssige Stoffe oder Zubereitungen einen Flammpunkt unter ϑ = 0 °C und einen Siedepunkt von höchstens ϑ = 35 °C haben. Gasförmige Stoffe werden als hochentzündlich eingestuft, wenn sie bei Normalbedingungen bei Luftkontakt entzündlich reagieren.

T (giftig): Giftig sind Gefahrstoffe, wenn sie infolge von Einatmen, Verschlucken oder einer Aufnahme durch die Haut erhebliche akute oder chronische Gesundheitsschäden oder den Tod bewirken können. Wenn bereits sehr geringe Mengen zu erheblichen Gesundheitsschäden bzw. zum Tod führen, kennzeichnet man diese Stoffe mit T+ (sehr giftig)

N (umweltgefährdend): Wenn Gefahrstoffe Wasser, Boden, Luft, Klima, Pflanzen oder Mikroorganismen derart verändern, dass Gefahren für die Umwelt entstehen, wird dieses Gefahrensymbol verwendet.

6.1.9 Kondensreaktionen von Aldehyden

Formulieren Sie folgende Kondensationsreaktionen eines beliebigen Aldehyds.
a) zum Oxim
b) zum Hydrazon
c) zum Phenylhydrazon
d) zum Semicarbazon

Lösungsvorschlag

a) mit Hydroxylamin entstehen Oxime (Gl. 6.1.12):

b) nach Gl. 6.1.13 entstehen Hydrazone aus Hydrazin:

c) mit Phenylhydrazin entstehen Phenylhydrazone: (Gl. 6.1.14)

d) Gl. 6.1.15 zeigt die Reaktion mit Semicarbazid zu Semicarbazone:

6.1.10 Primäre, sekundäre und tertiäre Amine

Eine wichtige Stoffgruppe in der organischen Chemie sind die Amine.
a) Geben Sie die allgemeine Formel für primäre, sekundäre und tertiäre Amine an.
b) Wie unterscheiden sich primäre, sekundäre und tertiäre acyclische Amine in ihren Reaktionen mit salpetriger Säure?
c) Geben Sie ein Beispiel für ein primäres Diamin an.
d) Vergleichen Sie aliphatische und aromatische Amine bezüglich ihres basischen Charakters jeweils mit Ammoniak.

Lösungsvorschlag

a) prim. Amin   sek. Amin   tert. Amin

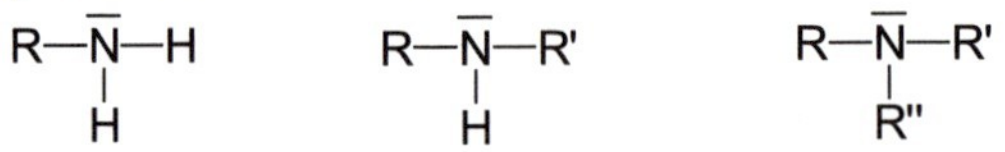

$$R-\overset{\mid}{\underset{\mid}{N}}-H \qquad R-\overset{\mid}{\underset{\mid}{N}}-R' \qquad R-\overset{\mid}{\underset{\mid}{N}}-R'$$
$$\quad\;\; H \qquad\qquad\quad H \qquad\qquad\quad R''$$

Bild 6.3 Strukturformel von primären, sekundären und tertiären Aminen

b) Primäre Amine bilden unter Stickstoffabspaltung Alkohol und Wasser

$$C_2H_5NH_2 \;+\; HONO \;\longrightarrow\; C_2H_5OH \;+\; H_2O \;+\; N_2 \qquad \text{(Gl. 6.1.16)}$$

Sekundäre Amine bilden nach Gl. 6.1.17 Nitrosamine

$$(C_2H_5)_2NH \;+\; HONO \;\longrightarrow\; (C_2H_5)_2N-NO \;+\; H_2O \qquad \text{(Gl. 6.1.17)}$$

Tertiäre Amine reagieren nicht mit salpetriger Säure.

c) Ein primäres Diamin enthält zwei primäre Aminogruppen.

Beispiel: Hexamethylendiamin, $H_2N-(CH_2)_6-NH_2$.

d) Aufgrund der schwach elektronenabstoßenden Wirkung der Alkylgruppen sind aliphatische Amine stärker basisch als Ammoniak. Aromatische Amine (wie z.B. Anilin) sind deutlich schwächere Basen.

6.1.11 Herstellen von α-Aminosäuren aus Aldehyden

α-Aminosäuren können aus Aldehyden hergestellt werden.
a) Geben Sie eine allgemeine Reaktionsgleichung an.
b) Was ist eine Peptidbindung und wie bildet sie sich aus? Warum ist die Peptidbindung so stabil?

Lösungsvorschlag

a) Bei der Reaktion von Aldehyden mit HCN entstehen Cyanhydrine (Gl. 6.1.18). Lässt man diese mit Ammoniak reagieren, entstehen nach anschließender Verseifung die α-Aminosäuren.

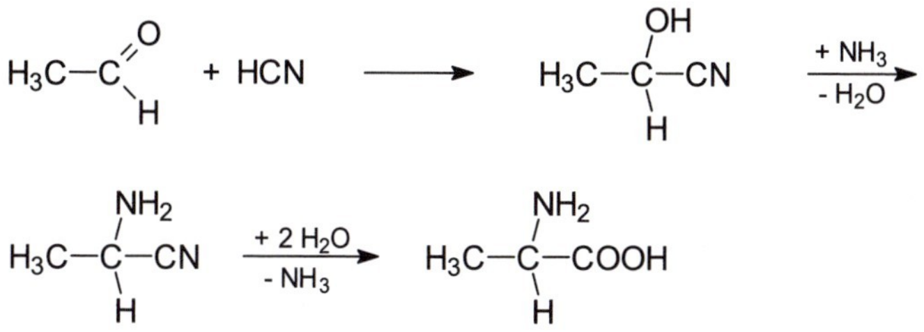

(Gl. 6.1.18)

b) Die allgemeine Formel für die Peptidbindung ist:

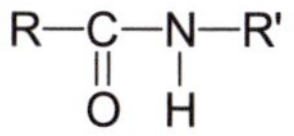

Bild 6.4 Peptidbindung

Aminosäuren sind amphotere Verbindungen, d.h., sie reagieren sowohl basisch als auch sauer, da sie sowohl eine Carboxylgruppe (sauer) als auch eine Aminogruppe (basisch) im Molekül haben. Reagiert nun die NH_2-Gruppe mit der COOH-Gruppe einer anderen Aminosäure entsteht die Peptidbindung (Gl. 6.1.19). Kennzeichnend für diese Reaktion ist, dass der amphotere Charakter im Produkt erhalten bleibt.

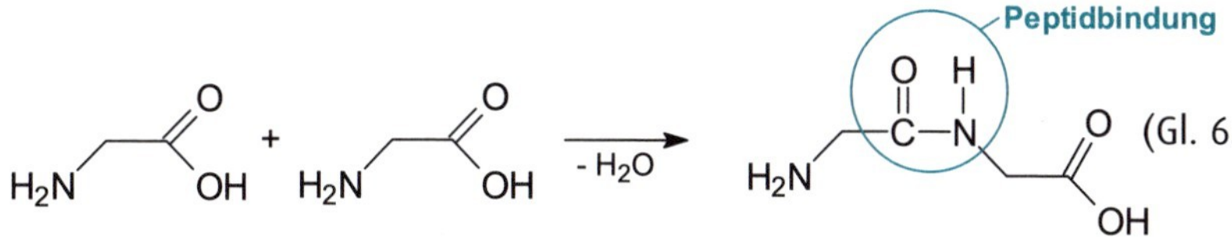

(Gl. 6.1.19)

Die Peptidbindung stabilisiert sich durch die Keto-Enol-Tautomerie.

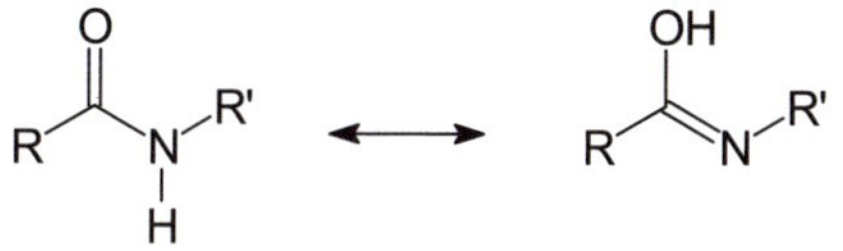

(Gl. 6.1.20)

6.1.12 Herstellen von Essigsäureethylester aus Ethanol

Ester sind eine wichtige Verbindungsklasse.

a) Geben Sie die Bildungsreaktion von Essigsäureethylester aus Ethanol an.
b) Wie kann die Ausbeute bei dieser Reaktion erhöht werden?
c) Warum gibt man bei Veresterungen häufig Schwefelsäure zu?

Lösungsvorschlag

a) Essigsäureethylester bildet sich aus Ethanol und Essigsäure (Gl. 6.1.21):

$$\text{—}\diagup^{\text{OH}} + H_3C\text{—}C\diagup_{\text{OH}}^{\text{O}} \rightleftharpoons H_3C\text{—}C\diagup_{\text{O—}C_2H_5}^{\text{O}} + H_2O$$

(Gl. 6.1.21)

b) Die Reaktion folgt dem Massenwirkungsgesetz. Zwischen den Reaktionspartnern «Säure + Alkohol» und den Produkten «Ester + Wasser» stellt sich ein Gleichgewicht ein. Dieses Gleichgewicht kann in Richtung des Esters verschoben werden, wenn man eines der Edukte im Überschuss einsetzt oder eines der Produkte aus dem Reaktionsgemisch entfernt: z.B. durch wasserbindende Substanzen, durch abdestillieren oder mit Hilfe eines in die Apparatur eingebauten Wasserabscheiders.

c) Schwefelsäure liefert H^+-Ionen. Diese beschleunigen die Reaktion katalytisch. Da Schwefelsäure hygroskopisch ist, bindet sie außerdem einen Teil des bei der Esterreaktion entstehenden Wassers.

6.1.13 Herstellen von Säurechlorid, Säureamid, Säureanhydrid und Ester

Geben Sie eine Reaktionsgleichung zur Herstellung folgender Verbindungen an:

a) Säurechlorid
b) Säureamid
c) Säureanhydrid
d) Ester

Lösungsvorschlag

Folgende Reaktionen (Gl. 6.1.22...6.1.25) sind u.a. möglich:

a)

$$3\ R\text{—}C\diagup_{\text{OH}}^{\text{O}} + PCl_3 \longrightarrow 3\ R\text{—}C\diagup_{\text{Cl}}^{\text{O}} + H_3PO_3$$

(Gl. 6.1.22)

b)

$$R\text{—}C\diagup_{\text{Cl}}^{\text{O}} + 2\ NH_3 \longrightarrow R\text{—}C\diagup_{\text{NH}_2}^{\text{O}} + NH_4Cl$$

(Gl. 6.1.23)

c)

$$R\text{—}C\diagup_{\text{Cl}}^{\text{O}} + R'\text{—}C\diagup_{\text{O—Na}}^{\text{O}} \longrightarrow \begin{array}{c} R\text{—}C\diagup^{\text{O}} \\ R'\text{—}C\diagup_{\text{O}}^{\text{O}} \end{array}\ O + NaCl$$

(Gl. 6.1.24)

d)

$$R\text{—}C\diagup_{\text{Cl}}^{\text{O}} + R'\text{—}O\text{—Na} \longrightarrow R\text{—}C\diagup_{\text{O—R'}}^{\text{O}} + NaCl$$

(Gl. 6.1.25)

Zusätzlich kann ein Ester auch klassisch durch die Veresterung von Carbonsäuren mit Alkoholen gebildet werden.

6.1.14 Herstellen von Nitrilen

Nitrile sind eine Stoffklasse in der organischen Chemie.
a) Geben Sie eine allgemeine Formel für Nitrile an.
b) Geben Sie zwei Herstellungswege für Acetonitril an.

Lösungsvorschlag

a) Nitrile haben folgende allgemeine Formel:

$$R-C\equiv N \qquad\qquad\qquad\qquad (Gl.\ 6.1.26)$$

b) durch Reaktion von einem Halogenalkan mit KCN (Gl. 6.1.27):

$$H_3C-Cl \;+\; KCN \;\longrightarrow\; H_3C-C\equiv N \;+\; KCl \qquad (Gl.\ 6.1.27)$$

nach Gl. 6.1.28 durch Wasserabspaltung aus Säureamiden mit Phosphorpentoxid:

$$H_3C-C\!\!\begin{array}{c}O\\ \diagup\\ \diagdown NH_2\end{array} \xrightarrow{\;P_2O_5\;} H_3C-C\equiv N \;+\; H_2O \qquad (Gl.\ 6.1.28)$$

6.1.15 Erstsubstitutionsreaktionen am Benzol

Stellen Sie für die folgenden Substanzen, ausgehend vom Benzol, die Reaktionsgleichung auf.

a)

b)

c)

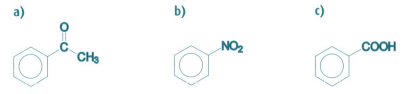

Bild 6.5 Zielsubstanzen

Lösungsvorschlag

a) mit Acetylchlorid (Gl. 6.1.29)

$$(Gl.\ 6.1.29)$$

b) mit Salpetersäure (Gl. 6.1.30)

$$\bigcirc \;+\; HNO_3 \;\xrightarrow{\;H_2SO_4\;}\; \bigcirc\!\!-NO_2 \;+\; H_2O \qquad (Gl.\ 6.1.30)$$

c) mit Chlormethan (Gl. 6.1.31)

$$\bigcirc \;+\; CH_3Cl \;\xrightarrow[-\,HCl]{\;AlCl_3\;}\; \bigcirc\!\!-CH_3 \;\xrightarrow[-\,H_2O]{\;O_2\;}\; \bigcirc\!\!-COOH \qquad (Gl.\ 6.1.31)$$

6.1.16 Hydrolyse von Benzylchlorid, Benzalchlorid und Benzotrichlorid

Stellen Sie die Reaktionsgleichung der Hydrolyse von
a) Benzylchlorid,
b) Benzalchlorid,
c) Benzotrichlorid
auf und benennen Sie die jeweiligen Produkte.

Lösungsvorschlag

a) Bei der Hydrolyse von Benzylchlorid entsteht Benzylalkohol:

$$\text{C}_6\text{H}_5\text{CH}_2\text{Cl} + \text{H}_2\text{O} \longrightarrow \text{C}_6\text{H}_5\text{CH}_2\text{OH} + \text{HCl} \qquad \text{(Gl. 6.1.32)}$$

b) Bei der Hydrolyse von Benzalchlorid entsteht Benzaldehyd:

$$\text{C}_6\text{H}_5\text{CHCl}_2 + \text{H}_2\text{O} \longrightarrow \text{C}_6\text{H}_5\text{CHO} + 2\,\text{HCl} \qquad \text{(Gl. 6.1.33)}$$

c) Bei der Hydrolyse von Benzotrichlorid entsteht Benzoesäure:

$$\text{C}_6\text{H}_5\text{CCl}_3 + 2\,\text{H}_2\text{O} \longrightarrow \text{C}_6\text{H}_5\text{COOH} + 3\,\text{HCl} \qquad \text{(Gl. 6.1.34)}$$

6.1.17 Umgang mit organischen Lösemitteln

Einige organische Lösemittel (z.B. Diethylether) enthalten bei entsprechender Lagerung durch Autoxidation entstehende Peroxide (bzw. Hydroperoxide).
a) Wie wird im Labor die Anwesenheit von Peroxid in Diethylether geprüft?
b) Welche Gefahr droht beim Umgang mit peroxidhaltigem Diethylether?
c) Welche Maßnahmen sind zu treffen damit der Diethylether weiterhin peroxidfrei vorliegt?

Lösungsvorschlag

a) Bei peroxidhaltigem Ether wird durch Zugabe von Kaliumiodidlösung Iod freigesetzt. Dieses Iod wird mit einer frisch angesetzten Stärkelösung nachgewiesen.
b) Schon beim leichten Erwärmen können die Peroxide explosionsartig zerfallen. Hier ist besonders beim Destillieren darauf zu achten, das Etherperoxide weniger flüchtig als der reine Ether ist und sich somit im Destillationsrückstand (Sumpf) anreichern.
c) Eine gute Maßnahme gegen die Autoxidation ist die Lagerung des Ethers über Kupferspänen bzw. Behandlung mit einer gesättigten Eisen(II)sulfat-Lösung.

6.1.18 Eliminierungsreaktionen

3,3-Dimethylbutan-2-ol wird mit Schwefelsäure zur Reaktion gebracht.
a) Formulieren Sie die Reaktionsgleichung und benennen Sie den Reaktionstyp und das Endprodukt.
b) Was können Sie beobachten, wenn Ihr Endprodukt mit Brom reagiert. Stellen Sie hier ebenfalls die Reaktionsgleichung auf und benennen Sie den Reaktionstyp.

Lösungsvorschlag

a) Der sekundäre Alkohol wird von der Schwefelsäure eliminiert. Es entsteht 3,3-Dimethylbuten.

(Gl. 6.1.35)

b) Bei dieser elektrophilen Addition wird nach Gl. 6.1.36 das Brom entfärbt. Diese Reaktion ist ein einfacher Nachweis für Mehrfachkohlenstoffbindungen.

(Gl. 6.1.36)

6.1.19 Reaktion von Benzol mit Halogenalkanen

Benzol reagiert mit 2-Chlor-2-methylpropan in Gegenwart von $AlCl_3$.
Beschreiben Sie den Reaktionsmechanismus und benennen Sie das Endprodukt.

Lösungsvorschlag

Bei dieser Reaktion entsteht (1,1-Dimethylethyl)-benzol [bzw. *tert*-Butylbenzol] (Gl. 6.1.37 und 6.1.38).

(Gl. 6.1.37)

(Gl. 6.1.38)

6.1.20 Dirigierende Wirkung von Substituenten am Benzolring

Die folgenden Substanzen sollen mononitriert werden.
Welche Hauptprodukte sind zu erwarten? Begründen Sie Ihre Antwort.

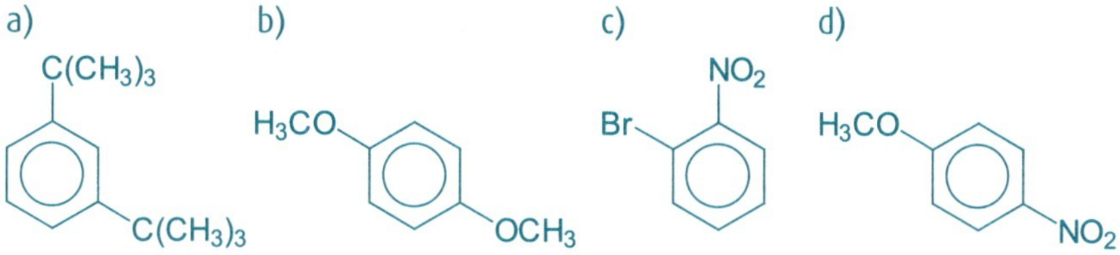

a)   b)   c)   d)

Bild 6.6

Lösungsvorschlag

a) Hier dirigieren beide Substituenten jeweils nach ortho und para und überlagern sich somit.

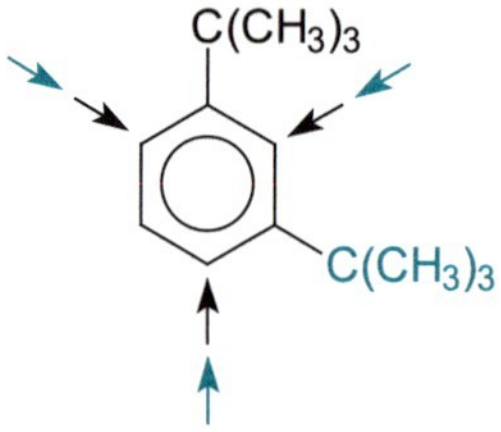

Bild 6.7

Da die ortho-Stellung zwischen den beiden Substituenten sterisch gehindert ist und die beiden übrigen Stellungen sterisch gleich sind, entsteht folgendes Hauptprodukt:

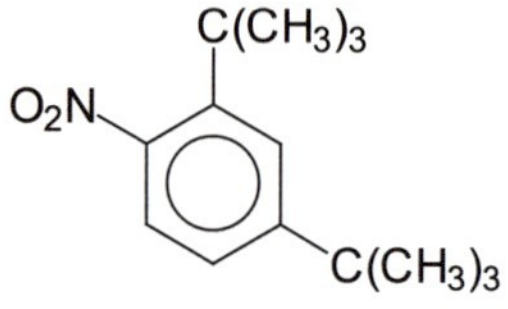

Bild 6.8

b) Beide Gruppen dirigieren nach meta.

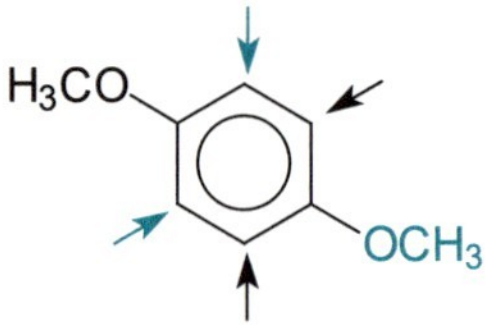

Bild 6.9

Da alle Stellen sterisch gleich sind, entsteht folgendes Produkt:

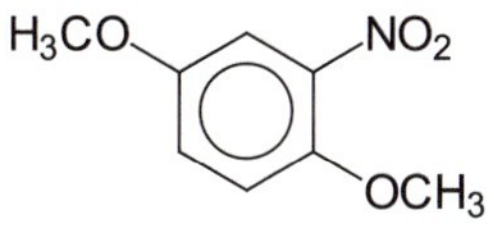

Bild 6.10

c) Brom dirigiert nach ortho und para. Die Nitrogruppe dirigiert nach meta.

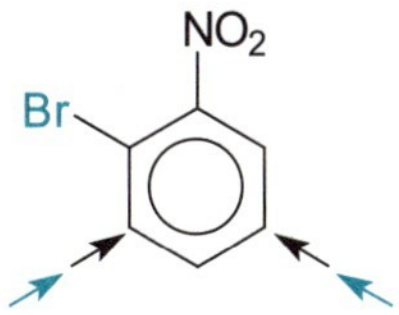

Bild 6.11

Da die ortho-Stellung neben dem Brom sterisch gehindert ist, entsteht folgendes Hauptprodukt:

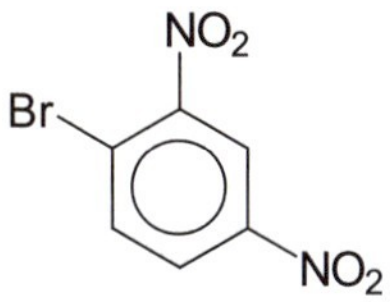

Bild 6.12

d) Die Nitrogruppe dirigiert nach meta und die Methoxygruppe nach ortho und para.

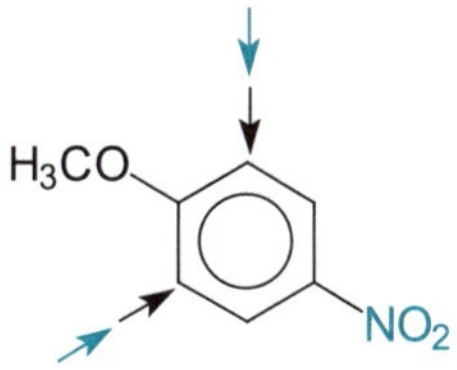

Bild 6.13

Da beide Stellungen sterisch gleich sind, entsteht nahezu ausschließlich das folgende Produkt:

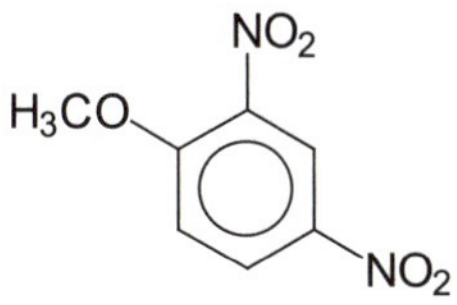

Bild 6.14

6.1.21 Elektrophile Zweitsubstitutionsreaktionen

Welches Produkt (welche Produkte) werden bei folgenden elektrophilen Substitutionsreaktionen vorwiegend gebildet?

a)

$N(CH_3)_2$

$H_3C-\overset{\overset{\displaystyle O}{\|}}{C}-Cl$ + AlCl$_3$ ⟶

b)

$\overset{\displaystyle O}{\underset{}{\diagdown}}C\diagup CH_2CH_3$

HNO$_3$ + H$_2$SO$_4$ ⟶

c)

$H_3C-\overset{\overset{\displaystyle H}{|}}{C}-CH_3$

SO$_3$ + H$_2$SO$_4$ ⟶

d)

Cl

Br$_2$ + Fe ⟶

e)

$O\diagup CH_3$

ClSO$_3$H ⟶

Lösungsvorschlag

Folgende Produkte entstehen (sind ortho- und para-Produkte möglich, entsteht aufgrund der sterischen Einflüsse meist das para-Produkt):

a) Substituent 1. Ordnung, daher (Gl. 6.1.39):

$N(CH_3)_2$

$H_3C-\overset{\overset{\displaystyle O}{\|}}{C}-Cl$ + AlCl$_3$ ⟶

$\Big[$ $N(CH_3)_2$ ... $\overset{O}{\underset{CH_3}{\diagup}}C$ + $H_3C-\overset{O}{\underset{}{\diagdown}}C$ ... $N(CH_3)_2$ $\Big]$ (Gl. 6.1.39)

b) Substituent 2. Ordnung, daher (Gl. 6.1.40):

$\overset{\displaystyle O}{\underset{}{\diagdown}}C\diagup CH_2CH_3$

HNO$_3$ + H$_2$SO$_4$ ⟶

$\overset{\displaystyle O}{\underset{}{\diagdown}}C\diagup CH_2CH_3$ ... NO$_2$ (Gl. 6.1.40)

c) Substituent 1. Ordnung, daher (Gl. 6.1.41):

(Gl. 6.1.41)

d) Substituent 1. Ordnung, daher (Gl. 6.1.42):

(Gl. 6.1.42)

e) Substituent 1. Ordnung, daher (Gl. 6.1.43):

(Gl. 6.1.43)

6.1.22 Reaktionstypen bei gegebenem Edukt und Produkt

Kreuzen Sie in Tabelle 6.1 für die gegebenen Edukte den notwendigen Reaktionstyp an, um zum jeweiligen Produkt zu kommen:

Tabelle 6.1

Edukt	nucleophile Substitution	elektrophile Substitution	radikalische Substitution	Eliminierung	elektrophile Addition	Produkt
(Benzolring)						(Benzolring)–COR
(Benzolring)–CH_3						(Benzolring)–CH_2Cl
C_4H_8						C_4H_9Cl
C_2H_5OH						C_2H_4
(Benzolring)–$\overset{\oplus}{N_2}$						(Benzolring)–N=N–(Benzolring)

Lösungsvorschlag

Tabelle 6.2 Lösung zu Tabelle 6.1

Edukt	nucleophile Substitution	elektrophile Substitution	radikalische Substitution	Eliminierung	elektrophile Addition	Produkt
 (Benzolring)		X				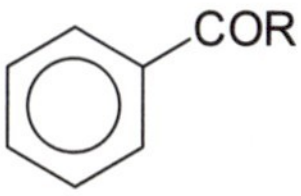 (Benzolring) COR
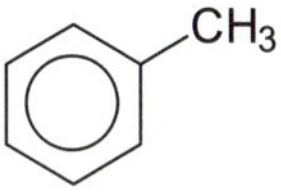 (Benzolring) CH_3			X			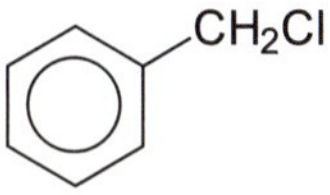 (Benzolring) CH_2Cl
C_4H_8					X	C_4H_9Cl
C_2H_5OH				X		C_2H_4
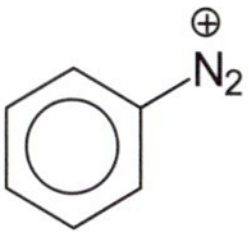 (Benzolring) $\overset{\oplus}{N_2}$	X					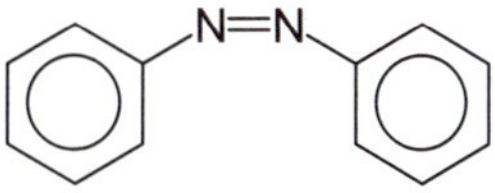 (Benzolring) N=N (Benzolring)

6.1.23 Reaktion vom Benzol zum Benzylalkohol

Ergänzen Sie die nachfolgende Reaktionsgleichung und benennen Sie das entstehende Produkt:

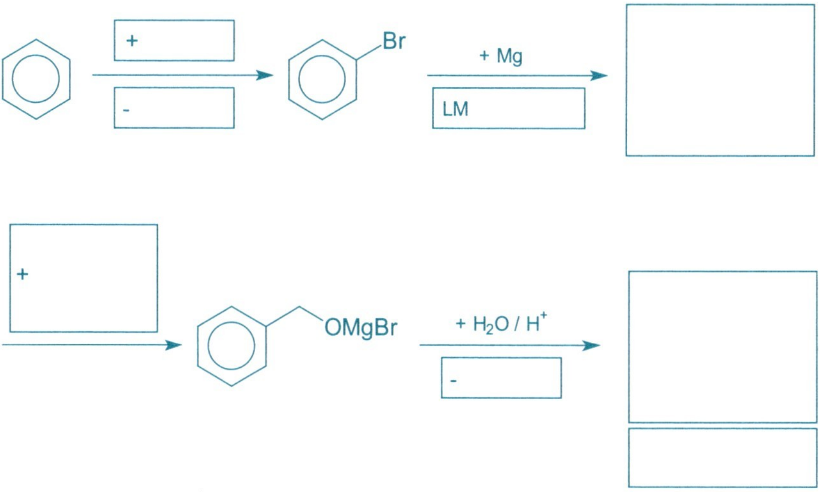

Bild 6.15

Lösungsvorschlag

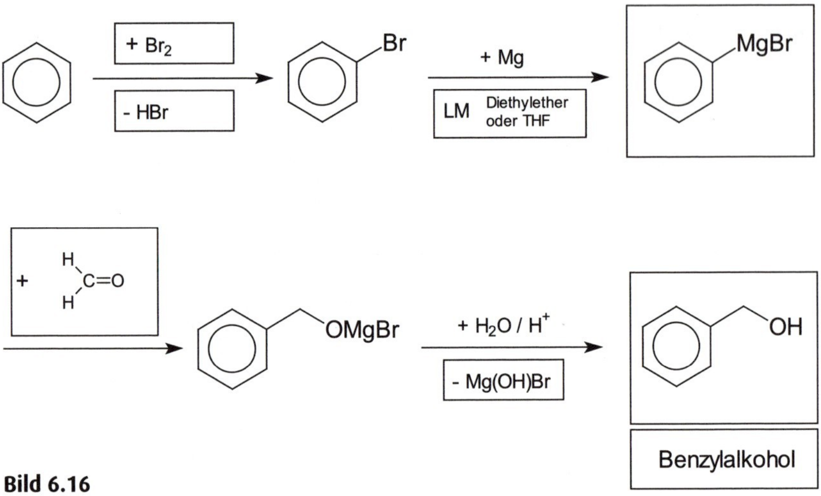

Bild 6.16

6.1.24 Erst- und Zweitsubstitution am Benzolring

Wie kann die folgende Verbindung mit hohen Ausbeuten aus Benzol hergestellt werden?

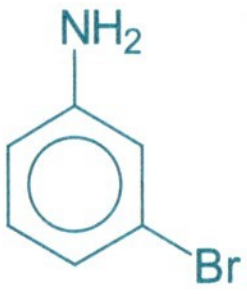

Bild 6.17

Lösungsvorschlag

Beide Substituenten dirigieren nicht in die *meta*-Stellung. Daher erfolgt die Reaktion nach Gl. 6.1.44 über die Einführung der Nitrogruppe. Diese wird nach erfolgter Monobromierung dann im letzten Reaktionsschritt zur Aminogruppe reduziert.

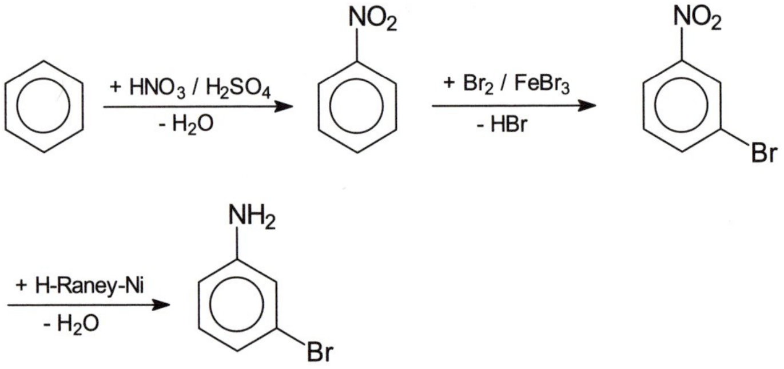

(Gl. 6.1.44)

6.1.25 Reaktion von Bromethan mit Brombenzol bei Anwesenheit von Natrium

Welche Produkte entstehen bei der Reaktion von Bromethan und Brombenzol bei Anwesenheit von Natrium? Wie lautet der Reaktionstyp?

Lösungsvorschlag

Die Reaktion ist eine Wurtz-Fittig-Synthese. Die Reaktionsgleichung von Bromethan mit Brombenzol lautet:

$$\text{(Gl. 6.1.45)}$$

Die Edukte können aber auch untereinander reagieren, so dass die folgenden Reaktionen ebenso stattfinden:

$$\text{(Gl. 6.1.46)}$$

$$\text{(Gl. 6.1.47)}$$

6.1.26 Ausbeuteberechnung am Beispiel einer Nitrierung

Wie viel Gramm Nitrobenzol können maximal synthetisiert werden, wenn man $m = 24{,}5$ g Benzol mit Nitriersäure (H_2SO_4 / HNO_3) reagieren lässt?
Berechnen Sie die auf das eingesetzte Benzol bezogene Ausbeute, wenn tatsächlich $m = 25{,}03$ g Nitrobenzol entstanden sind.

Lösungsvorschlag

Die Reaktionsgleichung lautet:

$$\text{(Gl. 6.1.48)}$$

Aus 1 Mol Benzol kann somit 1 Mol Nitrobenzol entstehen. Die Molaren Massen sind:

$M(\text{Benzol}) = 78$ g/mol
$M(\text{Nitrobenzol}) = 123$ g/mol

a) Theoretische Ausbeute:
   Die theoretisch maximal erreichbare Ausbeute wird mit den folgenden Gleichungen errechnet:

$$n(\text{Benzol}) = \frac{m(\text{Benzol})}{M(\text{Benzol})} = \frac{24{,}5\,\text{g}}{78\,\text{g/mol}} = 0{,}3141\,\text{mol} \qquad \text{(Gl. 6.1.49)}$$

$$n(\text{Benzol}) = n(\text{Nitrobenzol}) = 0,3141 \text{ mol} \qquad \text{(Gl. 6.1.50)}$$

$$m(\text{Nitrobenzol}) = n(\text{Nitrobenzol}) \cdot M(\text{Nitrobenzol})$$
$$= 0,3141 \text{ mol} \cdot 123 \text{ g/mol} = 38,63 \text{ g} \qquad \text{(Gl. 6.1.51)}$$

$$m(\text{Nitrobenzol})_{\text{theoretisch}} = \underline{38,6 \text{ g}}$$

b) Ausbeute:
   Die tatsächliche Ausbeute berechnet sich nach Gl. 6.1.52 als Quotient der praktisch tatsächlich erzielten Ausbeute mit der theoretischen Ausbeute:

$$\eta = \frac{m(\text{Nitrobenzol})_{\text{praktisch}}}{m(\text{Nitrobenzol})_{\text{theoretisch}}} = \frac{25,03 \text{ g}}{38,63 \text{ g}} = \underline{64,8 \text{ \%}} \qquad \text{(Gl. 6.1.52)}$$

c) Alternativer Rechenweg für die theoretische Ausbeute:
   Da nach der aufgestellten Reaktionsgleichung aus
   1 Mol Benzol mit $M(\text{Benzol}) = 78$ g/mol maximal
   1 Mol Nitrobenzol mit $M(\text{Nitrobenzol}) = 123$ g/mol entstehen kann,
   gilt auch folgendes Verhältnis:
   Aus 78 g Benzol entstehen maximal 123 g Nitrobenzol.
   Aus 24,5 g Benzol können maximal x g Nitrobenzol entstehen.
   Daraus ergibt sich mit Gl. 6.1.53 ebenfalls die theoretische Ausbeute:

$$x = \frac{24,5 \text{ g} \cdot 123 \text{ g}}{78 \text{ g}} = \underline{38,6 \text{ g}}. \qquad \text{(Gl. 6.1.53)}$$

6.1.27 Ausbeuteberechnung am Beispiel einer Bromierung

Propen reagiert mit $m = 73,5$ g Brom (Br_2). Bei der Umsetzung zu 1,2-Dibrompropan gingen $w = 11,2\%$ des Broms verloren.

Berechnen Sie die synthetisierte Menge an 1,2-Dibrompropan.
$M(Br_2) = 159,8$ g/mol; $M(\text{1,2-Dibrompropan}) = 201,8$ g/mol.

Lösungsvorschlag
Die Reaktionsgleichung für diese Reaktion lautet:

$$\text{(Gl. 6.1.54)}$$

Aus 1 Mol Brom kann somit 1 Mol 1,2-Dibrompropan entstehen.

a) Theoretische Ausbeute:
   Die theoretisch maximal erreichbare Ausbeute wird mit den folgenden Gleichungen errechnet (Gl. 6.1.55...6.1.57):

$$n(Br_2) = \frac{m(Br_2)}{M(Br_2)} = \frac{73,5 \text{ g}}{159,8 \text{ g/mol}} = 0,4599 \text{ mol} \qquad \text{(Gl. 6.1.55)}$$

$$n(Br_2) = n(\text{1,2-Dibrombenzol}) = 0,4599 \text{ mol} \qquad \text{(Gl. 6.1.56)}$$

$$m(\text{1,2-Dibrombenzol}) = n(\text{1,2-Dibrombenzol}) \cdot M(\text{1,2-Dibrombenzol}) \quad \text{(Gl. 6.1.57)}$$
$$= 0,4599 \text{ mol} \cdot 201,8 \text{ g/mol} = 92,82 \text{ g}$$

$$m(\text{1,2-Dibrombenzol})_{\text{theoretisch}} = \underline{92,8 \text{ g}}$$

b) Ausbeute:

Die Ausbeute berechnet sich wiederum nach Gl. 6.1.58:

$$m(\text{1,2-Dibrombenzol})_{\text{praktisch}} = \eta \cdot m(\text{1,2-Dibrombenzol})_{\text{theoretisch}}$$
$$= (1 - 0,112) \cdot 92,82 \text{ g} = \underline{82,4 \text{ g}}. \quad \text{(Gl. 6.1.58)}$$

c) Alternativer Rechenweg:

Da vom Brom 11,2% verlorengehen, reagieren tatsächlich nur 88,8% des eingesetzten Broms:

$$m(\text{Br}_2) = 73,5 \text{ g} \cdot 0,888 = \underline{65,27 \text{ g}}$$

Nach der aufgestellten Reaktionsgleichung können aus
1 Mol Br_2 mit $M(\text{Br}_2)$ = 159,8 g/mol maximal
1 Mol 1,2-Dibrompropan mit $M(\text{1,2-Dibrompropan})$ = 201,8 g/mol entstehen:

Aus 159,8 g Br_2 entstehen maximal 201,8 g 1,2-Dibrompropan.
Aus 65,27 g Br_2 können maximal x g 1,2-Dibrompropan entstehen.
Daraus ergibt sich nach Gl. 6.1.59 ebenfalls die theoretische Ausbeute:

$$x = \frac{65,27 \text{ g} \cdot 201,8 \text{ g}}{159,8 \text{ g}} = \underline{82,4 \text{ g}} \quad \text{(Gl. 6.1.59)}$$

6.1.28 Ausbeuteberechnung am Beispiel einer Acetylierung

Acetylchlorid entsteht aus konzentrierter Essigsäure und m = 35,3 g Phosphortrichlorid nach folgender Reaktionsgleichung:

$$3 \text{ H}_3\text{C}-\overset{\displaystyle O}{\underset{\displaystyle OH}{C}} \;+\; \text{PCl}_3 \;\longrightarrow\; 3 \text{ H}_3\text{C}-\overset{\displaystyle O}{\underset{\displaystyle Cl}{C}} \;+\; \text{H}_3\text{PO}_3 \quad \text{(Gl. 6.1.60)}$$

Wie ist die Ausbeute, bezogen auf Phosphortrichlorid, wenn tatsächlich m = 55,3 g Acetylchlorid entstanden sind.
$M(\text{PCl}_3)$ = 137,4 g/mol; $M(\text{Acetylchlorid})$ = 78,5 g/mol.

Lösungsvorschlag

Der Reaktionsgleichung kann man entnehmen, dass aus 1 Mol Phosphortrichlorid maximal 3 Mol Acetylchlorid entstehen können.

a) Theoretische Ausbeute:

Die theoretische Ausbeute berechnet man mit Gl. 6.1.61...6.1.63.

$$n(\text{PCl}_3) = \frac{m(\text{PCl}_3)}{M(\text{PCl}_3)} = \frac{35,3 \text{ g}}{137,4 \text{ g/mol}} = 0,2569 \text{ mol} \quad \text{(Gl. 6.1.61)}$$

$$n(\text{Acetylchlorid}) = 3 \cdot n(\text{PCl}_3) = 0,7707 \text{ mol} \quad \text{(Gl. 6.1.62)}$$

$$m(\text{Acetylchlorid}) = n(\text{Acetylchlorid}) \cdot M(\text{Acetylchlorid})$$
$$= 0{,}7707 \text{ mol} \cdot 78{,}5 \text{ g/mol} = 60{,}5 \text{ g} \qquad \text{(Gl. 6.1.63)}$$

$$m(\text{Acetylchlorid})_{\text{theoretisch}} = \underline{60{,}5 \text{ g}}$$

b) Ausbeute:

Gl. 6.1.64 zeigt die Berechnung der Ausbeute:

$$\eta = \frac{m(\text{Acetylchlorid})_{\text{praktisch}}}{m(\text{Acetylchlorid})_{\text{theoretisch}}} = \frac{55{,}3 \text{ g}}{60{,}5 \text{ g}} = \underline{91{,}4 \text{ \%}}. \qquad \text{(Gl. 6.1.64)}$$

c) Alternativer Rechenweg für die theoretische Ausbeute:

Aus 137,4 g PCl_3 entstehen maximal $3 \cdot 78{,}5$ g = 235,5 g Acetylchlorid.

Aus 35,3 g PCl_3 können maximal x g Acetylchlorid entstehen.

Diese Überlegung führt zu Gl. 6.1.65:

$$x = \frac{35{,}3 \text{ g} \cdot 235{,}5 \text{ g}}{137{,}4 \text{ g}} = \underline{60{,}5 \text{ g}} \qquad \text{(Gl. 6.1.65)}$$

6.1.29 Berechnung der Edukteinsatzmengen bei einer gegebenen Analogvorschrift am Beispiel der Synthese von Salicylsäuremethylester

Gegeben ist folgende Analogvorschrift:

Darstellung von Salicylsäuremethylester (Gl. 6.1.66)

COOH
OH
+ CH_3OH ⇌ COOCH$_3$ OH + H_2O (Gl. 6.1.66)

Im Reaktionskolben werden

1 mol	*Salicylsäure in*
200 mL	*Methanol unter Erwärmen gelöst. Nach dem Abkühlen gibt man vorsichtig*
60 mL	*Schwefelsäure, w(H_2SO_4) = 98%, zu. Man erhitzt bis zum Sieden und leitet bei dieser Temperatur 3 Stunden einen gleichmäßigen Strom von Chlorwasserstoff durch das Gemisch. Das HCl-Gas wird durch Zutropfen von konz. H_2SO_4 in konz. HCl, hergestellt. Das auf Raumtemperatur abgekühlte Reaktionsgemisch wird auf*
700 mL	*Eiswasser gegossen und die Esterphase im Scheidetrichter abgetrennt. Die wässrige Phase wird 3-mal mit je*
60 mL	*Dichlormethan ausgeschüttelt. Dichlormethan und Esterphase werden vereinigt und ca. 3 Stunden über wasserfreiem Calciumchlorid getrocknet. Man filtert in den Destillationskolben und destilliert das Dichlormethan ab. Der zurückbleibende Ester wird im Vakuum rektifiziert.*

Berechnen Sie die benötigte Menge der jeweiligen Edukte, wenn Sie m = 57 g Produkt bei einer Ausbeute von η = 75% (bezogen auf Salicylsäure) herstellen wollen. Die Salicylsäure ist verunreinigt und hat einen Massenanteil von w = 80%.

Lösungsvorschlag

M(Salicylsäuremethylester) = M(SME) = 152 g/mol
M(Salicylsäure) = M(SS) = 138 g/mol.

a) Berechnen der Stoffmenge an Produkt, das hergestellt werden soll:

$$n(\text{SME}) = \frac{m(\text{SME})}{M(\text{SME})} = \frac{57\ g}{152\ g/mol} = 0,375\ mol. \qquad \text{(Gl. 6.1.67)}$$

b) Stoffmenge, die vom begrenzenden Edukt bei einer Ausbeute von 75% benötigt wird: 1 Mol Salicylsäuremethylester entsteht bei 100%iger Ausbeute aus 1 Mol Salicylsäure:

$$n(\text{SS}) = \frac{n(\text{SME})}{\eta} = \frac{0,375\ mol}{0,75} = \underline{0,5\ mol} \qquad \text{(Gl. 6.1.68)}$$

c) Menge an begrenzendem und verunreinigten Edukt, das einen Massenanteil von w = 80% hat:

$$m(\text{SS}) = \frac{n(\text{SS}) \cdot M(\text{SS})}{w(\text{SS})} = \frac{0,5\ mol \cdot 138\ g/mol}{0,80} = \underline{86,3\ g} \qquad \text{(Gl. 6.1.69)}$$

d) Menge an sonstigen Einsatzstoffen gemäß dem Molverhältnis der Analogvorschrift:

Methanol:

$$V(\text{Methanol}) = 200\ mL \cdot \frac{0,5\ mol}{1\ mol} = \underline{100\ mL} \qquad \text{(Gl. 6.1.70)}$$

H_2SO_4 mit $w(H_2SO_4 = 98\%)$:

$$V(H_2SO_4) = 60\ mL \cdot \frac{0,5\ mol}{1\ mol} = \underline{30\ mL} \qquad \text{(Gl. 6.1.71)}$$

Eiswasser:

$$V(H_2O) = 700\ mL \cdot \frac{0,5\ mol}{1\ mol} = \underline{350\ mL} \qquad \text{(Gl. 6.1.72)}$$

Dichlormethan:

$$V(\text{Dichlormethan}) = 60\ mL \cdot \frac{0,5\ mol}{1\ mol} = \underline{30\ mL}\ (3x). \qquad \text{(Gl. 6.1.73)}$$

6.1.30 Berechnung der Edukteinsatzmengen bei einer gegebenen Analogvorschrift am Beispiel der Synthese von 2,4-Dihydroxybenzoesäure

Gegeben ist folgende Analogvorschrift:

Darstellung von 2,4-Dihydroxybenzoesäure (Gl. 6.1.74)

(Gl. 6.1.74)

1200 mL   H₂O

5 mol   KHCO₃

*0,8 mol   Resorcin (C₆H₄(OH)₂) werden in einer 4-Hals-Rührapparatur vorgelegt.
Das Gemisch wird unter Rühren zum Sieden gebracht und 2 Stunden am Rückfluss gekocht, dann auf Raumtemperatur abgekühlt, in eine Becherglasrührapparatur überführt und mit HCl w(HCl) = 36% als Produkt ausgefällt. Dabei kühlt man mit einem Eisbad auf ϑ = 0 °C ab.
Das Rohprodukt wird abgesaugt und 3-mal mit je*

80 mL   Eiswasser gewaschen. Danach wird trockengesaugt und aus Wasser umkristallisiert. Anschließend trocknet man im Trockenschrank bei ϑ = 80 °C.

Berechnen Sie die benötigte Menge der jeweiligen Edukte, wenn Sie m = 11,55 g Produkt bei einer Ausbeute von η = 75% (bezogen auf das Resorcin) herstellen wollen. Das Resorcin ist verunreinigt und hat einen Massenanteil von w = 66%.

Lösungsvorschlag

M(Resorcin) = 110 g/mol

M(2,4-Dihydroxybenzoesäure) = 154 g/mol

M(KHCO₃) = 100,1 g/mol.

a) Stoffmenge an Produkt, die hergestellt werden soll:

$$n(\text{2,4-Dihydroxybenzoesäure}) = \frac{m(\text{2,4-Dihydroxybenzoesäure})}{M(\text{2,4-Dihydroxybenzoesäure})}$$

$$= \frac{11,55\ g}{154\ g/mol} = 0,075\ mol \qquad (Gl.\ 6.1.75)$$

b) Stoffmenge, die vom begrenzenden Edukt bei einer Ausbeute von η = 75% benötigt wird: 1 Mol 2,4-Dihydroxybenzoesäure entsteht bei 100%iger Ausbeute aus 1 Mol Resorcin:

$$n(\text{Resorcin}) = \frac{n(\text{Resorcin})}{\eta} = \frac{0,075\ mol}{0,75} = \underline{0,100\ mol}. \qquad (Gl.\ 6.1.76)$$

c) Menge an begrenzendem und verunreinigtem Edukt, das einen Massenanteil von w = 66% hat.

$$m(\text{Resorcin}) = \frac{n(\text{Resorcin}) \cdot M(\text{Resorcin})}{w(\text{Resorcin})} = \frac{0,100\ mol \cdot 110\ g/mol}{0,66} = \underline{16,7\ g}$$
$$(Gl.\ 6.1.77)$$

d) Menge an sonstigen Einsatzstoffen, gemäß dem Molverhältnis der Analogvorschrift:

Wasser:

$$V(\text{H}_2\text{O}) = 1200\ mL \cdot \frac{0,1\ mol}{0,8\ mol} = \underline{150\ mL} \qquad (Gl.\ 6.1.78)$$

Kaliumhydrogencarbonat:

$$m(\text{KHCO}_3) = 5\ mol \cdot 100,1\ g/mol \cdot \frac{0,1\ mol}{0,8\ mol} = \underline{62,6\ g} \qquad (Gl.\ 6.1.79)$$

Eiswasser:

$$V(\text{H}_2\text{O}) = 80\ mL \cdot \frac{0,1\ mol}{0,8\ mol} = \underline{10\ mL} \qquad (Gl.\ 6.1.80)$$

6.2 Anwenden probenahmetechnischer und analytischer Verfahren

6.2.1 Grundgesamtheit und Stichprobe

Was versteht man unter den Begriffen «Grundgesamtheit» und «Stichprobe»?

Lösungsvorschlag

Die Grundgesamtheit umfasst alle möglichen zu betrachtenden Elemente, die Stichprobe lediglich einen Teil dieser Grundgesamtheit.

6.2.2 Auswahlverfahren zur Stichprobennahme

Zur repräsentativen Auswahl von Stichproben werden Auswahlverfahren verwendet. Wie erfolgt die Stichprobennahme bei
a) einem zufälligen,
b) einem systematischen Auswahlverfahren?

Lösungsvorschlag

a) Eine Zufallsstichprobe enthält eine festgelegte Anzahl von Elementen einer Grundgesamtheit, die nach einem Zufallsprinzip unabhängig und frei ausgewählt wurden.
b) Wird eine Stichprobe nach einem systematischen Auswahlverfahren genommen, so bezieht man sich auf jedes x-te Element der für die Auswahl zu Verfügung stehenden nummerierten Elemente.

6.2.3 Bestimmen des Stichprobenumfangs

Bei der Bestimmung des Stichprobenumfangs wurde zunächst die Streuung des Massenanteils des Probematerials mit einer Standardabweichung von s_x = 37,8% anhand von n = 10 Messungen ermittelt.

Wie groß soll der Umfang der Stichprobe sein, um für eine statistische Sicherheit von P = 95% einen Stichprobenahmefehler von maximal U = 10,0% zu zulassen?
$t\,(P = 95\%,\ f = 9) = 2{,}26$

Lösungsvorschlag

Der Stichprobenumfang, der notwendig ist, um bei einer statistischen Sicherheit von P = 95% maximal einen Stichprobenahmefehler von U = 10,0% zu erhalten, berechnet sich nach Gl. 6.2.1:

$$n = \frac{t^2 \cdot s_x^2}{U^2} = \frac{2{,}26^2 \cdot 0{,}378^2}{0{,}100^2} = \underline{73{,}0} \qquad \text{(Gl. 6.2.1)}$$

mit:

s_x Standardabweichung
t Student'scher Faktor
U akzeptierte Unsicherheit
n notwendiger Stichprobenumfang

6.2.4 Volumenproportionale Probenahme

Definieren Sie den Begriff «volumenproportionale Probenahme».

Lösungsvorschlag

Eine volumenproportionale Probenahme liegt vor, wenn die Entnahme gleicher Probemengen in Zeitabständen erfolgt, die dem Durchfluss proportional sind.

6.2.5 Berechnen des Fehlers der Probenahme von Feststoffen

Der Gehalt an Substanz A in einem Probegut, das aus den Substanzen A und B besteht, beträgt 38,5%. Die Korngrößenanalyse ergab einen mittleren Korngrößendurchmesser von 1,0 mm.

Welches Mindestprobevolumen muss entnommen werden, um einen Probenahmefehler von maximal 1% zu gewährleisten?
Es ist davon auszugehen, dass die Dichten beider Komponenten A und B gleich sind.

Lösungsvorschlag

Der Probenahmefehler ergibt sich zunächst aus Gl. 6.2.2:

$$\frac{s}{x} = \sqrt{\frac{(1-x)}{x} \cdot \frac{\varrho_1 \cdot \varrho_2}{\overline{\varrho}^2} \cdot \frac{\overline{V}}{V_P}} \qquad \text{(Gl. 6.2.2)}$$

mit:

s Standardabweichung des Gehaltes x der Komponente 1
x Gehalt der betrachteten Komponente 1
$\varrho_{1/2}$ Dichte der Komponenten 1 bzw. 2
$\overline{V}$ mittleres Kornvolumen
V_P Probevolumen

Nach dem Einsetzen der vorliegenden Werte erhält man nach Umstellung und Kürzung das zu entnehmende Probevolumen:

$$0,01 = \sqrt{\frac{(1-0,385)}{0,385} \cdot \frac{\frac{4}{3} \cdot \pi \cdot (0,5 \text{ mm})^3}{V_P}} \qquad \text{(Gl. 6.2.3)}$$

$$V_P = \frac{0,615}{0,385} \cdot \frac{0,524 \text{ mm}^3}{0,01^2} = 8364 \text{ mm}^3 = \underline{8,364 \text{ cm}^3} \qquad \text{(Gl. 6.2.4)}$$

6.2.6 Unterscheidung der Probenahmetechniken

Ordnen Sie die in Bild 6.18 angegebenen Buchstaben A bis C den in Tabelle 6.3 angegebenen Probenahmetechniken zu.

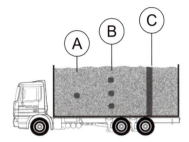

Bild 6.18 (Quelle: Fa. GMP-Sampling)

Tabelle 6.3 Probenahmetechniken

Multilayerprobenahme
Querschnittsprobenahme
Zielpunktprobenahme

Lösungsvorschlag

Tabelle 6.4 Lösung zu Tabelle 6.3

Multilayerprobenahme	B
Querschnittsprobenahme	C
Zielpunktprobenahme	A

6.2.7 Identifizieren von Probenahmegeräten

Ordnen Sie den dargestellten Bildern Bild 6.19 bis Bild 6.24 die aufgeführten Bezeichnungen der Probenahmegeräte zu. (Beprobungssonde, Multilayerzonensammler, Edelstahlschaufel, Schöpfer, Stechheber, Stechlanze)

Bild 6.19 (Quelle: Fa. GMP-Sampling)

Bild 6.20 (Quelle: Fa. GMP-Sampling)

Bild 6.21 (Quelle: Fa. GMP-Sampling)

Bild 6.22 (Quelle: Fa. GMP-Sampling)

Bild 6.23 (Quelle: Fa. GMP-Sampling)

Bild 6.24 (Quelle: Fa. GMP-Sampling)

Lösungsvorschlag

Tabelle 6.5 Bezeichnungen der Probenahmegeräte

Bild-Nr.	Probenahmegerät
6.19	Beprobungssonde
6.20	Edelstahlschaufel
6.21	Multilayerzonensammler
6.22	Stechlanze
6.23	Schöpfer
6.24	Stechheber

6.2.8 Wesentliche Bestandteile eines Probenahmeprotokolls

Nennen Sie mindestens sechs Angaben, die in einem Probenahmeprotokoll enthalten sein müssen.

Lösungsvorschlag
1. Ort der Probenahme,
2. Zeitpunkt der Probenahme,
3. Verantwortliche Person / Probenehmer,
4. Verfahren der Probenahme,
5. Aufgetretene Unsicherheiten und Abweichungen,
6. Verwendete Materialien,
7. Bedingungen,
8. Menge an Probe und Konservierungsmittel,
9. Charakterisierung der Probe.

6.2.9 Techniken der mechanischen Probenvorbereitung

Welche sechs Techniken der mechanischen Probenvorbereitung sind Ihnen bekannt?

Lösungsvorschlag
1. Teilen,
2. Sieben,
3. Mahlen,
4. Homogenisieren,
5. Mischen,
6. Trocknen.

6.2.10 Begriffe einer Siebanalyse

Was versteht man unter folgenden Begriffen einer Siebanalyse?
a) Rückstandssumme
b) Durchgangssumme
c) *RRSB*-Korngrößenverteilung

Lösungsvorschlag

a) Die Rückstandssumme ist die auf die aufgegebene Gesamtmasse des Siebgutes bezogene Summe der Teilmassen, die sich auf und oberhalb des i-ten Siebs eines Siebturmes befinden.

b) Die Durchgangssumme ist die auf die aufgegebene Gesamtmasse des Siebgutes bezogene Summe der Teilmasse, die sich unterhalb des i-ten Siebs eines Siebturmes befinden.

c) Besteht in einem RRSB-Körnungsnetz ein linearer Zusammenhang zwischen der eingetragenen Durchgangssumme und der Maschenweite, so ist die Korngröße des zugrunde liegenden Siebgutes RRSB-verteilt.

6.2.11 Erläutern von Proben-Teilungsverfahren

Erläutern Sie die folgenden Proben-Teilungsverfahren:
a) Kegeln und Vierteln
b) Probenteilung mit Hilfe eines Rotationsteilers

Lösungsvorschlag

a) Die zu teilende Probe wird auf einer geeigneten Unterlage durchgemischt und mehrmals zu einem Kegel aufgeschüttet. Der Probekegel wird anschließend ausgebreitet und mit einem Probeteilungskreuz geviertelt. Durch die Verwerfung von gegenüber liegenden Probesegmenten wird die Probe verjüngt. Somit kann durch Wiederholung des Kegel- und Viertelprozesses die Probe auf die geforderte Menge reduziert werden

b) Bei der Probenteilung mit Hilfe eines Rotationsprobenteilers wird das zu teilende Probegut in einen Einfüllstutzen gegeben und teilt sich auf mehrere darunter angeordnete, rotierende Probegefäße auf.

Es werden meist 6, 8 oder 10 Probegefäße verwendet, die beispielsweise mit einer Frequenz von 30 Hz rotieren.

6.2.12 Genauigkeit von Teilungsverfahren

Ordnen Sie die Buchstaben A bis C den in Tabelle 6.6 angegebenen Teilungsverfahren, hinsichtlich ihrer Genauigkeit zu.
höchste Genauigkeit   A
mittlere Genauigkeit   B
niedrigste Genauigkeit   C

Tabelle 6.6

Kegeln und Vierteln

Rotationsteiler

Riffelteiler

Lösungsvorschlag

Tabelle 6.7 Lösung zu Tabelle 6.6

Kegeln und Vierteln	C
Rotationsteiler	A
Riffelteiler	B

6.2.13 Bestimmen von Stickstoff nach K<small>JELDAHL</small>

Beschreiben Sie den nasschemischen Aufschluss von gebundenem Stickstoff nach K<small>JELDAHL</small>.

Lösungsvorschlag

Beim Aufschlussverfahren nach K<small>JELDAHL</small> wird der Stickstoff in einer organischen Substanz als Ammoniak bestimmt. Dabei wird die stickstoffhaltige Substanz mit Schwefelsäure zu Ammoniumsulfat und Kohlendioxid umgesetzt:

$$(NH_2)_2CO + H_2SO_4 + H_2O \rightarrow (NH_4)_2SO_4 + CO_2 \qquad \text{(Gl. 6.2.5)}$$

Durch Zugabe von Natronlauge wird der Ammoniak ausgetrieben:

$$(NH_4)_2SO_4 + NaOH \rightarrow NaHSO_4 + 2\,NH_3 + H_2O \qquad \text{(Gl. 6.2.6)}$$

Der entstandene Ammoniak wird nun mit Schwefelsäure-Maßlösung zu Ammoniumsulfat umgesetzt, Gl. 6.2.7. Der unverbrauchte Rest an Schwefelsäure-Maßlösung wird zurücktitriert und anschließend der Gehalt an Ammoniak bzw. Stickstoff berechnet.

$$2\,NH_3 + H_2SO_4 \rightarrow (NH_4)_2SO_4 \qquad \text{(Gl. 6.2.7)}$$

6.2.14 Verfahren aus der chemisch-physikalischen Probenvorbereitung

Nennen Sie mindestens zwei Verfahren aus dem Bereich der chemischen oder physikalischen Probenvorbereitung.

Lösungsvorschlag

1. Extraktion,
2. Destillation,
3. Headspace,
4. Festphasenextraktion.

6.2.15 Zuordnen von Analyseverfahren

Vervollständigen Sie Tabelle 6.8 durch folgende Analyseverfahren:
- ❏ Atomabsorptionsspektroskopie,
- ❏ High Performance Liquid Chromatographie,
- ❏ Kapillarelektrophorese

Tabelle 6.8

zu analysierende Probenbestandteile	zu verwendendes Analyseverfahren
Zink	
Fluorid	
Proteine	
Coffein	

Lösungsvorschlag

Tabelle 6.9 Lösung zu Tabelle 6.8

zu analysierende Probenbestandteile	*zu verwendendes Analyseverfahren*
Zink	Atomabsorptionsspektroskopie
Fluorid	HPLC
Proteine	Kapillarelektrophorese, HPLC
Coffein	HPLC

6.2.16 Begriffe und Analyseverfahren

Ordnen Sie die folgenden Begriffe den aufgeführten Analyseverfahren in Tabelle 6.10 zu:

Linienspektrum, Trägergas, Wanderung geladener Probebestandteile im elektrischen Feld, Leitfähigkeitsänderung, Resonanzfrequenz, Fällungsreagenz, magnetisches Moment, C18-Säule.

Tabelle 6.10

Analysemethoden	Begriffe
HPLC	
CE	
AAS	
GC	
Gravimetrie	
Konduktometrie	
IR-Spektroskopie	
NMR-Spektroskopie	

Lösungsvorschlag

Tabelle 6.11 Lösung zu Tabelle 6.10

Analysemethoden	Begriffe
HPLC	C18-Säule
CE	Wanderung geladener Probebestandteile im elektrischen Feld
AAS	Linienspektrum
GC	Trägergas
Gravimetrie	Fällungsreagenz
Konduktometrie	Leitfähigkeitsänderung
IR-Spektroskopie	Resonanzfrequenz
NMR-Spektroskopie	magnetisches Moment

6.2.17 Schutzausrüstungen bei der Probenahme von Altlasten

Nennen Sie mindestens fünf persönliche Schutzausrüstungen für die Probenahme von Altlasten.

Lösungsvorschlag
1. Wetterkleidung,
2. Schutzschuhe,
3. Schutzhandschuhe,
4. Schutzhelm,
5. Gehörschutz,
6. Inhalationsschutz – Atemfilter,
7. Koffer mit Rettungsmittel,
8. Warngerät für Gasaustritt,
9. Chemikalienanzug.

6.2.18 Durchführung einer Probenahme

Nennen Sie fünf Punkte, die bei einer Probenahme beachtet werden müssen?

Lösungsvorschlag
1. Berücksichtigung der Art der Probe, deren Zusammensetzung und Homogenität,
2. Auswahl einer sinnvollen Probenmenge,
3. Auswahl der repräsentativen Stelle zur Probenentnahme,
4. Auswahl der Probenahmetechnik und fachgerechte Entnahme der Probe,
5. Auswahl des richtigen Probenahmegerätes und -gefäßes,
6. Vermeidung einer Verunreinigung der entnommenen Probe,
7. Richtige, fachgerechte Dokumentation, Beschriftung und Transport der Probe.

6.2.19 Einflüsse bei der Probenahme

Was kann die Zusammensetzung einer Bodenprobe bei deren Entnahme verändern? Nennen Sie mindestens drei Beispiele.

Lösungsvorschlag

1. Mikrobiologische Aktivität,
2. chemische Prozesse, z.B. Oxidation durch Luft, Zersetzung durch Licht,
3. Verflüchtigung von Probebestandteilen bei offener Lagerung,
4. Verunreinigung durch verschmutztes Probenahmegerät,
5. Abrieb an Probenahmegeräten.

6.2.20 Sättigungsgehalt von Adsorptionsröhrchen

Der Sättigungsgehalt eines Adsorptionsröhrchens beträgt für eine unbekannte Substanz m_S = 200 mg. Bei der Probenahme des zu untersuchenden Gases wird eine Massenkonzentration der Substanz von β = 5,0 mg/L angenommen.

Wie lange muss das Probegas mit einem Volumenstrom von $\dot{V}$ = 1,5 L/min durch das Adsorptionsröhrchen gepumpt werden, damit die Hälfte der Sättigung erreicht wird?

Lösungsvorschlag

$$t = \frac{m_S}{2 \cdot \dot{V} \cdot \beta} = \frac{100 \text{ mg} \cdot \text{min} \cdot L}{1,5 \, L \cdot 5,0 \text{ mg}} = \underline{13,3 \text{ min}} \qquad \text{(Gl. 6.2.8)}$$

mit:

β Massenkonzentration
m_S Sättigungsgehalt
$\dot{V}$ Volumenstrom
t Zeit

6.2.21 Bestimmen des Trocknungsgrades

Zur Bestimmung des Trocknungsgrades einer Calziumcarbonatprobe wurde eine Karl-Fischer-Titration durchgeführt.
Zunächst wurde ein Referenz-Feststoff A mit der Masse $m_1(A)$ = 50,0 mg und einem Kristallwasseranteil von $w_1(H_2O)$ = 20% mit einer unbekannten KF-Maßlösung titriert. Es wurde ein Verbrauch von $V_1(KF)$ = 10 mL gemessen.
Anschließend ist eine wasserhaltige $CaCO_3$ Probe der Masse $m_2(CaCO_3)$ = 500 mg bis zum Umschlagspunkt titriert worden. Der gemessene Verbrauch beträgt $V_2(KF)$ = 15,3 mL.

Welchen Trocknungsgrad besitzt die $CaCO_3$-Probe?

Lösungsvorschlag

Die Referenz-Feststoffprobe hat einen Wassergehalt von

$m_1(H_2O) = 0,2 \cdot 50 \text{ mg} = \underline{10,0 \text{ mg}}$

Dieser Wassergehalt wird von $V_1(KF) = 10$ mL KF-Reagenz neutralisiert. Somit verbraucht $V(KF) = 1$ mL KF-Reagenz $m(H_2O) = 1$ mg Wasser.
Da die Neutralisation des Wassers in der $CaCO_3$-Probe einen Verbrauch von
$V_2(KF) = 15,3$ mL KF-Reagenz erfordert, müssen entsprechend $m_2(H_2O) = 15,3$ mg in der $CaCO_3$-Probe vorliegen. Der Gehalt an reinem $CaCO_3$ in der Probe beträgt somit:

$m(CaCO_3) = 500 \text{ mg} - 15,3 \text{ mg} = 484,7 \text{ mg}$

Der Trocknungsgrad ergibt sich aus Gl. 6.2.9:

$$\text{Trocknungsgrad} = \frac{m(CaCO_3)}{m_2(CaCO_3)} = \frac{484,7 \text{ mg}}{500 \text{ mg}} = 0,969 = \underline{96,9\,\%} \qquad \text{(Gl. 6.2.9)}$$

6.2.22 Substanzklassen und Konservierungsverfahren

Welche Substanzklassen sind für ein Konservierungsverfahren durch Ansäuern auf $pH < 2$ geeignet? Markieren Sie diese in Tabelle 6.12.

Tabelle 6.12

Substanzklasse	Ankreuzen
Carbonate	
Cyanide	
Alkalimetallionen	
Nitrate	
Sulfite	

Lösungsvorschlag

Tabelle 6.13 Lösung zu Tabelle 6.12

Substanzklasse	Ankreuzen
Carbonate	
Cyanide	
Alkalimetallionen	✗
Nitrate	✗
Sulfite	

6.2.23 Vor- und Nachteile von Probenahmeverfahren

Nennen Sie jeweils einen Vor- und einen Nachteil der folgenden Probenahmeverfahren:

a) Adsorptionsröhrchen mit Aktivkohle
b) Gasmaus

Lösungsvorschlag

a) Adsorptionsröhrchen mit Aktivkohle
   Vorteile: Durchführung von Mehrfachanalysen ist möglich, durch Anreicherung ergibt sich eine geringere Nachweisgrenze.
   Nachteile: Gefahr einer nicht vollständigen Adsorption bzw. Desorption von Verbindungen.
b) Gasmaus
   Vorteile: Entnahme größerer Probenmengen und Durchführung von Mehrfachanalysen ist möglich.
   Nachteile: Gefahr der Adsorption und Kondensation an der Innenwand der Gasmaus

6.2.24 Orte der Probenahme

Aufgrund einer in einen Fluss eingeleiteten Verunreinigung tritt ein Fischsterben ein. Beschreiben Sie an welchen Orten, in Bezug auf mögliche Einleitungsstellen, eine zielführende Probenahme durchzuführen ist.

Lösungsvorschlag

Flussaufwärts, jeweils vor, an und hinter den möglichen Verursacherquellen.

6.2.25 Kennzeichnung von Probegefäßen

Nennen Sie mindestens vier Informationen mit denen ein Probegefäß eindeutig gekennzeichnet sein sollte.

Lösungsvorschlag

1. Nummer des Auftrags,
2. Datum,
3. Nummer des Probegefäßes,
4. Gesamtzahl der Probegefäße,
5. Probenahmeort,
6. Probenehmer.

6.2.26 Dokumentation des Probentransportes

Nennen Sie mindestens drei Daten, die für eine vollständige Dokumentation eines Probentransportes notwendig sind.

Lösungsvorschlag

1. Beschreibung des Transportfahrzeugs.
2. Name und Adresse der Transportfirma und des Mitarbeiters.
3. Transportbedingungen.
4. Wer hat die Probe übernommen?
5. Wer hat die Probe übergeben?
6. Wann erfolgte die Übergabe?
7. Unterschriften der verantwortlichen Personen.

6.2.27 Berechnung der notwendigen Extraktionsvorgänge bei einer Flüssig-Flüssig-Extraktion

Zur Anreicherung eines im Extraktionsgut, $V(LM_1)$ = 200 mL, gelösten Analyten wird eine Flüssig-Flüssig-Extraktion mit einem Extraktionsmittel (LM_2) durchgeführt. Der Verteilungskoeffizient zwischen LM_1 und LM_2 beträgt k = 5.

Wie viele Extraktionsvorgänge sind mit dem Volumen von $V(LM_2)$ = 50 mL durchzuführen, um 99,9% des Analyten im Extraktionsmittel anzureichern?

Lösungsvorschlag

Den im Extraktionsgut LM_1 noch verbleibende Anteil q des Analyten berechnet man allgemein mit Gl. 6.2.10:

$$q = \left(\frac{V(LM_1)}{V(LM_1) + k \cdot V(LM_2)} \right)^n \qquad \text{(Gl. 6.2.10)}$$

Der gesamte extrahierte Anteil p des Analyten berechnet man nach Gl. 6.2.11:

$$p = 1 - q \qquad \text{(Gl. 6.2.11)}$$

mit:

$V(LM_1)$ Volumen des Extraktionsgutes LM_1
$V(LM_2)$ Volumen des Extraktionsmittels LM_2
k Nernst'scher Verteilungskoeffizient
n Anzahl der Extraktionsvorgänge
q Anteil des noch verbleibenden Analyten im Extraktionsgut
p Anteil des im Extraktionsmittel angereicherten Analyten

Nach Umstellung von Gl. 6.2.11 ergibt sich der im Extraktionsgut verbleibende Anteil des Analyten:

$$q = 1 - 0,999 = \underline{0,001}$$

Nach Umstellen der Gl. 6.2.10 ergibt sich die Anzahl der Extraktionsvorgänge:

$$n = \frac{\lg q}{\lg\left(\dfrac{V(LM_1)}{V(LM_1) + k \cdot V(LM_2)} \right)} = \frac{\lg 0,001}{\lg\left(\dfrac{200 \text{ mL}}{200 \text{ mL} + 5 \cdot 50 \text{ mL}} \right)} = \underline{\underline{8,51}}$$

Es sind mindestens 9 Extraktionsvorgänge notwendig.

6.2.28 Benötigte Teilungsschritte zur Verjüngung einer Probe

Die Masse einer Feststoffprobe beträgt m_0 = 100 g. Zur Analyse wird jedoch maximal nur eine Teilprobe von m = 1 g Substanz benötigt. Die Probe soll durch Kegeln und Vierteln verjüngt werden.

a) Wie lautet der funktionale Zusammenhang zwischen der Anzahl der Teilungsschritte n und der verjüngten Probenmasse m_n?

b) Wie viele Teilungsschritte n sind notwendig, um die geforderte Verjüngung zu erzielen?

Lösungsvorschlag

a) Da sich die Probenmasse nach jedem Teilungsschritt um die Hälfte verjüngt, ergibt sich der funktionale Zusammenhang nach Gl. 6.2.12 und Gl. 6.2.13.

$$\frac{m_0}{2^n} = m_n \qquad \text{(Gl. 6.2.12)}$$

$$n = \frac{\lg(m_0/m_n)}{\lg 2} \qquad \text{(Gl. 6.2.13)}$$

b) Die Anzahl der Teilungsschritte erhält man anhand Gl. 6.2.14:

$$n = \frac{\lg 100}{\lg 2} = \underline{6,64} \qquad \text{(Gl. 6.2.14)}$$

mit:

m_0 Ausgangsmasse der Probe

m_n Masse der Probe nach n-Teilungsschritte

n Anzahl der Teilungsschritte

Es sind mindestens sieben Teilungsschritte notwendig, um eine repräsentative Probenmasse von maximal 1 g zu erhalten.

6.2.29 Siebung einer eisenhaltigen Probe

Bei der Siebung einer eisenhaltigen Probe entstand die in Bild 6.25 dargestellte Durchgangssummenkurve. Der mittlere Gehalt an Eisen in der Probe beträgt $w(\text{Fe})$ = 23,7%.

Welche Masse an Eisen enthält das gesiebte Probegut innerhalb der Korngrößen d_1 = 2 mm und d_2 = 6 mm?

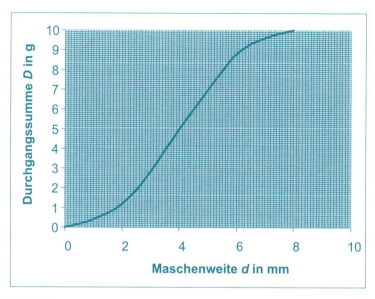

Bild 6.25

Lösungsvorschlag

Die Differenz der Durchgangssummen D_1 und D_2, ist die Masse an Siebgut, die innerhalb der Korngrößen bzw. Maschenweite d_1 und d_2 vorliegt (Bild 6.26, Gl. 6.2.15).

$$m = D_2 - D_1 = 8{,}9 \text{ g} - 1{,}2 \text{ g} = \underline{7{,}7 \text{ g}} \qquad\qquad\qquad\qquad (Gl.\ 6.2.15)$$

Die Masse an reinem Eisen, $m(\text{Fe})$, erhält man als Anteil der Masse m nach Gl. 6.2.16.

$$m\,(Fe) = w\,(Fe) \cdot m = 0{,}237 \cdot 7{,}7 \text{ g} = \underline{1{,}82 \text{ g}} \qquad\qquad\qquad (Gl.\ 6.2.16)$$

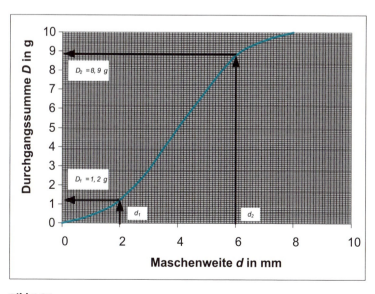

Bild 6.26

6.2.30 Verfahren für die Probenkonservierung

Nennen Sie mindestens drei mögliche Verfahren zur Probenkonservierung.

Lösungsvorschlag

1. Kühlen,
2. Tiefgefrieren,
3. Ansäuern,
4. Alkalisieren,
5. Zusatz von z.B. Formaldehyd, Zinkacetat oder EDTA.

6.2.31 Begriffe im Prozessablauf der chemisch-physikalischen Probenvorbereitung

Vervollständigen Sie den Prozessablauf (Bild 6.27) der chemisch-physikalischen Probenvorbereitung durch die folgenden Begriffe:

Verdünnen oder Anreichern –
Aufschließen – Trennung

Lösungsvorschlag

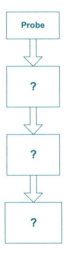

Bild 6.27

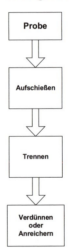

Bild 6.28

6.3   Anwenden chromatografischer Verfahren

6.3.1 Prinzip und Arten der Chromatografie

Chromatografische Methoden werden in jedem Laboratorium eingesetzt.
a) Beschreiben Sie das Prinzip der «Chromatografie».
b) Wie kann das Arbeitsgebiet der Chromatografie prinzipiell eingeteilt werden?

Lösungsvorschlag

a) Unter «Chromatografie» versteht man eine Reihe physikalischer Trennmethoden, bei denen ein Analyt einen intensiven Stoffaustausch zwischen einer «mobilen Phase» und einer «stationären Phase» eingeht. Das Trennprinzip beruht entweder auf einem Adsorptions-Desorptions-Prozess (Adsorptionschromatografie) oder auf der Verteilung der Analyten zwischen zwei nicht miteinander mischbaren flüssigen Phasen (Verteilungschromatografie).

Typische Vertreter sind die HPLC als Adsorptionschromatografie und die GC als Verteilungschromatografie.

b) Grundsätzlich gibt es mehrere Unterscheidungsarten für die Chromatografie. Neben den in a) erwähnten Trennprinzipien (Adsorption/Verteilung) wird die Chromatografie in der Praxis je nach verwendeter stationärer- und mobiler Phase unterschieden:

Tabelle 6.14 Einteilung chromatografischer Methoden

Art der Chromatografie	Stationäre Phase	Mobile Phase	Trennprinzip
DC (Dünnschichtchromatografie)	Fest	Flüssig	Adsorption
PC(Papierchromatografie)	Fest	Flüssig	Adsorption
SC (Säulenchromatografie)	Fest	Flüssig	Adsorption
HPLC (Hochleistungsflüssigkeits-chromatografie)	Fest	Flüssig	Adsorption
GC (Gaschromatografie)	Flüssig	Gasförmig	Verteilung (WCOT)
GC (Gaschromatografie)	Fest	Gasförmig	Adsorption (PLOT)

6.3.2 Inneres und äußeres Chromatogramm

Was versteht man unter einem «inneren» und was versteht man unter einem «äußeren» Chromatogramm?

Lösungsvorschlag

Unter einem «inneren Chromatogramm» versteht man die örtliche Aufteilung von Analyten auf einer stationären Phase, wie sie z.B. auf einer DC-Platte nach der Entwicklung entsteht. Die Analytflecken werden zeitlich nicht erfasst. Ein äußeres Chromatogramm ist das Ergebnis einer Messung, die der Detektor am Ende der Trennstrecke durchführt. Die Ergebnisse der Messung werden zeitabhängig auf einen Schreiber oder auf ein elektronisches System in Form eines Chromatogramms aufgezeichnet.

Bei einem «inneren Chromatogramm» legen alle Analyten in gleicher Zeit unterschiedliche Strecken zurück. Bei einem «äußeren Chromatogramm» legen alle Analyten in unterschiedlichen Zeiten die gleiche Strecke zurück.

6.3.3 Unterscheidung zwischen HPTLC und DC sowie Beschreibung des R_f-Wertes

Eine der Weiterentwicklungen der DC ist die Einführung der HPTLC in die Analytik.
a) Worin besteht der Unterschied zwischen HPTLC und DC?
b) Welche Vor- und Nachteile hat die HPTLC gegenüber der DC?
c) Begründen Sie, warum der R_f-Wert kein Stoffparameter wie z.B. der Schmelzpunkt ist!

Lösungsvorschlag

a) Bei beiden Methoden wird die Adsorption/Desorption zwischen einer festen und einer flüssigen Phase ausgenutzt. In der HPTLC besteht die feste Phase aus einem im Korndurchmesser genau definierten Material, dessen Teilchen dazu noch sehr rund sein müssen. Dadurch steigt die «Trennstufenzahl», und es entstehen im Durchmesser kleinere Substanzflecken, die besser ausgemessen werden können.

b) Vorteile:
❑ scharfe Trennung,
❑ kleinere Fleckengröße,
❑ Flecken sind besser mit einem Scanner auszumessen,
❑ es können mehr Flecken auf eine Platte aufgetragen werden,
❑ große Vielfalt an stationärer Phase.

Nachteil:
❑ hoher Preis durch erhöhten apparativen Aufwand.

c) Der R_f-Wert ist von zu vielen äußeren Parametern abhängig, die zum Vergleich von Referenz- und Analytsubstanz konstant gehalten werden müssten. Neben der Auswahl der stationären und der mobilen Phase ist er abhängig u.a. von
❑ Temperatur,
❑ Sättigungsgrad an mobiler Phase im Dampfraum,
❑ Auftragsmenge,
❑ Auftragsart.

Man behilft sich, indem Referenz- und Probensubstanz auf die gleiche DC-Platte aufgetragen und entwickelt werden und damit den gleichen Bedingungen unterworfen werden.

6.3.4 Ein- und zweidimensionale Arbeitsweise der DC

Was versteht man in der DC unter einer «eindimensionalen» und was unter einer «zweidimensionalen» Arbeitsweise?

Lösungsvorschlag

a) «Eindimensionale Arbeitsweise»:

Bei der eindimensionalen Arbeitsweise wird ein Probenfleck auf die DC-Platte unten aufgetragen, die dann in der DC-Kammer entwickelt wird. Dabei steigt die mobile Phase durch Kapillarkräfte nach oben und trennt mehr oder weniger gut die Analyten.

b) «Zweidimensionale Arbeitsweise»:

Bei der «zweidimensionalen Arbeitsweise» wird ein Probenfleck links unten auf die DC-Platte aufgetragen und in einer mobilen Phase entwickelt. Dabei steigt die mobile Phase durch Kapillarkräfte nach oben und trennt mehr oder weniger gut die Analyten des einen Probenflecks. Dann wird die DC-Platte aus der DC-Kammer genommen und zwischengetrocknet. Nach dem Drehen der Platte um 90 Grad nach links wird die DC-Platte in einem anderen Laufmittel nochmals entwickelt. Dabei entstehen Flecken, die sich mehr oder weniger schräg weg vom Auftragspunkt entfernt haben. Durch die Verwendung eines 2. Laufmittels und der verlängerten Trennstrecke können sich u.U. bessere Trennungen ergeben.

6.3.5 Auswählen eines geeigneten Laufmittels

In dem Gemisch

☐ Benzylalkohol
☐ Benzaldehyd
☐ Toluol
☐ Benzol

soll Benzylalkohol nach der Entwicklung in einer DC-Kammer den größten R_f-Wert einnehmen.

Welches Laufmittel sollte zur Voruntersuchung ausgewählt werden? Begründen Sie Ihre Auswahl!

Lösungsvorschlag

Benzaldehyd ist schwach polar, Toluol und Benzol sind fast unpolar, nur Benzylalkohol ist durch die im Molekül enthaltene –OH-Gruppe recht polar. Wenn Benzaldehyd einen großen R_f-Wert aufweisen soll, muss es auf der DC-Platte weit nach oben laufen. Dazu ist ein Laufmittel notwendig, in dem sich Benzylalkohol gut lösen kann. Zur Entwicklung ist daher ein polares Laufmittel notwendig, z.B. ein Alkohol wie Methanol, Ethanol, oder Propanol. Durch Zufügen geringer Mengen eines unpolaren Lösemittels in den Eluenten kann die Selektivität der mobilen Phase besser eingestellt werden.

6.3.6 Quantitatives Auswerten von DC- oder HPTLC-Platten

Entwickelte DC- oder HPTLC-Platten können auch quantitativ ausgewertet werden.

Nennen Sie drei Verfahren, die zur Auswertung dieser Platten dienen, und beschreiben Sie diese Verfahren!

Lösungsvorschlag

Grundsätzlich müssen folgende Verfahren unterschieden werden:

❑ Methoden, die durch optischen Vergleich mit dem Auge eine «halbquantitative» Auswertung gestatten und

❑ Methoden, bei denen ein Scanner die Fleckintensivität ausmisst und das Ergebnis in einer «Ortskurve» darstellt.

a) Auf die DC-Platte werden immer gleiche Volumina von Kalibrierlösungen aufgetragen, deren Konzentrationen kontinuierlich steigen. Dazu wird auf die gleiche Platte die Probenlösung aufgetragen. Durch optischen Vergleich in der Fleckengröße und Fleckenintensität kann der Probenlösung eine passende Kalibrierlösung zugewiesen werden, die in der Konzentration ähnlich ist.

b) Die Vorgehensweise einer anderen «halbquantitativen» Methode besteht darin, dass die Logarithmen der Fleckendurchmesser von Kalibrierlösungen in Abhängigkeit von der Konzentration in ein Diagramm eingetragen werden. Es entsteht mehr oder weniger eine Gerade. Durch Ausmessen des Durchmessers des Analytfleckes einer Probe kann die Konzentration der Probenlösung extrapoliert werden.

c) Bei der quantitativen Auswertung wird die DC-Platte von einem Scanner abgetastet, der UV-Licht einer bestimmten Wellenlänge auf eine DC-Platte mit Fluoreszenz-Indikator lenkt. Wenn die Analytsubstanz auf der Platte UV-Licht absorbiert, kann die Intensität der Absorption vom Scanner gemessen werden und in einem ortsabhängigen Ergebnis festgehalten werden. Es entstehen peakartige «Ortskurven», deren Flächen ein Maß für die Konzentration des Analyten im Substanzflecken sind.

6.3.7 Auswählen von angemessenen Bedingungen für Probenauftrag und Trennvorgang

Welche Forderungen müssen bei einer quantitativen Auswertung einer DC- oder HPTLC-Platte mit einem Scanner an den Probenauftrag und an den Trennvorgang gestellt werden?

Lösungsvorschlag

Zum Einen muss das Auftragsvolumen der Kalibrier- und Probenlösung völlig konstant sein. Das kann mehr oder weniger gut durch spezielle Auftragsysteme (Sampler) erledigt werden. Daneben müssen die chromatografischen Bedingungen so eingehalten werden, dass möglichst scharf abgegrenzte, kreisrunde Peaks entstehen. Dazu gehören die Auswahl einer DC-(besser HPTLC-)Platte mit kleinem, rundem Korn und die Auswahl der richtigen Polarität des Eluenten.

6.3.8 Chromatografische Begriffe

Erklären Sie kurz folgende chromatografische Begriffe:

a) Durchflusszeit (Totzeit)

b) Headspace

c) Modifizierung, Umkehrphase

d) Permeabilität

e) Auflösung zweier Peaks

Lösungsvorschlag

a) Durchflusszeit (Totzeit):

Unter der Durchflusszeit (Totzeit) versteht man die Retentionszeit eines nicht von der Säule zurückgehaltenen Analyten (Totzeitmarker), der sozusagen mit der mobilen Phase durch das chromatografische System durchgleitet.

b) Headspace:

Die (statische) Headspace-GC ist eine spezielle Probenvorbereitung, bei der aus dem Dampfraum über der Probe (der mit der Flüssigkeit in einem Gleichgewicht steht) mit einer gasdichten Spritze ein geringes Teilvolumen entnommen wird, das dann zur GC-Analyse gelangt. Zuvor wird die Probe mit einem internen Standard versetzt und die Gesamtprobe im Wasserbad auf eine definierte Temperatur gebracht.

Mit der Headspace-Methode können Proben gaschromatografisch vermessen werden, deren Bestandteile sonst die Injektion behindern würden. Typisches Bespiel: Alkoholbestimmung im Blut.

c) Modifizierung, Umkehrphase:

Auf einer DC-Platte oder in einer SC-Säule wird meistens Silicagel verwendet. Dieses trägt an der Oberfläche «Silanol-Gruppen» (–Si-OH), die eine sehr polare Wirkung aufweisen. Daher ist eine Chromatografie mit polaren Lösemitteln immer mit Schwierigkeiten verbunden. Durch (teilweise) Umsetzung der Silanol-Gruppen mit langkettigen «Silanen», kann das polare Silicagel-Molekül weitgehend unpolar gemacht werden. So können unpolare Analyten im Regelfall gut getrennt werden.

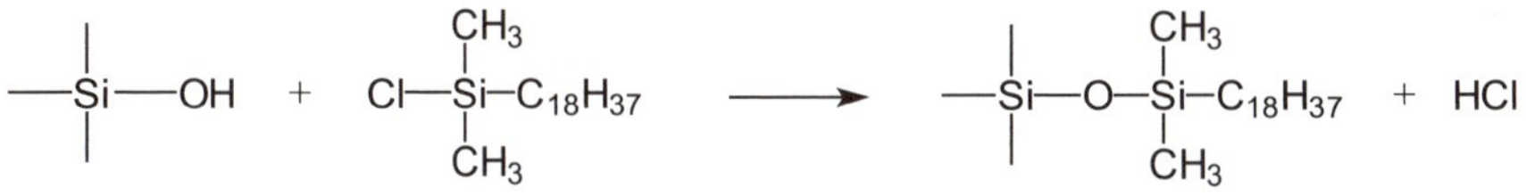

Bild 6.29 Silanisierung von Silicagel

Die Silanisierung verläuft allerdings nicht vollständig, sodass immer noch freie Silanol-Gruppen im Molekül verbleiben. Diese fordern bei der Trennung von polaren Analyten genau eingestellte pH-Werte.

d) Permeabilität:

Unter Permeabilität versteht man die Durchlässigkeit einer Säule für die mobile Phase.

e) Auflösung zweier Peaks (Resolution):

Bei der Berechnung der Resolution R_S gehen die Peakbreite und die Differenz der Retentionszeiten in den Wert mit ein. Erst bei einem R_S-Wert über 1,5 ist eine Trennung zweier benachbarter Peaks bis zur Grundlinie zu erwarten. Bei R_S-Werten über 3 ist zwar eine gute Basislinientrennung zu erwarten, aber es wird dabei oft Analysenzeit «verschenkt», was bei Massenanalysen zur Kostenerhöhung beiträgt. Berechnung der Auflösung nach Gl. 6.3.1:

$$R_S = \frac{2 \cdot (t_{R2} - t_{R1})}{w_{b1} + w_{b2}} \qquad \text{(Gl. 6.3.1)}$$

mit:

t_R Retentionszeit

w_b Peakfußbreite

6.3.9 Quantitative Multikomponentenanalyse mit GC oder HPLC

Wann kann eine Probe, die aus mehreren Analyten besteht, mit Hilfe der GC und wann mit Hilfe der HPLC quantifiziert werden?

Lösungsvorschlag

Um eine Probe, die aus mehreren Analyten besteht, mit Hilfe der Gaschromatografie zu analysieren, muss die Probe unterhalb von ca. 300 °C unzersetzt verdampfbar sein. Weiterhin müssen die Analyten solche Eigenschaften aufweisen, dass sie in einem Detektor nachweisbar sind (z.B. Wärmeleitfähigkeit, Ionisierbarkeit in der Flamme usw.)

Die Analyten einer Probe, die mit einem HPLC-System qualitativ oder quantitativ bestimmt werden sollen, müssen im Eluenten löslich sein. Sie müssen im verwendeten Detektor aufgrund ihrer Eigenschaften nachweisbar sein (UV-Absorption, Brechungsindex, Leitfähigkeit usw.).

6.3.10 Aufgaben des Liners im Verdampfungsinjektor eines GCs

Im Gaschromatografen dienen Injektoren zum Einschleusen der Probensubstanz.

Welche Aufgaben hat der «Liner» («Insert»), der in den Verdampfungsinjektor eingebaut ist?

Lösungsvorschlag

Der Liner, der in einem Verdampfungsinjektor eingesetzt wird, hat folgende Aufgaben:
1. Er vergrößert die geheizte Oberfläche im Injektor, dadurch kann die Flüssigkeit rasch und ohne Temperaturabkühlung verdampfen.
2. Er vermischt das Trägergas und das verdampfte Probengas optimal.
3. Er reduziert die Gefahr einer Splitdiskriminierung.
4. Bei Hochsiedern stellt er durch den Einbau einer «Wolle» sicher, dass die gesamte Probe schnell genug verdampft.
5. Er dient als Schutz der Kapillarsäule vor festen Partikeln (z.B. vom Septum).

6.3.11 Erklären der Splitdiskriminierung

Was versteht man unter «Splitdiskriminierung», wann tritt sie auf, und wie kann man sie minimieren?

Lösungsvorschlag

Werden Niedrig- und Hochsieder, die gleichzeitig in einer Probe enthalten sind, in den Splitinjektor injiziert, verdampfen die Niedrigsieder mit hoher Geschwindigkeit und drücken bei ungeeigneter Bauweise einen höheren Anteil durch den Splitausgang. Sie gelangen damit nicht vollständig in die Kapillarsäule. Die langsamer verdampfenden Hochsieder reichern sich dagegen im Pfropf an, der durch die Kapillarsäule gleitet. Das Gemisch, das somit als Pfropf in die Kapillarsäule gelangt, entspricht nicht dem Gemisch, das in der Probe enthalten ist. Man erzielt somit falsche Ergebnisse, die oft noch von Injektion zu Injektion reproduzierbar sind.

Die Verhinderung oder Reduzierung der Splitdiskriminierung kann erreicht werden durch:

1. Verwendung eines geeigneten Inserts, das den schnell verdampfbaren Analyten einen gewissen Widerstand entgegensetzt,
2. eine optimierte Bauweise des Injektors (Hersteller),
3. eine optimierte Injektortemperatur,
4. gegebenenfalls einen Einbau eines splitfreien Injektors (z.B. on-column oder PVT).

6.3.12 Vor- und Nachteile sowie Kennzeichnung von Kapillarsäulen

In der GC werden heute üblicherweise Kapillarsäulen eingesetzt.
a) Welche Vor- und Nachteile hat eine Kapillarsäule gegenüber einer gepackten Säule?
b) Nennen Sie fünf Kriterien zur eindeutigen Kennzeichnung von Kapillarsäulen!

Lösungsvorschlag

a) Vor- und Nachteile von Kapillarsäulen:
   Vorteile:
   Höhere Trennstufenzahl, dadurch bessere Trennleistung (geringere Peakbreite),
   niedrigere Nachweisgrenze der Analyten,
   höhere Auswahlvielfalt der Typen,
   Kapillarsäulen liefern reproduzierbarere Ergebnisse.

   Nachteile:
   Säule ist nicht mehr selbst herzustellen,
   Säule ist empfindlicher gegenüber mechanischen und thermischen Einflüssen,
   Kapillarsäulen sind deutlich teurer,
   Kapillarsäulen benötigen spezielle Injektoren (z.B. mit Split).

b) Trennsäulenkriterien
   1. Innendurchmesser,
   2. Filmdicke,
   3. Länge,
   4. Art der stationären Phase,
   5. Bindung der stationären Phase an die Wandoberfläche,
   6. maximale Betriebstemperatur (programmierte Belastung = kurzfristige Temperatur),
   7. maximale Betriebstemperatur (isotherme Belastung = Dauertemperatur).

6.3.13 Vergleich von Detektoren in der GC

Vergleichen Sie die drei Detektoren «WLD», «FID» und «ECD» hinsichtlich ihrer Empfindlichkeit, Selektivität und Linearität!

Lösungsvorschlag

Tabelle 6.15

Detektor	Empfindlichkeit	Selektivität	Linearität
WLD	ca. 5 ng/mL	Unspezifisch, weist alles nach, was eine andere Wärmeleitfähigkeit als das Trägergas hat.	10^5-fache Konzentrationsbreite
FID	ca. 1 ng	Selektivität für Verbindungen, die z.B. eine C–C-, C–H-und C–O-Bindung aufweisen.	10^7-fache Konzentrationsbreite
ECD	ca. 0,001 ng/mL	Selektiv für elektronenanziehende Stoffe, z.B. Halogene.	10^3-fache Konzentrationsbreite

6.3.14 Veränderungen des Trennverhaltens

Zwei Peaks wurden in einer GC-Apparatur, bestehend aus Splitinjektor, Kapillarsäule und FID, bis zur Grundlinie getrennt. Nach einiger Zeit rücken die Peaks immer mehr zusammen, bis keine Trennung mehr bis zur Grundlinie erfolgt.

Nennen Sie einige Gründe, die das mangelnde Trennverhalten ausgelöst haben können.

Lösungsvorschlag

Zunächst wäre von Interesse, ob sich auch die Durchflusszeit (Totzeit) verändert hat. Ist das der Fall, dann hat sich die Geschwindigkeit der mobilen Phase oder die Länge der Säule verändert und die nachlassende Trennleistung ist evtl. darin zu suchen. Ist die Durchflusszeit gleich geblieben, kann nur das chromatografische System die schlechter werdende Trennung verursacht haben. Zunächst kann eine Veränderung der Ofentemperatur (Programm) die Ursache sein. Meistens wird jedoch der Leistungsverlust der Säule durch Schädigung der Säule verursacht. Hauptgrund der Schädigungen ist die Verwendung einer zu hohen Temperatur oder eine oxidative Schädigung durch Dauereinfluss von Luft und Wasser (Undichtigkeiten).

6.3.15 Einfluss der Trägergasgeschwindigkeit

Ein Peak erscheint nach 5 Minuten im Chromatogramm. Nun wird die Trägergasgeschwindigkeit um 50% erhöht. Welchen Einfluss hat das auf:

a) die Durchflusszeit (Totzeit)?
b) den Gasfluss?
c) die Retentionszeit?
d) die Peakfläche?
e) die Trennstufenzahl?
f) die Bodenhöhe?
g) die Auflösung (Resolution)?

Lösungsvorschlag

a) *Durchflusszeit t_M (min):*
   Die Durchflusszeit reduziert sich um 50%.

b) *Gasfluss $\dot{V}$ (mL/min):*
   Gasfluss und lineare Geschwindigkeit hängen nach Gl. 6.3.2 zusammen:

$$\dot{V} = \frac{d^2 \cdot \pi}{4} \cdot \bar{u} \qquad \text{(Gl. 6.3.2)}$$

   Wird die Gasgeschwindigkeit um 50% erhöht, muss der Gasfluss ebenfalls um 50% zunehmen, wenn der Innendurchmesser der Säule nicht verändert wird.

c) *Retentionszeit t_R (min):*
   Die Retentionszeit wird abnehmen, die Zeitabnahme ist jedoch von chromatografischen Bedingungen abhängig. Die Retentionszeit des Peaks nimmt nicht linear mit der Erhöhung der Gasgeschwindigkeit ab.

d) *Peakfläche A:*
   Wird ein Detektor verwendet, der konzentrationsabhängig ist (also der WLD oder ECD) wird sich die Peakfläche halbieren, da sich die Konzentration des Analyten im Trägergas erniedrigt. Das Produkt aus Gasfluss und Peakfläche ist weitgehend konstant.
   Bei einem massenstromabhängigen Detektor (FID) bleibt die Peakfläche konstant.

e) und f) *Trennstufenzahl* und *Bodenhöhe:*
   Die Bodenhöhe H und die Trennstufenzahl N_{th} sind nach Gl. 6.3.3 über die Länge des chromatografischen Systems verbunden:

$$H = \frac{L}{N_{th}} \qquad \text{(Gl. 6.3.3)}$$

   Die Bodenhöhe H ist nach der Van-Deemter-Gleichung 6.3.4 abhängig von der mittleren, linearen Fließgeschwindigkeit $\bar{u}$.

$$H = A + \frac{B}{\bar{u}} + C \cdot \bar{u} \qquad \text{(Gl. 6.3.4)}$$

   (A, B und C sind Konstanten)

   Die Kurve weist nach Bild 6.30 ein Minimum der Bodenhöhe H auf. An dieser Stelle ist die größte Leistungsfähigkeit der Säule zu erwarten. Je nachdem, wo die ursprüngliche Geschwindigkeit in der Kurve war, kann eine Geschwindigkeitsände-

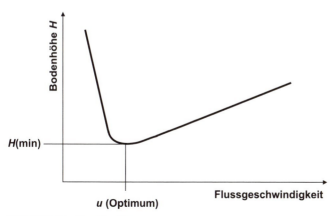

Bild 6.30 Van-Deemter-Kurve

rung eine Verbesserung (ursprüngliche Geschwindigkeit war vor dem Minimum) oder eine Verschlechterung (ursprüngliche Geschwindigkeit war nach dem Minimum) ergeben.

g) *Auflösung R_s*
Die Auflösung (Resolution) zweier Peaks ist abhängig von der Breite und vom zeitlichen Abstand der Peaks. Wird die Geschwindigkeit der mobilen Phase erhöht, ergeben sich zwei Effekte: Die Peaks werden schmaler und rücken zeitlich zusammen. Je nachdem, wie stark sich die beiden Effekte auswirken, wird die Trennung verbessert oder verschlechtert.

6.3.16 Qualifizieren eines GC-Gerätes

Nennen Sie drei Tests, mit denen ein GC qualifiziert werden kann und beschreiben Sie die Tests!

Lösungsvorschlag
Folgende Tests zur Gerätequalifikation sind u.U. sinnvoll:
1. Test auf Reproduzierbarkeit der Retentionszeit,
2. Test auf Reproduzierbarkeit der Peakfläche,
3. Test auf Richtigkeit der Peakflächenverhältnisse,
4. Test auf Splitdiskriminierung.

1. Ein Testgemisch, z.B. bestehend aus 3 unverzweigten Alkanen, die den Siedepunktsbereich der im Routinebetrieb anfallenden Proben abdecken, wird hintereinander 6-mal injiziert und die Retentionszeiten dieser 3 Alkane gemessen. Von jedem Retentionszeitenkollektiv werden der Mittelwert, die Standardabweichung und der Variationskoeffizient berechnet. Es ist ein Variationskoeffizient von unter 0,5% zu erwarten.
2. Dieser Test ist nur sinnvoll bei der Verwendung eines Autosamplers. Ein Testgemisch, bestehend aus 3 unverzweigten Alkanen wird 6-mal hintereinander injiziert. Von den ermittelten 3 Peakflächenkollektiven werden jeweils der Mittelwert, die Standardabweichung und der Variationskoeffizient berechnet. Es ist ein Variationskoeffizient von unter 1% zu erwarten.
3. Ein Testgemisch, bestehend aus 3 unverzweigten Alkanen, deren Massenanteil im Gemisch durch Einwaage bekannt ist, wird 6-mal hintereinander injiziert. Die jeweiligen Peakflächen*verhältnisse* sollten den Massenanteilen der unverzweigten Alkane entsprechen. Von den ermittelten 6 Peakverhältnissen werden der Mittelwert, die Standardabweichung und der Variationskoeffizient berechnet. Es ist ein Variationskoeffizient von unter 0,5% zu erwarten.
4. Ein im Massenanteil definiertes Alkangemisch, bestehend aus einem Niedrigsieder (z.B. Hexan) und einem Hochsieder (z.B. Hexadecan), wird injiziert. Das berechnete Peakflächenverhältnis Hexan/Hexadecan bei der Verwendung eines FIDs, sollte dem Massenanteil des Hexans im Gemisch entsprechen. Eine Differenz von 0,5% (rel.) ist akzeptabel, ansonsten ist mit einer Splitdiskriminierung zu rechnen.

6.3.17 Quantifizieren mit der Methode des externen Standards in der GC

Unter welchen Bedingungen kann auch in der GC eine Auswertemethode mit Hilfe des «externen Standards» vorgenommen werden?

Lösungsvorschlag

Die Voraussetzung der Auswertung mit einem «externen Standard» ist, dass alle Analysenläufe (also die mit Kalibrierlösungen und die mit Probenlösungen) bei absolut gleichen Bedingungen ablaufen, weil die *absolute* Peakfläche als Vergleichsmaßstab verwendet wird. Dazu gehört auch, dass immer die gleichen Volumina an Lösungen in den Injektor des Gaschromatografen injiziert werden. Das ist jedoch nur bei der Verwendung eines gut funktionierenden Autosamplers möglich (Qualifizierung!). Bei einer Handinjektion muss die Methode des «inneren Standards» verwendet werden, weil bei dieser Methode die Flächen*verhältnisse* in die Berechnung eingehen, und diese sind weitgehend vom Injektionsvolumen unabhängig.

6.3.18 Nachweisen einer Referenzsubstanz in der Probe (GC/HPLC)

Ein Peak in einem Probengemisch hat eine Retentionszeit von 3,05 Minuten, eine Referenzsubstanz hat eine Retentionszeit von 3,06 Minuten.

Wie können Sie nachweisen, ob die Referenzsubstanz in der Probe vorkommt oder nicht?
(Die chromatografischen Bedingungen sind jeweils gleich.)

Lösungsvorschlag

Zunächst sollte ein Teil der Probe mit der reinen Referenzsubstanz vermischt (aufgestockt) werden. Durch Variation der chromatografischen Bedingungen am GC oder am HPLC wird überprüft, ob sich keine Peakschulter oder gar eine Auftrennung ergibt. Dazu gehören z.B. folgende Maßnahmen:

❑ Änderung der Ofentemperatur (GC),
❑ Änderung des Flusses der mobilen Phase (GC und HPLC),
❑ Änderung der Zusammensetzung der mobilen Phase (HPLC),
❑ Austausch der stationären Phase (HPLC, GC),
❑ Verlängerung der Säule (GC, HPLC).

Ergibt sich trotz Änderung keine Veränderung des betreffenden Peaks mit der Aufstockung in Chromatogrammen (außer der vergrößerten Peakfläche), ist es sehr wahrscheinlich (aber nicht sicher!), dass Referenzsubstanz und Analyt identisch sind. Die letzte Klarheit ergibt z.B. eine GC/MS- oder HPLC/MS-Kopplung, bei der das spektrometrische Verhalten der Substanz überprüft wird, die den Peak ergibt. Durch Vergleich der spektrometrischen Daten erkennt man schnell, ob die Substanz, die den Peak ergibt, homogen ist oder ob eine Mischung verschiedener Substanzen vorliegt.

6.3.19 Aufbau einer HPLC mit einem Hochdruckgradienten und Eigenschaften der verwendeten Eluenten

Die HPLC ist das am meisten verwendete Trennverfahren.
a) Skizzieren Sie den prinzipiellen Aufbau der HPLC mit einem Hochdruckgradienten und benennen Sie die Bauteile.
b) Welche Eigenschaften soll der in der HPLC verwendete Eluent besitzen? Nennen Sie fünf Eigenschaften.

Lösungsvorschlag

a) Funktionsprinzip

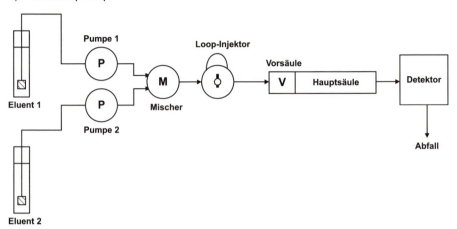

Bild 6.31 Prinzipieller Aufbau eines HPLC mit einem Hochdruckgradienten

b) Der Eluent soll folgende Eigenschaften haben:
    1. hohe Selektivität (Auswirkung auf die Trennung),
    2. ideale Elutionsstärke (Auswirkung auf die Retentionszeit),
    3. möglichst niedrige Viskosität (Auswirkung auf den Druck),
    4. möglichst hohe UV-Durchlässigkeit (Beachtung des Cut-off),
    5. absolute Inertheit gegen alle Analyten,
    6. niedrige Toxizität,
    7. niedrigen Preis,
    8. gute und reproduzierbare Mischbarkeit.

6.3.20 Auswirkungen einer defekten HPLC-Pumpe

Durch eine defekte HPLC-Pumpe erhöht sich der Volumenstrom des Eluenten.

Welche Auswirkungen hat das auf die:
a) Durchflusszeit (Totzeit)
b) Retentionszeit eines Peaks
c) Peakfläche eines Peaks (UV-Detektor)

Lösungsvorschlag

Da durch den vergrößerten Volumenstrom auch die lineare Flussgeschwindigkeit des Eluenten vergrößert ist, verändern sich die 3 Parameter wie folgt:
a) Die Durchflusszeit wird verringert.
b) Die Retentionszeit jedes Analytenpeaks wird verringert.
c) Da der UV-Detektor konzentrationsabhängig ist, und die Konzentration des Analyten im Eluenten durch den höheren Fluss immer geringer wird, wird die Peakfläche jedes Analytenpeaks reduziert.

6.3.21 Senken des Vorsäulendruckes in einer HPLC-Anlage

Nennen Sie fünf Maßnahmen, mit denen prinzipiell der Vorsäulendruck in einer HPLC-Anlage gesenkt werden kann.

Lösungsvorschlag

Der notwendige Druck des Eluenten durch die Säule kann prinzipiell durch folgende Maßnahmen gesenkt werden:

1. Verringerung des Volumenstroms (mL/Min),
2. Erhöhung der Temperatur (Viskosität),
3. Erhöhung des Volumenanteils an Modifier (organischer Bestandteil),
4. Austausch von Methanol durch Acetonitril (Viskosität),
5. Verkürzung der Säule,
6. Kornvergrößerung (z.B. von 3- auf 5-μm-Material),
7. Verwendung von rundem Korn in der stationären Phase,
8. Beseitigung aller Verengungen und Ablagerungen.

6.3.22 Zusammenhang von Trennstufenzahl, Retentionszeit Schreibergeschwindigkeit und Peakfußbreite

Eine GC-Säule hat eine Trennstufenzahl von N_{th} = 80 000 Stufen.

Kann ein Peak entstehen, der bei einer Retentionszeit von 20 Minuten eine Peakfußbreite von 0,2 cm aufweist (Schreibergeschwindigkeit 1 cm/min)?

Lösungsvorschlag

Die Trennstufenzahl N_{th} wird nach Gl. 6.3.5 berechnet:

$$N_{th} = 16 \cdot \left(\frac{t_R}{w_b}\right)^2 \qquad \text{(Gl. 6.3.5)}$$

Durch Einsetzen der Werte und durch Umstellen nach w_b erhält man:

$$\frac{80\,000}{16} = \left(\frac{20\,\text{min}}{x}\right)^2$$

$$\sqrt{5000} = \frac{20\,\text{min}}{x}$$

$$x = \frac{20\,\text{min}}{\sqrt{5000}} = 0,28\,\text{min}$$

Das entspricht bei einer Schreibergeschwindigkeit von 1 cm/min einer *Mindest*peakfußbreite von 0,28 cm. Ein Peak mit einer Peakfußbreite von w_b = 0,2 cm bei einer Retentionszeit von t_R = 20 min ist damit *nicht* zu erreichen.

6.3.23 Bestimmen und Berechnen von Parametern aus einem vorliegenden GC-Chromatogramm

Bei einer GC-Analyse mit einer 20-m-Säule erhielt man folgendes Chromatogramm eines 2-Stoff-Gemisches mit Methan als Totzeitmarker.

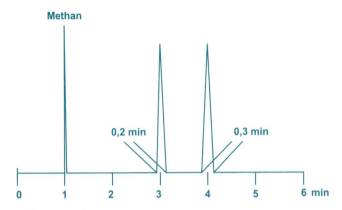

Bild 6.32 GC-Chromatogramm

Bestimmen bzw. berechnen Sie folgende Parameter:
a) Durchflusszeit t_M (Totzeit)
b) mittlere, lineare Gasgeschwindigkeit $\bar{u}$
c) Retentionszeit t_R für Peak 2
d) Kapazitätsfaktor k' für Peak 2
e) Trennfaktor α zwischen Peak 1 und Peak 2
f) Auflösung R_S zwischen Peak 1 und Peak 2
g) Trennstufenzahl N_{th}, bezogen auf Peak 2
h) Bodenhöhe H, bezogen auf Peak 2

Lösungsvorschlag

a) Durchflusszeit:
   Die Durchflusszeit entspricht der Retentionszeit für den «Totzeitmarker» Methan, also 1 min.

b) *Mittlere, lineare Geschwindigkeit:*
   Sie berechnet sich nach Gl. 6.3.6 aus der Durchflusszeit (60 s) und der Länge des chromatografischen Systems (2000 cm):

$$\bar{u} = \frac{L}{t_M} = \frac{2000\ cm}{60\ s} = \underline{33,3\ cm/s} \tag{Gl. 6.3.6}$$

c) Die *Retentionszeit* t_R des Peaks 2 kann direkt in 4 min abgelesen werden.

d) Der Kapazitätsfaktor k' des Peaks 2 kann mit Gl. 6.3.7 berechnet werden:

$$k' = \frac{t_R - t_M}{t_R} = \frac{4\ min - 1\ min}{1\ min} = \underline{3} \tag{Gl. 6.3.7}$$

e) Der *Trennfaktor* α kann mit Gl. 6.3.8 berechnet werden:

$$\alpha = \frac{t_{R2} - t_M}{t_{R1} - t_M} = \frac{4\ min - 1\ min}{3\ min - 1\ min} = \underline{1,5} \tag{Gl. 6.3.8}$$

f) Die *Auflösung* R_S zwischen Peak 1 und Peak 2 kann mit Gl. 6.3.9 berechnet werden:

$$R_S = \frac{2 \cdot (t_{R2} - t_{R1})}{w_{b1} + w_{b2}} = \frac{2 \cdot (4\,\text{min} - 3\,\text{min})}{0,2\,\text{min} + 0,3\,\text{min}} = \underline{4} \qquad \text{(Gl. 6.3.9)}$$

g) Die *Trennstufenzahl* N_{th}, bezogen auf Peak 2 beträgt nach Gl. 6.3.10:

$$N_{th} = 16 \cdot \left(\frac{t_R}{w_b}\right)^2 = 16 \cdot \left(\frac{4\,\text{min}}{0,3\,\text{min}}\right)^2 = \underline{2844} \qquad \text{(Gl. 6.3.10)}$$

h) *Die Bodenhöhe H* wird mit Gl. 6.3.11 berechnet:

$$H = \frac{L}{N_{th}} = \frac{2000\,\text{cm}}{2844} = \underline{0,703\,\text{cm}} \qquad \text{(Gl. 6.3.11)}$$

6.3.24 Skizzieren eines Chromatogrammes mit gegebenen Chromatogramm-Parametern

Folgende Chromatogramm-Parameter eines 2-Stoff-Gemisches, versetzt mit einem Totzeitmarker, wurden abgelesen bzw. berechnet:
1. Totzeit (Durchflusszeit) = 1,5 min
2. Kapazitätsfaktor Peak 1 = 3
3. Resolution Peak 1 / Peak 2 = 1,5
4. Tailingfaktor des Peaks 2 = 2

Skizzieren Sie das Chromatogramm mit einer Freihandzeichnung.
(Die Peakfläche ist beliebig zu wählen).

Lösungsvorschlag

1. Die Durchflusszeit beträgt 1,5 min (Lage des Totzeitpeaks).
2. Der erste Peak entsteht nach t_R = 1,5 min + 3 · 1,5 min = 6 min.
3. Da die Resolution R_s = 1,5 ist, sind die beiden Peaks gerade bis zur Grundlinie aufgelöst.
4. Der zweite Peak hat ein deutliches Tailing, in ca. 10% der Höhe ist die hintere Flanke des Peaks doppelt so breit wie der vordere Teil.

Das Chromatogramm könnte wie folgt aussehen (Bild 6.33):

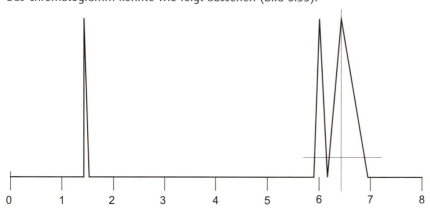

Bild 6.33 Chromatogramm

6.3.25 Veränderungen von Chromatogrammparametern und deren Ursachen

Eine GC-Analyse ergab im Routinebetrieb das Chromatogramm von Bild 6.34 a).
Nach einiger Zeit entstand ein Chromatogramm, das Bild 6.34 b) wiedergibt.
a) Welche Parameter des Chromatogrammes haben sich verändert?
b) Was könnte die Ursache dieser Veränderung sein?

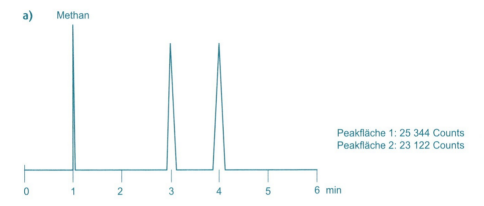

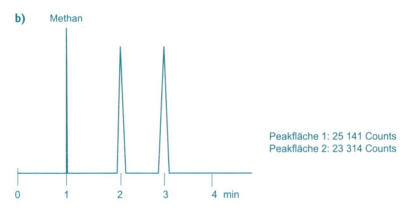

Bild 6.34 a) Chromatogramm und **b)** Chromatogramm mit veränderten Parametern

Lösungsvorschlag

a) 1. Folgende Parameter des Chromatogrammes haben sich *nicht* geändert:
       Durchflusszeit, Peakfläche, Trennungsabstand zwischen den Peaks, Peaksymmetrie.
    2. Folgende Parameter haben sich geändert:
       Retentionszeit *aller* Peaks, außer dem «Totzeitpeak» Methan.
b) Da die Durchflusszeit t_M konstant geblieben ist, haben sich die Länge der Säule sowie die Gasgeschwindigkeit des Trägergases *nicht* verändert.
    Eine Veränderung während der Injektion beeinflusst nicht die Retentionszeit, sondern nur die Peakfläche, die sich jedoch nicht geändert hat (Counts). Veränderungen des Detektors haben Veränderungen der Peakfläche zur Folge, aber nicht eine Veränderung der Retentionszeiten aller Peaks. Daher ist es sinnvoll, den Fehler im chromatografischen System zu suchen:

1. Wenn die Säule nicht ausgetauscht wurde, kann eine Veränderung der stationären Phase (Qualität des Films, Filmdickenveränderung) die Retentionszeit verändern. Diese Veränderungen haben jedoch meistens einen Einfluss auf das Symmetrieverhalten der Peaks. Da dies nicht der Fall ist, ist es wahrscheinlicher, dass sich

2. die Ofentemperatur (oder das Ofenprogramm) verändert hat. Es gilt nachzuprüfen, ob die Säule nicht direkten Kontakt mit dem Metall des Ofens hat. Ansonsten wäre das Temperaturprogramm durch externe Thermometer (z.B. Pt 100) nachzuprüfen.

6.3.26 Peakdeformation durch «Fronting» und «Tailing»

In zwei verschiedenen Chromatogrammen ist jeweils ein Peak entstanden, der ein Fronting bzw. ein Tailing aufweist.

a) Skizzieren Sie ein Fronting bzw. ein Tailing
b) Wodurch könnte das Fronting bzw. Tailing entstanden sein (bei je einer HPLC- und bei einer GC-Analyse)?

Lösungsvorschlag

a) (Schematisch): Fronting und Tailing (Bild 6.35)

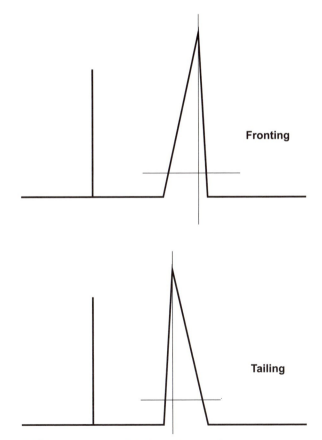

Bild 6.35 Fronting und Tailing (schematisch)

b)

1. Entstehen eines Frontings

    Bei der GC:

    ❑ Zwei benachbarte Peaks sind nicht völlig getrennt.

    ❑ Die Säule ist überladen.

    ❑ Die Probe ist zerfallen (evtl. durch heißen Injektor).

    ❑ Die Probe verdampft zu langsam.

    Bei der HPLC:

    ❑ Zwei benachbarte Peaks sind nicht völlig getrennt.

    ❑ Es ist an Kanalbildung in der stationären Phase zu denken.

    ❑ Die Detektorzelle war zu groß.

    ❑ Die Säule ist überladen.

2. Entstehen eines Tailings

    Bei der GC:

    ❑ Die Trennung zweier Peaks ist nicht ausreichend.

    ❑ Die Probe verdampft zu langsam.

    ❑ Das GC-System ist undicht.

    ❑ Die Säule absorbiert ein Teil der Komponenten.

    ❑ Die Polarität der stationären Phase ist völlig falsch ausgewählt.

    Bei der HPLC:

    ❑ Die Peaks sind nicht richtig getrennt.

    ❑ Die Vorsäule ist verstopft.

    ❑ Es ist ein zu großes Totvolumen im System.

    ❑ Der pH-Wert der mobilen Phase wurde falsch gewählt.

    ❑ Es gibt eine Wechselwirkung zwischen Komplexbildnern und Metallspuren in der Säule.

    ❑ Die Säule absorbiert den Analyt.

6.3.27 Beurteilen der Richtigkeit eines Verfahrens mit der Wiederfindungsrate

Eine Referenzlösung mit 0,241 mg/L eines Analyten ergab eine Peakfläche von 28 429 Counts. Eine zweite Referenzlösung mit 0,743 mg/L des Analyten ergab eine Peakfläche von 56 123 Counts.

Es wurden 0,571 mg/L des Analyten mit der analytfreien Matrix vermischt und analysiert. Man erhielt eine Peakfläche von 46 122 Counts (Injektionsvolumen jeweils gleich).

Machen Sie eine Aussage über die Richtigkeit des Verfahrens mit Hilfe der Wiederfindungsrate (*WFR*), wenn die Linearität des Verfahrens als gesichert gilt.

Lösungsvorschlag

Es handelt sich um eine Auswertung mit «externem Standard». Wenn die Linearität gesichert ist, kann mit Hilfe einer Geradengleichung die Auswertung erfolgen. Es müssen aus den Kalibrierdaten die Parameter der Geradengleichung $y = m \cdot x + b$ berechnet werden:

Teilgleichung 1: $28\,429\,C = m \cdot 0{,}241\,mg/L + b$ (Gl. 6.3.12)

Teilgleichung 2: $56\,123\,C = m \cdot 0{,}743\,mg/L + b$ (Gl. 6.3.13)

Steigung $m = \dfrac{A_2 - A_1}{c_2 - c_1} = \dfrac{56\,123\,C - 28\,429\,C}{0{,}743\,mg/L - 0{,}241\,mg/L} = \underline{55\,167{,}3\,\dfrac{C \cdot L}{mg}}$ (Gl. 6.3.14)

Durch Einsetzen des Wertes m in eine der beiden Gleichungen und Umstellen auf b wird nach Gl. 6.3.15 und Gl. 6.3.16 der Ordinatenabschnitt erhalten:

$$28\,429\,C = 55\,167{,}3\,\frac{C}{mg/L} \cdot 0{,}241\,mg/L + b$$ (Gl. 6.3.15)

$$b = 28\,429\,C - 55\,167{,}3\,\frac{C}{mg/L} \cdot 0{,}241\,mg/L = \underline{15\,133{,}7\,C}$$ (Gl. 6.3.16)

Die Geradengleichung lautet demnach:

$$y = 55\,167{,}3\,\frac{C}{mg/L} \cdot x + 15\,133{,}7\,C$$ (Gl. 6.3.17)

Durch Einsetzen der Peakfläche der *Probenlösung* in die Geradengleichung Gl. 6.3.17 und durch Umstellen auf x erhält man die Konzentration des Analyten:

$$46\,122\,C = 55\,167{,}3\,\frac{C}{mg/L} \cdot x + 15\,133{,}7\,C$$ (Gl. 6.3.18)

$$x = \frac{46\,122\,C - 15\,133{,}7\,mg/L}{55\,167{,}3\,C} = \underline{0{,}562\,mg/L}$$

Da 0,571 mg/L Analyt (theoretische Konzentration) eingewogen wurden, berechnet sich die Wiederfindungsrate *WFR* nach Gl. 6.3.19:

$$WFR = \frac{0{,}562\,mg/L}{0{,}571\,mg/L} \cdot 100\% = \underline{98{,}4\%}$$ (Gl. 6.3.19)

Die Methode weist auf diesem Konzentrationsniveau einen systematischen Fehler von 1,6% auf.

6.3.28 Quantifizierung mit der Aufstock-Methode

Nach der Injektion einer Probe beträgt die Peakfläche für einen Analyten 24 567 Counts. Der Probe werden nun 0,300 mg/100 mL des reinen Analyten zugesetzt (aufgestockt). Man erhält eine Peakfläche von 36 455 Counts.
Welche Konzentration an Analyt in mg/100 mL hatte die ursprüngliche Probe (die Injektionsvolumina sind konstant)?

Lösungsvorschlag

Nach Gleichung 6.3.20 kann die Konzentration der Probe vor der Aufstockung berechnet werden:

$$\beta_{Pr} = \frac{\beta_{STD} \cdot A_{Pr}}{A_{AUFG} - A_{Pr}} = \frac{0{,}300\,mg/100\,mL \cdot 24\,567\,C}{36\,455\,C - 24\,567\,C} = \underline{0{,}620\,mg/100mL}$$ (Gl. 6.3.20)

6.3.29 Berechnen des Responsefaktors und Beurteilen der Linearität einer Methode

Bei einer chromatografischen Methode wurden folgende drei Kalibrierlösungen chromatografiert. Für einen Analyten erhielt man folgende Daten (Injektionsvolumen ist konstant).

Tabelle 6.16

Nr.	Konzentration an Analyt	Erhaltene Peakfläche	Responsefaktor
1	0,2 mg/L	29 455 Counts	
2	0,4 mg/L	62 455 Counts	
3	0,8 mg/L	134 122 Counts	

a) Berechnen Sie für jede Konzentration den Responsefaktor R!
b) Ist die Linearität der Methode zu akzeptieren?
c) Ist es sinnvoll, mit dieser Methode eine Probe zu analysieren? Begründen Sie ihre Aussage!

Lösungsvorschlag

a) Den Responsefaktor R (oder f) berechnet man mit Gl. 6.3.21:

$$R = \frac{m}{A}$$ (Gl. 6.3.21)

Mit Gl. 6.3.21 können folgende Responsefaktoren berechnet werden:

Tabelle 6.17 Lösung zu Tabelle 6.16

Nr.	Konzentration an Analyt	Erhaltene Peakfläche	Responsefaktor
1	0,2 mg/L	29 455 Counts	$R = \dfrac{0,2\,\text{mg/L}}{29\,455\,\text{C}} = 6{,}79 \cdot 10^{-6}\,\text{mg/(L} \cdot \text{C)}$
2	0,4 mg/L	62 455 Counts	$R = \dfrac{0,4\,\text{mg/L}}{62\,455\,\text{C}} = 6{,}40 \cdot 10^{-6}\,\text{mg/(L} \cdot \text{C)}$
3	0,8 mg/L	134 122 Counts	$R = \dfrac{0,8\,\text{mg/L}}{134\,122\,\text{C}} = 5{,}96 \cdot 10^{-6}\,\text{mg/(L} \cdot \text{C)}$

b) Bei einer «strengen» Linearität müssten die Responsefaktoren R aller Kalibrierläufe gleich oder «akzeptabel ähnlich» sein. Da das in diesem Fall durch den stetig fallenden Responsefaktor R *nicht* der Fall ist, kann eine «Linearität» nicht akzeptiert werden.

c) Die Linearität einer Methode muss nicht unbedingt gegeben sein. Allerdings muss dann die (nicht lineare) Abhängigkeit durch umfangreiche Validierungsschritte ermittelt werden. Eine Mehrpunktauswertung ($N > 5$) ist dann immer notwendig.

Manchmal hilft es, wenn der Arbeitsbereich so eingeschränkt wird, dass die Responsefaktoren sehr ähnlich werden. Dann kann unter bestimmten Voraussetzungen (z.B. ausreichende Präzision) eine «Linearität» noch akzeptiert werden. So gesehen, ist eine Linearitätsuntersuchung in der Praxis häufig eine Untersuchung über den kritischen Arbeitsbereich.

6.3.30 Quantifizierung mit der Methode des inneren Standards

1,020 g eines reinen Analyten und 1,322 g eines inneren Standards wurden gemischt und in den Injektor eines GCs injiziert. Man erhielt eine Peakfläche von 34 677 Counts für den Analyt und 44 529 Counts für die Standardsubstanz.

Zur Bestimmung eines Analyten in einer Probe wurden 2,458 g der Probe mit 1,412 g innerem Stand vermischt und das Gemisch in den Injektor des GCs injiziert. Man erhielt eine Peakfläche von 39 122 Counts für den Analyten und 46 122 Counts für den inneren Standard.

Welchen Massenanteil w an Analyt enthält die Probe?

Lösungsvorschlag

Den Methodenfaktor f_M berechnet man mit Gl. 6.3.22:

$$f_M = \frac{m(\text{Analyt}) \cdot A(\text{Standard})}{A(\text{Analyt}) \cdot m(\text{Standard})} \qquad\qquad \text{(Gl. 6.3.22)}$$

$$f_M = \frac{1,02 \text{ g} \cdot 44\,529 \text{ C}}{34\,677 \text{ C} \cdot 1,322 \text{ g}} = \underline{0,991}$$

Den Massenanteil w des Analyten berechnet man mit Gl. 6.3.23:

$$w(\text{Analyt}) = \frac{f_M \cdot A(\text{Analyt}) \cdot m(\text{Standard})}{m(\text{Probe}) \cdot A(\text{Standard})} \cdot 100 \quad \% \qquad\qquad \text{(Gl. 6.3.23)}$$

$$w(\text{Analyt}) = \frac{0,991 \cdot 39\,122 \text{ C} \cdot 1,412 \text{ g}}{2,458 \text{ g} \cdot 46\,122 \text{ C}} \cdot 100\,\% = \underline{48,3\%}$$

6.4 Anwenden spektroskopischer Verfahren

6.4.1 Identifizieren von spektroskopischen Gleichungen

Nennen Sie die Bezeichnung der Formeln in Tabelle 6.18:

Tabelle 6.18

Gleichung	Bezeichnung der Gleichung
$-lg\dfrac{I}{I_0}$	
$100\% - \dfrac{I}{I_0} \cdot 100\%$	
$\dfrac{I}{I_0} \cdot 100\%$	
$-lg\dfrac{I}{I_0} = c \cdot \varepsilon \cdot d$	

Lösungsvorschlag
Tabelle 6.19 Lösung zu Tabelle 6.18

Gleichung	Bezeichnung der Gleichung
$-lg\dfrac{I}{I_0}$	Berechnungsgleichung der Extinktion
$100\% - \dfrac{I}{I_0} \cdot 100\%$	Berechnungsgleichung der Absorption
$\dfrac{I}{I_0} \cdot 100\%$	Berechnungsgleichung der Transmission
$-lg\dfrac{I}{I_0} = c \cdot \varepsilon \cdot d$	Lambert-Beer'sches-Gesetz

6.4.2 Skizzieren der Abhängigkeit der Transmission, Absorption und Extinktion von der Stoffmengenkonzentration

Skizzieren Sie die Abhängigkeit der

❏ Transmission T
❏ Absorption A
❏ Extinktion E

von der Stoffmengenkonzentration c in einer Funktion.

Lösungsvorschlag

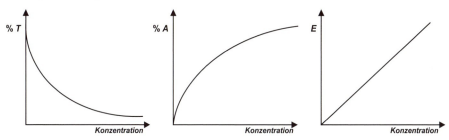

Bild 6.36 Abhängigkeit von *T*, *A* und *E* von *c*

6.4.3 Unterscheiden von Spektroskopie und Spektrometrie

Worin besteht der Unterschied zwischen der Spektroskopie und der Spektrometrie?

Lösungsvorschlag

Spektroskopie ist die Wissenschaft der Wechselwirkung von Materie (Atome und Moleküle) mit elektromagnetischer Strahlung. Man untersucht, bei welchen Frequenzen oder Wellenlängen eine Substanz Energie in Form von Lichtquanten bzw. elektromagnetischen Wellen aufnehmen (absorbieren) oder abgeben (emittieren) kann. Beispiele: UV/VIS-, IR-, NMR-Spektroskopie.

Die Massenspektrometrie (MS, oft auch falsch Massenspektroskopie genannt) ist kein Spektroskopie-Verfahren im eigentlichen Sinne. Dennoch wird sie in diesem Zusammenhang häufig genannt, weil sie in der Analytik einen ähnlichen Zweck erfüllt.

Bei der Massenspektrometrie (MS) werden Massenbruchstücke nach ihrer Ladung und nach ihrer Masse getrennt.

6.4.4 Skizzieren eines Atomabsorptionsspektrometers (AAS) mit einem Brenner

Skizzieren Sie den prinzipiellen Aufbau eines Flammenabsorptionsspektrometers mit einem Brenner und benennen Sie die Bauteile des Gerätes und ihre Funktion.

Lösungsvorschlag

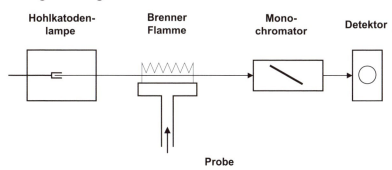

Bild 6.37 Funktionsprinzip eines AAS

Hohlkatodenlampe HKL:
Die Hohlkatodenlampe ist die Lichtquelle der AAS. Dabei muss sie nach dem Gesetz der Gleichartigkeit von Emission und Absorption genau die Wellenlänge aufweisen, die der Analyt absorbiert.

Brennerflamme/Probenraum:
In der Flammentechnik dient ein sehr heißer Brenner zur Erzeugung der freien Atome aus dem Analyten. Allerdings darf die Temperatur der Brennerflamme auch nicht zu hoch sein, da sonst die freien Elektronen evtl. angeregt werden, was eine Lichtabsorption verhindert.

Monochromator:
Der Monochromator hat die Aufgabe, nur Licht einer einzigen Wellenlänge zum Detektor vordringen zu lassen, nämlich der Wellenlänge, die der Emission des Analyten entspricht.

Detektor:
Der Detektor misst die Intensität des ankommenden Lichtes einer Wellenlänge und kann so die Extinktion bestimmen.

6.4.5 Beschreiben der Flammen-AES und der Plasma-Anregung (ICP)

Die Atomemissionsspektroskopie (AES) wird immer mehr zur quantitativen Bestimmung von Metallen eingesetzt.

a) Welche prinzipiellen Techniken kennen Sie bei der Atomemissionsspektroskopie?

b) Beschreiben Sie kurz die beiden Techniken, und nennen Sie ihre Vor- und Nachteile!

Lösungsvorschlag

a) Prinzipiell unterscheidet man «Flammen-AES» und «Plasma-Anregung» (ICP).

b) Bei der Flammen-AES wird die gelöste Probe des Ions oder Elements über einen Zerstäuber in die heiße Flamme geblasen und dort thermisch angeregt. Die Farbe und Intensität des entstehenden Lichtes werden ausgewertet.

Für Elemente oder Ionen, die sich in der heißen Flamme nicht ausreichend anregen lassen, steht das induktiv gekoppelte Plasma (ICP) zur Verfügung. Meist wird Argon als Plasmagas in einer Plasmafackel auf ca. 6000 K erhitzt. Dies geschieht durch die Beschleunigung von Elektronen durch ein anliegendes Feld und ein Auftreffen dieser Elektronen auf die Atomrümpfe.

❏ *Flammentechnik:*
Vorteile: Die Geräte sind relativ billig in Anschaffung und Unterhaltung.

Nachteile: Die Anregung mit einer Flamme ist nur für leicht anzuregende Atome und Ionen anwendbar (z.B. Ca, Cu, Na usw.)

❏ *ICP:*
Vorteil: höhere Empfindlichkeit, dadurch niedrigere Nachweisgrenze, Simultanbetrieb möglich (gleichzeitige Untersuchung).

Nachteil: hohe Betriebskosten durch hohen Argonverbrauch.

6.4.6 AAS-Störungen und deren Auswirkungen

Wie kann man die Störungen bezeichnen, die in der AAS immer wieder auftreten und welche Auswirkungen haben diese Störungen?

Lösungsvorschlag

❑ *Chemische Störung:*
Es bilden sich thermisch stabile Verbindungen, die das Signal kleiner erscheinen lassen. Bei der Grafitrohrtechnik können sich Metallcarbide bilden, die ebenfalls das Signal reduzieren.

❑ *Spektrale Störungen:*
Hierunter versteht man die mangelnde Auflösung der Signale. Die Folge sind Interferenzen (Überlagerungen), die eine Verfälschung der Signale hervorrufen.

❑ *Optische Störungen:*
Durch eine Lichtstreuung von Licht an festen, nicht verdampften Partikeln kann eine störende Erhöhung des Signals hervorgerufen werden.

6.4.7 Chromophore und auxochrome Gruppen

a) Was versteht man unter «chromophoren Gruppen» und «auxochromen Gruppen?
b) Nennen Sie jeweils einen typischen Vertreter dieser Gruppen.

Lösungsvorschlag

a) Unter *chromophoren Gruppen* versteht man Molekülgruppen, die in einem Molekül dafür verantwortlich sind, dass das Molekül UV- oder VIS-Strahlung absorbieren kann. Es sind Gruppen, bei denen ein $n \rightarrow \pi^{*}$- oder $\pi \rightarrow \pi^{*}$-Übergang beobachtet werden kann. Es handelt sich meistens um Gruppen, die verschiebbare π-Elektronen besitzen.
Auxochrome Gruppen sind funktionelle Gruppen in Farbstoff-Molekülen, die das Absorptionsmaximum einer bereits vorhandenen chromophoren Gruppe zum längerwelligen (bathochrom) oder kürzerwelligen (hypsochrom) Bereich des Spektrums verschieben. Dadurch wird eine Farbänderung hervorgerufen.
b) Vertreter der auxochromen Gruppe sind z.B. folgende Gruppierungen: $-OH$, $-NH_2$. Ein Vertreter der chromophoren Gruppe ist z.B. die $- N = N -$ Gruppierung.

6.4.8 Skizzieren eines 2-Strahl-UV/VIS-Spektralfotometers

Skizzieren Sie den Strahlengang eines 2-Strahl-UV/VIS-Spektralfotometers, benennen Sie die Bauteile und beschreiben Sie kurz ihre Aufgaben.

Lösungsvorschlag

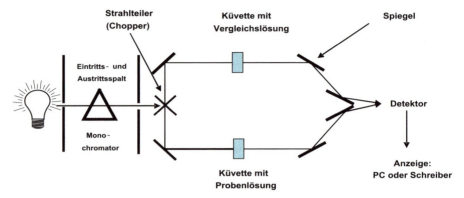

Bild 6.38 Funktionsprinzip eines 2-Strahl-UV/VIS-Spektralfotometers

❑ *Lichtquelle:*
Sie hat die Aufgabe, entweder im UV-Bereich (D-Lampe) oder im VIS-Bereich (Halogen-Lampe), den gesamten Wellenbereich kontinuierlich zu erzeugen.

❑ *Monochromator:*
Der Monochromator sondert aus dem gesamten Wellenbündel (polychromatische Strahlung) alle Wellenlängen heraus, die nicht von Belang sind, und lässt nur die Wellenlänge in den Probenraum gelangen, die vom Anwender gewünscht wird (monochromatische Strahlung).

❑ *Chopper:*
Der Chopper, ein Drehspiegel, teilt den monochromatischen Lichtstrahl seriell in zwei gleichintensive Strahlen ein, die entweder die Probe oder eine separate Blindlösung (Vergleichslösung) im hinteren Strahlengang durchstrahlen.

❑ *Detektor:*
Der Detektor misst die Intensität der ankommenden Teilstrahlen (Proben- und Vergleichsstrahlen) und kann somit die Transmission oder Extinktion bestimmen.

6.4.9 Beschreiben von Einpunkt- und Mehrpunktkalibrierungen in der UV/VIS-Spektroskopie

In der UV/VIS-Spektroskopie können sog. »Einpunktkalibrierungen« und «Mehrpunktkalibrierungen» durchgeführt werden.
a) Beschreiben Sie kurz diese beiden Methoden, und geben Sie Vor- und Nachteile an.
b) Unter welchen Umständen kann man eine «Einpunktkalibrierung» durchführen?

Lösungsvorschlag

a) Bei einer Einpunktkalibrierung wird die Extinktion einer Kalibrierlösung beim Extinktionsmaximum in der Nähe der zu erwartenden Konzentration einer Probe gemessen. Dann wird die Extinktion der Probenlösung gemessen und beide Extinktionen zur Konzentration der Kalibrierlösung ins Verhältnis gesetzt.

Bei der Mehrpunktkalibrierung werden 3...6 Kalibrierlösungen angesetzt (völlig separat oder aus einer Stammlösung) und die Extinktionen aller Lösungen beim Extinktionsmaximum gemessen. Die Abhängigkeit der Extinktionen von der Konzentration wird geprüft, und bei einer akzeptablen Linearität wird eine lineare Regression durchgeführt. Die Probelösung wird unter gleichen Bedingungen gemessen und die Extinktion in die Geradengleichung eingesetzt.

b) Bei dieser Methode, die häufig zur Vorbestimmung (Screening) benutzt wird, muss vorher die Proportionalität nachgewiesen und die Linearität akzeptiert sein. Das schließt das Vorhandensein eines nichtkompensierten Blindwertes aus. Die Extinktionen der Kalibrierlösung und der Probenlösung sollten ähnlich sein.

Diese Methode liefert schnelle Ergebnisse, allerdings sollte die Richtigkeit der Kalibrierlösungen vorher nachgewiesen sein.

6.4.10 Eigenschaften von Lösemitteln in der UV/VIS-Spektroskopie

Welche Eigenschaften müssen Lösemittel aufweisen, die in der UV/VIS-Spektroskopie verwendet werden?

Lösungsvorschlag

Die in der UV/VIS-Spektroskopie verwendeten Lösemittel müssen frei von Schwebestoffen sein (diese absorbieren ebenfalls Lichtstrahlen), und ihre Eigenabsorption, besonders im kurzwelligen Bereich, darf nicht zu hoch sein. Die kleinste akzeptable Messwellenlänge bei der Verwendung des Lösemittels nennt man «Cut-off».

6.4.11 Qualifizieren der Messanzeige eines UV/VIS-Spektralfotometers

Bei einem Zweistrahl-UV/VIS-Spektralfotometer befindet sich im hinteren und im vorderen Strahlengang jeweils eine Blindlösung. Das Gerät zeigt eine Extinktion von 0,045 an.
a) Wodurch könnte dieser kleine Messwert verursacht worden sein?
b) Wie sollte der Anwender bei der Messung weiter vorgehen?

Lösungsvorschlag

a) Wenn sich im hinteren und im vorderen Strahlengang jeweils die gleiche Lösung (Blindlösung) befindet, dürfte (theoretisch) der Extinktionswert «0» angezeigt werden. Das ist fast nie der Fall. Der Grund ist entweder in verschmutzten Spiegeln (einer der Spiegel ist mehr verschmutzt) oder in einer geringfügig ungleichen Schichtdicke der Küvetten zu suchen.
b) Durch Drücken der «Auto-Zero-»Taste werden rechnerisch beide Teillichtstrahlen (Probenstrahlengang und Vergleichsstrahlengang) angeglichen, so dass ein «0-Wert» angezeigt wird.

6.4.12 IR-aktive und inaktive Substanzen

Geben Sie in Tabelle 6.20 an (ja/nein), ob die genannten Verbindungen in einem IR-Spektrum Banden ergeben. Begründen Sie ihre Entscheidung!

Tabelle 6.20

Verbindung	Erzeugung von Banden (ja/nein)	Begründung
Wasserstoff		
Wasser		
Kohlenstoffdioxid		
Stickstoff		
Chlorwasserstoff		

Lösungsvorschlag

Tabelle 6.21　Lösung zu Tabelle 6.20

Verbindung	Erzeugung von Banden (ja/nein)	Begründung
Wasserstoff	nein	Fehlende Polaritätsänderung bei Molekülen, die aus gleichen Atomen bestehen.
Wasser	ja	Dreiatomiges, gewinkeltes Molekül, starke Polariätsunterschiede, drei Normalschwingungen zu erwarten.
Kohlenstoffdioxid	ja	Dreiatomiges, gestrecktes Molekül mit Polaritätsänderung, theoretisch sind 4 Normalschwingungen zu erwarten, es können jedoch nicht alle 4 im Spektrum ausgemacht werden.
Stickstoff	nein	Fehlende Polaritätsänderung bei Molekülen, die aus gleichen Atomen bestehen.
Chlorwasserstoff	ja	Zweiatomiges Molekül, Polaritätsunterschied vorhanden.

6.4.13　Verwendung der Wellenzahl als Abszissenwert

In der IR-Spektroskopie wird vorwiegend die Wellenzahl als Abszissenwert verwendet.

a) Welche Vorteile hat diese Art der Darstellung im Spektrum?
b) Welche Wellenlänge in µm hat ein elektromagnetischer Strahl, wenn er eine Wellenzahl von 3000 cm^{-1} aufweist.

Lösungsvorschlag

a) Aus historischen Gründen wird in der IR-Spektroskopie die Verwendung der Wellenzahl immer noch bevorzugt. Damit können Spektren, die vor längerer Zeit aufgenommen wurden, mit heutigen Aufnahmen direkt verglichen werden. Ein gewisser Vorteil ist auch darin zu sehen, dass bei hoher Wellenzahl die eingestrahlte Energie des Lichtes ebenfalls hoch ist. Dadurch verlaufen Wellenzahl und Energie proportional in die gleiche Richtung.

b) Die Umrechnung der Wellenzahl (cm^{-1}) in eine Wellenlänge (λ in µm) kann mit Gl. 6.4.1 vorgenommen werden:

$$\tilde{\nu} = \frac{10\,000\ cm^{-1} \cdot \mu m}{\lambda\,(\mu m)} \qquad\qquad (Gl.\ 6.4.1)$$

$$\lambda = \frac{10\,000\ cm^{-1} \cdot \mu m}{3000\ cm^{-1}} = \underline{3{,}3\ \mu m}$$

6.4.14 Normalschwingungen von CO_2

Die Atome des Kohlenstoffdioxids können theoretisch vier Normalschwingungen ausbilden.

a) Zeigen Sie am Kohlenstoffdioxidmolekül die vier Normalschwingungen und benennen Sie die Schwingungen.

b) Welche der Schwingungen sind in IR-Spektren zu beobachten? Begründen Sie ihre Aussage.

Lösungsvorschlag

a) Für das dreiatomige, gestreckte Kohlenstoffdioxidmolekül O=C=O sind nach
$F = 3 \cdot N - 5\,(3 \cdot 3 - 5)$ vier Normalschwingungen möglich:
In Bild 6.39 sind die vier Grundschwingungen zu erkennen.

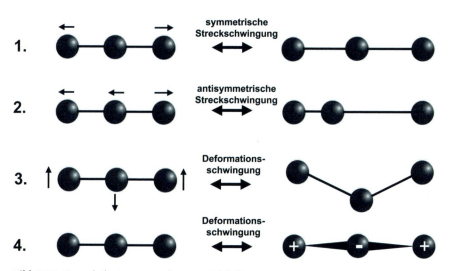

Bild 6.39 Normalschwingungen des CO_2-Moleküls

b) Zwei der vier Schwingungen, Nr. 3 und 4, sind jedoch energiegleich (weil nur um 90° verdreht) und bei der symmetrischen Streckschwingung (Nr. 1) gibt es keine Dipolmomentveränderung ($\Delta\mu = 0$). Somit sind nur 2 Banden (Nr. 2 und Nr. 3/4) im IR-Spektrum zu beobachten.

6.4.15 ATR-Technik in der IR-Spektroskopie

a) Was versteht man unter der ATR-Technik in der IR-Spektroskopie?

b) Beschreiben Sie diese Technik der Probenpräparation.

Lösungsvorschlag

a) Unter ATR-Technik (abgeschwächte Totalreflexion) versteht man eine moderne Probenpräparation, vor allem bei festen Stoffen, die nur schwer in einen KBr-Pressling einzubinden sind. Aber auch Flüssigkeiten können einfach mit der Technik gemessen werden.

b) Die Probe wird mit hohem Druck auf einen Kristall (meistens Diamant) gepresst. Der IR-Strahl trifft von unten durch den Kristall in die aufgetragene Probe, wird wieder an der Grenzschicht des Kristalls durch «Totalreflexion» reflektiert (Bild 6.40). Durch geschickte Anordnung wird erreicht, dass der IR-Strahl mehrmals hintereinander in die Probe eintritt und immer etwas mehr geschwächt wird. IR-Spektren, die mit der ATR-Technik aufgenommen wurden, unterscheiden sich kaum von herkömmlichen IR-Spektren.

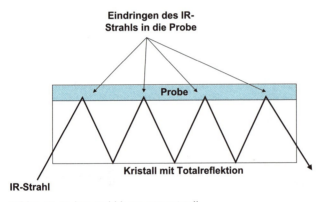

Bild 6.40 Probenstrahl beim ATR-Kristall

6.4.16 Identifizieren des IR-Spektrums der Benzoesäure

Bei der Betrachtung eines IR-Spektrums wird die Verbindung «Benzoesäure» vermutet.

a) Welche typischen Banden sind zu erwarten?

b) Skizzieren Sie kurz, wo die Banden im IR-Spektrum in etwa zu erwarten sind.

Lösungsvorschlag

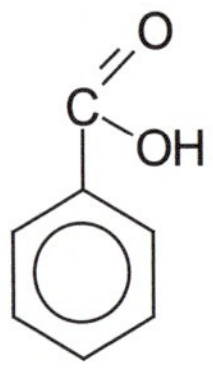

Bild 6.41 Struktur der Benzoesäure

In der Verbindung Benzoesäure sind folgende Gruppen IR-aktiv:

- das aromatische System,
- die Carbonylgruppe und
- die assoziierte OH-Gruppe.

Demnach sind folgende Banden zu erwarten:

- Aromat:
  mittlere Banden von etwas über 3000 cm^{-1}, schwache Banden im Bereich um 1600...2000 cm^{-1}, typisch ausgeprägt
- Carbonylgruppe:
  breite, intensive Bande bei 1500...1700 cm^{-1}
- Assoziierte OH-Gruppe:
  breites Bandensystem bei 3200...3500 cm^{-1}

Das Spektrum von Benzoesäure zeigt Bild 6.42.

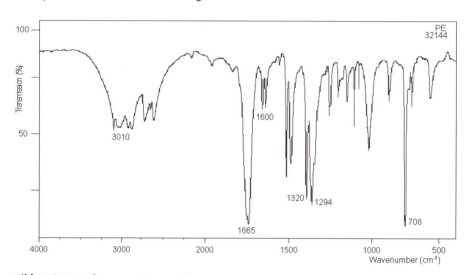

Bild 6.42 IR-Spektrum von Benzoesäure

6.4.17 Begriffsdefinitionen der Massenspektrometrie (MS)

Was versteht man in der Massenspektrometrie unter den Begriffen
a) «Massenzahl»,
b) «Molekülpeak» und
c) «Basispeak»?

Lösungsvorschlag

a) Massenzahl:
   Man versteht darunter das Verhältnis von Masse zu Ladung in einem Molekülion oder in einem ionisierten Molekülbruchstück (m/z).

b) Molekülpeak:
   Es ist der Peak bei der höchsten Massenzahl m/z, aus dem man die molare Masse des unfragmentierten Probenmoleküls ablesen kann (Achtung: der Molekülpeak ist nicht immer in einem Massenspektrum vorhanden!!).

c) Basispeak:

Seine Massenzahl entspricht dem Bruchstück mit der größten Häufigkeit im Massenspektrum. Sein Wert wird willkürlich auf 100% gesetzt. Alle anderen Peaks im Spektrum werden relativ dazu in der Höhe ausgerichtet.

6.4.18 Interpretation des Massenspektrums von Methan

In einem Massenspektrum von Methan (CH_4) befindet sich neben dem Molekülpeak mit der Massenzahl m/z = 16 u noch ein weiterer, deutlich kleinerer Peak. Dieser Peak ist bei der Massenzahl m/z = 17 u zu finden.

Nennen Sie die Ursache für das Vorhandensein dieses kleineren Peaks!

Lösungsvorschlag

Der natürlich vorkommende Kohlenstoff liegt zu 98,9% als Isotop ^{12}C und zu 1,1% als ^{13}C-Isotop in der Natur vor. Somit enthält eine Methanprobe Methanmoleküle mit molaren Massen 16 g/mol und 17 g/mol im Verhältnis 98,9 : 1,1. Der kleinere Peak wird somit von den 1,1% der Methanmoleküle mit der molaren Masse 17 g/mol verursacht.

Das Muster wird als Isotopenmuster bezeichnet.

6.4.19 Erzeugen eines Massenspektrums mit EI oder CI

Welche Unterschiede ergeben sich, wenn das Massenspektrum einer Probe

a) mit der Elektronenstoßionisations-Methode (EI) oder

a) mit der chemischen Ionisations-Methode (CI)

erzeugt wird?

Lösungsvorschlag

a) *EI:*

Es handelt sich um eine harte, energiereiche Ionisationsmethode, daher erfolgt häufig eine starke Fragmentierung. Das Massenspektrum weist viele Peaks von Molekülbruchstücken auf. Es kann dazu führen, dass der Molekülpeak nicht im Spektrum erscheint und die Molekülmasse des Probenmoleküls nicht ermittelt werden kann. Die Methode ist hilfreich für die Strukturaufklärung.

b) *CI:*

Es handelt sich um eine weichere Ionisationsmethode. Weniger Bruchstücke und somit weniger Peaks im Massenspektrum. Der Molekülpeak ist häufig im Spektrum erkennbar und somit ist die Molekülmasse des Probenmoleküls ermittelbar.

6.4.20 Lokalisieren von Bruchstellen bei der MS

Nennen Sie die bevorzugte Bruchstelle im Molekül 2,2-Dimethylhexan und begründen Sie Ihre Antwort.

Lösungsvorschlag

Die Bruchstelle wird bevorzugt dort sein, wo nach der Fragmentierung ein tertiäres Carbeniumkation vorhanden ist. In diesem Fall ist die positive Ladung besonders gut stabilisiert, was dieses Fragment besonders stabil und damit langlebig macht (s. Gl. 6.4.2)

$$\text{(Gl. 6.4.2)}$$

6.4.21 Untersuchen von Atomkernen mit NMR-Spektroskopie

Die NMR-Spektroskopie untersucht den Aufbau der Atomkerne.
a) Welche Bedingung muss ein Atomkern erfüllen, damit er im Magnetfeld messbar ist?
b) Nennen Sie zwei Kerne, die nicht NMR-messtechnisch erfasst werden können!
c) Nennen Sie zwei Kerne, die durch die NMR erfasst werden können!

Lösungsvorschlag

a) Der Atomkern muss einen Kernspin (bzw. ein magnetisches Moment) aufweisen (d.h. $I \neq 0$). Dies ist der Fall, wenn folgende Bedingungen erfüllt sind:
   ❏ ungeradzahlige Anzahl von Neutronen im Kern und/oder
   ❏ ungeradzahlige Anzahl von Protonen im Kern.
b) ^{12}C und ^{16}O können nicht NMR-messtechnisch erfasst werden, da sowohl die Anzahl der Neutronen als auch der Protonen geradzahlig ist (je 6 Neutronen und Protonen beim Kohlenstoff bzw. je 8 Neutronen und Protonen beim Sauerstoff).
c) ^{1}H, ^{13}C, ^{15}N, ^{17}O, ^{29}Si, ^{31}P

6.4.22 Skizzieren und Identifizieren der Signale im ^{1}H-NMR-Spektrum

Skizzieren Sie das ^{1}H-NMR-Spektrum von 1,1-Dichlorethan!
Achten Sie auf die richtigen Signalmuster und die richtige Reihenfolge der Signale im Spektrum.

Lösungsvorschlag

```
   Cl H
   |  |
H—C—C—H
   |  |
   Cl H
```

Im ^{1}H-NMR-Spektrum sollte folgendes zu beobachten sein:

❏ Dublett bei δ = 2,1 ppm; Signal der Methylgruppe, die an das C-Atom gebunden ist, das ein Proton trägt,
❏ Quartett bei δ = 5,7 ppm, Signal des einzelnen Protons, das in der Nachbarschaft die Methylgruppe hat. Aufgrund der unmittelbaren Nähe zu den beiden Chloratomen, liegt es entschirmt vor, und das Signal ist somit bei höheren δ-Werten anzutreffen (das Signal ist zum tiefen Feld hin verschoben).
   Das ^{1}H-NMR-Spektrum von 1,1-Dichlorethan zeigt Bild 6.43.

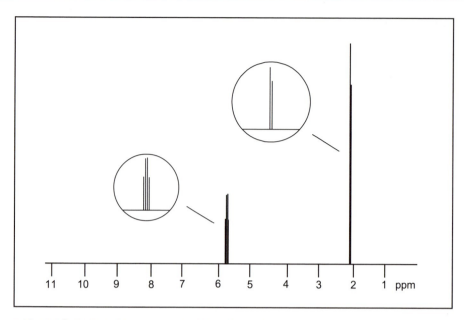

Bild 6.43 ^{1}H-NMR-Spektrum von 1,1-Dichlorethan (schematisch)

6.4.23 Ursache der Signal-Aufspaltung und Identifizieren der Signalmuster-Anzahl mit einer einfachen Regel

a) Worauf beruht die unterschiedliche Form der beiden Signale aus Aufgabe 6.4.22?
b) Mit Hilfe welcher einfachen Regel kann die Anzahl der Linien eines Signals in einem ^{1}H-NMR-Spektrum vorausgesagt werden?

Lösungsvorschlag

a) Die Aufspaltung der Signale wird durch die sog. Spin-Spin-Kopplung hervorgerufen. Die Magnetfelder von Wasserstoffatomen *an benachbarten Kohlenstoffatomen* beeinflussen das tatsächlich am beobachteten Wasserstoffatom wirkende Magnetfeld. Dieses wird durch die Wasserstoffatome aus der unmittelbaren Nachbarschaft entweder leicht geschwächt, leicht verstärkt oder es bleibt unverändert.

b) Je nach Anzahl der an den benachbarten Kohlenstoffatomen gebundenen Wasserstoffatomen entstehen unterschiedliche Signalmuster. Hierbei gilt zur Ermittlung der Anzahl der Linien eines Signals die Regel: $n = P + 1$.
mit:

n Anzahl der Linien im Signal
P Anzahl der Wasserstoffatome an benachbarten Kohlenstoffatomen

6.4.24 Definieren der «chemischen Verschiebung» in der ^{1}H-NMR-Spektroskopie

In der ^{1}H-NMR-Spektroskopie wird der Begriff der «chemischen Verschiebung» verwendet.

a) Wie ist der Begriff definiert?
b) Wozu dient dieser Begriff?

Lösungsvorschlag

a) $\delta = \dfrac{v\,(\text{Probe}) - v\,(\text{TMS})}{v\,(\text{TMS})} \cdot 10^6 \, \text{ppm}$ (Gl. 6.4.3)

Die chemische Verschiebung nach Gl. 6.4.3 ist der Quotient aus der Differenz der Resonanzfrequenz des beobachteten Kerns zur Resonanzfrequenz eines Vergleichskerns aus einem Standard (z.B. TMS). Der Faktor 10^6 ppm dient lediglich dazu, δ-Zahlenwerte zwischen 0 und 20 (in der ^{1}H-NMR-Spektroskopie) zu erhalten und hat nur «kosmetischen» Charakter.

b) Der Begriff dient dazu, dass die δ-Zahlenwerte (chemische Verschiebungen) von NMR-Spektren miteinander verglichen werden können, die durch Geräte mit unterschiedlicher Magnetfeldstärke B_0 erzeugt wurden. Die Werte von δ sind nämlich von der Magnetfeldstärke des verwendeten Spektrometers im Gegensatz zur eigentlichen Resonanzfrequenz unabhängig.

6.4.25 Unterscheidung der Signallage im ^{1}H-NMR-Spektrum in «tiefes» und «hohes» Feld

Warum erscheinen manche Signale links (bei tiefem Feld) und andere rechts (bei hohem Feld) in einem NMR-Spektrum?

Lösungsvorschlag

Verantwortlich, ob ein Signal links oder rechts im Spektrum erscheint, sind Atome bzw. Atomgruppen in der direkten Nachbarschaft des beobachteten Kerns.

Atome oder Atomgruppen mit –I- oder –M-Effekt (z.B. Halogene oder eine Nitrogruppe) erniedrigen die Elektronendichte am beobachteten Kern. Er liegt gegenüber dem äußeren Magnetfeld entschirmt vor und das Signal erscheint bei höheren δ-Werten links im Spektrum.

Atome oder Atomgruppen mit +I- oder +M-Effekt (z.B. aliphatische Gruppen) erhöhen die Elektronendichte am beobachteten Kern. Er wird vom äußeren Magnetfeld abgeschirmt und das Signal erscheint bei kleinen δ-Werten rechts im Spektrum.

6.4.26 Charakterisieren von Protonengruppen und Identifizieren einer Verbindung

Das (schematische) ^{1}H-NMR-Spektrum (Bild 6.44) stammt von einer Flüssigkeit mit der Summenformel $C_4H_8O_2$.

Durch welche Protonengruppen werden die Signale von A bis C erzeugt und um welche Verbindung handelt es sich?

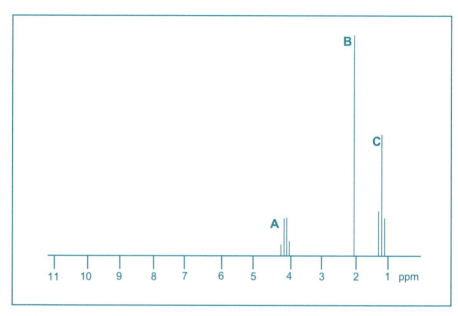

Bild 6.44 ^{1}H-NMR-Spektrum einer unbekannten Flüssigkeit (schematisch)

Lösungsvorschlag

❑ Signal A:

Quartett bei δ = 4,1 ppm; Signal einer Methylgruppe, das an ein C-Atom gebunden ist, das insgesamt 3 Protonen trägt

❑ Signal B:

Singulett bei δ = 2,1 ppm; Signal von einer Methylengruppe, das an ein Atom gebunden ist, das keine Protonen aufweist

❑ Signal C:

Triplett bei δ = 1,3 ppm; Signal einer Methylgruppe, das an ein C-Atom gebunden ist, das insgesamt 2 Protonen trägt

Bild 6.45 Bei der Verbindung handelt es sich um **Essigsäureethylester.**

6.4.27 Berechnen des molaren Extinktionskoeffizienten ε

Berechnen Sie den molaren Extinktionskoeffizienten ε, wenn von einer Lösung mit der Massenkonzentration β = 1 mg/L eine Transmission T von 45% gemessen werden kann. Dabei wird eine Küvette mit einer Schichtdicke von 1 cm verwendet.

Die molare Masse M der Substanz beträgt 125 g/mol.

Lösungsvorschlag

Aus der Transmission von $T = 45\% = 0{,}45$ kann mit Gl. 6.4.4 die Extinktion berechnet werden:

$$E = -\lg T \hspace{6cm} \text{(Gl. 6.4.4)}$$

$$E = -\lg 0{,}45 = \underline{0{,}346}$$

Mit Hilfe von Gl. 6.4.5 kann aus der Massenkonzentration β die Stoffmengenkonzentration berechnet werden:

$$c = \frac{\beta}{M} = \frac{0{,}001\,\text{g/L}}{125\,\text{g/mol}} = \underline{0{,}000008\,\text{mol/L}} \hspace{2cm} \text{(Gl. 6.4.5)}$$

Durch Einsetzen der Werte ins Lambert-Beer'sche-Gesetz (Gl. 6.4.6) und Umstellen nach ε kann der molare Extinktionskoeffizient berechnet werden.

$$E = c \cdot \varepsilon \cdot d \hspace{6cm} \text{(Gl. 6.4.6)}$$

$$\varepsilon = \frac{E}{c \cdot d} = \frac{0{,}346}{0{,}000008\,\text{mol/L} \cdot 1\,\text{cm}} = \underline{43250\,\frac{\text{L}}{\text{mol} \cdot \text{cm}}}$$

6.4.28 Berechnen der Konzentration eines Analyten durch eine Mehrpunktkalibrierung

Bei einer Mehrpunktkalibrierung einer Quantifizierung mit Hilfe der UV-Spektroskopie von fünf Kalibrierlösungen mit Massenkonzentrationen zwischen $\beta = 1$ mg/L und $\beta = 2$ mg/L ergab die Auswertung mit Hilfe der linearen Regression die Geradengleichung Gl. 6.4.7 und einen Korrelationskoeffizienten R von 0,966.

$$y = 0{,}211\,\text{L/mg} \cdot x\,\text{mg/L} - 0{,}002 \hspace{3cm} \text{(Gl. 6.4.7)}$$
$$R = 0{,}966$$

Eine Probenlösung wurde unter den gleichen Bedingungen gemessen und man erhielt eine Extinktion von $E = 0{,}442$.

a) Berechnen Sie die Konzentration des Analyten.

b) Ist das Ergebnis zu akzeptieren?

Lösungsvorschlag

a) Einsetzen der Extinktion $E = 0{,}442$ der Probenlösung in die Geradengleichung Gl. 6.4.7 gibt:

$$0{,}442 = 0{,}211\,\text{L/mg} \cdot x - 0{,}002$$

Nach x aufgelöst, erhält man das Ergebnis:

$$x = \frac{0{,}442 + 0{,}002}{0{,}211\,\text{L/mg}} = \underline{2{,}104\,\text{mg/L}}$$

b) Das Ergebnis ist nicht sicher. Bei der relativ geringen Steigung (Empfindlichkeit) wäre eine geringe Streuung der Messpunkte um die Ausgleichsgerade der linearen Regression zu erwarten. Mit $R = 0{,}966$ ist eine eher stärker streuende Verteilung zu erwarten, oder es sind Ausreißer im Messsystem.

Dazu kommt noch, dass sich der gefundene Probenwert (2,104 mg/L) außerhalb der Konzentration der Kalibrierreihe (1...2 mg/L) befindet.

6.4.29 Berechnen der Energie einer elektromagnetischen Welle aus der Wellenlänge

Berechnen Sie die Energie einer elektromagnetischen Welle, die eine Wellenlänge von $\lambda = 580$ nm aufweist!
($h = 6{,}6256 \cdot 10^{-34}$ Js, $c = 300\,000$ km/s)

Lösungsvorschlag

Die Energie der elektromagnetischen Welle kann mit Gl. 6.4.8 berechnet werden:

$$E = h \cdot \frac{c}{\lambda} \qquad\qquad\qquad\qquad\text{(Gl. 6.4.8)}$$

($300\,000$ km/s $= 3 \cdot 10^5 \cdot 10^3$ m/s $= 3 \cdot 10^8$ m/s ; 580 nm $= 580 \cdot 10^{-9}$ m

$$E = 6{,}6256 \cdot 10^{-34}\,\text{Js} \cdot \frac{3 \cdot 10^8\,\text{m}}{580 \cdot 10^{-9}\,\text{m} \cdot \text{s}} = 6{,}6256 \cdot \frac{3}{580} \cdot 10^{-17}\,\text{J} = \underline{\underline{3{,}427 \cdot 10^{-19}\,\text{J}}}$$

6.4.30 Identifizieren einer reinen Flüssigkeit anhand dreier Spektren: IR-, ^{1}H-NMR- und Massenspektrum

Von einer reinen Flüssigkeit wurden spektroskopisch ein IR- und ein ^{1}H-NMR-Spektrum und spektrometrisch ein Massenspektrum aufgenommen (Bild 6.46 bis Bild 6.48). Mit Hilfe der Elementaranalyse wurde die empirische Formel mit C_7H_8O ermittelt. Identifizieren Sie die Flüssigkeit anhand der drei Spektren und begründen Sie Ihre Aussage!

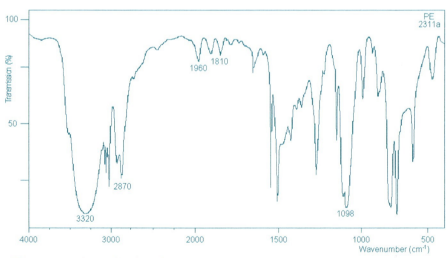

Bild 6.46 IR-Spektrum der Flüssigkeit

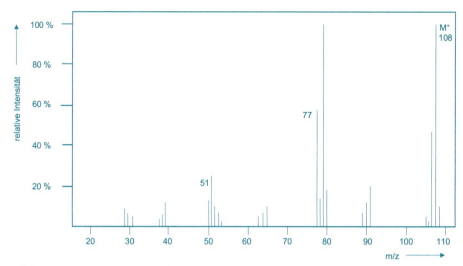

Bild 6.47 Massenspektrum der Flüssigkeit

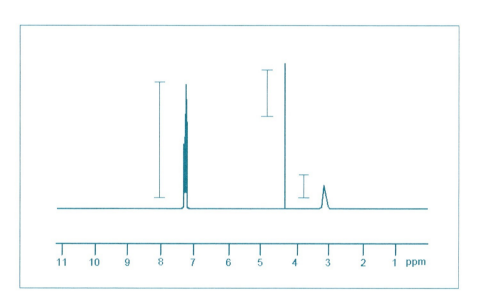

Bild 6.48 ^{1}H-NMR-Spektrum der Flüssigkeit aus Aufgabe 6.4.30

Lösungsvorschlag

IR-Spektrum:

❑ breites Signal bei 3300...3400 cm^{-1} deutet auf eine -OH-Gruppe im Molekül hin (–NH-Gruppe kann nicht im Molekül enthalten sein, siehe empirische Formel),

❑ Bande um 1000 cm^{-1} deutet auf eine –C–O-Gruppe hin (folglich spricht vieles für eine –OH-Gruppe, die die breite Bande bei 3300...3400 cm^{-1} verursacht),

❑ aromatische Oberschwingungen sind bei 1800...2000 cm^{-1} zu erkennen,

❑ Banden bei 3050 cm^{-1} rühren von –C–H-Schwingungen her, bei denen das C-Atom ungesättigt oder aromatisch vorliegt.

¹H-NMR-Spektrum:

❑ die relativen Signalhöhen ergeben ein Protonenverhältnis von 5 : 2 : 1,

❑ breites Signal (Multiplett) bei δ = 7,3 ppm deutet auf fünf Protonen, die an ein aromatisches System gebunden sind,

❑ Singulett bei δ = 4,4 ppm muss von zwei Protonen einer Gruppe stammen, die in der Nachbarschaft C-Atome aufweisen, die selbst keine Protonen tragen,

❑ breites Singulett bei δ = 3,1 ppm deutet auf ein Proton aus einer Hydroxylgruppe (–OH) hin.

Massenspektrum:

❑ Molekülpeak bei m/z = 108 u,

❑ m/z = 107 u = 108 u – 1 u: Molekülfragment, bei dem ein Wasserstoffatom abgespalten wurde,

❑ m/z = 77 u: Phenylrest: $C_6H_5^+$,

❑ m/z = 51 u: $C_4H_3^+$; Molekülfragment, das aus der Umlagerung des Phenylrestes hervorgegangen ist.

Alle Daten lassen den eindeutigen Schluss zu, dass es sich bei der untersuchten Verbindung um **Benzylalkohol** handelt.

6.4.31 Identifizieren einer reinen Flüssigkeit anhand dreier Spektren: IR-, ¹H-NMR- und Massenspektrum

Von einer reinen Flüssigkeit wurden das IR-, ¹H-NMR- und das Massenspektrum aufgenommen (Bild 6.49 bis Bild 6.51).

Identifizieren Sie die Flüssigkeit anhand der drei Spektren und begründen Sie Ihre Aussage!

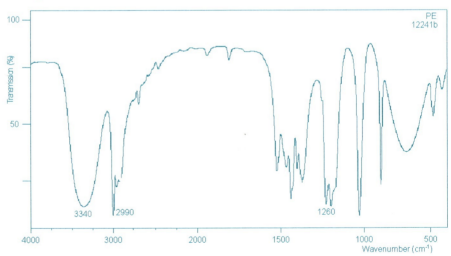

Bild 6.49 IR-Spektrum der Flüssigkeit

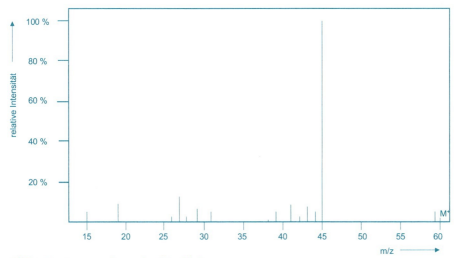

Bild 6.50 Massenspektrum der Flüssigkeit

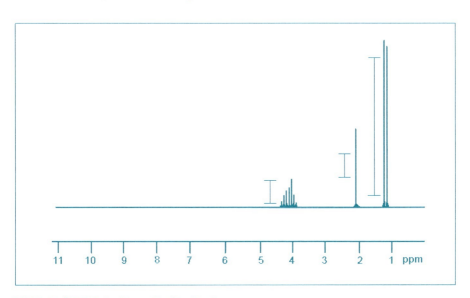

Bild 6.51 ^{1}H-NMR-Spektrum der Flüssigkeit

Lösungsvorschlag

IR-Spektrum:

❏ breites Signal bei 3300...3400 cm^{-1} deutet auf eine –OH- oder –NH-Gruppe im Molekül hin,

❏ Bande um 1100...1280 cm^{-1} deutet auf eine –C–O-Gruppe hin (folglich spricht vieles für eine –OH-Gruppe, die die breite Bande bei 3300...3400 cm^{-1} verursacht),

❏ Banden bei 2970...3000 cm^{-1} rühren von –C–H-Schwingungen her, bei denen das C-Atom gesättigt vorliegt.

Massenspektrum:

❑ schwacher Molekülpeak bei *m/z* = 60 u

❑ *m/z* = 59 u = 60 u...1 u: Molekülfragment, bei dem ein Wasserstoffatom abgespalten wurde

❑ *m/z* = 45 u = 60 u – 15 u: Molekülfragment, bei dem eine Methylgruppe abgespalten wurde; dieser Peak ist gleichzeitig der Basispeak (Peak höchster Intensität)

^{1}H-NMR-Spektrum:

❑ die relativen Signalhöhen ergeben ein Protonenverhältnis von 1 : 1 : 6.

❑ Das Septett bei δ = 4,0 ppm wird von einem Proton verursacht, das a) aufgrund der Tieffeldverschiebung des Signals eine stark elektronenziehende Gruppe/ein Atom in der Nachbarschaft hat und b) direkt benachbarte C-Atome besitzt, die insgesamt sechs Protonen tragen.

❑ Das Singulett bei δ = 2,1 ppm könnte aufgrund seiner Lage von einem Proton aus einer Hydroxylgruppe verursacht werden.

❑ Das Dublett bei δ = 1,2 ppm wird von sechs symmetrisch angeordneten Protonen erzeugt, die ein C-Atom in der direkten Nachbarschaft haben, das ein Proton trägt.

Alle Daten lassen den Schluss zu, dass es sich bei der untersuchten Verbindung um **Propan-2-ol** handelt.

6.4.32 Identifizieren einer reinen Flüssigkeit anhand dreier Spektren: IR-, ^{1}H-NMR- und Massenspektrum

Von einer reinen Flüssigkeit wurden das IR-, ^{1}H-NMR- und das Massenspektrum aufgenommen (Bild 6.52 bis Bild 6.54). Identifizieren Sie die Flüssigkeit anhand der drei Spektren und begründen Sie Ihre Aussage!

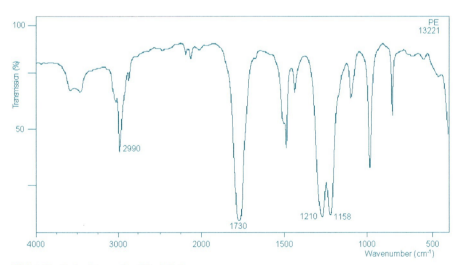

Bild 6.52 IR-Spektrum der Flüssigkeit

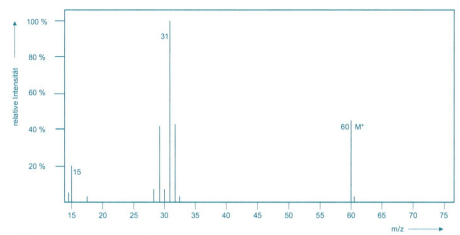

Bild 6.53 Massenspektrum der Flüssigkeit

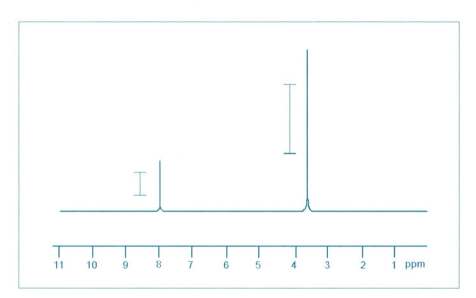

Bild 6.54 ^{1}H-NMR-Spektrum der Flüssigkeit

Lösungsvorschlag

IR-Spektrum:

- starkes Signal bei 1730 cm^{-1} deutet sehr stark auf eine Carbonylgruppe (–C=O) im Molekül hin,
- Bande um 1160...1210 cm^{-1} deutet auf eine –C–O-Gruppe hin,
- Bande bei 2970...3000 cm^{-1} rühren von –C–H-Schwingungen her, bei denen das C-Atom gesättigt vorliegt,
- *keine* breite –OH-Bande bei 3300 cm^{-1}.

¹H-NMR-Spektrum:

❑ relative Signalhöhen ergeben ein Protonenverhältnis von 1 : 3,

❑ Singulett bei δ = 8,1 ppm könnte aufgrund der starken Tieffeldverschiebung von einem Proton aus einer Aldehydgruppe (–CHO) verursacht werden,

❑ Singulett bei δ = 3,7 ppm wird von einer Gruppe von drei Protonen verursacht, deren C-Atom, an dem sie gebunden sind, entweder a) in der direkten Nachbarschaft C-Atome aufweisen, die keine Protonen tragen oder b) an Heteroatome, wie z.B. O, N oder S, gebunden sind.

Massenspektrum:

❑ Molekülpeak bei m/z = 60 u

❑ Basispeak bei m/z = 31 u = 60 u – 29 u: Molekülfragment, bei dem entweder eine Ethylgruppe $-C_2H_5^+$ oder eine Aldehydgruppe $-CHO^+$ von dem Molekül abgespalten wurde,

❑ Peak bei m/z = 15 u stammt von einer abgespaltenen Methylgruppe ($-CH_3^+$).

Alle Daten lassen den Schluss zu, dass es sich bei der untersuchten Verbindung um **Ameisensäuremethylester** handelt.

6.4.33 Identifizieren einer reinen Flüssigkeit anhand dreier Spektren: IR-, ¹H-NMR- und Massenspektrum

Von einer reinen Flüssigkeit wurden das IR-, ¹H-NMR- und das Massenspektrum aufgenommen (Bild 6.55 bis Bild 6.57). Identifizieren Sie die Flüssigkeit anhand der drei Spektren und begründen Sie Ihre Aussage!

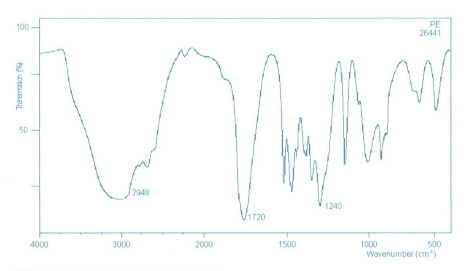

Bild 6.55 IR-Spektrum der reinen Flüssigkeit

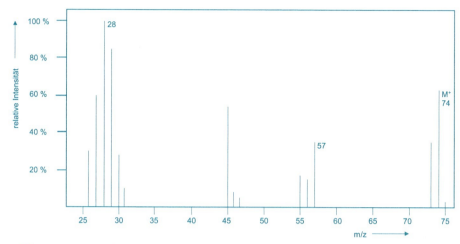

Bild 6.56 Massenspektrum der Flüssigkeit

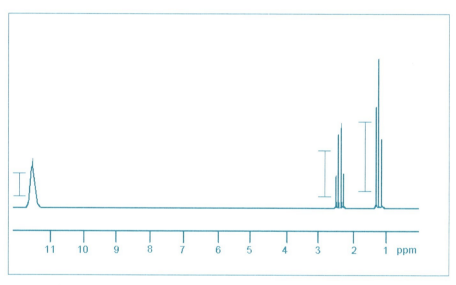

Bild 6.57 ¹H-NMR-Spektrum der Flüssigkeit

Lösungsvorschlag

IR-Spektrum:

- ❑ starkes Signal bei 1720 cm⁻¹ deutet auf eine Carbonylgruppe (–C=O) im Molekül hin,
- ❑ breites Signal bei oberhalb 3000 cm⁻¹ deutet auf eine –OH- oder –NH-Gruppe im Molekül hin, weiterhin deutet es auf das Vorhandensein von Wasserstoffbrücken hin, wie sie in Carbonsäuren oder Alkoholen vorkommen,
- ❑ Bande um 1200 cm⁻¹ deutet auf eine –C–O-Gruppe hin,
- ❑ Bande bei 2950 cm⁻¹ rührt von –C–H-Schwingungen her, bei denen das C-Atom ‚gesättigt vorliegt.

Massenspektrum:

❑ Molekülpeak bei m/z = 74 u,

❑ Peak bei m/z = 73 u = 74 u – 1 u: Molekülfragment, bei dem ein Wasserstoffatom abgespalten wurde,

❑ Peak bei m/z = 57 u = 74 u – 17 u: Molekülfragment, bei dem eine Hydroxylgruppe (–OH) abgespalten wurde,

❑ Peak bei m/z = 28 u könnte von einer abgespaltenen Carbonylgruppe (–CO$^+$) herrühren.

^{1}H-NMR-Spektrum:

❑ relative Signalhöhen ergeben ein Protonenverhältnis von 1 : 2 : 3,

❑ Breites Singulett bei δ = 11,8 ppm deutet auf ein acides Proton hin, z.B. aus einer Carboxylgrupe (–COOH),

❑ Das Quartett bei δ = 2,3 ppm könnte von einer Gruppe von zwei Protonen stammen, die C-Atome in der direkten Nachbarschaft haben. Diese tragen wiederum drei Protonen, z.B. bei einer Methylgruppe (–CH$_3$).

❑ Das Triplett bei δ =1,1 ppm könnte von einer Gruppe von drei Protonen stammen, die C-Atome in der direkten Nachbarschaft haben, die zwei Protonen tragen, z.B. eine Methylengruppe (–CH$_2$).

Alle Daten lassen den Schluss zu, dass es sich bei der untersuchten Verbindung um **Propansäure** handelt.

6.4.34 Identifizieren einer reinen Flüssigkeit anhand dreier Spektren: IR-, ^{1}H-NMR- und Massenspektrum

Von einer reinen Flüssigkeit wurden das IR-, ^{1}H-NMR- und Massenspektrum aufgenommen (Bild 6.58 bis Bild 6.60). Identifizieren Sie die Flüssigkeit anhand der drei Spektren und begründen Sie Ihre Aussage!

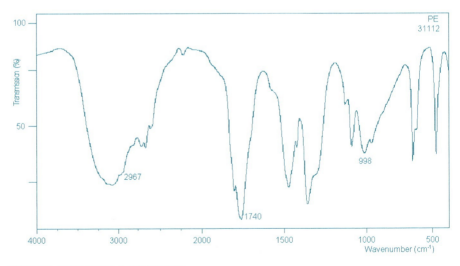

Bild 6.58 IR-Spektrum der Flüssigkeit

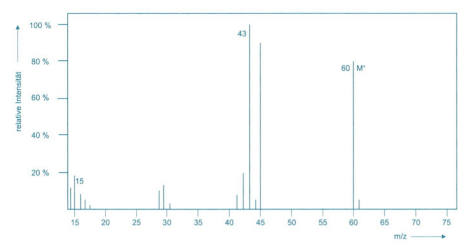

Bild 6.59 Massenspektrum der Flüssigkeit

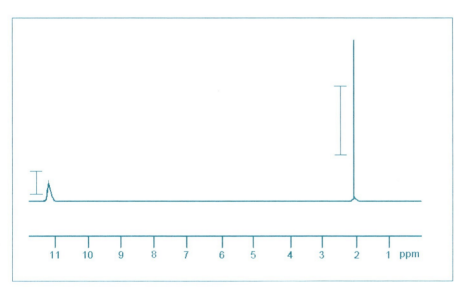

Bild 6.60 ¹H-NMR-Spektrum der Flüssigkeit

Lösungsvorschlag

IR-Spektrum:

- ❏ starkes Signal bei 1740 cm^{-1} lässt auf eine Carbonylgruppe schließen,
- ❏ breites Signal oberhalb 3000 cm^{-1} deutet auf eine –OH- oder –NH-Gruppe hin (–OH- oder –NH-Bauch),
- ❏ Bande um 1000 cm^{-1} deutet auf eine –C–O-Gruppe hin (also spricht vieles für eine –OH-Gruppe, die das breite Signal um 3000 cm^{-1} verursacht),
- ❏ breites Signal um 3000 cm^{-1} deutet generell auf das Vorhandensein von Wasserstoffbrücken hin, wie sie in Carbonsäuren oder Alkoholen vorkommen.

Massenspektrum:

❑ Molekülpeak m/z = 60 u unterstützt die Vermutung, dass es sich bei der Probe um Ethansäure handelt,

❑ Peak bei m/z = 43 u = 60 u – 15 u stammt von einem Fragment, bei dem die Methylgruppe (–CH_3 mit m = 15 u) abgespalten wurde: –CH_3–C^+,

❑ Peak bei m/z = 43 u = 60 u – 17 u stammt von einem Fragment, bei dem die Hydroxylgruppe (–OH mit m = 17 u) abgespalten wurde: –$COOH^+$,

❑ Peak bei m/z = 15 u stammt von der abgespaltenen Methylgruppe –CH_3^+.

^{1}H-NMR-Spektrum:

❑ breites Singulett bei δ = 11,3 ppm deutet auf ein acides Proton hin, wie sie in einer Carboxylgruppe (–COOH) vorkommen,

❑ Singulett bei δ = 2,1 ppm muss von einer Gruppe von Protonen herrühren, die in der Nachbarschaft keine C-Atome aufweisen, die H-Atome an sich gebunden haben,

❑ Die Integrale der beiden Signale weisen ein Verhältnis von 1:3 auf. Demnach handelt es sich bei der Gruppe, die das Signal bei δ = 2,1 ppm verursacht, höchstwahrscheinlich um eine Methylgruppe (–CH_3).

Alle Daten lassen den Schluss zu, dass es sich bei der untersuchten Verbindung um **Ethansäure** (Essigsäure) handelt.

6.4.35 Bezeichnen der Bauteile eines Massenspektrometers

a) Nennen Sie die vier Bauteile, aus denen sich ein Massenspektrometer zusammensetzt.

b) Erläutern Sie, welche Vorgänge in den einzelnen Bauteilen ablaufen.

Tragen Sie die Bauteile und die Vorgänge in Tabelle 6.22 ein.

Tabelle 6.22

Bauteil	Aufgabe des Bauteils

Lösungsvorschlag

Tabelle 6.23 Lösung zu Tabelle 6.22

Bauteil	*Aufgabe des Bauteils*
Probenkammer	Einbringen der Proben durch eine Vakuumschleuse.
Ionisator	Ionisation der Probenmoleküle; anschließende Beschleunigung der geladenen Teilchen.
Analysator	Auftrennen der geladenen Teilchen nach deren Masse und Ladung (häufig durch Ablenkung in einem Magnetfeld).
Detektion	Detektion der Teilchen nach ihrer Häufigkeit (häufig wird als Detektor ein SEV – Sekundär-Elektronen-Vervielfacher – verwendet, dessen Stromfluss direkt proportional zur Anzahl der eintreffenden Teilchen ist).

6.5   Qualitätsmanagement

6.5.1 Zuordnung von Qualitätssicherungssystemen

Ordnen Sie die im Folgenden aufgeführten Begriffe und Aussagen von Tabelle 6.24 den Qualitätssicherungssystemen von Tabelle 6.25 zu.

Tabelle 6.24

Ziele	bessere Vergleichbarkeit von Messdaten	rechtliche Verwendbarkeit durch nachvollziehbare Dokumentation	Bildung von Vertrauen in erzeugte Produkte
System-charakteristika	System der Dokumentation	Nachweis der Kompetenz	QS-System
zugrunde-liegendes Regelwerk	ISO 9001 : 2000 ff.	Chemikaliengesetz	EN 17 025
begutachtende Personen	Inspektoren der Landesbehörde	Auditoren der Zertifizierungsstellen	Gutachter der Akkreditierungsstellen

Tabelle 6.25

	Zertifizierung	Akkreditierung	Good Laboratory Practice (GLP)
Ziele			
System-charakteristika			
zugrundeliegendes Regelwerk			
begutachtende Personen			

Lösungsvorschlag

Tabelle 6.26 Lösung zu Tabelle 6.24 und 6.25

	Zertifizierung	*Akkreditierung*	*Good Laboratory Practice (GLP)*
Ziele	Bildung von Vertrauen in erzeugte Produkte	bessere Vergleichbarkeit von Messdaten	rechtliche Verwendbarkeit durch nachvollziehbare Dokumentation
System-charakteristika	QS-System	Nachweis der Kompetenz	System der Dokumentation
zugrundeliegendes Regelwerk	ISO 9001 : 2000 ff.	EN 17 025	Chemikaliengesetz
begutachtende Personen	Auditoren der Zertifizierungsstellen	Gutachter der Akkreditierungsstellen	Inspektoren der Landesbehörde

6.5.2 Elemente eines Qualitätsmanagementsystems

Ordnen Sie die unter a) bis d) dargestellten Beschreibungen der Elemente eines Qualitätsmanagementsystems in der Tabelle 6.27 zu.

a) Strukturierung und Umsetzung qualitätssichernder Maßnahmen
b) Optimierung der Prozesse
c) Festlegung der Maßnahmen zur Qualitätssicherung
d) Durchführung von Maßnahmen in Abhängigkeit der Prüfergebnisse

Tabelle 6.27

	Beschreibungen
Qualitätsplanung	
Qualitätssicherung	
Qualitätslenkung	
Qualitätsverbesserung	

Lösungsvorschlag

Tabelle 6.28 Lösung zu Tabelle 6.27

	Beschreibungen
Qualitätsplanung	Festlegung der Maßnahmen zur Qualitätssicherung.
Qualitätssicherung	Strukturierung und Umsetzung qualitätssichernder Maßnahmen.
Qualitätslenkung	Durchführung von Maßnahmen in Abhängigkeit der Prüfergebnisse.
Qualitätsverbesserung	Optimierung der Prozesse.

6.5.3 Unterscheidung von «Zertifizierung» und «Auditierung»

Was versteht man unter:
a) Zertifizierung
b) Auditierung

Lösungsvorschlag

a) Zertifizierung
   Unter Zertifizierung versteht man die Erbringung eines Nachweises der Übereinstimmung mit einer Norm.
b) Auditierung
   Unter einer Auditierung versteht man die Untersuchung zur Feststellung einer Normenkonformität.

6.5.4 Bestimmung von Validierungsparametern

Eine Methode zur Bestimmung des Gehaltes der Nebenkomponente in einem Wirkstoff soll validiert werden.
Welche Validierungsparameter schlagen Sie für die Validierung vor?

Lösungsvorschlag

❑ Spezifität,
❑ Linearität,
❑ Arbeitsbereich,
❑ Richtigkeit,
❑ Wiederhol- und Vergleichspräzision,
❑ Bestimmungsgrenze.

6.5.5 Dokumentation von Rohdaten in GLP-relevanten Bereichen

In GLP-relevanten Bereichen ist die Dokumentation der Rohdaten von besonderer Bedeutung.
a) Wie lässt sich der Begriff «Rohdaten» definieren?
b) Weshalb ist die Dokumentation von Daten von entscheidender Bedeutung?

Lösungsvorschlag

a) Rohdaten sind alle ursprünglichen Aufzeichnungen von Ergebnissen der Tätigkeiten und Beobachtungen, die im Rahmen einer Prüfung anfallen.
b) Die Dokumentation von Daten ist im GLP-Bereich hinsichtlich der Nachvollziehbarkeit von Ergebnissen verpflichtend und bildet die Grundlage für die Schaffung einer vertrauensvollen Kunden-Lieferanten-Beziehung.

6.5.6 Ringversuche in akkreditierten Prüflaboratorien

Nach EN 17 025 sollten akkreditierte Prüflaboratorien an Ringversuchen teilnehmen.
a) Welches grundsätzliche Ziel wird durch einen Ringversuch verfolgt?
b) Wie ist der prinzipielle Ablauf eines Ringversuches?

Lösungsvorschlag

a) Grundsätzliche Ziele: Richtigkeitskontrolle von Messwerten durch eine externe Qualitätskontrolle, Überwachung von Laboratorien, Standardisierung von Verfahren, Qualitätsvergleich, Leistungsvergleich, Abschätzung der Validierungsparameter Robustheit und Präzision.
b) ❑ Festlegung des Zieles des Ringversuches,
   ❑ Festlegung der organisatorischen Durchführung,
   ❑ Auswahl der Methode und des Prüfmaterials,
   ❑ Ausschreibung des Ringversuches durch den Organisator,
   ❑ Versendung der Unterlagen und Proben zum Ringversuch an die teilnehmenden Laboratorien durch den Organisator,
   ❑ Durchführung des Ringversuches,
   ❑ Erfassung der Ringversuchsergebnisse,
   ❑ Auswertung der Ringversuchsergebnisse,
   ❑ Darstellung und Publikation.

6.5.7 Grundlagen eines QM-Handbuches

Zur Dokumentation des QM-Systems wird ein QM-Handbuch verfasst.
Nennen Sie fünf Inhalte, die grundsätzlich in einem QM-Handbuch enthalten sind.

Lösungsvorschlag

❑ Organisationsstruktur eines Unternehmens,
❑ Ablaufstruktur eines Unternehmens,
❑ Zuständigkeiten,
❑ Prozesse,
❑ Verweise auf Arbeits- und Verfahrensanweisungen.

6.5.8 Validierung analytischer Methoden

Welches Ziel verfolgt die Validierung einer analytischen Methode?

Lösungsvorschlag

Das Ziel der Validierung einer analytischen Methode ist, zu zeigen, dass sie für den beabsichtigten Zweck geeignet ist.

6.5.9 Definition von Validierungsparametern

Wie definieren sich die folgenden Validierungsparameter bei einer chromatografischen Methode?
- ☐ Robustheit
- ☐ Selektivität
- ☐ Spezifität
- ☐ Nachweis- und Bestimmungsgrenze

Lösungsvorschlag

- ☐ Robustheit:
  Beschreibung, inwieweit eine analytischen Methode eine Störanfälligkeit gegenüber veränderten realen Bedingungen aufweist.
- ☐ Selektivität:
  Feststellung, inwieweit alle nebeneinander liegenden Analyte ohne gegenseitige Einflussnahme quantifiziert und identifiziert werden können.
- ☐ Spezifität:
  Feststellung, inwieweit ein Analyt störungsfrei quantifiziert und identifiziert werden kann.
- ☐ Nachweis- und Bestimmungsgrenze:
  Die mit bestimmter Wahrscheinlichkeit *qualitativ* nachweisbare kleinste Menge an Analyt wird als Nachweisgrenze bezeichnet. Unter der Bestimmungsgrenze versteht man die mit bestimmter Wahrscheinlichkeit kleinste zu *quantifizierende* Menge an Analyt.

6.5.10 Vergleichs- und Wiederholbedingungen bei Präzisionsuntersuchungen

Bei Präzisionsuntersuchung unterscheidet man zwischen Vergleichs- und Wiederholbedingungen. Worin liegt der prinzipielle Unterschied?

Lösungsvorschlag

Wiederholpräzision
- ☐ zu unterschiedlichen Zeitpunkten
- ☐ im gleichen Labor und mit gleichem Equipment
- ☐ mit gleicher Probe und Arbeitsanweisung
- ☐ vom gleichen Bearbeiter

Vergleichspräzision
- ☐ mit der gleichen Probe und Arbeitsanweisung
- ☐ in verschiedenen Labors und mit anderem Equipment
- ☐ von unterschiedlichen Bearbeitern

6.5.11 Berechnung der Wiederfindungsrate (WFR)

Die Betrachtung der Richtigkeit einer Analysenmethode wurde anhand der Bestimmung der Wiederfindungsrate durchgeführt. Dabei wurde einer Placebo-Probe 150 mg eines Wirkstoffes zugesetzt und diese analysiert. Die Messung ergab einen gefundenen Wert des Wirkstoffgehaltes von 142 mg.
Wie groß ist die Wiederfindungsrate?

Lösungsvorschlag

$$WFR = \frac{142\ \text{mg}}{150\ \text{mg}} = 94,7\ \%$$
(Gl. 6.5.1)

6.5.12 Berechnung der WFR durch Aufstockung

Der Massenanteil eines Wirkstoffes in einer Probe beträgt 69,5%. 500 mg dieser Probe wurden mit 300 mg des reinen Wirkstoffes aufgestockt.
Die Analyse der aufgestockten Probe ergab eine Masse an Wirkstoff von 641 mg.
Wie groß ist die Wiederfindungsrate?

Lösungsvorschlag

$$WFR = \frac{641\ \text{mg} - 0,695 \cdot 500\ \text{mg}}{300\ \text{mg}} = 97,8\ \%$$
(Gl. 6.5.2)

6.5.13 Ermittlung des arithmetischen Mittelwertes, der OEG und der UEG

Zur Kontrolle des Drucks in einem Reaktor wird eine Regelkarte geführt. Bei der Prozessüberwachung wurden folgende Druckwerte des Vorlaufs ermittelt:
2,00 bar; 2,03 bar; 2,00 bar; 2,04 bar; 1,98 bar; 2,03 bar; 1,97 bar; 2,01 bar; 1,97 bar; 2,00 bar; 1,98 bar; 1,98 bar; 2,03 bar; 1,97 bar; 2,01 bar; 2,00 bar; 2,03 bar; 2,04 bar; 1,98 bar; 1,97 bar.
Wie hoch sind:
a) der arithmetische Mittelwert $\bar{p}$?
b) die obere Eingriffsgrenze (*OEG*) und die untere Eingriffsgrenze (*UEG*), für einen Streubereich der 3-fachen Standardabweichung um den Mittelwert?

Lösungsvorschlag

a) arithmetischer Mittelwert des Drucks: $\bar{p}$ = 2,001 bar

b) Standardabweichung des Drucks: s_p = 0,0253 bar

Obere Eingriffsgrenze:

$$OEG = 2,001\ \text{bar} + 3 \cdot 0,0253\ \text{bar} = 2,077\ \text{bar}$$
(Gl. 6.5.3)

Untere Eingriffsgrenze:

$$UEG = 2,001\ \text{bar} - 3 \cdot 0,0253\ \text{bar} = 1,925\ \text{bar}$$
(Gl. 6.5.4)

6.5.14 Messwerte- und Spannweitenspur einer Qualitätsregelkarte

Welche Situationen können bei der Messwerte- und Spannweitenspur einer Qualitätsregelkarte auftreten, die auf einen nicht in statistischer Kontrolle befindlichen Prozesszustand hinweisen?

Lösungsvorschlag

Tabelle 6.29

Nr	Situation	Hinweis
1	Ein Punkt (oder mehrere) außerhalb der Eingriffsgrenzen	Prozesswert weicht sehr stark von der natürlichen Variabilität ab, Wert ist unwahrscheinlich
2	Sieben aufeinander folgende Punkte steigend oder fallend	Trend in den Messwerten
3	Acht aufeinander folgende Punkte auf einer Seite vom Mittelwert.	Mittelwertsverschiebung

6.5.15 Berechnung von arithmetischem Mittelwert, Modalwert und Medianwert

Zur Bestimmung des Gehalts eines Wirkstoffes wurde mit Hilfe zweier verschiedener Methoden jeweils eine Zehnfachbestimmung durchgeführt.
Die folgenden Daten wurden ermittelt:
Methode 1:
137 mg, 127 mg, 114 mg, 122 mg, 137 mg, 113 mg, 137 mg, 110 mg, 127 mg, 108 mg
Methode 2:
107 mg, 112 mg, 112 mg, 112 mg, 111 mg, 110 mg, 108 mg, 114 mg, 113 mg, 109 mg
Zu bestimmen ist der arithmetische Mittelwert $\bar{x}$, der Modalwert D sowie der Medianwert $\tilde{x}$.
Welche Methode liefert Ergebnisse, die auf eine schiefe Verteilung hinweisen?

Lösungsvorschlag

Tabelle 6.30

	Methode 1	Methode 2
Mittelwert $\bar{x}$	123,2 mg	110,8 mg
Modalwert D	137,0 mg	112,0 mg
Medianwert $\tilde{x}$	124,5 mg	111,5 mg

Bei der Methode 2 differieren die Lagemaße kaum, so dass von einer symmetrischen Verteilung ausgegangen werden kann.

Methode 1 hingegen liefert Lagemaße mit einer Übereinstimmung vom arithmetischen Mittelwert und Medianwert. Der Modalwert weicht jedoch stark ab. Damit ist eine Schiefe der Verteilung wahrscheinlich.

6.5.16 Berechnung des Variationskoeffizienten

Wie lautet der Variationskoeffizient der folgenden Ergebnisse einer Massenbestimmungen?

137 mg, 127 mg, 114 mg, 122 mg, 137 mg, 113 mg, 137 mg, 110 mg, 127 mg, 108 mg

Lösungsvorschlag

$$VK = \frac{s_m}{\overline{m}} = \frac{11{,}526 \text{ mg}}{123{,}2 \text{ mg}} = 0{,}0936 = \underline{9{,}36\,\%} \tag{Gl. 6.5.5}$$

mit:

VK	Variationskoeffizient
s_m	Standardabweichung
$\overline{m}$	arithmetischer Mittelwert

6.5.17 Berechnung des Vertrauensbereichs

Wie lautet der Vertrauensbereich VB ($f = 9$, $P = 99\%$) für den Stichprobenmittelwert der Ergebnisse der folgenden Massenbestimmung?

107 mg, 112 mg, 112 mg, 112 mg, 111 mg, 110 mg, 108 mg, 114 mg, 113 mg, 109 mg

Lösungsvorschlag

Der Studentfaktor für $f = 9$ und $P = 99\%$ beträgt: $t = 3{,}25$, siehe Tabelle A.1, im Anhang von Band 2. Die Standardabweichung der Einzelwerte besitzt den Wert:
$s_m = 2{,}25$ mg.
Den Vertrauensbereich berechnet Gl. 6.5.6:

$$VB = \frac{s_m \cdot t}{\sqrt{n}} = \frac{2{,}25 \text{ mg} \cdot 3{,}25}{\sqrt{10}} = \underline{2{,}31\,\text{mg}} \tag{Gl. 6.5.6}$$

mit:

VB	Vertrauensbereich
s_m	Standardabweichung
t	Studentfaktor
n	Stichprobenumfang

6.5.18 Überprüfung von Stichprobenmittelwert und Sollwert
mit Hilfe des Sollwert-t-Tests

Prüfen Sie mit Hilfe eines Sollwert-t-Tests, inwieweit der Stichprobenmittelwert $\overline{m}$ der Ergebnisse der folgenden Massenbestimmung mit dem Sollwert $\mu = 100$ mg übereinstimmt ($P = 99\%$).

107 mg, 112 mg, 112 mg, 112 mg, 111 mg, 110 mg, 108 mg, 114 mg, 113 mg, 109 mg

Lösungsvorschlag

Der arithmetische Mittelwert der Masse beträgt: $\overline{m} = 110{,}8$ mg.
Für die Standardabweichung der Masse ergibt sich ein Wert von: $s_m = 2{,}25$ mg.
Die Prüfgröße errechnet man mit Gl. 6.5.7.
Der Studentfaktor für $f = 9$ und $P = 99\%$ beträgt: $t = 3{,}25$, siehe Tab A.1, Band 2.

$$PG = \frac{|\overline{m} - \mu|}{s_m} \cdot \sqrt{n} = \frac{110,8 \text{ mg} - 100 \text{ mg}}{2,25 \text{ mg}} \cdot \sqrt{10} = \underline{15,2} \qquad \text{(Gl. 6.5.7)}$$

mit:

PG   Prüfgröße
$\overline{m}$ arithmetischer Mittelwert
s_m Standardabweichung
μ Sollwert
n Stichprobenumfang

Der Wert der Prüfgröße ist größer als die tabellierte Grenze der Prüfgröße (Student-faktor). Es besteht ein signifikanter Unterschied, die Abweichung ist systematisch.

6.5.19 Überprüfung der Varianzhomogenität mit Hilfe eines *F*-Tests

Prüfen Sie mit Hilfe eines *F*-Tests, inwieweit die Werte die von den Methoden 1 und 2 erzielt wurden eine Varianzhomogenität aufweisen ($P = 99\%$).
Methode 1:
137 mg, 127 mg, 114 mg, 122 mg, 137 mg, 113 mg, 137 mg, 110 mg, 127 mg, 108 mg
Methode 2:
107 mg, 112 mg, 112 mg, 112 mg, 111 mg, 110 mg, 108 mg, 114 mg, 113 mg, 109 mg

Lösungsvorschlag

Die Standardabweichung von Methode 1 beträgt: s_1 = 11,526 mg
Die Standardabweichung von Methode 2 beträgt: s_2 = 2,251 mg
Die Prüfgröße des *F*-Tests berechnet man mit Gl. 6.5.8.
Der *F*-Wert für $f_1 = f_2 = f = 9$ und $P = 99\%$ beträgt: F = 5,35 (s. auch Tabelle A.1, im Anhang Band 2).

$$PG = \frac{s_1^2}{s_2^2} = \frac{11,526^2 \text{ mg}^2}{2,251^2 \text{ mg}^2} = \underline{26,2} \qquad \text{(Gl. 6.5.8)}$$

Der Wert der Prüfgröße ist größer als die tabellierte Grenze der Prüfgröße (*F*-Wert). Es besteht keine Varianzhomogenität.

6.5.20 Ermittlung der Nachweis- und Bestimmungsgrenze mit Hilfe der Signal-Rausch-Methode

Bei der Validierung einer analytischen Methode wurde eine stark verdünnte Probe-lösung mit einer Konzentration von 150 ppm bei höchster Empfindlichkeit in ein GC-System injiziert. Aus dem aufgenommenen Chromatogramm, Bild 6.61, wurde eine Peakhöhe der Probe von 5,2 cm gemessen. Die Höhe des Rauschens beträgt 1,1 cm.

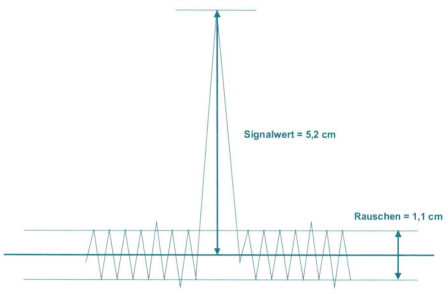

Bild 6.61 Rauschhöhe und Peak

Welche Nachweis- und Bestimmungsgrenze nach der Signal-Rausch-Methode ist abzuschätzen?

Lösungsvorschlag

Zur Definition der Nachweisgrenze: Die Konzentration, bei der die Peakhöhe des Analyten gerade das 3,3-fache des Nulllinienrauschens übersteigt, wird als Nachweisgrenze x_{NWG} bezeichnet.

Zunächst berechnet man das Verhältnis der Peakhöhe des Analyten zum Nulllinienrauschen für die Konzentration 150 ppm nach Gl. 6.5.9:

$$\frac{5,2 \text{ cm}}{1,1 \text{ cm}} = \underline{4,73} \tag{Gl. 6.5.9}$$

Die daraus resultierende Konzentration für das 3,3-fache Verhältnis aus dem Peaksignal und dem Nulllinienrauschen erhält man aus Gl. 6.5.10 (Linearität vorausgesetzt):

$$x_{NWG} = \frac{3,3}{4,73} \cdot 150 \text{ ppm} = \underline{104,7 \text{ ppm}} \tag{Gl. 6.5.10}$$

Für die Bestimmungsgrenze x_{BG} wird das 3-fache der Nachweisgrenze empfohlen (s. Gl. 6.5.11):

$$x_{BG} = 3 \cdot x_{NWG} = 3 \cdot 104,7 \text{ ppm} = \underline{314 \text{ ppm}} \tag{Gl. 6.5.11}$$

6.5.21 Berechnung der Funktionsgleichung einer Regressionsgeraden und Angabe des Bestimmtheitsmaßes

Bei einer Kalibrierung wurden folgende Werte ermittelt:

Tabelle 6.31

Masse in mg	Extinktion
10	0,244
20	0,501
30	0,742
40	1,010
50	1,239

Die folgenden Kalibrierungsparameter sind mittels eines Tabellenkalkulationsprogramms zu ermitteln:
a) die Steigung a_1 der Kalibriergeraden
b) der Achsenabschnitt b
c) die Funktionsgleichung für die «Bestgerade»
d) das Bestimmtheitsmaß $R = r^2$

Lösungsvorschlag

a_1 = 0,02499
b = –0,00250
E = 0,02499 · m – 0,00250
R = 0,9995

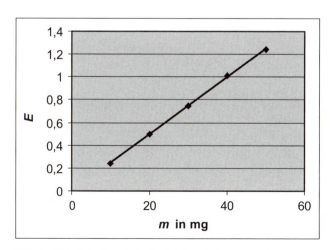

Bild 6.62 Kalibrierkennlinie der fotometrischen Messung

6.5.22 Beurteilen der Güte verschiedener Kalibrierungsgeraden

In den folgenden Diagrammen sind verschiedene Kalibriergeraden dargestellt.

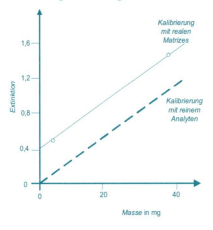

Bild 6.63

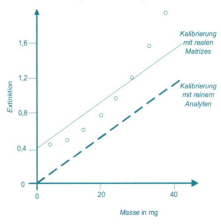

Bild 6.64

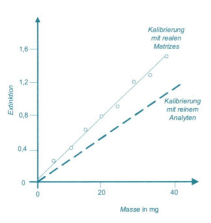

Bild 6.65

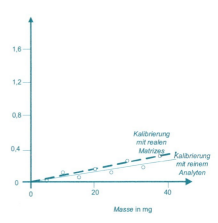

Bild 6.66

Beurteilen Sie die Güte der Kalibrierung hinsichtlich folgender Parameter:

a) Anzahl der Kalibrierungsspunkte
b) Position der Kalibrierungspunkte
c) Richtigkeit:
   systematisch-proportionale Abweichung/systematische Abweichung
d) Linearität
e) Blindwert
f) Empfindlichkeit/Steigung a_1

Lösungsvorschlag

Bild 6.63:

a) Anzahl der Kalibrierungspunkte: zu wenige
b) Position der Kalibrierungspunkte: unterstützen nur die Arbeitsbereichsenden
c) Richtigkeit: systematische Abweichung
d) Linearität: liegt vor

   (Beachte: Bei zwei Kalibrierungspunkten geht die Regressionskurve immer durch beide Kalibrierungspunkte!)

e) Blindwert: vorhanden
f) Empfindlichkeit/Steigung a_1:   ausreichend

Bild 6.64:

a) Anzahl der Kalibrierungspunkte: ausreichend
b) Position der Kalibrierungspunkte: akzeptiert, da equidistant
c) Richtigkeit: systematische Abweichung
d) Linearität: liegt nicht vor
e) Blindwert: vorhanden
f) Empfindlichkeit/Steigung a_1:   ausreichend

Bild 6.65:

a) Anzahl der Kalibrierungspunkte: ausreichend
b) Position der Kalibrierungspunkte: akzeptiert, da equidistant
c) Richtigkeit: systematisch-proportionale Abweichung
d) Linearität: liegt vor
e) Blindwert: kein Blindwert vorhanden
f) Empfindlichkeit/Steigung a_1:   akzeptiert

Bild 6.66:

a) Anzahl der Kalibrierungspunkte: ausreichend
b) Position der Kalibrierungspunkte: akzeptiert
c) Richtigkeit: geringe systematisch-proportionale Abweichung
d) Linearität: liegt vor
e) Blindwert: kein Blindwert vorhanden
f) Empfindlichkeit/Steigung a_1:   zu gering

6.5.23 Fehlerursachen der visuellen Schmelzpunktbestimmung

Führen Sie für die visuelle Schmelzpunktbestimmung drei häufige Fehlerursachen auf.

Lösungsvorschlag

1. zu schnelles Aufheizen,
2. defektes oder unkalibriertes Thermometer,
3. Schmelzpunkt visuell falsch bewertet,
4. Prüfsubstanz verunreinigt,
5. Thermometer falsch abgelesen.

6.5.24 Beurteilung der Genauigkeit einer Messung

a) Was versteht man unter der Genauigkeit einer Messung?
b) Stellen Sie dazu die Messdaten einer genauen Messung als Punkte auf einer Zielscheibe dar, wobei der Mittelpunkt der Zielscheibe den Sollwert darstellt.

Lösungsvorschlag

a) Die Genauigkeit einer Messung ist das Resultat aus deren Präzision und Richtigkeit.
b)

Bild 6.67

6.5.25 Unterscheidung von absoluter und relativer Messunsicherheit

Worin unterscheiden sich
a) absolute und
b) relative Messunsicherheit?

Lösungsvorschlag

a) Absolute Messunsicherheiten sind Unsicherheiten, die in der Einheit des Messwertes angegeben werden.
b) Relative Messunsicherheiten ergeben sich aus dem Verhältnis aus absoluter Messunsicherheit und dem zugehörigen Messwert.

6.5.26 Unterscheidung von zufälliger und systematischer Abweichung

Worin liegt der Unterschied zwischen einer
a) zufälligen und
b) systematischen Abweichung?

Lösungsvorschlag

a) Zufällige Abweichungen werden durch Schwankungen des Messprozesses hervorgerufen und sind negativ und positiv. Sie bedingen die Präzision einer Messung.
b) Systematische Abweichungen sind entweder negativ oder positiv. Sie haben Einfluss auf die Richtigkeit einer Messung.

6.5.27 Berechnung der Gesamtunsicherheit eines Prozesses

Die Bestimmung von Kupfer in einem Abwasser wird mittels einer spektroskopischen VIS-Bestimmung durchgeführt.
Die Prozessschritte und deren Unsicherheiten sind im Folgenden aufgeführt.

Probennahme	5 %
Probenvorbereitung	2 %
VIS-Messung	1 %
Auswertung	1 %

Zu berechnen ist die Gesamtunsicherheit des Prozesses.

Lösungsvorschlag

$$\bar{f}_{ges} = \sqrt{(5\,\%)^2 + (2\,\%)^2 + (1\,\%)^2 + (1\%)^2} = \underline{5{,}6\,\%} \hspace{3cm} \text{(Gl. 6.5.12)}$$

6.5.28 Beschreibung von IQ, OQ und PQ

Eine Gerätequalifizierung wird in einem dreistufigen Systemtest durchgeführt. Dieser Test umfasst z.B. in der Pharmabranche die folgenden Systemschritte:

a) IQ = Installationsqualifizierung (installations qualification)
b) OQ = Funktionale Qualifizierung (operational qualification)
c) PQ = Leistungsqualifizierung (performance qualification)

Beschreiben Sie die 3 Systemschritte unter a) bis c).

Lösungsvorschlag

a) IQ stellt nach der Lieferung fest, inwieweit das Gerät so geliefert wurde, wie es der Bestellung entspricht.
b) Erfolgt die Identifikation und Überprüfung der Geräteparameter, so spricht man von OQ.
c) PQ umfasst die Überprüfung des Gerätes unter Anwendung laborspezifischer Analysemethoden.

Die Durchführung erfolgt meist durch folgende Personen:

a) IQ – Kundendienst
b) OQ – Kundendienst und Labormitarbeiter
c) PQ – Labormitarbeiter

6.5.29 Definition von: Messen, Justieren, Kalibrieren, Eichen, Prüfung, Prüfmittel, Referenzmaterial

Definieren Sie die aufgeführten Begriffe.

a) Messen
b) Justieren
c) Kalibrieren (intern/extern)
d) Eichen
e) Prüfung
f) Prüfmittel
g) Referenzmaterial

Lösungsvorschlag

a) Messen:
   Experimentelle Erfassung des Wertes einer Messgröße.

b) Justieren:
   Einstellung eines Messgerätes zur Verringerung der Messabweichung.

c) Kalibrieren:
   Ermittlung des Zusammenhangs zwischen Signal und Konzentration oder Ermittlung der Messabweichungen des Messgerätes.

d) Eichen:
   Behördlich durchgeführte Prüfung eines Messgerätes nach den Eichvorschriften.

e) Prüfung:
   Definierter Vorgang zur Ermittlung von sicherheits- und umweltbedeutsamen Kennwerten im nicht klinischen Bereich.

f) Prüfmittel:
   Messgerät zur Erfassung qualitätsrelevanter Messdaten.

g) Referenzmaterial:
   Materialien mit bekannten Eigenschaften, die zur Überprüfung von Messgeräten oder Methoden dienen.

6.5.30 Aufgaben von «Q7-Werkzeugen»

Welche Aufgaben haben die folgende «Q7-Werkzeuge»?
a) Regelkarte
b) Paretoanalyse
c) Korrelationsdiagramm
d) Ursache-Wirkungs-Diagramm

Lösungsvorschlag

a) Regelkarte:
   Die Qualitätsregelkarte ist ein Werkzeug zur Dokumentation von chronologisch anfallenden Messdaten sowie zur statistischen Überwachung eines zugrunde liegenden Prozesses.

b) Paretoanalyse:
   Die strukturierte Trennung des Wesentlichen vom Unwesentlichen ist die Hauptaufgabe der «Paretoanalyse». Ihr obliegt die grundsätzliche Überlegung, dass 80% der Auswirkungen eines Problems nur durch 20% aller möglichen Einflüsse und Ursachen hervorgerufen werden. Damit ist die Paretoanalyse ein besonders wertvolles Entscheidungsinstrument, um Verbesserungspotenziale und Fehlerursachen mit dem größten Effekt identifizieren zu können.

c) Korrelationsdiagramm:
   Die grafische Darstellung der Beziehung zwischen zwei Merkmalen ist die Aufgabe eines Korrelationsdiagramms. Anhand dieses Diagramms sind statistische Schlussfolgerungen hinsichtlich des Zusammenhangs der Merkmale möglich.

d) Ursache-Wirkungs-Diagramm:
   Das Ursache-Wirkungs-Diagramm, auch Ishikawa-Diagramm genannt, dient der strukturierten Zuordnung möglicher Ursachen zu einem definierten Problem. Hierzu werden die Ursachen zunächst nach Ursachenfeldern geordnet, um anschließend in Haupt- und Nebenursachen unterteilt zu werden.

6.6 Durchführen mikrobiologischer Arbeiten

6.6.1 Kennzeichen einer lebenden Zelle und die Bedeutung für Viren

Die kleinste biologische Einheit ist die Zelle. Sie besitzt alle fünf Kennzeichen des Lebens.

a) Wie heißen diese 5 Kennzeichen?
b) Viren sind nach dieser Definition keine Lebewesen. Nennen Sie ein Kriterium, das den Viren fehlt.

Lösungsvorschlag

a) Die fünf Kennzeichen des Lebens sind:
   1. Wachstum, 2. Vermehrung, 3. Reizbarkeit, 4. Bewegung und 5. Stoffwechsel.
b) Viren besitzen keinen eigenen Stoffwechsel. Sie benötigen für Wachstum und Vermehrung eine Wirtszelle.

6.6.2 Zuordnen von Aufgaben der Zellorganellen

Im Allgemeinen besitzt eine Bakterienzelle verschiedene Zellorganellen. Ordnen Sie den angegebenen Zellbestandteilen von Tabelle 6.32 eine Aufgabe zu.

Tabelle 6.32 Zellorganellen und Zuordnung ihrer Funktionen

Zellorganelle	Aufgabe
Mitochondrium	
DNA	
Zellmembran	
Zellwand	
Ribosom	

Lösungsvorschlag

Tabelle 6.33 Lösung zu Tabelle 6.32

Zellorganelle	Aufgabe
Mitochondrium	stellt die Energie bereit
DNA	trägt die Erbinformation
Zellmembran	begrenzt die Zelle, reguliert den Stoffeintritt und -austritt
Zellwand	grenzt die Zelle nach Außen ab, dient dem Schutz und der Formgebung, verleiht Stabilität
Ribosom	synthetisiert Proteine

6.6.3 Unterscheiden von prokaryontischen und eukaryontischen Zellen

Die Biologen unterscheiden zwischen prokaryontischen und eukaryontischen Zellen.
a) Nennen Sie vier Unterschiede zwischen eukaryontischen und prokaryontischen Zellen.
b) Nennen Sie je einen Vertreter. Ergänzen Sie hierzu Tabelle 6.34.

Tabelle 6.34 Unterschiede eukaryontischer und prokaryontischer Zellen

eukaryontische Zelle	**prokaryontische Zelle**
Vertreter:	**Vertreter:**

Lösungsvorschlag

Tabelle 6.35 Lösung zu Tabelle 6.34

eukaryontische Zelle	*prokaryontische Zelle*
echter Zellkern	Kernäquivalent
Größe: 0,1…1 mm	Größe: 2…10 µm
viele Zellorganellen	wenige Zellorganellen
Mitochondrien	keine Mitochondrien
stark strukturiert	wenig strukturiert
morphologisch stark differenziert	morphologisch wenig differenziert
Vertreter: Pflanzen, Tiere, Pilze, Hefen	*Vertreter:* Bakterien

6.6.4 Unterscheiden von eukaryontischen Zellen und Bakterienzellen

Bakterienzellen weisen einige Strukturen und Eigenschaften auf, die bei eukaryontischen Zellen in der Regel nicht vorkommen.
a) Nennen Sie 2 Besonderheiten der Bakterienzelle.
b) Nennen Sie deren Bedeutung für das Bakterium. Ergänzen Sie Tabelle 6.36.

Tabelle 6.36 Strukturen und Eigenschaften von Bakterien

Struktur, Eigenschaft	Bedeutung

Lösungsvorschlag

Tabelle 6.37 Lösung zu Tabelle 6.36

Struktur, Eigenschaft	Bedeutung
Geißeln	Fortbewegung
Fimbrien, Pili	Anheftung an Oberflächen
Schleimhülle	Anheftung an Oberflächen (z.B. Zähne), Schutz vor Toxinen
Bildung von Endosporen	Überdauerungsformen

6.6.5 Zuordnen von Zellstrukturen und deren Substanzklassen

Zellen enthalten eine große Zahl unterschiedlicher organischer Moleküle. Diese lassen sich in nur wenige Klassen von Substanzen, wie Fette, Zucker usw. zusammenfassen. Ergänzen Sie in Tabelle 6.38 die dominierende Substanzklasse der aufgeführten Strukturen einer gramnegativen Bakterienzelle.

Tabelle 6.38 Zuordnung von Zellstrukturen und deren Substanzklassen

Zellstruktur	dominierende Substanzklasse
Zellmembran	
Zellwand	
Kernäquivalent	
Geißel	
Cytoplasma	

Lösungsvorschlag

Tabelle 6.39 Lösung zu Tabelle 6.38

Zellstruktur	dominierende Substanzklasse
Zellmembran	Phospholipide
Zellwand	Murein
Kernäquivalent	DNA, Erbsubstanz, Nucleinsäure
Geißel	Protein
Cytoplasma	Protein

6.6.6 Benennen von Begeißelungstypen der Bakterien

Einige Bakterien haben auf der Oberfläche Geißeln.
Benennen Sie die Begeißelungstypen der Bakterien in Bild 6.68.

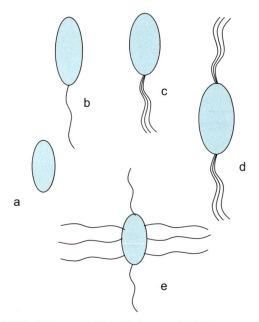

Bild 6.68 Typen der Begeißelung von Bakterien

Lösungsvorschlag

a) atrich (keine Geißel),
b) monopolar monotrich,
c) monopolar polytrich,
d) bipolar polytrich (amphitrich),
e) peritrich.

6.6.7 Verhalten von Zellen in einer Gramfärbung

In einem elektronenmikroskopischen Bild finden Sie eine Zelle, die der in Bild 6.69 ähnelt. Sie besitzt zwei Zellmembranen und eine Zellwand.
a) Wie reagiert dieses Bakterium in einer Gramfärbung?
b) Begründen Sie dies.

Bild 6.69 Schematische Darstellung eines elektronenmikroskopischen Bildes einer Bakterienzelle

Lösungsvorschlag

a) Die Bakterienzelle erscheint rot.
b) Es handelt sich hier um eine gramnegative Zelle mit einer inneren und einer äußeren Zellmembran, zwischen denen die Zellwand aus Murein liegt. Der Raum zwischen den Membranen ist das Periplasma.

6.6.8 Bedingungen für das Bilden von Endosporen

Bakterien können unter bestimmten Bedingungen Endosporen bilden.
a) Nennen Sie zwei Bedingungen, die hierzu führen können.
b) Nennen Sie drei Eigenschaften bakterieller Endosporen.
c) Wie unterscheiden sich Bakteriensporen von den Pilzsporen?

Lösungsvorschlag

a) Nährstoffmangel und Anhäufung von Stoffwechselendprodukten führen zur Sporenbildung.
b) Bestimmte grampositive Stäbchen (Bacillen und Clostridien) bilden Endosporen innerhalb der Zelle aus. Diese Überdauerungsformen enthalten das gesamte Erbgut der Zelle. Bakteriensporen besitzen einen sehr geringen Wassergehalt, sind resistent gegenüber Trockenheit, UV-Strahlung, Hitze, Säuren und vielen chemischen Desinfektionsmitteln. Auch nach tausenden von Jahren sind sie noch keimfähig.
c) Pilzsporen sind Exosporen, d.h., sie werden außerhalb der vegetativen Zelle gebildet. Sie sind Vermehrungsformen. Bakteriensporen sind Endosporen. Sie werden innerhalb der vegetativen Zelle gebildet und sind Überdauerungsformen.

6.6.9 Bewegungsformen von Bakterien

Bakterien können sich aktiv fortbewegen.
Nennen Sie hierzu eine Möglichkeit.

Lösungsvorschlag

Geißeln:
Viele Bakterien besitzen Geißeln, die in das Medium ragen und mit denen sie sich durch Flüssigkeiten schrauben können.

Gleiten:
Einige Bakterien können auf Oberflächen oder in sog. Scheiden gleiten. Wie diese Bewegung funktioniert, ist noch nicht genau geklärt.

Anmerkung:
Bei den Spirochaeten liegen die Geißeln zwischen der inneren und der äußeren Zellmembran. Die Bewegung der Geißeln führt zu einem Rollen, Schlängeln oder zu charakteristischem, ruckartigem Verbiegen der Zelle.

6.6.10 Mikrobiologie und der Begriff «Taxis»

In der Mikrobiologie kennt man den Begriff «Taxis».
Was versteht man unter diesem Begriff?

Lösungsvorschlag

Eine «Taxis» ist eine zielgerichtete Bewegung von Bakterien.

Anmerkung:
Die bekannteste Form ist die Chemotaxis. Sie erlaubt den Bakterien, einem chemischen Gradienten folgend, zu einer Substratquelle zu gelangen oder von einer schädlichen Substanz wegzuschwimmen. Eine andere Form ist die Phototaxis, bei der die (phototrophen) Bakterien zum Licht schwimmen.

6.6.11 Zellwand eines Bakteriums («bakteriostatisch», «bakteriozid»)

Die Zellwand eines Bakteriums besteht aus einem Makromolekül, das verschiedene Zuckerderivate und einige Aminosäuren enthält.
a) Wie heißt dieses Makromolekül?
b) Die Zellwand ist der Angriffsort der Antibiotika Lysozym und Penicillin. Allerdings unterscheidet sich die Wirkungsweise der beiden Antibiotika. Beschreiben Sie, in je einem kurzen Satz, wie die beiden Substanzen wirken.
c) Was versteht man unter den beiden Begriffen «bakteriozid» und «bakteriostatisch»?
d) Manche Antibiotika wirken bei demselben Bakterium mal bakteriozid, mal bakteriostatisch. Wovon hängt die Wirkung ab?

Lösungsvorschlag

a) Die Zellwand von Bakterien besteht aus Murein.
b) Penicillin blockiert die Mureinsynthese (Zellwandsynthese) der Bakterien. Lysozym löst die Zellwand auf, indem es die Peptidbindungen innerhalb des Mureins zerstört.
c) Unter einer «bakteriozide Wirkung» versteht man das völlige Abtöten von Bakterien. «Bakteriostatisch» wirkende Antibiotika hemmen das Wachstum der Bakterien.
d) Ob ein Antibiotikum bakteriostatisch oder bakteriozid wirkt, hängt von seiner Konzentration und der Einwirkungsdauer ab. Bei hoher Dosierung und langer Anwendung werden Bakterien abgetötet. Bei zu niedriger Konzentration und zu kurzer Anwendungszeit werden die Keime in ihrem Wachstum gehemmt.

6.6.12 Vorkommen von Bakterien

Bakterien kommen in allen Lebensräumen vor.
Geben Sie hierzu eine Begründung.

Lösungsvorschlag

Bakterien besiedeln die Erde seit mehreren Milliarden Jahren. Sie haben eine sehr kurze Generationszeit und können sich daher recht schnell an veränderte Bedingungen anpassen. Sie haben deshalb eine immense Artenvielfalt entwickelt und alle möglichen Lebensräume besiedelt. Heute kennt man keinen Lebensraum, in dem man keine Bakterien nachgewiesen hat. Selbst in den Tiefen der Ozeane, im Toten Meer und an Orten mit extremen Temperaturen (z.B. Sahara, Antarktis, heißes Quellwasser) findet man diese Lebewesen.

6.6.13 Wirkung und Einfluss der Mikroorganismen

Mikroorganismen sind wichtige Bestandteile der Natur.
Nennen Sie 4 Beispiele für die Wirkung und den Einfluss von Mikroorganismen.

Lösungsvorschlag

Bakterien spielen eine Rolle:
- ❑ in der Nahrungskette (Fäulnisbewohner, Stoffkreisläufe),
- ❑ in der Lebensmittelindustrie (Joghurt-Herstellung, Käseherstellung),
- ❑ in der Arzneimittelherstellung (Penicillin),
- ❑ in der Biotechnologie (Kläranlage, Abgasreinigung),
- ❑ als Krankheitserreger (Wundstarrkrampf, Entzündungen),
- ❑ als Lebensmittelverunreiniger (Schimmelpilz auf Brot, Brech-Durchfallerkrankungen).

6.6.14 Energie, Atmung und Gärung eines Bakteriums

Die Energie, die eine Zelle zum Leben benötigt, stammt häufig aus einer chemischen Umsetzung organischer Moleküle. Je nach Lebensweise der Bakterien, spielt dabei die Atmung oder die Gärung eine entscheidende Rolle.
a) Definieren Sie den Begriff «Atmung».
b) Wie lautet die Reaktionsgleichung einer Atmung mit Glucose als Substrat?
c) Definieren Sie den Begriff «Gärung».
d) Stellen Sie eine Reaktionsgleichung einer Gärung mit Glucose als Substrat auf.
e) Wie nennt man ein Bakterium, das sowohl atmen als auch gären kann?

Lösungsvorschlag

a) Der Begriff «Atmung» ist definiert als die Umsetzung eines Substrats mit molekularem Sauerstoff.

b) $$C_6H_{12}O_6 \; + \; 6\,O_2 \quad\quad \rightarrow \; 6\,CO_2 \quad\quad\quad + \; 6\,H_2O \quad\quad\quad \text{(Gl. 6.6.1)}$$
Glucose + 6 Sauerstoff → 6 Kohlenstoffdioxid + 6 Wasser

c) Umsetzung eines Substrats ohne Beteiligung von Sauerstoff nennt man «Gärung».

Hinweis:
Bakterien können auch in Gegenwart von Sauerstoff gären, dieser wird dann allerdings nicht verwertet.

d) Ethanolische Gärung:

$$C_6H_{12}O_6 \; \rightarrow \; 2\,C_2H_5OH \; + \; 2\,CO_2 \quad\quad\quad\quad\quad \text{(Gl. 6.6.2)}$$
Glucose → 2 Ethanol + 2 Kohlenstoffdioxid

Milchsäuregärung homofermentativ:

$$C_6H_{12}O_6 \; \rightarrow \; 2\,C_3H_5O_3^- \; + \; 2\,H^+ \quad\quad\quad\quad\quad \text{(Gl. 6.6.3)}$$
Glucose → 2 Lactat + 2 Protonen

Milchsäuregärung heterofermentativ:

$$C_6H_{12}O_6 \rightarrow C_3H_5O_3^- + CO_2 \qquad\qquad + C_2H_5OH + H^+ \qquad \text{(Gl. 6.6.4)}$$
Glucose → Lactat + Kohlenstoffdioxid + Ethanol + 1 Proton

Buttersäuregärung:

$$C_6H_{12}O_6 \rightarrow C_4H_7O_2^- + 2\,CO_2 \qquad\qquad + 2\,H_2 \qquad\quad + H^+ \qquad \text{(Gl. 6.6.5)}$$
Glucose → Butyrat + 2 Kohlenstoffdioxid + 2 Wasserstoff + 1 Proton

e) Bakterien, die Substrate aerob und anaerob umsetzen können, bezeichnet man als fakultativ aerob oder fakultativ anaerob.

6.6.15 Primär- und Sekundärmetabolismus

In der Biologie kennt man einen Primärstoffwechsel und einen Sekundärstoffwechsel. Erläutern Sie den Unterschied zwischen

a) einem Primär- und
b) einem Sekundärmetabolismus.

Lösungsvorschlag

a) Der Primärmetabolismus ist der Energiestoffwechsel der Bakterien. Primärmetaboliten sind folglich die Produkte des Energiestoffwechsels. Beispiele: Ethanol, Buttersäure, Milchsäure.
b) Der Sekundärmetabolismus ist nicht an das Wachstum und die Vermehrung der Bakterien gekoppelt, sondern wird oft erst dann durchgeführt, wenn die Lebensbedingungen für die Mikroorganismen ungünstig werden. Beispiel: Antibiotika.

6.6.16 Ethanoloxidation durch *Acetobacter spec.*

Das Bakterium *Acetobacter spec.* oxidiert Ethanol mit Sauerstoff zu Acetat und Wasser (Gl. 6.6.6). Diese Bakterienkultur wird in einem Fermenter in einem Kulturmedium in V(Medium) = 50 L vermehrt. Zu Beginn der Fermentation soll das Medium Ethanol mit einem Massenanteil von $\beta(C_2H_5OH)$ = 4,6 g/L enthalten.
Wie viel Normliter Luft V(Luft) werden zur vollständigen Umsetzung des Ethanols zu Acetat benötigt, wenn der Sauerstoff in der Luft quantitativ verbraucht wird?
Der Anteil des Ethanols, der für den Baustoffwechsel benötigt wird, soll für diese Berechnung vernachlässigt werden.

$$C_2H_5OH + O_2 \qquad\quad \rightarrow CH_3COO^- + H^+ \quad + H_2O \qquad\qquad \text{(Gl. 6.6.6)}$$
Ethanol + Sauerstoff → Acetat + Proton + Wasser

V_m = 22,4 L/mol
$M(C_2H_5OH)$ = 46 g/mol

$$\frac{V(O_2)}{V(\text{Luft})} = 0{,}2 \qquad\qquad \text{(Gl. 6.6.7)}$$

Lösungsvorschlag

Berechnung der molaren Stoffmenge n(Ethanol) im Kulturmedium des Fermenters:

$$m\text{(Ethanol)} = \beta\text{(Ethanol)} \cdot V\text{(Medium)} \qquad \text{(Gl. 6.6.8)}$$

$$n\text{(Ethanol)} = \frac{m\text{(Ethanol)}}{M\text{(Ethanol)}} \qquad \text{(Gl. 6.6.9)}$$

Einsetzen von Gl. 6.6.8 in Gl. 6.6.9:

$$n\text{(Ethanol)} = \frac{\beta\text{(Ethanol)} \cdot V\text{(Medium)}}{M\text{(Ethanol)}} \qquad \text{(Gl. 6.6.10)}$$

$$n\text{(C}_2\text{H}_5\text{OH)} = \frac{4{,}6\,g \cdot 50\,L \cdot mol}{L \cdot 46\,g}$$

$$n\text{(Ethanol)} = 5\ mol$$

Berechnung des Normvolumens an Sauerstoff $V(O_2)$:
Um n(Ethanol) = 5 mol zu oxidieren, benötigt man $n(O_2)$ = 5 mol.

$$n(O_2) = 5\ mol$$

$$V(O_2) = n(O_2) \cdot V_m(O_2) \qquad \text{(Gl. 6.6.11)}$$

$$V(O_2) = 5\ mol \cdot 22{,}4\ \frac{L}{mol}$$

$$V(O_2) = 112\ L$$

Berechnung des Normvolumens an Luft:

$$V\text{(Luft)} = V(O_2) \cdot \frac{V\text{(Luft)}}{V(O_2)} \qquad \text{(Gl. 6.6.12)}$$

$$V\text{(Luft)} = 112\ L \cdot \frac{1}{0{,}2}$$

$$V\text{(Luft)} = 560\ L$$

Ergebnis:
Es wurde ein Volumen an Luft V(Luft) = <u>560 L</u> umgesetzt.

6.6.17 Stoffwechselbilanz: Glucose aerob

In einem Fermenter wächst ein Bakterium aerob mit Glucose (Gl. 6.6.13). Zu Beginn enthielt die Nährlösung m(Glucose) = 800 g. Während des Beobachtungszeitraums haben die Bakterien ein Volumen von $V(CO_2)$ = 400 L freigesetzt.
Welche Restmasse an Glucose m_{Rest}(Glucose) ist am Ende des Beobachtungszeitraums noch im Medium vorhanden?
Der Baustoffwechsel des Bakteriums sei hier zu vernachlässigen.

$$C_6H_{12}O_6 + 6\,O_2 \rightarrow 6\,CO_2 + 6\,H_2O \qquad \text{(Gl. 6.6.13)}$$

$$M(C_6H_{12}O_6) = 180\ g/mol$$

$$V_m(CO_2) = 22{,}4\ L/mol$$

Lösungsvorschlag

Berechnung der molaren Stoffmenge $n(CO_2)$ an freigesetztem Kohlenstoffdioxid:

$$n(CO_2) = \frac{V(CO_2)}{V_m(CO_2)} \qquad\qquad \text{(Gl. 6.6.14)}$$

$$n(CO_2) = \frac{400\,L \cdot mol}{22,4\,L}$$

$$n(CO_2) = 17,86\,mol$$

Berechnung der Masse an umgesetzter Glucose m(Glucose verbraucht):

$$n(\text{Glucose verbraucht}) = \frac{1}{6} \cdot n(CO_2) \qquad\qquad \text{(Gl. 6.6.15)}$$

$$n(\text{Glucose verbraucht}) = \frac{1}{6} \cdot 17,86\,mol$$

$$n(\text{Glucose verbraucht}) = 2,976\,mol$$

$$m(\text{Glucose verbraucht}) = n(\text{Glucose}) \cdot M(\text{Glucose}) \qquad\qquad \text{(Gl. 6.6.16)}$$

$$m(\text{Glucose verbraucht}) = 2,978\,mol \cdot 180\,\frac{g}{mol}$$

$$m(\text{Glucose verbraucht}) = 536,04\,g$$

Berechnung der Restmasse m_{Rest}(Glucose):

$$m_{Rest}(\text{Glucose}) = m(\text{Glucose}) - m(\text{Glucose verbraucht})$$

$$m_{Rest}(\text{Glucose}) = 800\,g - 536\,g = 264\,g \qquad\qquad \text{(Gl. 6.6.17)}$$

Ergebnis:
Es verbleibt eine Restmasse m_{Rest}(Glucose) = <u>264 g.</u>

6.6.18 Stoffwechselbilanz: alkoholische Gärung

In einem Fermenter mit V(Medium) = 3,8 L vergärt die Bäckerhefe Glucose vollständig zu Ethanol und CO_2 (Gl. 6.6.18). Die Dichte des Nährmediums beträgt ϱ = 1,14 g/mL. Zu Beginn der Umsetzung betrug der Massenanteil der Glucose im Medium w(Glucose) = 12 g/kg.
Welches Volumen $V(CO_2)$ Kohlenstoffdioxid im Normzustand wird freigesetzt?
Der Baustoffwechsel soll für diese Berechnung vernachlässigt werden.

$$C_6H_{12}O_6 \;\rightarrow\; 2\,C_2H_5OH \;+\; 2\,CO_2 \qquad\qquad \text{(Gl. 6.6.18)}$$

M(Glucose) = 180 g/mol
$V_m(CO_2)$ = 22,4 L/mol

Lösungsvorschlag

Berechnung der Gesamtmasse der Lösung m(Lösung):

Dichte ϱ = 1,14 g/mL entspricht Dichte ϱ = 1,14 kg/L

$$\varrho(\text{Lösung}) = \frac{m(\text{Lösung})}{V(\text{Lösung})} \qquad \text{(Gl. 6.6.19)}$$

$m(\text{Lösung}) = \varrho\,(\text{Lösung}) \cdot V\,(\text{Lösung})$

$m(\text{Lösung}) = 1{,}14\ \text{kg/L} \cdot 3{,}8\ \text{L} = 4{,}332\ \text{kg}$

Berechnung der zu vergärenden molaren Stoffmenge an Glucose n(Glucose):

$$w(\text{Glucose}) = \frac{m(\text{Glucose})}{m(\text{Lösung})} \qquad \text{(Gl. 6.6.20)}$$

$m(\text{Glucose}) = w(\text{Glucose}) \cdot m(\text{Lösung})$

$$n(\text{Glucose}) = \frac{m(\text{Glucose})}{M(\text{Glucose})} \qquad \text{(Gl. 6.6.21)}$$

Einsetzen von Gl. 6.6.20 in Gl. 6.6.21:

$$n(\text{Glucose}) = \frac{w(\text{Glucose}) \cdot m(\text{Lösung})}{M(\text{Glucose})} \qquad \text{(Gl. 6.6.22)}$$

$$n(\text{Glucose}) = \frac{12\ \text{g} \cdot 4{,}332\ \text{kg} \cdot \text{mol}}{\text{kg} \cdot 180\ \text{g}} = 0{,}289\ \text{mol}$$

Berechnung des freigesetzten Volumens an Kohlenstoffdioxid $V(CO_2)$ in Normzustand:

Variante 1: Berechnung mit Hilfe von Formeln:
Pro mol Glucose werden 2 mol CO_2 freigesetzt (Gl. 6.6.18)

$$n(CO_2) = 2 \cdot n(\text{Glucose}) \qquad \text{(Gl. 6.6.23)}$$

$$V(CO_2) = n(CO_2) \cdot V_m(CO_2) \qquad \text{(Gl. 6.6.24)}$$

$$V(CO_2) = 2 \cdot 0{,}289\ \text{mol} \cdot 22{,}4\ \frac{\text{L}}{\text{mol}} = 12{,}9472\ \text{L}$$

Variante 2: Berechnung über den Dreisatz:
Pro mol Glucose werden 2 mol CO_2 freigesetzt (Gl. 6.6.25)

1 mol Glucose entspricht $2 \cdot 22{,}4$ L CO_2
0,289 mol Glucose entspricht x L CO_2

$$x = \frac{2 \cdot 22{,}4\ \text{L} \cdot 0{,}289\ \text{mol}}{1\ \text{mol}} = 12{,}9472\ \text{L} \qquad \text{(Gl. 6.6.25)}$$

Ergebnis:
Es wurde ein Volumen an Kohlenstoffdioxid $V_m(CO_2)$ = <u>12,95 L</u> in Normzustand freigesetzt.

6.6.19 Nachweis von Bakterien anhand ihres Wachstums

In einem medizinischen Kontrolllabor sollen Bakterien anhand ihres Wachstums nachgewiesen werden.

a) Welche Nährstoffe benötigen Bakterien für ein optimales Wachstum? Nennen Sie drei Nährstoffe.
b) Nennen Sie drei weitere Wachstumsbedingungen für Bakterien.

Lösungsvorschlag

a) Pepton, Hefeextrakt, Glucose.
b) Temperatur, *pH*-Wert, Sauerstoffbedarf (Sauerstoff für Aerobier, kein Sauerstoff für Anaerobier).

6.6.20 Begriffserklärungen aus der Mikrobiologie

Was versteht man unter folgenden Begriffen? Vervollständigen Sie Tabelle 6.40.

Tabelle 6.40 Erläuterungen der Begriffe

Begriff	Erläuterung
Selektivmedium	
Differenzierungsmedium	
Bouillon	
acidophile Bakterien	
thermophile Bakterien	

Lösungsvorschlag

Tabelle 6.41 Lösung zu Tabelle 6.40

Begriff	Erläuterung
Selektivmedium	Ein Medium, das das Wachstum mancher Bakterien erlaubt oder fördert, das Wachstum anderer Bakterien aber unterdrückt oder verhindert.
Differenzierungsmedium	Ein Medium, das eine Unterscheidung verschiedener Bakterienarten erlaubt. Diese Unterscheidung basiert meist auf den unterschiedlichen Stoffwechselleistungen der Bakterien, die oft über Indikatoren sichtbar gemacht werden.
Bouillon	Flüssiges Nährmedium.
acidophile Bakterien	Bakterien, die bei sauren (niederen) *pH*-Werten leben.
thermophile Bakterien	Bakterien, deren Wachstumsoptimum bei Temperaturen oberhalb von ca. φ = 45 °C liegt.

6.6.21 Herstellen von Nährmedien für Bakterien

Sie werden beauftragt, Nährmedien für Bakterien anzusetzen. Hierzu stehen folgende Substanzen zur Verfügung: Ammoniumsulfat, Natriumdihydrogenphosphat, Glucose, Hefeextrakt, Pepton, Natriumchlorid, Sojamehl, Natriumcitrat und Fe(II)Chlorid.

a) Welche dieser Substanzen verwendet man für ein synthetisches Medium?
b) Welche der Substanzen verwendet man für ein Komplexmedium? Vervollständigen Sie hierzu Tabelle 6.42.
c) Wozu dienen Glucose, Ammoniumsulfat, Pepton bzw. Natriumdihydrogenphosphat? Nennen Sie jeweils zwei Funktionen. Vervollständigen Sie Tabelle 6.43.

Tabelle 6.42 Zuordnung der Substrate

Medium	Substanz
synthetisches Medium	
Komplexmedium	

Tabelle 6.43 Funktionen der Nährstoffe

Substanz	Funktionen
Glucose	
Ammoniumsulfat	
Pepton	
Natriumdihydrogenphosphat	

Lösungsvorschlag

a) und b)

Tabelle 6.44 Lösung zu Tabelle 6.42

Medium	Substanz
synthetisches Medium	Ammoniumsulfat, Natriumdihydrogenphosphat, Glucose, Natriumchlorid, Natriumcitrat, Fe(II)Chlorid
Komplexmedium	Hefeextrakt, Pepton, Sojamehl, evtl. auch noch Natriumchlorid und Glucose

c)

Tabelle 6.45 Lösung zu Tabelle 6.43

Substanz	Funktionen
Glucose	Kohlenstoff- und Energiequelle
Ammoniumsulfat	Stickstoff- und Schwefelquelle, Puffersubstanz
Pepton	Kohlenstoff-, Stickstoff-, Energiequelle, Puffersubstanz
Natriumdihydrogenphosphat	Puffersubstanz, Phosphatquelle

6.6.22 Verwenden von Selektivmedien und Differenzierungsmedien in der mikrobiellen Diagnostik

In der mikrobiellen Diagnostik von Bakterien werden u.a. Selektivmedien und Differenzierungsmedien verwendet.

a) Was versteht man unter einem «Selektivmedium»?

b) Was versteht man unter einem «Differenzierungsmedium»?

c) Tabelle 6.46 listet einige gebräuchliche Nährmedien auf. Geben Sie an, ob die Eigenschaft «Selektivmedium» und/oder «Differenzierungsmedium» auf das jeweilige Nährmedien zutrifft.

Tabelle 6.46 Zuordnung der Medien

Medium	Selektivmedium	Differenzierungsmedium
Standard-I-Medium		
ENDO-Agar		
Citratagar		
CASO-Platte		
RODAC-Platte		
Blutagar		

Lösungsvorschlag

a) Selektivmedien enthalten Nährstoffe, die das Wachstum einiger Bakterienarten fördern und Hemmstoffe, die das Wachstum unerwünschter Arten unterbinden. Man sucht aus, welche Keime wachsen sollen.

b) Differenzierungsmedien enthalten einen Indikator, der es ermöglicht, zwischen verschiedenen chemischen Reaktionen zu unterscheiden und unterschiedliche Stoffwechselendprodukte nachzuweisen. Das Erscheinungsbild der Kolonie oder des Mediums erlaubt die Unterscheidung verschiedener Bakterien.

c)

Tabelle 6.47 Lösung zu Tabelle 6.46

Medium	Selektivmedium	Differenzierungsmedium
Standard-I-Medium	nein	nein
ENDO-Agar	ja	ja
Citratagar	ja	nein
CASO-Platte	nein	nein
RODAC-Platte	nein	nein
Blutagar	nein	ja

6.6.23 Vermehren von Bakterien und Viren

Unter den Mikroorganismen gibt es mehrere Strategien der Vermehrung.
a) Wie vermehren sich Bakterien?
b) Beschreiben Sie diesen Vorgang.
c) Auch Viren vermehren sich. Beschreiben Sie diesen Vorgang.

Lösungsvorschlag

a) Bakterien vermehren sich asexuell, in der Regel durch Zweiteilung der Zelle.
b) Dabei wird zunächst die Erbsubstanz (DNA) verdoppelt und in die beiden Enden der Mutterzelle transportiert. Danach schnüren sich Zellwand und Zellmembran in der Mitte der Zelle ein, sodass am Ende zwei gleichgroße Tochterzellen entstehen. Die Zelle teilt sich in der Regel quer.
c) Viren sind auf die Mithilfe von Wirtszellen angewiesen. Sie docken an der Oberfläche ihrer Wirtszellen an und spritzen ihre Erbsubstanz (DNA oder RNA) in die Wirtszelle. Dadurch wird der Stoffwechsel der Wirtszelle umgestellt. Sie produziert nun fast ausschließlich neue Viren. Ist eine ausreichende Zahl neuer Viren gebildet, platzt die Wirtszelle und setzt die neuen Viren frei.

6.6.24 Temperatureinfluss bei Wachstum und Vermehrung von Bakterien

Wachstum und Vermehrung von Bakterien sind u.a. von der Temperatur abhängig.
a) Wie hängt die Wachstumsgeschwindigkeit oder Wachstumsrate eines Bakteriums von der Temperatur ab?
b) Stellen Sie diese Abhängigkeit in einem Diagramm dar.

Lösungsvorschlag

a) Die Wachstumsgeschwindigkeit nimmt zunächst exponentiell zu, erreicht ein Maximum bei der optimalen Temperatur und fällt dann rasch ab.
b) Diagramm zum Wachstumsverlauf einer Bakterienkultur in Abhängigkeit zur Temperatur, siehe Bild 6.70.

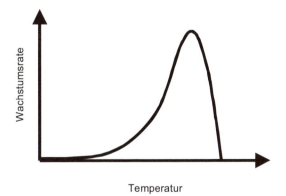

Bild 6.70 Wachstumsverlauf einer Bakterienkultur in Abhängigkeit zur Temperatur

6.6.25 Bezeichnen von temperaturabhängigen Wachstumsbereichen

Bakterien wachsen in unterschiedlichen Temperaturbereichen.
Wie nennt man einen Organismus, der bei einer Temperatur ϑ = 5 °C, ϑ = 35 °C, ϑ = 65 °C bzw. bei ϑ = 85 °C am besten wächst?

Lösungsvorschlag

Tabelle 6.48

Temperaturoptimum	Bezeichnung
5 °C	psychrophil, kryophil
35 °C	mesophil
65 °C	thermophil
85 °C	extrem thermophil

6.6.26 Berechnen der Bakterien-Anzahl in der Bakterienkultur

Eine Bakterienkultur enthält N_0 = 2 · 10⁶ Zellen. Sie vermehren sich mit einer Generationszeit von t_d = 1,5 h. Berechnen Sie die Zahl der Bakterien N in der Kultur nach t = 10 h.

$$N = N_0 \cdot e^{\mu \cdot t} \qquad \text{(Gl. 6.6.26)}$$

$$t_d = \frac{\ln 2}{\mu} \qquad \text{(Gl. 6.6.27)}$$

Lösungsvorschlag

$$\mu = \frac{\ln 2}{t_d} = \frac{0{,}693}{1{,}5 \text{ h}} = 0{,}462 \text{ h}^{-1} \qquad \text{(Gl. 6.6.28)}$$

$$N = 2 \cdot 10^6 \text{ Zellen} \cdot e^{0{,}462 \text{ h}^{-1} \cdot 10 \text{ h}} = 2{,}03 \cdot 10^8 \text{ Zellen} \qquad \text{(Gl. 6.6.29)}$$

Ergebnis:
Nach t = 10 h enthält die Bakterienkultur N = 2,03 · 10⁸ Zellen.

6.6.27 Berechnen der Generationszeit eines Bakteriums

Berechnen Sie die Generationszeit t_d eines Bakteriums, das sich nach einer Inkubationszeit t = 10 h von N_0 = 200 000 Zellen auf N = 2 · 10⁶ Zellen vermehrt hat.

$$N = N_0 \cdot e^{\mu \cdot t} \qquad \text{(Gl. 6.6.30)}$$

$$t_d = \frac{\ln 2}{\mu} \qquad \text{(Gl. 6.6.31)}$$

Lösungsvorschlag

Auflösen der Wachstumsgleichung nach μ:

$$\frac{N}{N_0} = e^{\mu \cdot t} \qquad\qquad\qquad\qquad\text{(Gl. 6.6.32)}$$

$$\ln\left(\frac{N}{N_0}\right) = \mu \cdot t \qquad\qquad\qquad\qquad\text{(Gl. 6.6.33)}$$

$$\mu = \frac{1}{t} \cdot \ln\left(\frac{N}{N_0}\right) \qquad\qquad\qquad\qquad\text{(Gl. 6.6.34)}$$

Berechnung der Wachstumsrate μ:

$$\mu = \frac{1}{10\,\text{h}} \cdot \ln\left(\frac{2\,000\,000\,\text{Zellen}}{200\,000\,\text{Zellen}}\right) = \frac{1}{10\,\text{h}} \cdot \ln(10) = \frac{1}{10\,\text{h}} \cdot 2{,}303 = 0{,}2303\,\text{h}^{-1}$$

$$\text{(Gl. 6.6.35)}$$

Berechnung der Generationszeit t_d nach Gl. 6.6.31:

$$t_d = \frac{\ln 2}{\mu} = \ln 2 \cdot \frac{\text{h}}{0{,}2303} = 3\,\text{h}$$

Ergebnis:
Die Generationszeit des Bakteriums beträgt $t_d = \underline{3\,\text{h}}$.

6.6.28 Verfestigungsstoff für Nährmedien

Bakterien werden oft auf festen Nährmedien vermehrt.
a) Wie heißt der heute üblicherweise verwendete Verfestigungsstoff für Bakterien-
   nährmedien?
b) Was ist dieser Stoff chemisch gesehen?
c) Bei welcher Temperatur schmilzt diese Substanz, bei welcher Temperatur erstarrt
   sie?
d) Welche Bedeutung hat dieses Temperaturverhalten für den Einsatz in der Praxis?
   Nennen Sie einen Vorteil.

Lösungsvorschlag

a) Zur Verfestigung fester Nährmedien setzt man Agar zu.
b) Es ist ein komplexes Polysaccharid, das aus einer Braunalge (*Agar agar*) gewonnen
   wird. Agar wird nur von wenigen Bakterienarten abgebaut. Diese spielen aber in
   der medizinischen Mikrobiologie, in der Diagnostik, in der Lebensmittelindustrie
   und in der Hygiene keine Rolle.
c) Agar schmilzt bei einer Temperatur über $\vartheta = 90\,°\text{C}$ und erstarrt bei einer Temperatur von ca. $\vartheta = 45\,°\text{C}$.
d) Agar kann also nach dem Erstarren bei praktisch allen Temperaturen im Brutschrank inkubiert werden.

6.6.29 Unterscheiden von synthetischen und komplexen Nährmedien

Zur Anzucht von Mikroorganismen unterscheidet man synthetische von komplexen Nährmedien.

Was versteht man unter den beiden Begriffen jeweils? Vervollständigen Sie Tabelle 6.49.

Tabelle 6.49 Erläuterungen

Begriff	Erläuterung
synthetische Nährmedien	
komplexe Nährmedien	

Lösungsvorschlag

Tabelle 6.50 Lösung zu Tabelle 6.49

Begriff	Erläuterung
synthetische Nährmedien	Bei diesen Medien kennt man die exakte chemische Zusammensetzung. Zur Herstellung benutzt man hochreine organische und anorganische Substanzen und destilliertes Wasser.
komplexe Nährmedien	Hierbei handelt es sich um sehr nährstoffreiche Medien, deren exakte chemische Zusammensetzung nicht genau bekannt ist. Man arbeitet z.B. mit Hydrolysaten von Hefezellen, Kasein usw.

6.6.30 Submerskulturen und Emerskulturen

In der Mikrobiologie unterscheidet man zwischen Submers- und Emerskulturen.
a) Was versteht man unter den beiden Begriffen?
b) Nennen Sie je ein Beispiel.

Lösungsvorschlag

Tabelle 6.51 Erläuterungen

Begriff	Erläuterung
Submerskultur	Die Keime wachsen in der Kultur, sie sind also untergetaucht Beispiel: Bouillon beimpft mit Keimen
Emerskultur	Die Keime wachsen auf Oberflächen Beispiel: Bakterien auf Agarplatten

6.6.31 Identifizieren und charakterisieren von Bakterien mit Reinkulturen

Um Bakterien zu charakterisieren und identifizieren zu können, benötigt man Reinkulturen.

a) Nennen Sie ein Verfahren, um Reinkulturen aus Mischkulturen auf einer Agarplatte zu isolieren.
b) Beschreiben Sie die Vorgehensweise.

Lösungsvorschlag

a) Ein Verfahren zur Keimisolation ist der fraktionierte Ausstrich, ein Verdünnungsausstrich. Ein sehr ähnliches Verfahren ist der 3-Ösen-Ausstrich.
b) Bei dem fraktionierten Ausstrich (Bild 6.71) wird Keimmaterial auf einer kleinen Oberfläche eines Nährbodens ausgestrichen. Danach wird die Impföse ausgeglüht. Beim 2. Ausstrich entnimmt man Keimmaterial aus dem 1. Feld. Hierfür zieht man im stumpfen Winkel Keimmaterial aus dem 1. Feld heraus und verstreicht es auf der Nährbodenoberfläche. Nach erneutem Ausglühen der Öse legt man eine Verdünnung aus dem 2. Feld an. Diesen Vorgang wiederholt man ein 3. Mal. Insgesamt erhält man 4 ausgestrichene Felder. Nach Bebrütung sind die Keime so stark vereinzelt, dass sich die gewachsenen Kolonien nicht mehr berühren.

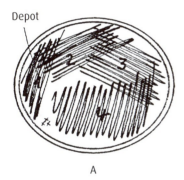

Bild 6.71 Schematische Darstellung eines fraktionierten Ausstrichs

6.6.32 Kolonien von Bakterien

Auf der Oberfläche eines festen Nährmediums haben sich Kolonien von Bakterien gebildet.

a) Definieren Sie den Begriff «Kolonie».
b) Nennen Sie fünf Merkmale zur Beschreibung einer Kolonie.

Lösungsvorschlag

a) Eine Kolonie ist eine Anhäufung erbgleicher Individuen. Der Ursprung einer Kolonie ist im Idealfall ein einziges Bakterium.
b) Zur Diagnostik von Bakterien beschreibt man Größe, Farbe, Umriss (Form und Rand), Profil und Transparenz der Kolonie.

6.6.33 Mikroskopischer Nachweis von Bakterien mit eingefärbten Präparaten

Bei einem mikroskopischen Nachweis von Bakterien arbeitet man oft mit gefärbten Präparaten.
a) Nennen Sie zwei Vorteile der Färbungen für den Untersucher?
b) Wie unterscheidet sich eine Einfachfärbung von einer Differenzierungsfärbung?
c) Nennen Sie ein Beispiel für eine Differenzierungsfärbung und geben Sie an, nach welcher Eigenschaft der Bakterien dabei differenziert wird.

Lösungsvorschlag

a) Bakterien sind in der Regel farblos. Gefärbte Präparate lassen sich daher mit einem Hellfeldmikroskop einfacher beurteilen. Bakterienpräparate werden vor der Färbung in der Regel hitzfixiert. Die Bakterien sind also meist abgetötet, sodass die Infektionsgefahr geringer ist.

b) Bei einer Einfachfärbung werden die fixierten Bakterien mit einer Farblösung angefärbt. Man erkennt beim mikroskopischen Nachweis die unterschiedliche Morphologie (Größe, Grundform, Anlagerung zueinander) der Keime. Bei einer Differenzierungsfärbung arbeitet man meist mit mehreren Farbstoffen und kann so Unterschiede zwischen Bakterien darstellen. Eine Differenzierungsfärbung erlaubt zusätzlich zur Morphologiebestimmung noch eine Aussage über bestimmte andere Eigenschaften der Bakterien.

c)

Tabelle 6.52 Färbemethoden und ihre untersuchten Eigenschaften

Methode	untersuchte Eigenschaft(en)
Gram-Färbung	Zellwand, Systematik
Sporenfärbung	Nachweis von Endosporen
Tusche-Ausstrich	Schleimkapseln, Schleimhüllen
Geißelfärbung	Nachweis und Anordnung von Geißeln
Ziehl-Neelsen-Färbung	Säurefestigkeit

6.6.34 Mikroskopisches Untersuchen mit dem Nativpräparat

Eine der vielen Möglichkeiten, Bakterien mikroskopisch zu untersuchen, ist das Nativpräparat.
a) Definieren Sie den Begriff «Nativpräparat».
b) Welche beiden Eigenschaften der Mikroorganismen untersucht man in einem «Hängenden Tropfen»?

Lösungsvorschlag

a) Bei einem Nativpräparat handelt es sich um ein unbehandeltes Präparat.
b) Der «Hängende Tropfen» ist eine besondere Anordnung eines Nativpräparates. Hier kann man zusätzlich zur Bestimmung der Morphologie (Grundform, Größe, Anlagerung zueinander) eine Aussage über die Beweglichkeit von Bakterien treffen.

6.6.35 Fixieren von Bakterienpräparaten

Bakterienpräparate werden vor einer Färbung fixiert.
a) Was versteht man unter dem Begriff «Fixieren»?
b) Was wird durch das Fixieren bewirkt (3 Wirkungen)?
c) Wie werden Bakterienpräparate in der Regel fixiert?

Lösungsvorschlag

a) Fixieren heißt: Festhalten des momentanen Zustandes.
b) Es bewirkt ein Abtöten und Anheften der Keime auf dem Untergrund. Darüber hinaus können sich die Keime nicht mehr verändern.
c) Bakterienpräparate werden in der Regel durch Hitze fixiert. Hierfür werden luftgetrocknete Bakterienpräparate auf dem Objektträger durch die Flamme eines Gasbrenners gezogen. Die Seite mit dem Präparat zeigt dabei nach oben.

6.6.36 Konservieren von Bakterienkulturen

Die Mikrobiologen haben mehrere Methoden entwickelt, um Bakterienkulturen über längere Zeiten aufbewahren zu können.

Beschreiben Sie drei solcher Methoden und geben Sie einen ungefähren Zeitraum an, wie lange sich die auf diese Weise konservierten Kulturen halten.

Lösungsvorschlag

1. Zum Aufbewahren für einige Wochen legt man einen Ausstrich einer Reinkultur z.B. auf einem Schräg-Agarröhrchen an, verschließt dieses gegen Austrocknen und lagert die Kultur nach dem Anwachsen im Kühlschrank.
2. Versetzt man eine ausgewachsene Flüssigkultur mit sterilem Glycerin, sodass w(Glycerin) = 50% erreicht wird, und friert man die Kultur bei einer Temperatur ϑ = −20 °C ein, so ist diese bis zu 1 Jahr haltbar.
3. Eine weitere Möglichkeit ist der Zusatz von sterilem Dimethylsulfoxid (DMSO) zu w(DMSO) = 10% und das Einfrieren der Kultur bei einer Temperatur von ϑ = −80 °C oder über flüssigem Stickstoff (ϑ = −196 °C). Solche Kulturen sind mehrere Jahre haltbar.
4. Noch länger, nämlich fast unbegrenzt, sind gefriergetrocknete Präparate haltbar. Dazu versetzt man eine Bakteriensuspension mit sterilem Milchpulver. Die Suspension wird gefriergetrocknet und dann bei Raumtemperatur gelagert (Lyophylisat).
5. Sporenpräparate grampositiver Bakterien lassen sich leicht herstellen. Sie überdauern z.T. extrem lange Zeiten.

6.6.37 Überwachen von Trinkwasser

Brunnenwasser soll mikrobiologisch auf seine Eignung als Trinkwasser untersucht werden. Gemäß Trinkwasser-Verordnung (TrinkwV 2001) o.Ä. muss das Wasser bestimmte mikrobiologische und chemische Parameter erfüllen. Durch spezielle Untersuchungsverfahren wird die Einhaltung dieser sog. Indikatorparameter überwacht.

a) Beschreiben Sie eine Methode, um die Lebendkeimzahl an Bakterien in einem Volumen $V(H_2O) = 100$ mL Wasser zu bestimmen. Als geeignet soll Wasser gelten, wenn bei diesem Volumen eine Keimzahl von $N < 100$ gefunden wird.

b) Im Zuge der Untersuchung haben Sie Kolonien auf einer Agarplatte bekommen. Bei diesen Kolonien soll nun untersucht werden, ob es sich dabei um das Enterobacterium *Escherichia coli* handeln könnte. Wie reagiert *Escherichia coli* in den Tests: 1. auf ENDO-Agar, 2. auf Gramfärbung und 3. auf Citratagar?

c) Eine der Kolonien enthält grampositive, aerobe Sporenbildner. Um welche Gattung handelt es sich hier wahrscheinlich?

d) Von einigen der Kolonien wurden zur weiteren Identifizierung Versuche der «bunten Reihe» angelegt. Welche Eigenschaft der Bakterien wird bei diesem Test untersucht? Erläutern Sie an einem Beispiel, warum diese Identifizierungsmethode ihren Namen zu Recht trägt.

Lösungsvorschlag

a) Zur Bestimmung der Lebendkeimzahl in einem Volumen $V(H_2O) = 100$ mL eignet sich z.B. die Filtrationsmethode. $V(H_2O) = 100$ mL Wasser wird über einen sterilen Membranfilter (Porengröße $d = 0,45$ µm oder $d = 0,2$ µm) filtriert. Der Membranfilter wird danach auf eine sterile Agarplatte mit einem geeigneten Medium gelegt. Nach der Bebrütungszeit werden die Kolonien ausgezählt.

b) 1. *Escherichia coli* wächst auf ENDO-Agar mit roten Kolonien, die einen metallisch-grünen Glanz auf der Oberfläche zeigen. Erläuterung: Bei der Verwertung des Substrats Lactose setzt *Escherichia coli* Acetaldehyd frei. Dieses Aldehyd bindet das Sulfit aus dem rötlichen Fuchsin-Sulfit-Komplex des ENDO-Agars. Dadurch wird das Fuchsin frei, das sich rot mit metallisch-grünem Glanz auf der Kolonieoberfläche ablagert.

   2. *Escherichia coli* reagiert gramnegativ. Die Zellen erscheinen im mikroskopischen Bild als gerade, kleine, gedrungene, rote Stäbchen.

   3. *Escherichia coli* wächst auf Citratagar nicht. Es kann Citrat als Kohlenstoff- und Energiequelle nicht verwerten.

c) Bei grampositiven, aeroben, sporenbildenden Stäbchen handelt es sich um die Gattung *Bacillus*.

   Anmerkung: Die grampositiven, anaeroben Sporenbildner heißen *Clostridium* (sofern sie nicht Sulfat reduzieren).

d) Die bunte Reihe analysiert die Stoffwechselleistungen eines Bakteriums. Diese werden über Farbreaktionen angezeigt.

   Ein wichtiges Kriterium ist, welche Zucker verwertet werden. Hierzu benötigt man ein zuckerfreies, flüssiges Nährmedium (Basalmedium). Diesem gibt man unterschiedliche Zuckerlösungen hinzu. Da beim Abbau des Zuckers meist Säuren als Stoffwechselendprodukte entstehen, gibt man einen *pH*-Indikator hinzu, der dies durch Farbveränderung anzeigt. In der Praxis bewährt haben sich Indikatoren, die durch Veränderungen der Farbe sowohl eine Säurebildung, aber auch eine Alkalisierung anzeigen können. Da das Basalmedium Pepton enthält, kann es beim Abbau von diesem Eiweißstoff zu alkalischen Stoffwechselendprodukten kommen. Die Bunte Reihe hat also ihren Namen von den unterschiedlichen Farben des bewachsenen Nährmediums bekommen.

6.6.38 Kultivieren durch Animpfen

Wird eine Nährlösung mit Bakterien angeimpft, so wachsen und vermehren sich die Organismen, bis ein Nährstoff aufgebraucht ist. Während der Beobachtungszeit werden keine verbrauchten Substrate ersetzt und keine angesammelten Stoffwechselendprodukte abgeführt.

a) Wie bezeichnet man diese Art der Kultivierung?
b) Stellen Sie den Verlauf des Wachstums einer solchen Bakterienkultur in einem Diagramm dar.
c) Benennen Sie die einzelnen Achsen.
d) Bezeichnen Sie die einzelnen Wachstumsphasen.

Lösungsvorschlag

a) Diese Kultivierung bezeichnet man als statische Kultur oder ansatzweise Kultur.
b) Kurvenverlauf einer statischen Bakterienwachstumskurve siehe Bild 6.72.

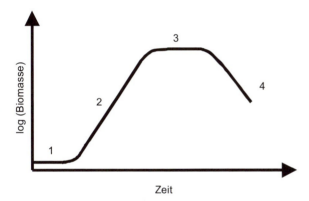

Bild 6.72 Schematische Darstellung des Verlaufs einer statischen Bakterienwachstumskurve

c) Auf der Abszisse trägt man die Zeit, auf der Ordinate den logarithmierten Wert der Anzahl der Zellen oder der Biomasse auf.
d) Benennen der einzelnen Phasen:
   1. Anlaufphase, Anwachsphase, Eingewöhnungsphase, Adaptionsphase oder lag-Phase
   2. exponentielle Phase
   3. stationäre Phase
   4. Absterbephase, degressive Phase

6.6.39 Bestimmen der Lebendkeimzahl und der Gesamtkeimzahl

Wichtige Untersuchungen in der Mikrobiologie sind die Bestimmungen der Lebend-Keimzahl und der Gesamt-Keimzahl.

a) Was versteht man unter den Begriffen «Gesamtkeimzahl» und «Lebendkeimzahl». Erläutern Sie dies in der unteren Tabelle 6.53.
b) Nennen Sie je eine Methode zur Bestimmung der Gesamt- und der Lebendkeimzahl einer Flüssigkeitsprobe.
c) Was bedeutet in diesem Zusammenhang die Einheit «KBE»?

Tabelle 6.53 Erläuterungen

Begriff	Erläuterung	Methode
Gesamtkeimzahl-bestimmung		
Lebendkeimzahl-bestimmung		

Lösungsvorschlag

a) und b)

Tabelle 6.54 Lösung zu Tabelle 6.53

Begriff	*Erläuterung*	*Methode*
Gesamtkeimzahl-bestimmung	Hier werden alle Keime, also lebende, tote und geschädigte Keime gezählt.	direktes Auszählen in einer Zählkammer
Lebendkeimzahl-bestimmung	Hier werden nur lebende Keime gezählt, also Keime, die sich vermehren können und so auf oder in festen Nährmedien Kolonien ausbilden können.	Ausplattieren eines bestimmten Volumens auf Agarplatten und Auszählen der gewachsenen Kolonien

c) Kolonie bildende Einheit

Anmerkung:

Die Lebendkeimzahlbestimmung wie unter a) und b) beschrieben, gibt nicht die absolute Zahl der lebenden Bakterien einer Probe wieder. Zum einen bilden manche lebenden Bakterien keine Kolonien auf der Agarplatte, zum anderen bilden lebende Bakterien häufig Zellhaufen, die zusammen zu einer Kolonie auswachsen. Daher gibt man das Ergebnis einer Lebendkeimzahlbestimmung besser in «KBE» (**k**olonie**b**ildende **E**inheiten) als in einer absoluten Zellzahl an.

6.6.40 Berechnen von Generationen, Zellzahlen und Anzahl der Teilungen

Ein Bakterium wächst mit einer Generationszeit von t_d = 30 min.

Berechnen Sie nach Gl. 6.6.36 und Gl. 6.6.37, wie viele Bakterien nach t = 12 h aus dem Bakterium entstanden sind.

$$n = \frac{t}{t_d} \qquad\qquad\qquad \text{(Gl. 6.6.36)}$$

$$N_n = N_0 \cdot 2^n \qquad\qquad\qquad \text{(Gl. 6.6.37)}$$

In Gl. 6.6.37 bedeutet:

N_n Zellzahl nach n Generationen

N_0 Zellzahl zu Beginn

n Anzahl der Generationen

Lösungsvorschlag

Berechnung der Anzahl der Teilungen n innerhalb eines Zeitraumes von $t = 12$ h nach Gl. 6.6.36:

$$n = \frac{t}{t_\mathrm{d}}$$

$$n = \frac{12 \text{ h} \cdot 60 \, \dfrac{\text{min}}{\text{h}}}{30 \text{ min}} = 24$$

Berechnung der Zellzahl Z_n nach Gl. 6.6.37:

$$N_\mathrm{n} = Z_\mathrm{n} \cdot 2^\mathrm{n}$$

$$N_\mathrm{n} = 1 \text{ Zelle} \cdot 2^{24}$$

$$N_\mathrm{n} = 16\ 777\ 216 \text{ Zellen}$$

Ergebnis:
Nach einem Zeitraum von $t = 12$ h wurden aus $N_0 = 1$ Zelle $N = \underline{16\ 777\ 216}$ Zellen.

6.6.41 Berechnen des Volumens der zuzusetzenden Kultur

Ein Kleinfermenter soll mit $N = 2{,}0 \cdot 10^7$ Zellen angeimpft werden. Berechnen Sie das Volumen V der zuzusetzenden Vorkultur. Die Zelldichte der Vorkultur wurde durch direktes Auszählen in einer Thomakammer bestimmt.
In fünf Gruppenquadraten wurden insgesamt 257 Keime der unverdünnten Bakteriensuspension gezählt.
Jedes Gruppenquadrat der Zählkammer hat eine Kantenlänge von $l = 0{,}2$ mm und eine Höhe von $h = 0{,}1$ mm.

Lösungsvorschlag

Volumen V eines Gruppenquadrates:

$$V \text{(Gruppenquadrat)} = l \cdot l \cdot h \qquad \text{(Gl. 6.6.38)}$$

$$V \text{(Gruppenquadrat)} = 0{,}2 \text{ mm} \cdot 0{,}2 \text{ mm} \cdot 0{,}1 \text{ mm} = 0{,}004 \text{ mm}^3 = 0{,}004 \text{ µL}$$

Bestimmung der Zellzahl in der Thoma-Kammer:

$$\frac{N\text{(Vorkultur)}}{V\text{(Vorkultur)}} = \frac{N\text{(5 Gruppenquadrate)}}{5 \cdot V\text{(Gruppenquadrat)}} = \frac{257 \text{ Zellen}}{5 \cdot 0{,}004 \text{ µL}} = \frac{12850 \text{ Zellen}}{\text{µL}} = \frac{1{,}285 \cdot 10^{10} \text{ Zellen}}{\text{L}}$$

$$\text{(Gl. 6.6.39)}$$

Berechnung des benötigten Volumens V der Vorkultur:

$$N = \frac{N\text{(Vorkultur)}}{V\text{(Vorkultur)}} \cdot V\text{(Vorkultur)} \qquad \text{(Gl. 6.6.40)}$$

$$V\text{(Vorkultur)} = N \cdot \frac{V\text{(Vorkultur)}}{N\text{(Vorkultur)}} = 2 \cdot 10^7 \text{ Zellen} \cdot \frac{1 \text{L}}{1{,}285 \cdot 10^{10} \text{ Zellen}} = 1{,}556 \text{ mL}$$

Ergebnis:
Man benötigt ein Volumen $V = \underline{1{,}556 \text{ mL}}$ der Vorkultur.

6.6.42 Bestimmen der Gesamtkeimzahl einer unverdünnten Probe

Von der Flüssigkeitsprobe Nummer 5 soll die Gesamtkeimzahl bestimmt werden. Dies geschieht durch direktes Auszählen von 10 Gruppenquadraten in einer Thoma-Kammer. Jedes Gruppenquadrat hat eine Kantenlänge von $l = 0,2$ mm. Die Höhe beträgt $h = 0,1$ mm.

Die Probenflüssigkeit Nummer 5 wurde zunächst mit einer keimtötenden Lösung im Volumenverhältnis ψ (Probe – keimtötende Lösung) = 7 – 3 gemischt.

Die beim Auszählen der verdünnten Probe Nummer 5 ermittelten Werte stehen in Tabelle 6.55.

Berechnen Sie die Gesamtkeimzahl N(Probe) der unverdünnten Probe Nummer 5.

Tabelle 6.55 In der Kammerzählung ermittelten Werte

Probe Nummer 5	Zählung Nr. 1	Zählung Nr. 2
Keime im 1. Gruppenquadrat	29	27
Keime im 2. Gruppenquadrat	27	29
Keime im 3. Gruppenquadrat	28	27
Keime im 4. Gruppenquadrat	25	25
Keime im 5. Gruppenquadrat	28	28

Lösungsvorschlag

Mittelwert der Zählungen:

$$\overline{X} = \frac{\sum x_i}{n} = \frac{273 \text{ Keime}}{10 \text{ Gruppenquadrate}} = 27,3 \text{ Keime/Gruppenquadrat} \qquad \text{(Gl. 6.6.41)}$$

In einem Gruppenquadrat befinden sich 27,3 Keime:

$$V(\text{Gruppenquadrat}) = l \cdot l \cdot h = (0,2 \text{ mm})^2 \cdot 0,1 \text{ mm} = 0,004 \text{ mm}^3 = 0,004 \text{ µL}$$

Der Keimgehalt in der ausgezählten Probe beträgt:

$$\frac{\overline{X}}{V(\text{Gruppenquadrat})} = \frac{27,3 \text{ Keime}}{\text{Gruppenquadrat}} \cdot \frac{\text{Gruppenquadrat}}{0,004 \text{ µL}} \qquad \text{(Gl. 6.6.42)}$$

$$= 6825 \text{ Keime/µL} = 6,825 \cdot 10^9 \text{ Keime/L}$$

Allerdings wurde die Probe Nummer 5 zunächst mit einer keimtötenden Lösung im Volumenverhältnis ψ (Probe – keimtötende Lösung) = 7 – 3 gemischt. D.h., das Verdünnungsverhältnis beträgt 7 – 10.

Berechnung des Keimgehaltes N(Probe unverdünnt)/L der Probe Nr. 5:

$$\frac{N(\text{Probe})}{V(\text{Probe})}(\text{unverdünnt}) = \frac{N(\text{Probe})}{V(\text{Probe})}(\text{verdünnt}) \cdot \frac{V(\text{Probe}) + V(\text{Keimtötende Lösung})}{V(\text{Probe})}$$

$$\text{(Gl. 6.6.43)}$$

$$\frac{N(\text{Probe})}{V(\text{Probe})}(\text{unverdünnt}) = 6{,}825 \cdot 10^9 \text{ Keime/L} \cdot \frac{10}{7} = 9{,}75 \cdot 10^9 \text{ Keime/L}$$

Ergebnis:
Die unverdünnte Probenflüssigkeit Nummer 5 hat einen Keimgehalt N(Probe unverdünnt)/L von $\underline{9{,}75 \cdot 10^9 \text{ Keimen/L}}$

6.6.43 Berechnen der Lebendkeimzahl

Von der Flüssigkeitsprobe Nummer 300 wurde eine Lebendkeimzahlbestimmung im Plattentest durchgeführt. Hierfür wurde die Probe Nummer 300 zweimal verdünnt, zunächst 1 : 100 und anschließend 2 : 10. Von der letzten Verdünnung wurden $V = 0{,}1$ mL auf der Oberfläche einer Agarplatte ausplattiert. Nach der Bebrütungszeit wurden N(Probe) = 45 Kolonien ausgezählt.

Berechnen Sie die Lebendkeimzahl N(Probe) in $V = 1$ L unverdünnter Probe Nummer 300.

Lösungsvorschlag
Lebendkeimzahl N(Probe)/L in der ausgespatelten Lösung:

$$\frac{N(\text{Probe})}{V(\text{ausgespatelt})} = \frac{45 \text{ Keime}}{0{,}1 \text{ mL}} = 4{,}5 \cdot 10^5 \text{ Keime/L} \qquad \text{(Gl. 6.6.44)}$$

Berechnung des Verdünnungsfaktors f:

$$f = \frac{1}{100} \cdot \frac{2}{10} = \frac{1}{500} \qquad \text{(Gl. 6.6.45)}$$

Berechnung der Lebendkeimzahl N(Probe)/L in der Probe 300:

$$\frac{N(\text{Probe})}{V(\text{Probe})} = \frac{N(\text{Probe})}{V(\text{ausgespatelt})} \cdot \frac{1}{f} \qquad \text{(Gl. 6.6.46)}$$

$$\frac{N(\text{Probe})}{V(\text{Probe})} = 4{,}5 \cdot 10^5 \text{ Keime/L} \cdot 500 = 2{,}25 \cdot 10^8 \text{ Keime/L} \qquad \text{(Gl. 6.6.47)}$$

Ergebnis:
Die unverdünnte Probe Nummer 300 hat einen Keimgehalt N(Probe)/L von $\underline{2{,}25 \cdot 10^8 \text{ Keime/L}}$

6.6.44 Wachsen von Mikroorganismen auf Oberflächen oder in Kulturlösungen

Bei manchen biotechnischen Verfahren wachsen die Mikroorganismen auf Oberflächen. Andere Verfahren vermehren sie in Kulturlösungen.
a) Wie heißen die beiden Verfahrensweisen?
b) Welches der beiden Verfahren wird in der Praxis häufiger eingesetzt?
c) Begründen Sie Ihre Aussage.

Lösungsvorschlag

a) Man unterscheidet das Oberflächenverfahren und das Submersverfahren.

b) Das Submersverfahren wird häufiger eingesetzt.

d) Die Kulturbedingungen lassen sich bei den Submersverfahren besser kontrollieren und steuern.

6.6.45 Beschreiben von Fermentationstechniken

Je nach Betriebsweise eines Fermenters im Submersverfahren unterscheidet man drei verschiedene Fermentationstechniken.

a) Wie heißen diese drei Arten?

b) Beschreiben Sie diese. Vervollständigen Sie hierzu Tabelle 6.56.

Tabelle 6.56 Benennen und beschreiben der Fermentationstechniken

Fermentationsarten	Beschreibung

Lösungsvorschlag

Tabelle 6.57 Lösung zu Tabelle 6.56

Fermentationsarten	Beschreibung
diskontinuierliche oder ansatzweise oder statische Kultur (Batch-Kultur)	Das Nährmedium wird sterilisiert und beimpft. Während des Verlaufs werden keine Nährstoffe ersetzt und kein Produkt entnommen.
halbkontinuierliche Kultur (Fed-Batch-Kultur)	Das Nährmedium wird sterilisiert und beimpft. Während des Verlaufs werden verbrauchte Nährstoffe nachgefüttert.
kontinuierliche Kultur	Hierbei führt man einem Fermenter laufend frisches, steriles Nährmedium zu. Gleichzeitig entnimmt man Kulturmedium. Jedes frisch zugesetzte Substrat wird sofort in Produkt umgewandelt.

6.6.46 Beschreiben von Biotechnologie und Gentechnik

In der heutigen Diskussion über biologisch hergestellte Produkte fallen immer wieder die Begriffe «Biotechnologie» und «Gentechnik».

a) Was versteht man unter dem Begriff «Biotechnologie»?

b) Definieren Sie den Begriff «Gentechnik».

c) Nennen Sie je ein Beispiel.

d) Was hat die Biotechnik mit der Gentechnik zu tun?

Lösungsvorschlag

a) Biotechnologie ist die integrierte Anwendung von Biochemie, Mikrobiologie und Verfahrenstechnik mit dem Ziel, die technische Anwendung des Potentials der Mikroorganismen, Zell- und Gewebekulturen sowie Teilen davon zu erreichen.

b) Die Gentechnik ist eine Methode, die genetische Information eines Organismus auf eine Art und Weise zu verändern, wie sie in der Natur nicht vorkommt.

c) *Beispiele für biotechnologische Arbeiten gibt es viele:*
Brotbacken, Käse-, Joghurt-, Wein-, Bier-, Sauerkrautherstellung, Produktion von Antibiotika usw.

 Beispiele für den Einsatz gentechnisch veränderter Organismen:
Sie werden z. B. eingesetzt bei der Produktion menschlicher Proteine durch Bakterien, Hefen oder Zellkulturen. Hier seien die Herstellung von Hormonen (Wachstumshormon, Insulin), Blutgerinnungsfaktoren und Antikörper genannt. Aber auch andere Medikamente oder Enzyme der Waschmittelindustrie sind hier zu erwähnen.

d) Prinzipiell haben Biotechnik und Gentechnik nichts miteinander zu tun. In der Biotechnik werden aber zunehmend gentechnisch veränderte Organismen eingesetzt.

6.6.47 Fed-Batch-Verfahren, Zelldichte berechnen, Dampfsiegelung, Bebrüten zur Inkubation, Gramfärbung, biotechnologische Verfahren

Milchsäure ($C_3H_6O_3$) für Lebensmittel wird großtechnisch aus Zucker (Glucose) in einem Fed-Batch-Verfahren hergestellt. Dazu wird ein anaerobes, grampositives Bakterium – *Lactobacillus spec.* – eingesetzt. Beantworten Sie dazu die folgenden Fragen.

a) Wodurch unterscheidet sich das Fed-Batch-Verfahren von einer ansatzweisen Kultur? Erläutern Sie den Unterschied anhand von Diagrammen, die den zeitlichen Verlauf von Substrat, Produkt und Biomasse im Fermenter darstellen.

b) Die Bakterien wachsen mit einer Generationszeit von t_d = 1,5 h. Der Fermenter wurde mit einer Zelldichte N/V von 10^6 Zellen/L Kultur beimpft. Berechnen Sie die Zelldichte nach 10 h nach Gl. 6.6.32 und Gl. 6.6.27.

$$N = N_0 \cdot e^{\mu \cdot t}$$

$$t_d = \frac{\ln 2}{\mu}$$

c) Damit Sie den Verlauf des Wachstums verfolgen können, müssen Sie Proben aus dem Fermenter nehmen. Das Probenahmeventil ist mit einer Dampfsiegelung versehen. Beschreiben Sie, wie diese Dampfsiegelung funktioniert und warum sie angewandt wird.

d) Nach jeder Probennahme werden die Bakterien auf einem geeigneten Agar ausgestrichen, um die Reinheit der Kultur zu überprüfen. Zur Inkubation stehen ein Brutschrank mit Umgebungsluft und eine beheizte Kammer mit einer N_2/CO_2-Atmosphäre zur Verfügung. Worin bebrüten Sie die Platten? Begründen Sie dies.

e) Zur Charakterisierung des Stamms führen Sie eine Gramfärbung durch. Welche Farbe sollten die Lactobacillen annehmen?

f) Milchsäure lässt sich auch chemisch herstellen. Warum verwendet man in der Lebensmittelproduktion dafür Bakterien? Nennen Sie drei Vorzüge der biotechnischen Herstellung.

Lösungsvorschlag

a) Bei einer ansatzweisen Kultur handelt es sich um eine diskontinuierliche Kultur. Hierbei werden zu Beginn alle benötigten Substanzen sterilisiert und der Kultur zugesetzt. Während des Verlaufs werden keine verbrauchten Nährstoffe ersetzt oder gebildete Stoffwechselendprodukte abgeführt.

Vorteil: geringe Kontaminationsprobleme.

Nachteil: geringere Substratkonzentration.

Verlauf von Substrat- und Produktkonzentration und Biomasse einer diskontinuierlichen Kultur (ansatzweisen Kultur) ist in Bild 6.73 zu sehen.

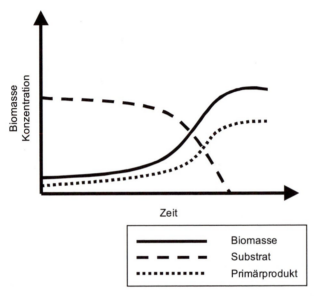

Bild 6.73 Verlauf von Substrat- und Produktkonzentration und Biomasse einer diskontinuierlichen Kultur (ansatzweisen Kultur)

Bei einer halbkontinuierlichen Kultur wird während des Wachstums nach Bedarf Substrat nachgefüttert. Man erreicht so eine gleichbleibende und niedrige Substratkonzentration. Die Bakterien verwerten das Substrat gleichmäßiger und besser (Bild 6.74).

Vorteil: Die Produktausbeute ist höher.

Nachteil: Kontaminationsgefahr durch Substratzugabe.

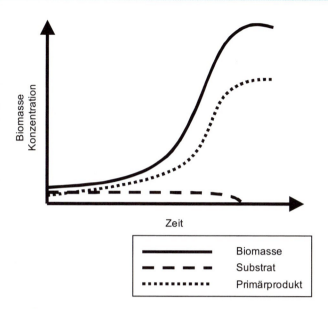

Bild 6.74 Verlauf von Substrat- und Produktkonzentration und Biomasse einer halbkontinuierlichen Kultur (Fed-Batch-Kultur)

b) Berechnung der Zelldichte
Berechnung der Wachstumsrate μ aus Generationszeit t_d nach Gl. 6.6.27:

$$t_d = \frac{\ln 2}{\mu}$$

$$\mu = \frac{\ln 2}{t_d} = \frac{0{,}693}{1{,}5\ \text{h}} = 0{,}462\ \text{h}^{-1}$$

Berechnung der Zellzahl N nach Gl. 6.6.32:

$$N = N_0 \cdot e^{\mu \cdot t}$$

$$N = 10^6\ \text{Zellen} \cdot e^{0{,}462\,\text{h}^{-1} \cdot 10\text{h}} = 1{,}02 \cdot 10^8\ \text{Zellen}$$

Ergebnis:
Nach t = 10 h enthält die Bakterienkultur N/V = $1{,}02 \cdot 10^8$ Zellen/L.

c) Die Dampfsiegelung verhindert, dass Keime durch den Probenahmestutzen in den Fermenter gelangen können. Dazu sterilisiert man den Probenahmestutzen mit gespanntem Dampf.

d) *Lactobacteriaceae* sind anaerob wachsende Bakterien. Deshalb werden die Kulturen in einer N_2/CO_2-Atmosphäre bebrütet.

e) Alle *Lactobacteriaceae* sind grampositiv. Sie werden also in der Gramfärbung blau oder violett angefärbt.

f) Biotechnologische Verfahren bieten einige Vorteile gegenüber der chemischen Produktion:
   billiger: Bakterien benötigen einfache, billige, nachwachsende Nährstoffe.
   energiesparender: Bakterien produzieren bei niedrigeren Temperaturen.
   umweltfreundlicher: Abfallstoffe sind umweltfreundlich zu entsorgen (z.B. Biomüll).

6.6.48 Arbeiten mit dem Mikroskop

Ein wichtiges Untersuchungsinstrument der Mikrobiologie ist das Mikroskop.

a) Nennen Sie fünf Teile eines Mikroskops und ordnen Sie deren Funktion zu.
b) Was versteht man unter einer «leeren Vergrößerung» einer Linse?
c) Eine optimale Auflösung eines Bildes erreicht man durch die «Köhler'sche Beleuchtung». Nennen Sie die einzelnen Schritte, mit der man die «Köhler'sche Beleuchtung» an einem Mikroskop einstellt, in der richtigen Reihenfolge.
d) Was versteht man unter der «numerischen Apertur» einer Linse? Ist hier ein höherer oder ein niedrigerer Wert vorteilhafter?
e) Viele Mikroskope in mikrobiologischen Labors sind mit einer Phasenkontrastbeleuchtung ausgestattet. Wie stellen sich hier die Bakterien, wie der Hintergrund dar? Vergleichen Sie die Phasenkontrastbeleuchtung mit der Hellfeldbeleuchtung.

Lösungsvorschlag

a) Tabelle 6.58 nennt Bauteile eines Mikroskops und die dazugehörige Funktion

Tabelle 6.58 Teile eines Mikroskops und deren Funktion

Teile	Funktion
Stativ mit Fuß	Der stabile Fuß gewährleistet ein kippsicheres Stehen, am Stativ sind die optischen Teile befestigt.
Objekttisch mit Kreuztisch	Der Objekttisch ist die Auflagefläche für die zu untersuchenden Präparate. Zur systematischen Durchsicht dient der Kreuztisch, der ein seitliches Verschieben sowie ein Vor- und Rückwärtsbewegen gewährleistet.
Objektiv	Das Objektiv ist eine Sammellinse, die sich in nächster Nähe des Präparats (Objekt) befindet. Sie entwirft ein umgekehrtes, vergrößertes und reelles Zwischenbild des Gegenstandes.
Tubus	Er trägt die optischen Teile (Objektive und Okulare).
Okular	Das Okular ist die Sammellinse, die dem Auge (lat.: occulus) am nächsten ist. Sie hat die Eigenschaft einer Lupe. Sie liefert ein vergrößertes, aufrechtes und virtuelles Bild vom Zwischenbild des Objektivs.
Lichtquelle	Die Beleuchtungseinrichtung beleuchtet das Präparat/das Objekt.
Kondensor	Der Kondensor sammelt und bündelt die von der Lichtquelle kommenden Strahlen. Er dient zur vollständigen Ausleuchtung des mikroskopischen Präparates.
Aperturblende	Die Aperturblende sitzt am Kondensor und reguliert dessen Beleuchtungsöffnung.

b) Eine Vergrößerung, die keine zusätzliche Bildinformation mehr liefert, nennt man eine «leere Vergrößerung». Beispiel: Das Betrachten eines Bilds in einer Zeitung mit einer Lupe.

c) Die Köhler'sche Beleuchtung ist eine Voraussetzung für ein gutes lichtmikroskopisches Bild. Um eine optimale Auflösung zu erreichen, muss das Mikroskop entsprechend gebaut sein und seine Optik richtig justiert werden. Dies erreicht man mit folgenden Schritten:

1. Mit einer kleinen Vergrößerung wird das Objekt scharf eingestellt. Das Objektiv wird dadurch in Arbeitsstellung gebracht.
2. Schließen der Leuchtfeldblende.
3. Danach verändert man die Höheneinstellung des Kondensors so, dass der Rand der Leuchtfeldblende scharf abgebildet ist.
4. Anschließend zentriert man den Kondensor so, dass das Abbild der Leuchtfeldblende in der Mitte des Gesichtsfelds liegt.
5. Man öffnet die Leuchtfeldblende soweit, dass ihre Begrenzung gerade eben aus dem Gesichtsfeld verschwunden ist.
6. Die Aperturblende wird nun soweit geöffnet, dass man eine optimale Auflösung oder einen optimalen Kontrast bekommt. In der Regel wird die Aperturblende zu 2/3 geöffnet. Eine weitere Öffnung erhöht die Auflösung und die Farbqualität des Bildes, verringert aber den Kontrast.

d) Die «numerische Apertur» eines Objektivs ist ein Maß für seine Lichtstärke und sein Auflösungsvermögen. Eine hohe numerische Apertur ergibt ein großes Auflösungsvermögen und eine hohe Lichtstärke eines Objektivs.

e) Bakterien sind in der Regel farblos. Sie sind daher im Hellfeld kaum sichtbar und müssen vor der Analyse gefärbt werden. Im Phasenkontrast erscheinen Bakterien dunkel vor einem hellen Hintergrund. Farben werden bei dieser Methode dagegen nur schlecht abgebildet.

6.6.49 Definitionen und Stufen der Risikogruppen von Mikroorganismen

Mikroorganismen werden in Risikogruppen eingeteilt.

a) Wie viele Stufen umfasst diese Einteilung?
b) Wie lauten die Definitionen der einzelnen Stufen?
c) Ordnen Sie von folgenden Mikroorganismen insgesamt fünf Vertreter den einzelnen Stufen zu (Mehrfachnennungen sind möglich): *Clostridium tetani, Escherichia coli* Stamm K12, *Helicobacter pylori, Geobacillus stearothermophilus, Lactobacillus casei, Clostridium botulinum, Bacillus anthracis, Ebola-Virus, Sphaerotilus natans, Streptomyces griseus.*

Lösungsvorschlag

a) Man unterscheidet 4 Stufen.
b) Die folgenden Definitionen wurden aus dem Regelwerk «Sichere Biotechnologie – Merkblatt der Berufsgenossenschaft der chemischen Industrie», Merkblatt B 002, 1/92, entnommen.

Die Einstufung der Organismen und Viren in die Risikogruppen erfolgt unter Berücksichtigung der Eigenschaften von Erregern und Viren (u.a. Pathogenität, Infektiosität), kurativen Maßnahmen des Wirtes (Prophylaxe, Therapie) und möglichen Hygienemaßnahmen.

❑ Gruppe 1

Von Organismen und Viren der Risikogruppe 1 gehen bei Beachtung der Hygieneregeln keine Gefährdungen für Mensch und Umwelt aus.

❑ Gruppe 2

Geringe Gefährdungen gehen von Organismen und Viren der Risikogruppe 2 aus.

❑ Gruppe 3

Organismen und Viren der Risikogruppe 3 können Krankheiten mit einer mäßigen Gefährdung verursachen.

❑ Gruppe 4

Von Organismen und Viren der Risikogruppe 4 gehen hohe Gefahren aus.

Anmerkung: Bis heute sind dieser Risikogruppe keine Bakterien zugeordnet.

c) Die Zuordnung der Mikroorganismen.

Tabelle 6.59 Zuordnung der Mikroorganismen

Risikogruppe	Mikroorganismus
Risikogruppe 1	*Escherichia coli* Stamm K12, *Geobacillus stearothermophilus, Lactobacillus casei, Sphaerotilus natans, Streptomyces griseus*
Risikogruppe 2	*Clostridium tetani, Clostridium botulinum, Helicobacter pylori*
Risikogruppe 3	*Bacillus anthracis*
Risikogruppe 4	*Ebola-Virus*

6.6.50 Definition der Begriffe bakteriozid, bakteriostatisch, Desinfektion, Sterilisation

Was versteht man unter folgenden Begriffen? Vervollständigen Sie Tabelle 6.60.

Tabelle 6.60 Erläuterungen

Begriff	Erläuterung
bakteriozid	
bakteriostatisch	
Desinfektion	
Sterilisation	

Lösungsvorschlag

Tabelle 6.61 Lösung zu Tabelle 6.60

Begriff	Erläuterung
bakteriozid	Substanz tötet Bakterien ab.
bakteriostatisch	Substanz hemmt das Wachstum der Bakterien.
Desinfektion	Abtöten von 99,999% der Gesamtkeimzahl. Man sagt auch: Desinfektion ist das Abtöten von Keimen um ≥5 Log-Stufen.
Sterilisation	Abtöten aller Keime. Faktisch wird das Überleben von 1 Keim pro 10^6 Keimen akzeptiert.

6.6.51 Wirkungsweise eines Desinfektionsmittels

Damit ein Desinfektionsmittel wirkt, müssen verschiedene Faktoren beachtet werden. Nennen Sie 5 Faktoren.

Lösungsvorschlag

1. Die angegebene Einwirkzeit darf auf keinen Fall verkürzt werden.
2. Das Desinfektionsmittel muss ausreichend vorhanden sein. Nur auf völlig benetzten Flächen kann es zu einer Wirkung kommen.
3. Temperatur und Feuchtigkeit der Umgebung müssen berücksichtigt werden.
4. Das Desinfektionsmittel muss in der richtigen, vorgeschriebenen Konzentration einwirken.
5. Der Zusatz von Reinigungsmitteln oder Ähnlichem ist nur nach Herstellerangaben erlaubt.
6. Auf die Keimumhüllung ist zu achten. Staub und Schmutz vermindern die Wirksamkeit.
7. Art, Alter und Anzahl der Keime müssen berücksichtigt werden.

6.6.52 Zulassung von Desinfektionsmitteln

Bevor Desinfektionsmittel auf den Markt kommen, müssen sie getestet und als Desinfektionsmittel anerkannt werden.
a) Welche Institution lässt einen Stoff in Deutschland als Desinfektionsmittel zu?
b) Unter welchen Bedingungen erfolgt die Zulassung?

Lösungsvorschlag

a) Die DGHM (*D*eutsche *G*esellschaft für *H*ygiene und *M*ikrobiologie) gibt die «Richtlinien für die Prüfung chemischer Desinfektionsmittel» heraus.
b) Desinfektionsmittel müssen 99,999% aller Keime eines Testkeims abtöten. Hierzu versetzt man eine definierte Zahl Bakterien (z.B. *Pseudomas spec.*) mit einem zu testenden Mittel. Nach der Einwirkzeit muss die Keimzahl um 1 : 100 000 vermindert sein.

6.6.53 Funktionen eines Laborautoclaven und Validierung

Zur Sterilisation von Flüssigkeiten kann man einen Autoclaven benutzen.
a) Beschreiben Sie die Funktion eines Laborautoclaven.
b) Laborgeräte müssen regelmäßig validiert werden. Was versteht man unter dem Begriff «validieren»?
c) Wie werden Laborautoclaven validiert?

Lösungsvorschlag

a) Ein Autoclav ist ein Druckgefäß, in dem das Sterilisiergut in einer reinen Wasserdampfatmosphäre bei p = 2026 hPa und einer Temperatur von ϑ = 121 °C sterilisiert wird. Das zu sterilisierende Material wird in den Druckbehälter gestellt. Wasser wird erhitzt und zum Verdampfen gebracht. Der Dampf verdrängt die Luft. Durch Kontrollinstrumente (Manometer, Sicherheitsventile, Temperatursonden) werden diese Bedingungen überwacht.

b) «Validieren» heißt, den Nachweis erbringen, dass eine Methode geeignet ist. Dies muss dokumentiert werden.

c) Zum Validieren von Autoclaven benutzt man häufig Ampullen mit biologischen Indikatoren zur Dampfsterilisation. Es handelt sich z.B. um eine zweigeteilte Ampulle. Im inneren Röhrchen befindet sich ein spezielles Nährmedium. Der äußere Zylinder ist mit Sporen eines besonders hitzeresistenten Bakteriums (*Geobacillus stearothermophilus*) gefüllt. Die Ampullen werden im Autoclaven sterilisiert. Danach bricht man das innere Röhrchen, so dass die Sporen ins Nährmedium gelangen können. Die Bebrütung erfolgt bei einer Temperatur von ϑ = 55 °C bis ϑ = 60 °C für t = 48 h im Brutschrank. Sind die Sporen nicht abgetötet, entwickeln sie sich während der Bebrütungszeit zu vermehrungsfähigen Bakterien. Sie betreiben Stoffwechsel. Die anfallenden Stoffwechselendprodukte verfärben den Indikator des Nährmediums. Sterile Röhrchen bleiben unverändert. Zur Kontrolle dient ein nicht autoclaviertes Röhrchen.

6.7 Durchführen verfahrenstechnischer Arbeiten

6.7.1 Erkennung von Pumpenzeichen

Das Bildzeichen von Bild 6.75 zeigt eine spezielle Art einer Flüssigkeitspumpe.
a) Um welche Art der Pumpe handelt es sich?
b) Erklären Sie die Funktionsweise einer Kreiselpumpe.

Bild 6.75 Pumpe

Lösungsvorschlag

a) Es handelt sich hier um eine Zentrifugalpumpe.

b) Die Pumpe besteht aus einem festen Gehäuse und einem sich darin drehenden Laufrad. Das Laufrad hat eine feste Drehrichtung. Die Schaufelräder beschleunigen die von der axial zugeführten Saugleitung kommende Flüssigkeit aus der Mitte an die Außenwandung des Gehäuses und zum Druckstutzen heraus. Das Gehäuse ist kreisförmig aufgebaut und so konstruiert, dass der Radius dieses Kreises sich vergrößert und schneckenförmig in die Druckleitung übergeht.

6.7.2 Darstellung verschiedener Behälterzeichen

In Bild 6.76 sind drei verschiedene Behälter dargestellt.

Benennen Sie die Behälter und erklären Sie die Verwendung.

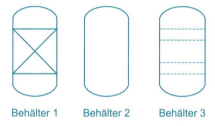

Behälter 1   Behälter 2   Behälter 3

Bild 6.76 Behälter

Lösungsvorschlag

Bei Behälter 1 handelt es sich um einen Behälter mit einem Festbett. Dies kann z.B. eine Füllkörperschüttung sein. Damit kann diese Art Behälter als Füllkörperkolonne eingesetzt werden. Behälter 2 ist ein einfacher Behälter mit gewölbtem Boden und Deckel. Er kann zur Aufbewahrung von Flüssigkeiten genutzt werden. Behälter 3 ist mit Austauschböden versehen. Durch den Einsatz von Siebböden, Glockenböden oder Ventilböden wird daraus eine Rektifikationskolonne.

6.7.3 Erkennen und Beschreiben von Apparaten

Bild 6.77 zeigt fünf verschiedene Apparaturen aus der Verfahrenstechnik.

a) Um welche Arten handelt es sich bei Apparat 1 und 2?

b) Wie heißen die Apparate 3 bis 5?

c) Erklären Sie Aufbau und Funktion von Apparatur 4 und die Vorteile gegenüber Apparatur 3.

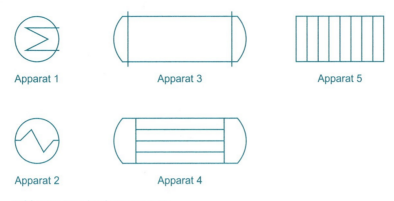

Bild 6.77 Verschiedene Apparate

Lösungsvorschlag

a) Es wird zwischen Wärmetauschern ohne Kreuzung der Fließlinien und Wärmetauschern mit Kreuzung der Fließlinien unterschieden. Apparat 1 zeigt einen Wärmetauscher ohne Kreuzung der Fließlinien und Apparatur 2 einen mit Kreuzung der Fließlinien.

b) Bei Apparat 3 handelt es sich um einen Doppelrohrwärmetauscher, Apparat 4 zeigt einen Rohrbündelwärmetauscher und Apparatur 5 einen Plattenwärmetauscher.

c) Der Rohrbündelwärmetauscher besteht aus einem großen Mantelrohr, das mit vielen Wärmeaustauscherrohren gefüllt ist. Zum Kühlen wird das Kühlmedium durch die Wärmeaustauscherrohre geleitet, zum Erwärmen mit Dampf, wird dieser durch den Mantel um die Wärmeaustauscherrohre geleitet. Dies ist vom Stoff abhängig und kann auch umgekehrt eingesetzt werden. Im Vergleich zum Doppelrohrwärmetauscher ist der Rohrbündelwärmetauscher vergleichbar kompakt gebaut, aber mir einer viel größeren Wärmeaustauschfläche versehen.

 6.7.4 Benennen von Rührern

Bild 6.78 zeigt verschiedene Rührer aus der Verfahrenstechnik.

a) Benennen Sie die Rührer 1...4.

b) In welche Gruppen kann man die Rührer einteilen?

c) Wie kann das Mischen mit einem Rührer noch zusätzlich beschleunigt werden?

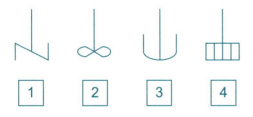

Bild 6.78 Verschiedene Rührer

Lösungsvorschlag

a) Bei Rührer 1 handelt es sich um einen Rührer, allgemein. Rührer 2 gehört zu den Propellerrühren, bei 3 handelt es sich um einen Ankerrührer und 4 ist ein Gitterrührer.

b) Die Rührer kann man in schnell und langsam laufende Rührer unterteilen. Anker-rührer laufen mit Drehzahlen zwischen 20 und 100 min^{-1}, Propellerrührer mit Dreh-zahlen zwischen 200 bis 2000 min^{-1}.

c) Der Mischvorgang kann verbessert werden, in dem in den Behälter zusätzlich Strombrecher eingebaut werden.

6.7.5 Zeichnen von grafischen Symbolen nach DIN

Zeichnen Sie die grafischen Symbole nach DIN für folgende Bauteile:

a) Membrankolbenpumpe
b) Exzenterschneckenpumpe
c) Abscheider
d) Mühle, allgemein
e) Kondensatableiter

Lösungsvorschlag

Bild 6.79 zeigt die richtigen Symbole zu den Bauteilen.

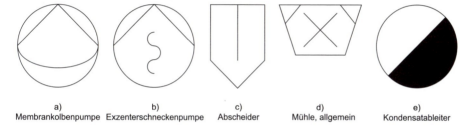

a)	b)	c)	d)	e)
Membrankolbenpumpe	Exzenterschneckenpumpe	Abscheider	Mühle, allgemein	Kondensatableiter

Bild 6.79 Symbole nach DIN

6.7.6 Funktionsweise einer Flüssigkeitsringpumpe

Für verfahrenstechnische Anlagen wird häufig auch Vakuum benötigt.

a) Erklären Sie die Funktionsweise einer Flüssigkeitsringpumpe.
b) Nennen Sie zwei weitere Pumpentypen zur Erzeugung von Vakuum.

Lösungsvorschlag

a) Ein Flügelrad, das in einem Zylinder mit exzentrischer Lagerung montiert ist, dreht sich durch eine ständig zugeführte Flüssigkeit. Die Flüssigkeit bildet durch die Dreh-bewegung an der Wandung einen Flüssigkeitsring. Die einzelnen Bereiche zwi-schen den Schaufeln des sternförmigen Laufrades sind so voneinander abgetrennt. Durch die exzentrische Lagerung werden diese einzelnen Hohlräume ständig grö-ßer und wieder kleiner. Beim Vergrößern entsteht eine Saugwirkung und beim Verkleinern eine Druckwirkung.

b) Zur Erzeugung von Vakuum kann eine Drehschiebervakuumpumpe oder auch eine Strahlpumpe eingesetzt werden.

6.7.7 Einteilung von Armaturen

In der Verfahrenstechnik gibt es unterschiedliche Armaturen.

In welche Gruppen lassen sich die Armaturen einteilen?

Lösungsvorschlag

In der Verfahrenstechnik wird zwischen

- ❑ Sicherheitsarmaturen und
- ❑ Absperrarmaturen sowie
- ❑ Einrichtungen bei Energieträgern

unterschieden. In weiteren Untergruppen lassen sich dann die

- ❑ nicht regelbaren,
- ❑ regelbaren und
- ❑ selbsttätigen

Armaturen unterteilen.

6.7.8 Verhindern der Überschreitung des zulässigen Betriebsdrucks

Sicherheitseinrichtungen können das Überschreiten des zulässigen Betriebsdrucks eines Behälters oder einer Leitung verhindern.
a) Nennen Sie drei dazu einsetzbare Sicherheitseinrichtungen.
b) Erklären Sie die Funktion der drei Einrichtungen.

Lösungsvorschlag

a) Es kann ein federbelastetes Sicherheitsventil oder ein gewichtsbelastetes Ventil eingesetzt werden. Eine weitere Möglichkeit ist der Einbau einer Berst- oder Reißscheibe.
b) Ein Ventilkegel ist mit einer Feder mit regulierbarer Kraft in den Ventilsitz gepresst. Damit kann der maximal zulässige Druck eingestellt werden. Überschreitet der anliegende Druck diesen Grenzwert, öffnet sich das Ventil und das Medium strömt aus. Der Druck verringert sich und das Ventil schließt sich selbst wieder.
Bei einem gewichtsbelastetem Ventil wird durch einen Hebel mit einem Gegengewicht der maximal zulässige Druck auf das Ventil eingestellt.
Eine Berstscheibe wird an einem Stutzen in der Leitung oder am Behälter blind verschraubt. Berstscheiben sind für unterschiedliche Grenzdrücke gefertigt und bersten bei Überschreitung des angegeben Maximaldrucks.

6.7.9 Identifizierung von Absperrvorrichtungen

Es gibt verschiedene regelbare Absperrvorrichtungen.

Nennen Sie drei Absperrvorrichtungen und zeichnen die dazu die grafischen Symbole.

Lösungsvorschlag

a) Bild 6.80 zeigt drei verschiedene Absperrvorrichtungen.

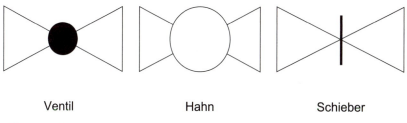

Ventil   Hahn   Schieber

Bild 6.80 Absperrvorrichtungen

6.7.10 Funktionsweise und Besonderheiten von Absperrvorrichtungen

Beschreiben Sie Funktionsweise und Besonderheiten der Armaturen von Bild 6.80.

Lösungsvorschlag

❑ **Ventil**

Das Ventil öffnet und schließt eine Rohrleitung. Es erlaubt aber auch die Regulierung des Stoffstroms. Eine Ventilkegel wird durch eine Spindel im Ventilsitz nach oben und unten bewegt. Beim Einbau ist auf die richtige Strömungsrichtung zu achten. Da im Ventil die Strömungsrichtung umgelenkt wird, bedeutet der falsche Einbau eine Druckerhöhung beim Durchfluss. Bei Membranventilen ist die Richtung egal.

❑ **Hahn**

Beim Hahn wird durch ein drehbares Küken der Durchfluss schnell freigegeben und auch wieder geschlossen. Die Strömungsrichtung muss nicht beachtet werden, aber eine Regulierung ist nur eingeschränkt möglich.

❑ **Schieber**

Der Schieber ermöglicht das Durchströmen mit geringem Druckverlust. Eine Platte ist senkrecht zur Strömung eingesetzt und wir durch eine Spindel mit Handrad langsam auf und ab bewegt. Dadurch steht im geöffneten Zustand der gesamte Rohrquerschnitt zur Verfügung.

6.7.11 Definition des Begriffes «Steuern»

Beschreiben Sie den Begriff «Steuern» aus der Verfahrenstechnik.

Lösungsvorschlag

Die Eingangsgrößen einer Steuerung wirken über die Stellglieder auf die eigentliche Steuerstrecke. Dadurch wird sich die zugehörige Ausgangsgröße einstellen.

Die Steuerung erhält keine Rückmeldung, wie sich die Ausgangsgrößenänderung auswirkt.

6.7.12 Definition des Begriffes «Regeln»

Beschreiben Sie den Begriff «Regeln» aus der Verfahrenstechnik.

Lösungsvorschlag

Regeln ist ein Vorgang, bei dem kontinuierlich eine Regelgröße x gemessen und diese mit einer Führungsgröße w verglichen wird. Bei Abweichungen zwischen x und w wird über die Stellgröße y versucht, die Abweichung zu minimieren.

6.7.13 Kennbuchstaben für Messstellenbezeichnungen

In Tabelle 6.62 sind Kennbuchstaben für Messstellenbezeichnungen aufgezeigt. Welche Bedeutung haben sie?

Tabelle 6.62 Kennbuchstaben in der EMSR-Technik

Kennbuchstaben	Bedeutung
I	
R	
C	
S	
A	
F	
L	
P	
T	
Q	

Lösungsvorschlag

Tabelle 6.63 Lösung zu Tabelle 6.62

Kennbuchstaben	Bedeutung
I	Anzeige (Indication)
R	Registrierung (Registration)
C	Regelung (Control)
S	Schaltung (Switch)
A	Alarm, Störungsmeldung (Allert)
F	Durchfluss (Flow)
L	Stand, auch unterer Grenzwert (Level)
P	Druck (Pressure)
T	Temperatur (Temperature)
Q	Stoffeigenschaft, Qualitätsgröße (z.B. *pH*-Wert, Dichte) (Quality)

6.7.14 Füllstandsmessung mit der Bodendruckmessung

Zur Füllstandsmessung können verschiedene Methoden eingesetzt werden. Eine Möglichkeit ist die Bodendruckmessung.

a) Nach welchem Prinzip funktioniert diese Methode?
b) Welche Größe muss neben dem Druck noch bestimmt werden?
c) Wie lautet die Formel für den hydrostatischen Druck und die daraus resultierende Formel zur Füllstandshöhenbestimmung?

Lösungsvorschlag

a) Für die Bodendruckmessung wird z.B. am Boden des Behälters ein Manometer angebracht. Da bei Flüssigkeiten der Bodendruck dem Gesetz des hydrostatischen Drucks folgt, kann aus dem gemessenen Druck direkt auf die Füllhöhe geschlossen werden.

b) Um die Füllhöhe zu bestimmen muss auch die Dichte der Flüssigkeit bestimmt werden.

c) Der hydrostatische Druck wird nach Gl. 6.7.1 berechnet:

$$p_{hydro} = \varrho \cdot g \cdot h \qquad \text{(Gl. 6.7.1)}$$

Durch Umstellen ergibt sich die Formel zur Berechnung der Füllstandshöhe:

$$h_{Füllstand} = \frac{p_{hydro}}{\varrho \cdot g} \qquad \text{(Gl. 6.7.2)}$$

6.7.15 Temperaturbestimmung

Zur Temperaturbestimmung können verschiedene Messgeräte eingesetzt werden.

a) Beschreiben Sie die Funktion eines Thermoelementes.

b) Welche weiteren Thermometer werden in der Verfahrenstechnik eingesetzt. Nennen Sie mindestens zwei verschiedene Arten.

Lösungsvorschlag

a) Wenn sich zwei verschiedene Metalle berühren, entsteht eine Spannung. Bei einem Thermoelement werden zwei verschiedene Metalldrähte zusammen verlötet. Wird nun die Lötstelle erhitzt, ändert sich die Spannung zwischen den kalten Drahtenden. Die Spannung ist ein genaues Maß für die Temperaturdifferenz zwischen der erhitzten Lötstelle und dem kalten Drahtende. Für jede Metalldrahtkombination lassen sich die unterschiedlichen Spannungsdifferenzen direkt auf eine Temperaturskala kalibrieren.

b) Es werden

- ❑ Flüssigkeitsausdehnungsthermometer,
- ❑ Widerstandsthermometer,
- ❑ Bimetallthermometer,
- ❑ Gasdruck-,
- ❑ Dampfdruck- und
- ❑ Flüssigkeitsfederthermometer sowie
- ❑ Pyrometer

eingesetzt.

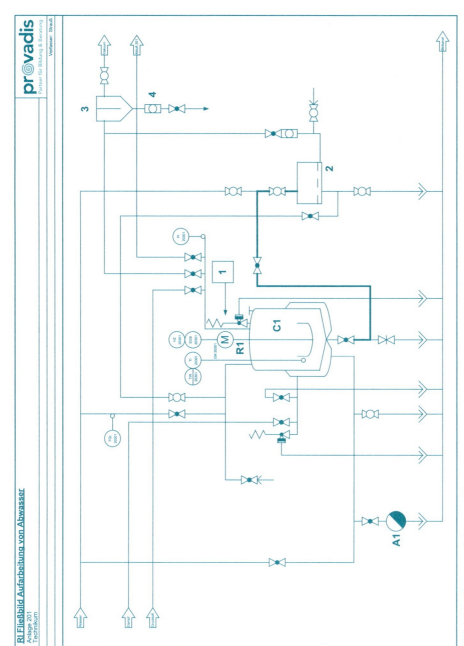

Bild 6.81 Abwasserreinigungsanlage

6.7.16 Abwasseraufbereitungsanlagen

Das RI-Fließbild (Bild 6.81) zeigt eine Abwasseraufarbeitungsanlage.
a) Um welchen Behälter handelt es sich bei Anlagenteil C1?
b) Welcher Rührer ist eingesetzt?
c) Wie wird die Armatur an Stelle 1 oberhalb von C1 bezeichnet?

Lösungsvorschlag

a) In der Abwasserreinigungsanlage ist an Stelle C1 ein Rührkessel mit Mantel und konischem Boden verbaut.
b) Es handelt sich um einen Ankerrührer.
c) Bei der Armatur handelt es sich um ein federbelastetes Sicherheitsventil.

6.7.17 Identifizierung von Apparaten und Beschreibung der Funktionen anhand von Fließbildern

Das RI-Fließbild (Bild 6.81) enthält an Stelle 2 und 3 zwei verschiedene Apparate.
a) Um welche Apparate handelt es sich bei Stelle 2 und 3, und welche Funktionen haben sie?
b) Benennen Sie das Bauteil an Stelle 4 und erklären Sie den Zusammenhang mit Apparat 3?

Lösungsvorschlag

a) An Stelle 2 ist ein Fluidfilter verbaut. Er hat die Aufgabe, Rückstände im Abwasser zurückzuhalten. An Stelle 3 ist ein Abscheider eingebaut. Der Abscheider trennt Restflüssigkeit von der angesaugten Luft ab. Das angeschlossene Vakuum sollte keine Flüssigkeit ansaugen.
b) Hier handelt es sich um ein Schauglas. Es gestattet die direkte Sicht auf die vom Abscheider abgetrennte Flüssigkeit und ermöglicht somit Rückschlüsse auf die Funktion des Abscheiders.

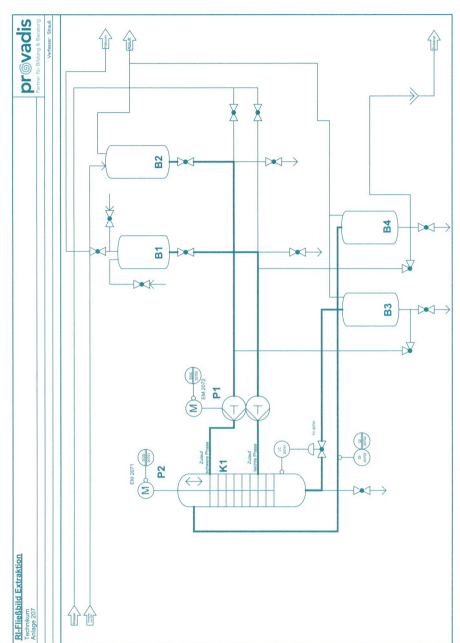

Bild 6.82 RI-Fließbild eines Trennverfahrens

6.7.18 Identifizierung von Verfahren und Behältern anhand eines Fließbildes

Das RI-Fließbild (Bild 6.82) zeigt ein Trennverfahren. In der schweren Phase befindet sich in gelöstem Zustand das gewünschte Produkt.

a) Um welches Verfahren handelt es sich dabei?

b) Wie wird allgemein der Inhalt von Behälter B1 und B2 genannt. Welche Aufgabe hat der Inhalt von B1.

Lösungsvorschlag

a) Es handelt sich um eine kontinuierliche Flüssig-Flüssig-Extraktion.

b) In B1 befindet sich das Extraktionsmittel. Es soll im Extraktor aus dem Extraktionsgut, das sich in B2 befindet, das Produkt herauslösen.

6.7.19 Identifizierung von Vorgängen und Behälterinhalten anhand eines Fließbildes

Das RI-Fließbild (Bild 6.82) zeigt ein Trennverfahren.

a) Welche Vorgänge laufen im Teil K1 der Anlage ab?

b) In welchem Behälter wird die leichte Phase nach der Extraktion aufgenommen?

Lösungsvorschlag

a) Bei der Flüssig-Flüssig-Extraktion kommt es im Anlagenteil K1 zu einem intensiven Stoffaustausch zwischen den durch Pulsation ständig in Bewegung befindlichen Phasen. Die Phasen sind nicht mischbar, aber die leichte Phase (Extraktionsmittel) löst aus dem Extraktionsgut das Produkt. Das mit herausgelöstem Stoff angereicherte Extraktionsmittel wird abgetrennt. Das Raffinat kann über den Boden abgelassen werden.

b) Nach der Extraktion wird das Extraktionsmittel mit dem Stoff in Behälter B4 aufgenommen.

6.7.20 Identifizierung von Pumpen und Erläuterung der Funktion

Die Extraktionsanlage (Bild 6.82) besteht aus verschiedenen Bauteilen.

a) Um welchen Pumpentyp handelt es sich an P1 und wie funktioniert er?

b) Wofür steht das Symbol EOS 20702 an Pumpe 1, und welche Funktion verbirgt sich dahinter?

Lösungsvorschlag

a) Diese Pumpe ist eine Kolbenpumpe. Ein Kolben bewegt sich im Kolbengehäuse hin und her. Beim Herausbewegen entsteht ein Unterdruck, und über die Zuleitung wird Flüssigkeit angesaugt. Beim Hineindrücken entsteht ein Überdruck, und über die Druckseite wird hinausgefördert. Ventile verhindern das Ausströmen beim Ansaugen und das Ansaugen beim Ausströmen.

b) Es handelt sich um einen Leitstand direkt an der Anlage. Der Pumpenmotor kann von da aus direkt an- und ausgeschaltet werden.

6.7.21 Identifizierung von Armaturen und Symbolen einer Extraktionsanlage

Die Extraktionsanlage (Bild 6.82) enthält am Bodenablauf die Armatur YV 20701.
Weiterhin ist am Boden ein EMSR-Symbol LC 20701 zu finden.

a) Um welchen Typ Armatur handelt es sich dabei?

b) Wofür stehen die Buchstaben LC und warum ist diese Messstelle mit der Armatur YV 20701 gekoppelt?

Lösungsvorschlag

a) Es handelt sich hier um ein Ventil mit Membranstellantrieb oder auch pneumatisches Ventil.

b) Der Buchstabe L steht für Füllstand und der Buchstabe C für selbsttätige Regelung. Über die Messstelle LC 20701 wird die Armatur YV 20701 geregelt.

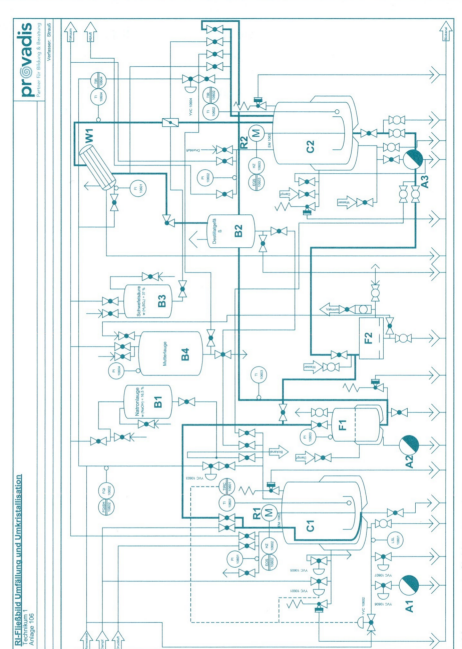

Bild 6.83 RI-Fließbild einer Anlage

6.7.22 Verfahrenstechnische Schritte einer Umfällung

Im Kessel C1 der Anlage (Bild 6.83) wurde verunreinigte Benzoesäure vorgelegt. Welche verfahrenstechnischen Schritte gehören zur Umfällung des Produktes?

Lösungsvorschlag

Als erstes sollte unter Rühren aus B1 Natronlauge zugeben werden, bis die Benzoesäure gelöst ist. Dann wird Aktivkohle zugegeben um die Verunreinigung zu adsorbieren. Danach kann mit Druckluft die Lösung aus C1 über den Filter F1 gedrückt werden. Dabei werden die Verunreinigungen abfiltriert. Aus F1 wird das gereinigte Filtrat direkt in C2 überführt. Mit Schwefelsäure aus B3 kann die Benzoesäure wieder ausgefällt werden. Das ausgefällte Produkt wird über F2 mit Vakuum vom Lösemittel abgetrennt und trocken gesaugt.

6.7.23 Regeln mit EMSR

An einer Stelle im RI-Fließbild (Bild 6.83) wird eine Messgröße nicht nur angezeigt, sondern auch geregelt.
a) Welche EMSR-Stelle ist damit gemeint?
b) Was wird wie damit geregelt?

Lösungsvorschlag

a) Die Regelstelle befindet sich am Kessel C1. Es ist der Anlagenleitstand TIRC 10601.
b) Über den Messfühler TI 10601 wird die Temperatur im Kessel C1 gemessen. Wird durch die Messstelle TIRC 10601 eine Abweichung zum Sollwert festgestellt, kann die Dampf- oder Kühlwasserzufuhr beeinflusst werden.

6.7.24 Benennung von Messstellen

Das Fließbild 6.83 enthält an verschiedenen Anlagenteilen Messstellen. Erklären Sie die Funktion der Messstellen aus Tabelle 6.64.

Tabelle 6.64 Messstellen der Anlage

Messstelle	Erklärung
TIR 10602	
FQI 10602	
HZ 10603	
PI 10602	
FI 10601	

Lösungsvorschlag

Tabelle 6.65 zeigt die richtigen Erklärungen zu den Messstellen.

Tabelle 6.65 Lösung von Tabelle 6.64

Messstelle	Erklärung
TIR 10602	An dieser Stelle wird die Temperatur am Leitstand angezeigt und registriert.
FQI 10602	An dieser Stelle wird die Durchflusssumme vor Ort angezeigt.
HZ 10603	An dieser Stelle kann von Hand eine Sicherheitseinrichtung ausgelöst werden (Noteingriff vor Ort).
PI 10602	An dieser Stelle wird der Druck vor Ort angezeigt.
FI 10601	An dieser Stelle wird der Durchfluss vor Ort angezeigt.

6.7.25 Benennung und Funktionsweise von Sicherheitseinrichtungen

Zur Absicherung sind an verfahrenstechnischen Anlagen Sicherheitseinrichtungen angebracht.

a) Welchen Namen haben die Sicherheitseinrichtungen, die an Kessel C1 und C2 (Bild 6.83) sowie deren Heizmantel verbaut sind?
b) Wie reagieren diese auf Grenzwertüberschreitung?

Lösungsvorschlag

a) An den beiden Kesseln sowie am Heiz- und Kühlkreislauf sind federbelastete Sicherheitsventile angebracht.
b) Wenn in dem Kessel oder dem Mantel ein vorher eingestellt Grenzwert für den Druck überschritten wird, dann öffnet sich das Ventil und das Entweichende wird in den Biokanal geleitet.

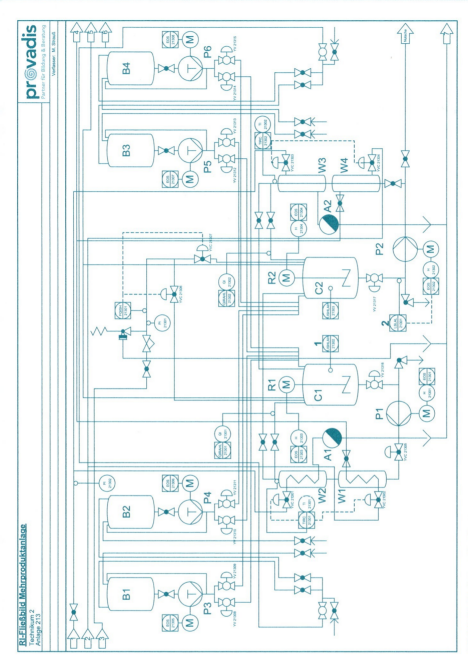

Bild 6.84 Mehrzweckanlage

6.7.26 Identifizierung von zu- und abgeführten Medien aus einem Fließbild

Das RI-Fließbild 6.84 zeigt eine Anlage für verschiedene Verfahren.
Welche Medien werden an den Stellen 1...7 ab- und zugeführt?

Lösungsvorschlag
Tabelle 6.66 zeigt die zu- und abgeführten Medien.

Tabelle 6.66

Positionsnummer	Medium	Positionsnummer	Medium
1	Dampf	5	Abluft
2	Sole	6	Vakuum
3	Reinwaaser	7	Abwasser
4	Sole		

6.7.27 Identifizierung von Buchstabensymbolen

Am Behälter C1 in Bild 6.84 ist die Messstelle 1 mit der Kennzeichnung LISHLAH 21302 angebracht.
a) Wofür stehen die Buchstaben?
b) Wo wird der Fehler angezeigt?

Lösungsvorschlag
a) An dieser Messstelle wird der Flüssigkeitsstand gemessen und angezeigt. Wird der obere Grenzwert verletzt, wird der Zulauf geschaltet und ein Alarm ausgelöst. Bei Verletzung des unteren Grenzwertes wird nur der Zulauf geschaltet.
b) Das verwendete EMSR-Symbol bedeutet, dass der Alarm in der Messwarte angezeigt und im Prozessleitsystem verarbeitet wird.

6.7.28 Identifizierung von Kennzeichnungen und Messstellen

Am Behälter C2 in Bild 6.84 ist am Bodenablauf die Messstelle 2 mit der Kennzeichnung LSLAL 21301 angebracht.
a) Was wird an dieser Messstelle gemessen?
b) Was passiert, wenn der Messwert zu niedrig ist, und welche Bedeutung hat in diesem Zusammenhang die gestrichelte Linie zu der Messstelle an P2?

Lösungsvorschlag
a) An dieser Messstelle wird der Flüssigkeitsstand in der Ablaufleitung von C2 erfasst.
b) Wenn der gemessene Flüssigkeitsstand zu niedrig ist, wird die Pumpe P2 abgeschaltet. Weiterhin wird dann ein Alarm in der Messwarte angezeigt.

6.7.29 Identifizierung verfahrenstechnischer Apparate anhand von Symbolen

Bild 6.85 zeigt einen verfahrenstechnischen Apparat.
a) Um welche Art Apparat handelt es sich?
b) Nennen Sie zwei verschiedenen Arten von dieser Apparatur und erklären Sie kurz die Funktionsweise.

Bild 6.85 Verfahrenstechnischer Apparat

Lösungsvorschlag

a) Bild 6.85 zeigt einen Brecher, allgemein.
b) Die am häufigsten verwendeten Brecher sind Walzen- und Backenbrecher. Der Walzenbrecher besteht aus zwei gegenläufig rotierenden Walzen, die in ihrem Abstand zueinander variiert werden können. Das zu zerkleinernde Gut wird von oben aufgegeben, und je nach Abstand wird eine unterschiedliche Korngröße erreicht.

Bei einem Backenbrecher wird das grobe Material zwischen zwei Backen durch Druck zerkleinert. Eine Backe steht fest, die zweite wird über einen Exzenter angetrieben und je nach Abstand kann auch hier die Korngröße beeinflusst werden.

6.7.30 Identifizierung verfahrenstechnischer Apparate anhand von Symbolen

Bild 6.86 zeigt einen verfahrenstechnischen Apparat.
a) Um welche Art Apparat handelt es sich?
b) Welche sicherheitsrelevanten Maßnahmen sind beim Umgang mit Zentrifugen zu beachten? Nennen Sie vier.

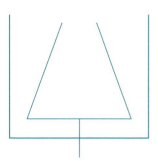

Bild 6.86 Verfahrenstechnischer Apparat

Lösungsvorschlag

a) Das Bild 6.86 zeigt eine Zentrifuge.

b) 1. Zentrifugen dürfen nur mit den zugelassenen Mengen und dafür angegebenen Drehzahlen betrieben werden.

2. Beim Befüllen muss auf gleichmäßige Schichtung geachtet werden. Nichtbeachtung kann zu Unwucht und daraus resultierenden Defekten führen.

3. Der Deckel der Zentrifuge muss verriegelbar sein.

4. In der Zentrifuge darf nur im stillgelegten Zustand gearbeitet werden.

5. Wenn in der Zentrifuge brennbare Lösemittel abgetrennt werden, muss mit einem Inertgas überlagert werden.

6. Zentrifugen werden durch einen Fachmann jährlich überprüft.

7   Musterklausuren zur gestreckten Abschlussprüfung, Teil 2 – Pflichtqualifikationen und Wahlqualifikationen

7.1   Musterklausur – Pflichtqualifikationen

Diese Musterklausur enthält nach der Prüfungsordnung 12 Fragen. Sie müssen bei der Bearbeitung 2 Fragen streichen. Wenn Sie das Streichen vergessen, werden durch den Prüfer die zwei letzten Aufgaben gestrichen. Fachrechenaufgaben dürfen nicht gestrichen werden. Die Lösungen zu den Aufgaben folgen in Abschnitt 7.2 im Anschluss. Für die Bewertung wenden Sie bitte den Punktemaßstab aus Abschnitt 2.7.1 an.

1. Aufgabe

Vervollständigen Sie Tabelle 7.1 zu gravimetrischen Bestimmungen.

Tabelle 7.1 Gravimetrische Bestimmung

Zu quantifizierendes Ion	Fällungsreagenz	Verbindung der Fällungsform	Verbindung der Wägeform
Fe^{3+}		$Fe(OH)_3$	
Mg^{2+}			Mg-Oxinat
Pb^{2+}	Konz. H_2SO_4 Diacetyldioxim-Lösung		
Ca^{2+}		Ca-Oxalat	

2. Aufgabe

Nachfolgend sind für eine Quantifizierung von Eisen mit Hilfe der VIS-Spektroskopie zwei Kalibrierkurven der Abhängigkeit der Extinktion E von der Konzentration c an Eisen abgebildet.
Kurve 1: Methode 1, Bestimmung von Eisen mit 2,2-Bipyridin
Kurve 2: Methode 2, Bestimmung von Eisen mit Ammoniumrhodanit

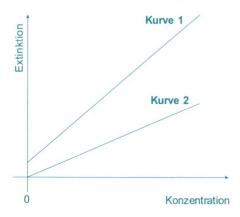

Bild 7.1 Kalibrierkurven

a) Was unterscheidet beide Kurven in analytischer Hinsicht?
b) Welche der beiden Methoden würden Sie vorziehen, wenn die Konzentration der Eisenprobe in der Nähe der Bestimmungsgrenze bestimmt werden soll? Begründen Sie Ihre Aussage!

3. Aufgabe

Es werden m = 12,451 g einer phosphorsäurehaltigen Lösung im Messkolben auf 100 mL aufgefüllt. 25,00 mL dieser Lösung werden abpipettiert und mit einer Natronlauge-Maßlösung mit $c(1/1\ NaOH)$ = 0,1 mol/L und t = 1,011 gegen Thymolphthalinlösung titriert. Der Verbrauch beträgt V = 8,5 mL.
Welchen Massenanteil w an Phosphorsäure hat die Probe?
$M(H_3PO_4)$ = 98,0 g/mol

4. Aufgabe

Im Laboratorium werden zur Reinheitsbestimmung von Flüssigkeiten oft Stoffkonstanten oder sonstige Messwerte ermittelt.
Vervollständigen Sie Tabelle 7.2.

Tabelle 7.2 Reinheitsbestimmung

Messwerte oder Stoffkonstante	Verwendetes Messgerät	SI-Einheit der Messgröße	Messgröße ist abhängig von
pH-Wert			
Dichte			
Brechzahl			
dynamische Viskosität			

5. Aufgabe

a) Erklären Sie die Funktionsweise eines Polarimeters!
b) Welche Stoffe können mit einem Polarimeter gemessen werden? Nennen Sie ein Beispiel!
c) Wovon hängt der Drehwinkel α einer gelösten Substanz ab, die eine optische Aktivität aufweist?

6. Aufgabe

Wenn N_2O_5 erhitzt wird, zerfällt dieses zu NO_2 und O_2 nach Gleichung 7.1.1.

$$2\ N_2O_5 \rightleftharpoons 4\ NO_2 + O_2 \hspace{4cm} \text{(Gl. 7.1.1)}$$

a) Wird eine Druckerhöhung die Reaktion beschleunigen? Begründen Sie Ihre Aussage!
b) Die Gleichgewichtskonstante dieser Reaktion beträgt bei einer bestimmten Temperatur K_c = 10. Wird das Gleichgewicht eher auf der Seite der Produkte oder des Eduktes liegen?
c) Was sagt die Gleichgewichtskonstante K_c über die Reaktionsgeschwindigkeit aus?

7. Aufgabe

Bei der Veresterung von Benzoesäure mit Methanol werden 4 mol/L Benzoesäure und 10 mol/L Methanol eingesetzt und im Gleichgewicht 3 mol/L Wasser erhalten. Welcher K_C-Wert wird für diese Reaktionstemperatur berechnet?

8. Aufgabe

Für eine Titerbestimmung wurden m(Oxalsäuredihydrat) = 153,2 mg eingewogen. Bei der Titration gegen eine Natronlauge-Maßlösung mit $\bar{c}$(NaOH) = 0,1 mol/L ergab sich ein Verbrauch von V(NaOH) = 25,3 mL.
Wie groß ist der Titer der Maßlösung?
M(C) = 12 g/mol, M(O) = 16 g/mol, M(H) = 1 g/mol, M(Na) = 23 g/mol

9. Aufgabe

Bei einer permanganometrischen Bestimmung von Eisen wurden 20,0 mL der Probe (Gesamtvolumen 250 mL) in einem 300-mL-Erlenmeyerkolben mit 150 mL E-Wasser verdünnt und mit Schwefelsäure versetzt. Bei der anschließenden Titration mit Kaliumpermanganatmaßlösung wurden V(KMnO$_4$) = 23,8 mL verbraucht.
$\bar{c}$(1/5 KMnO$_4$) = 0,1 mol/L, t(KMnO$_4$) = 0,9624

a) Stellen Sie die Reaktionsgleichung auf.
b) Wie viel Eisen befindet sich in der Probe?
     M(Fe) = 55,85 g/mol

10. Aufgabe

Eine Zink-Probe wurde fotometrisch in einer Doppelbestimmung quantifiziert. Als Vergleichsprobe wurde ein Zinkstandard β(Zn) = 0,75 g/L verwendet.
Es wurden folgende Messwerte aufgenommen:

Probe 1: E = 0,491
Probe 2: E = 0,494
Standard: E = 0,617

Wie groß ist die Masse an Zink in V(Probe) = 2,5 L der Probe?

11. Aufgabe

Wasserstoff, Sauerstoff und Stickstoff sind Beispiele für in der Natur vorkommende bimolekulare Verbindungen.
a) Erklären Sie dies mit Hilfe der Bindungsverhältnisse in den Molekülen.
b) Warum handelt es sich in allen drei Fällen um unpolare Atombindungen?

12. Aufgabe

Welche Verbindung würde jeweils bei der Umsetzung von Sauerstoff mit Magnesium bzw. Natrium bevorzugt entstehen? Begründen Sie Ihre Entscheidung.

7.2 Lösungsvorschlag zu 7.1

1. Aufgabe – Lösungsvorschlag

Tabelle 7.3 Lösung zu Tabelle 7.1

Zu quantifizierendes Ion	Fällungsreagenz	Verbindung der Fällungsform	Verbindung der Wägeform
Fe³⁺	Ammoniaklösung	**Fe(OH)₃**	Fe₂O₃
Mg²⁺	8-Hydroxychinolin-Lösung	Mg-Oxinat	**Mg-Oxinat**
Pb²⁺	**konz. H₂SO₄**	PbSO₄	PbSO₄
Ni²⁺	**Diacetyldioxim-Lösung**	Ni-Diacetyldioxim	Ni-Diacetyldioxim
Ca²⁺	Ammoniumoxalat-Lösung	**Ca-Oxalat**	CaO

2. Aufgabe – Lösungsvorschlag

a) Kurve 2 (mit Ammoniumrhodanit) hat einen flacheren Anstieg als Kurve 1 und damit eine geringere Empfindlichkeit. Dafür weist Kurve 1 einen Blindwert (Signal bei der Konzentration $c = 0$) auf. Bei der Methode 1 (mit 2,2'-Bipyridin) ist daher mindestens eine 2-Punkt-Kalibrierung durchzuführen.

b) In der Nähe der Bestimmungsgrenze ist eine höhere Empfindlichkeit gefordert, daher ist der Methode 1 (mit 2,2'-Bipyridin) der Vorzug zu geben.

3. Aufgabe – Lösungsvorschlag

Die Äquivalentzahl z ist 2. Die Verwendung des Indikators Thymolphthalein zeigt den 2. Äquivalenzsprung an. Der Massenanteil kann mit Gl. 7.2 berechnet werden.

$$w = \frac{V \cdot M \cdot c \cdot t \cdot \dfrac{V(\text{Kolben})}{V(\text{Pipette})}}{m \cdot z} \cdot 100\% \qquad \text{(Gl. 7.2.1)}$$

$$w = \frac{0{,}085\,\text{L} \cdot 98{,}0\,\text{g} \cdot 0{,}1\,\text{mol} \cdot 1{,}011 \cdot \dfrac{100{,}00\,\text{mL}}{25{,}00\,\text{mL}}}{12{,}451\,\text{g} \cdot 2 \cdot \text{mol} \cdot \text{L}} \cdot 100\% = \underline{13{,}53\%}$$

4. Aufgabe – Lösungsvorschlag

Tabelle 7.4 Lösung zu Tabelle 7.2

Messwerte oder Stoffkonstante	Verwendetes Messgerät	SI-Einheit der Messgröße	Messgröße ist abhängig von
pH-Wert	pH-Meter mit pH-Elektrode	Keine	Temperatur, $c(H_3O^+)$
Dichte	– Pyknometer – Biegeschwinger – Spindel – Mohrwestphal'sche Waage	kg/m³	Temperatur
Brechungszahl	Refraktometer	keine	Temperatur Wellenlänge des Lichts
dynamische Viskosität	– Höppler-Kugelfall-Viskosimeter, – Ostwald-Kapillar-Viskosimeter, – Rotations-Viskosimeter	Pa · s	Temperatur

5. Aufgabe – Lösungsvorschlag

a) Das Polarimeter besteht aus zwei Polarisationseinrichtungen, dem Polarisator und dem Analysator. Der Polarisator filtert aus dem natürlichen Licht einer Lichtquelle alle Schwingungsebenen heraus bis auf eine, die durch die Probenlösung geschickt wird. Die Probenlösung dreht die Schwingungsebene des polarisierten Lichtes. Anschließend fällt der Lichtstrahl in den Analysator. Dieser muss soweit gedreht werden, dass er das einfallende polarisierte Licht völlig auslöscht (Verschiebung des Winkels um 90°) oder völlig durchlässt.

b) Beim Durchgang von *polarisiertem* Licht durch Substanzlösungen aus *chiralen* Molekülen wird die Polarisationsebene des Lichts gedreht. Dabei beruht die Chiralität auf der unterschiedlichen räumlichen Anordnung von Atomen und Atomgruppen um mindestens ein Stereozentrum. So ist ein Kohlenstoffatom mit vier verschiedenen *Substituenten* ein typisches Stereozentrum, bei dem zwei verschiedene räumliche Anordnungen möglich sind. Beispiel einer optisch aktiven Substanz ist die Milchsäure (Bild 7.2).

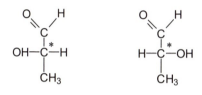

L(+)-Milchsäure   D(-)-Milchsäure

Bild 7.2 Milchsäure

c) Der Drehwinkel α einer Substanzlösung ist abhängig von:
- der Konzentration der Lösung
- der Länge der Polarimeterröhre,
- der Temperatur,
- der Wellenlänge des verwendeten Lichts

6. Aufgabe – Lösungsvorschlag

a) Aus $n = 2$ mol N_2O_5 werden insgesamt $n = 5$ mol Reaktionsprodukte. Da nach dem Le-Chatelier-Prinzip bei Druckerhöhung die Richtung der Reaktion hin zum kleineren Reaktionsvolumen erfolgt, würde eine Druckerhöhung die *Rückreaktion* begünstigen.

b) Bei dieser Reaktionstemperatur wird das Gleichgewicht auf der Seite der Produkte liegen. Der K_C-Wert ist über 1, und damit sind die Werte im Zähler der Gleichung des Massenwirkungsgesetz größer. Da im Zähler die Konzentrationen der Produkte stehen, wird das Gleichgewicht nach Gl. 7.2.2 auf Seite der Produkte liegen.

$$K_C = \frac{c^4(NO_2) \cdot c(O_2)}{c^2(N_2O_5)}$$
(Gl. 7.2.2)

c) Die Gleichgewichtskonstante K_C gibt die Lage des Gleichgewichtes an, sagt aber nichts über die Reaktionsgeschwindigkeit r aus. Die Größe, die die Reaktionsgeschwindigkeit beschreibt, ist der Proportionalitätsfaktor k, der eine Aussage über die Anzahl der erfolgreichen Zusammenstöße macht.

7. Aufgabe – Lösungsvorschlag

$$C_6H_5COOH + CH_3OH \rightleftharpoons C_6H_5COOCH_3 + H_2O \qquad \text{(Gl. 7.2.3)}$$

Es sind laut Aufgabentext folgende Konzentrationen bekannt (c_0 = Anfangskonzentrationen, c_{GG} = Konzentrationen im Gleichgewicht)

Tabelle 7.5 Lösung zu Aufgabe 7

	Benzoesäure	Methanol	Ester	Wasser
c_0	4 mol/L	10 mol/L	–	–
c_{GG}	X_1 mol/L	X_2 mol/L	X_3 mol/L	3 mol/L

Wenn 3 mol/L Wasser entstanden sind, müssen auch X_3 = 3 mol/L Ester entstanden sein, weil die Reaktionsprodukte laut Reaktionsgleichung im Verhältnis 1 : 1 entstehen.

Tabelle 7.6 Lösung zu Aufgabe 7

	Benzoesäure	Methanol	Ester	Wasser
c_0	4 mol/L	10 mol/L	–	–
c_{GG}	X_1 mol/L	X_2 mol/L	3 mol/L	3 mol/L

Wenn jeweils c = 3 mol/L Ester und Wasser entstanden sind, müssen noch
X_1 = 4 mol/L – 3 mol/L = 1 mol/L Benzoesäure und
X_2 = 10 mol/L – 3 mol/L = 7 mol/L Methanol übrig bleiben.

Tabelle 7.7 Lösung zu Aufgabe 7

	Benzoesäure	Methanol	Ester	Wasser
c_0	4 mol/L	10 mol/L	–	–
c_{GG}	1 mol/L	7 mol/L	3 mol/L	3 mol/L

Somit kann nach Gl. 7.2.4 der K_C-Wert berechnet werden:

$$K_C = \frac{3\ \text{mol/L} \cdot 3\ \text{mol/L}}{1\ \text{mol/L} \cdot 7\ \text{mol/L}} = \underline{1{,}3} \qquad \text{(Gl. 7.2.4)}$$

8. Aufgabe – Lösungsvorschlag

$$NaOH + (COOH)_2 \cdot 2\,H_2O \rightarrow (COONa)_2 + 4\,H_2O \qquad \text{(Gl. 7.2.5)}$$

$$t(x) = \frac{m(\text{Urtiter})}{\tilde{c}_{eq}(x) \cdot V(x) \cdot M_{eq}(\text{Urtiter})} \qquad \text{(Gl. 7.2.6)}$$

(Hinweis: Die Äquivalenzzahl z von Oxalsäuredihydrat beträgt 2, da es sich um eine Dicarbonsäure handelt)

$$t(\text{NaOH}) = \frac{0{,}1532\ \text{g}}{0{,}1\ \text{mol/L} \cdot 0{,}0253\ \text{L} \cdot 63\ \text{g/mol}} = \underline{0{,}9612} \qquad \text{(Gl. 7.2.7)}$$

Der Titer der Natronlauge-Maßlösung beträgt 0,9612.

9. Aufgabe – Lösungsvorschlag

a) $5 Fe^{2+} + MnO_4^- + 8 H^+ \rightarrow 5 Fe^{3+} + Mn^{2+} + 4 H_2O$ (Gl. 7.2.8)

(Hinweis: Die Äquivalenzzahl z von Eisen beträgt 1, die Äquivalenzzahl z von Kaliumpermanganat 5)

b) $m(x) = \tilde{c}_{eq}(y) \cdot t(y) \cdot V(y) \cdot M_{eq}(x) \cdot F_V$ (Gl. 7.2.9)

In Gl. 7.2.10 werden die gegebenen Werte eingesetzt.

$m(Fe) = 0,1 \text{ mol/L} \cdot 0,9624 \cdot 0,0238 \text{ L} \cdot 55,85 \text{ g/mol} \cdot 12,5 = \underline{1,599 \text{ g}}$ (Gl. 7.2.10)

Die Masse an Eisen in der Probe beträgt 1,6 g.

10. Aufgabe – Lösungsvorschlag

Der Quotient aus der Extinktion und der Konzentration der Lösungen 1 und 2 ist gleich, wenn es sich um denselben Analyten handelt.

$$\frac{E_1}{\beta_1} = \frac{E_2}{\beta_2}$$ (Gl. 7.2.11)

$$\beta_2 = \frac{E_2 \cdot \beta_1}{E_1}$$ (Gl. 7.2.12)

Die Extinktionswerte der Doppelbestimmung von Probe 1 und 2 werden für die Berechnung gemittelt.

$$\overline{\beta}(Zn) = \frac{0,491 + 0,494}{2} = 0,4925$$

$$\beta_2(Zn) = \frac{0,4925 \cdot 0,75 \text{ g/L}}{0,617} = 0,599 \text{ g/L}$$

$$m(Zn) = \beta(Zn) \cdot V(\text{Probe})$$ (Gl. 7.2.13)

$$m(Zn) = 0,599 \text{ g/L} \cdot 2,5 \text{ L} = \underline{1,4975 \text{ g}}$$

Die Masse an Zink in $V(\text{Probe}) = 2,5$ L beträgt 1,5 g.

11. Aufgabe – Lösungsvorschlag

a) Zwei Wasserstoffatome sind durch eine Einfachbindung miteinander verknüpft. Durch die gemeinsame Nutzung des Elektronenpaares erreicht jedes Wasserstoffatom formal Edelgaskonfiguration (2 Elektronen für die erste Schale). Bei einem Sauerstoffmolekül handelt es sich um eine Doppelbindung. Sauerstoff besitzt sechs Außenelektronen und kann durch die Doppelbindung zu einem zweiten Sauerstoffatom und die damit gemeinsame Nutzung der beiden Elektronenpaare formal Edelgaskonfiguration erreichen (8 Elektronen). Zwei Stickstoffatome sind durch eine Dreifachbindung miteinander verknüpft. Stickstoff steht in der fünften Hauptgruppe des Periodensystems und kann durch die gemeinsame Nutzung von drei bindenden Elektronenpaaren mit einem weiteren Stickstoffatom ebenfalls formal das Elektronenoktett erreichen. Bild 7.3 zeigt die Bindungsverhältnisse in einem Wasserstoff-, Sauerstoff- sowie Stickstoffmolekül.

Bild 7.3 Bindungsverhältnisse in einem Wasserstoff-, Sauerstoff- und Stickstoffmolekül

b) Da beide beteiligte Partner die gleiche Elektronegativität besitzen, kommt es zu keiner Verschiebung der bindenden Elektronenpaare. Es ergibt sich eine unpolare (homopolare) Atombindung.

12. Aufgabe – Lösungsvorschlag

Magnesium würde bei der Reaktion mit Sauerstoff Magnesiumoxid, MgO, ergeben. Mit Natrium würde Natriumoxid, Na_2O, entstehen. Zum Erreichen einer mit acht Elektronen voll besetzten Außenschale kann Magnesium aufgrund seiner Position im PSE (2. Hauptgruppe) mit einem Atom *zwei Elektronen* zur Verfügung stellen. Natrium steht in der ersten Hauptgruppe und gibt zum Erreichen einer vollen Außenschale nur *ein Elektron* ab. Somit sind für die Reaktion mit Sauerstoff zwei Atome Natrium notwendig, von denen dem Sauerstoff jeweils ein Elektron zur Verfügung gestellt wird.

7.3 Musterklausur – Wahlqualifikationen

Die Prüfungsordnung der gestreckten Abschlussprüfung Teil 2 sieht vor, dass jeder Prüfling zusätzlich zur Pflichtqualifikation in drei weiteren Wahlqualifikationen geprüft wird. Für die Bearbeitung der 3 Wahlqualifikationseinheiten hat der Prüfling insgesamt 120 min Zeit. Die Autoren haben sieben ausgewählte Wahlqualifikationen als Musterklausuren in den folgenden Kapiteln zusammengestellt. Diese Musterklausuren enthalten gemäß der Prüfungsordnung 8 Fragen. Sie müssen von diesen 8 Fragen nur 6 bearbeiten. Wenn Sie das Streichen vergessen, werden durch die Prüfer die zwei letzten Aufgaben gestrichen. Die Lösungen zu den Aufgaben folgen im Anschluss an die Klausuren. Für die Bewertung wenden Sie bitte den Punktemaßstab aus Abschnitt 2.7.1 an.

7.3.1 Präparative Chemie, Reaktionstypen und Reaktionsführung

1. Aufgabe

Propanal reagiert mit den angegebenen Verbindungen. Welche Produkte entstehen dabei? Benennen Sie den jeweiligen Reaktionstyp in Bild 7.4.

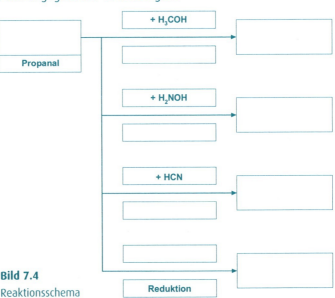

Bild 7.4
Reaktionsschema

2. Aufgabe

Ordnen Sie die angegebenen Substanzen von Bild 7.5 nach ihren abnehmenden Siedepunkten. Geben Sie die dazugehörigen Siedepunkte an.
Gegeben sind:
ϑ = 249 °C, ϑ = 205 °C, ϑ = 178 °C und ϑ = 115 °C.

Bild 7.5

Begründen Sie Ihre Antwort.

3. Aufgabe

Diethylether hat nach der TRGS vom Januar 2007 einen AGW von 400 mL/m³ bzw. 1200 mg/m³.
a) Was bedeutet TRGS und AGW?
b) Mit welchen beiden Gefahrensymbolen muss Diethylether gekennzeichnet werden?
c) Welche Gefahren drohen beim Umgang mit Diethylether? Welche Maßnahmen sind beim Umgang mit Diethylether folglich zu treffen?

4. Aufgabe

Das 5,5-Dimethylhex-1-en reagiert mit HBr. Formulieren Sie die Reaktionsgleichung in allen Einzelschritten und benennen Sie das Endprodukt.
Welches Produkt würde bei Anwesenheit von Peroxidionen entstehen?

5. Aufgabe

Mit Natronlauge werden m = 43,8 g Essigsäure mit $w(CH_3COOH)$ = 22% umgesetzt. Berechnen Sie die Ausbeute, wenn bei dieser Reaktion m = 11,02 g Natriumacetat (CH_3COONa) entstanden sind.
$M(CH_3COOH)$ = 60 g/mol; $M(CH_3COONa)$ = 82 g/mol.

6. Aufgabe

Ethin (Acetylen) reagiert mit Wasser über eine Keto-Enol-Tautomerie zu Ethanal (Acetaldehyd).
Welches Volumen an Ethin bei Normalbedingungen sind bei einer 74%igen Ausbeute (η = 0,74) zur Herstellung von m = 50 g Ethanal notwendig?

7. Aufgabe

Benzaldehyd reagiert mit Methanal (Formaldehyd) in NaOH-Lösung mit w(NaOH) = 30%.

a) Stellen Sie die Reaktionsgleichung auf.
b) Wie nennt man diese Namensreaktion?
c) Welche Besonderheit ist hier zu sehen?

8. Aufgabe

n-Heptandisäure reagiert mit Ethan-1,2-diol. Stellen Sie die Reaktionsgleichung auf, und benennen Sie den Reaktionstyp.

7.3.2 Lösungsvorschlag zu 7.3.1

1. Aufgabe – Lösungsvorschlag

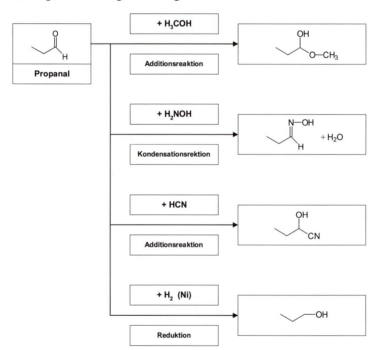

Bild 7.6 Lösung zu Reaktionsschema Bild 7.4

2. Aufgabe – Lösungsvorschlag

Die Zuordnung ist folgende:

$\vartheta = 249\ °C$ > $\vartheta = 205\ °C$ > $\vartheta = 178\ °C$ > $\vartheta = 115\ °C$

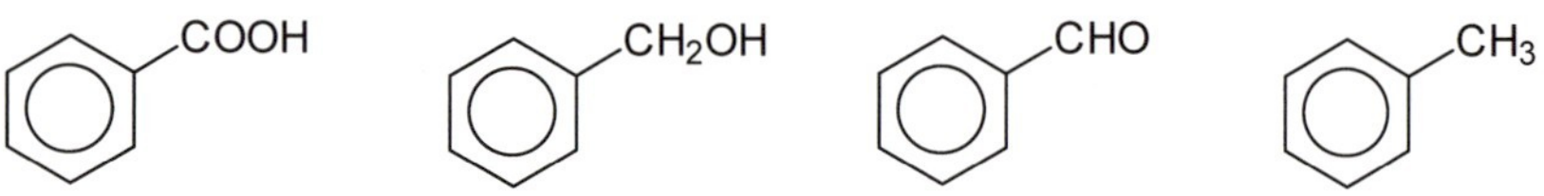

COOH   CH$_2$OH   CHO   CH$_3$

Bild 7.7 Lösung zu Bild 7.5

Der Siedepunkt ist u.a. von den ausgebildeten Wasserstoffbrückenbindungen (WBB) abhängig. Je stärker diese sind, desto höher ist auch der Siedepunkt. Am stärksten ist die WBB bei der Säuregruppe. Auch die Alkoholgruppe bildet diese aus. Der polare Aldehyd hat dann immer noch einen höheren Siedepunkt als der nahezu völlig unpolare Kohlenwasserstoff.

3. Aufgabe – Lösungsvorschlag

a) Die Abkürzung TRGS steht für «Technische Regeln für Gefahrstoffe» in der die jeweils gültigen Arbeitsplatzgrenzwerte «AGW» für bestimmte Gefahstoffe aufgelistet sind. Die Arbeitsplatzgrenzwerte haben die MAK-Werte (Maximale Arbeitsplatzkonzentration) mit der neuen Gefahrstoffverordnung von 2006 abgelöst. In §3 Abs. 6 der Gefahrstoffverordnung wird der AGW definiert: «Der Arbeitsplatzgrenzwert (AGW) ist der Grenzwert für die zeitlich gewichtete durchschnittliche Konzentration eines Stoffes in der Luft am Arbeitsplatz in Bezug auf einen gegebenen Referenzzeitraum. Er gibt an, bei welcher Konzentration eines Stoffes akute oder chronische schädliche Auswirkungen auf die Gesundheit i.Allg. nicht zu erwarten sind.»

b) Diethylether ist mit F+ (Hochentzündlich) und mit Xn (Gesundheitsschädlich) zu kennzeichnen.

c) Es drohen folgende Gefahren: bei Anwesenheit einer Zündquelle spontane Entzündung möglich, kann explosive Peroxide bilden, Dämpfe können Schläfrigkeit und Benommenheit verursachen.

   Um diese Gefahren abzuwenden, müssen Zündquellen ferngehalten werden, Behälter an einem gut gelüfteten Ort gelagert sowie Maßnahmen gegen elektrostatische Aufladung getroffen werden. Auf Peroxidfreiheit muss regelmäßig getestet werden.

4. Aufgabe – Lösungsvorschlag

Die Reaktion führt über die Aufspaltung der Doppelbindung. Hierbei entsteht das stabilere sekundäre Carbeniumion, woran sich das Brom-Ion anlagert («Regel von Markownikow»). Es entsteht somit nach Gl. 7.3.1 das 5-Brom-2,2-dimethylhexan.

(Gl. 7.3.1)

Bei Anwesenheit von Peroxiden entsteht ein Anti-Markownikow-Produkt, da hier eine radikalische Reaktion erzeugt wird. Auch hier entsteht ein stabileres sekundäres Radikal, woran allerdings der Wasserstoff andockt. Das Brom ist somit endständig. Das Produkt heißt: 6-Brom-2,2-dimethylhexan.

5. Aufgabe – Lösungsvorschlag

Die Reaktionsgleichung für diese Reaktion lautet nach Gl. 7.3.2:

(Gl. 7.3.2)

Aus einem Mol Essigsäure kann somit ein Mol Natriumacetat entstehen.

a) Theoretische Ausbeute (Gl. 7.3.3 ... 7.3.5):

$$n(\text{Essigsäure}) = \frac{m(\text{Essigsäure}) \cdot w(\text{Essigsäure})}{M(\text{Essigsäure})} = \frac{43{,}8\,g \cdot 0{,}22}{60\,g/mol} = 0{,}1606\,mol$$

(Gl. 7.3.3)

$$n(\text{Essigsäure}) = n(\text{Natriumacetat}) = 0{,}1606\,mol$$

(Gl. 7.3.4)

$$m(\text{Natriumacetat}) = n(\text{Natriumacetat}) \cdot M(\text{Natriumacetat})$$
$$= 0{,}1606\,mol \cdot 82\,g/mol = 13{,}17\,g$$

(Gl. 7.3.5)

b) Ausbeute (Gl. 7.3.6):

$$\eta = \frac{m(\text{Natriumacetat})_{\text{praktisch}}}{m(\text{Natriumacetat})_{\text{theoretisch}}} = \frac{11{,}02\,g}{13{,}17\,g} = \underline{83{,}7\%} \,.$$

(Gl. 7.3.6)

c) Alternativer Rechenweg der theoretischen Ausbeute:
Die Essigsäure hat lediglich einen Massenanteil von $w = 0{,}22$. Es reagiert daher nach tatsächlich nur die folgende Menge an Essigsäure (Gl. 7.3.7):

$$m(\text{Essigsäure}) = 43{,}8\,g \cdot 0{,}22 = \underline{9{,}636\,g} \,.$$

(Gl. 7.3.7)

Da nach der aufgestellten Reaktionsgleichung aus
1 Mol Essigsäure mit $M(\text{Essigsäure}) = 60\,g/mol$ maximal
1 Mol Natriumacetat mit $M(\text{Natriumacetat}) = 82\,g/mol$ entstehen kann,
gilt auch folgende Beziehung:
Aus 60 g Essigsäure entstehen maximal 82 g Natriumacetat.
Aus 9,636 g Essigsäure können maximal x g Natriumacetat entstehen.
Dies führt zu Gl. 7.3.8:

$$x = \frac{9{,}636\,g \cdot 82\,g}{60\,g} = \underline{13{,}17\,g} \,.$$

(Gl. 7.3.8)

6. Aufgabe – Lösungsvorschlag

Die Reaktionsgleichung für diese Reaktion lautet nach dem Wacker-Verfahren (Gl. 7.3.9) über die Zwischenstufe Ethenol (Vinylalkohol):

(Gl. 7.3.9)

Aus 1 Mol Ethin kann somit 1 Mol Ethanal entstehen.
Die Molaren Massen sind:
$M(\text{Ethin})$ = 26 g/mol
$M(\text{Ethanal})$ = 44 g/mol

a) Stoffmenge an Produkt, die hergestellt werden soll, wird nach Gl. 7.3.10 berechnet:

$$n(\text{Ethanal}) = \frac{m(\text{Ethanal})}{M(\text{Ethanal})} = \frac{50\,g}{44\,g/mol} = 1,136\,\text{mol}\,. \qquad \text{(Gl. 7.3.10)}$$

b) Stoffmenge die von Ethin bei einer Ausbeute von $\eta = 74\%$ benötigt wird:
1 Mol Ethanal entsteht bei 100%iger Ausbeute aus 1 Mol Ethin. Dies führt zu Gl. 7.3.11.

$$n(\text{Ethin}) = \frac{n(\text{Ethanal})}{\eta} = \frac{1,136\,\text{mol}}{0,74} = 1,536\,\text{mol}\,. \qquad \text{(Gl. 7.3.11)}$$

c) Umrechnung der Stoffmenge nach Gl. 7.3.12 ins Volumen über das molare Volumen V_m.

$$V(\text{Ethin}) = V_{m,n} \cdot n = 22,4\,L/mol \cdot 1,536\,\text{mol} = \underline{34,4\,L}\,. \qquad \text{(Gl. 7.3.12)}$$

7. Aufgabe – Lösungsvorschlag

a) Die Reaktionsgleichung lautet (Gl. 7.3.13):

(Gl. 7.3.13)

b) Die Reaktion heißt: gekreuzte Cannizzaro-Reaktion.

c) Bei den Cannizzaro-Reaktionen werden Aldehyde bei Anwesenheit von starken Basen disproportioniert. Bei der gekreuzten Cannizzaro-Reaktion wird der eine Aldehyd zur Carbonsäure oxidiert. Wie in der Aufgabe ist dies meist Methanal welches zur Methansäure (Ameisensäure) oxidiert wird. Der andere Aldehyd wird hingegen zum Alkohol reduziert. Es findet somit eine organische Redox-Reaktion statt.

8. Aufgabe – Lösungsvorschlag

Es handelt sich um eine Polykondensationsreaktion (Gl. 7.3.14). Es können hierbei hochmolekulare Verbindungen entstehen.

(Gl. 7.3.14)

7.3.3 Anwenden probenahmetechnischer und analytischer Verfahren

1. Aufgabe

Definieren Sie den Begriff «durchflussproportionale Probenahme».

2. Aufgabe

Nennen Sie fünf Inhalte eines Probenahmeplans.

3. Aufgabe

a) Beschreiben Sie kurz wie der nasschemische Aufschluss von Gold erfolgt.
b) Beschreiben Sie den Begriff Oxidationsschmelze anhand eines Beispiels.

4. Aufgabe

Vervollständigen Sie Tabelle 7.8 durch folgende Analyseverfahren: Atomabsorptions-spektroskopie, Photometrie, Gaschromatografie, Polarimetrie

Tabelle 7.8 Analyseverfahren

zu analysierende Probebestandteile	zu verwendendes Analyseverfahren
Nickel	
Phenol	
Sulfid	
Saccharose	

5. Aufgabe

Ordnen Sie die Begriffe den in Tabelle 7.9 aufgeführten Analyseverfahren zu: Zellen-potenzial, Neutralisation, Laufmittel, Chelatbildner, Fragmentierung, $ZnSO_4 \cdot 10\ H_2O$, farbige Analyte, Iodometrie.

Tabelle 7.9 Begriffe zu Analysenmethoden

Analysemethoden	Begriffe
DC	
VIS	
Säure-Base-Titration	
Redoxtitration	
komplexometrische Titration	
KF-Titration	
Potenziometrie	
MS	

6. Aufgabe

a) Beschreiben Sie die Headspace-Technik.
b) Aus welchen Gründen sollte bei der headspace-technischen Bestimmung einer Probe mit einem internen Standard gearbeitet werden?

7. Aufgabe

Zur Anreicherung eines im Extraktionsgut $V(LM_1)$ = 200 mL, gelösten Analyten wird eine Flüssig-Flüssig-Extraktion mit einem Extraktionsmittel (LM_2) durchgeführt.
Der Verteilungskoeffizient des Analyten zwischen LM_1 und LM_2 beträgt k = 3.
Welcher Anteil an Analyt bleibt nach n = 5 Extraktionsvorgängen mit $V(LM_2)$ = 50 mL im LM_1 zurück?

8. Aufgabe

Erläutern Sie die zeitlich aufeinander folgenden Schritte bei der Extraktion einer Probe mittels SPE.

7.3.4 Lösungsvorschlag zu 7.3.3

1. Aufgabe – Lösungsvorschlag

Eine durchflussproportionale Probenahme liegt vor, wenn in gleichen Zeitabständen Probenmengen entnommen werden, die dem Durchfluss proportional sind.

2. Aufgabe – Lösungsvorschlag

- ❏ Entnahmegeräte
- ❏ Probenmenge
- ❏ Probenteilung
- ❏ Probengefäße
- ❏ Reinigung der Geräte
- ❏ Transport der Geräte
- ❏ Lagerung der Probe
- ❏ Sicherheitsmaßnahmen

3. Aufgabe – Lösungsvorschlag

a) Der Aufschluss von Gold erfolgt durch Kochen in Königswasser.
b) Sind oxidierbare Substanzen vorhanden, so werden diese mit einer Oxidations-schmelze aufgeschlossen. Dazu werden die aufzuschließenden Substanzen mit einem Gemisch aus Natriumcarbonat und Kaliumnitrat aufgeschmolzen und dabei oxidiert.
Beispiel:

$$Cr_2O_3 + 2\ Na_2CO_3 + 3\ KNO_3 \rightarrow 2\ Na_2CrO_4 + 2\ CO_2 + 3\ KNO_2$$

⬑ unlöslich   ⬑ löslich

4. Aufgabe – Lösungsvorschlag

Tabelle 7.10 Lösung zu Tabelle 7.8

zu analysierende Probebestandteile	zu verwendendes Analyseverfahren
Nickel	Atomabsorptionsspektroskopie, Photometrie
Phenol	Gaschromatografie, Photometrie
Sulfid	Photometrie
Saccharose	Polarimetrie

5. Aufgabe – Lösungsvorschlag

Tabelle 7.11 Lösung zu Tabelle 7.9

Analysemethoden	Begriffe
DC	Laufmittel
VIS	farbige Analyte
Säure-Base-Titration	Neutralisation
Redoxtitration	Iodometrie
komplexometrische Titration	Chelatbildner
KF-Titration	$ZnSO_4 \cdot 10\ H_2O$
Potenziometrie	Zellpotenzial
MS	Fragmentierung

6. Aufgabe – Lösungsvorschlag

a) Bei der Headspace-Technik wird die sich in einem veschlossenen Fläschchen befindende Probenlösung erwärmt, sodass eine Verflüchtigung der Probenkomponenten erfolgt. Die sich im Dampfraum befindenden Probenkomponenten werden nun mit Hilfe einer gasdichten Spritze entnommen und mit einem Gaschromatografen analysiert.

b) Da die Reproduzierbarkeit der Anreicherung aller Probenbestandteile im Gasraum sowie die anschließende GC-Bestimmung durch eine Vielzahl von Umgebungsschwankungen (Temperaturveränderung, GC-Gasflussänderung, Detektorschwankungen usw.) beeinflusst wird, setzt man der Probenlösung einen internen Standard zu. Dieser ist den gleichen Umgebungseinflüssen ausgesetzt wie die Probenbestandteile. Setzt man nun die Analysenergebnisse von Probe und internem Standard ins Verhältnis, so ist dieses von Schwankungen weitgehend unbeeinflusst. Anhand der bekannten Menge an zugesetztem Standard kann nun auf die Menge der zu bestimmenden Probe geschlossen werden.

7. Aufgabe – Lösungsvorschlag

$$q = \left(\frac{V(LM_1)}{V(LM_1) + k \cdot V(LM_2)} \right)^n = \left(\frac{200\,\text{mL}}{200\,\text{mL} + 3 \cdot 50\,\text{mL}} \right)^5 = 0{,}061 = \underline{6{,}1\%} \qquad \text{(Gl. 7.3.15)}$$

mit:

$V(LM_1)$ Volumen des Extraktionsgutes
$V(LM_2)$ Volumen des Extraktionsmittels
k Nernst'scher Verteilungskoeffizient
n Anzahl der Extraktionsvorgänge
q Anteil des noch verbleibenden Analyten im Extraktionsgut

8. Aufgabe – Lösungsvorschlag

❑ Schritt a:
   Die feste adsorptiven Phase (Sorbens) wird mit Hilfe eines geeigneten Lösemittels konditioniert.
❑ Schritt b:
   Die Probenlösung mit der anzureichernden Probe B sowie der Verunreinigung A wird durch das Sorbens geleitet. Die Probenkomponente B wird durch das Sorbensbett zurückgehalten. Die Probenkomponente A läuft ungehindert durch. Die Komponenten A und B werden somit getrennt.
❑ Schritt c:
   Die zuvor selektiv zurückgehaltene angereicherte Probenkomponente B wird mit einem geeigneten Elutionsmittel vom Sorbens eluiert.

7.3.5 Anwenden chromatografischer Verfahren

1. Aufgabe

In der HPLC wird häufig ein sog. C18-Material eingesetzt.
a) Was versteht man unter den Begriffen «Umkehrphase» und «C18»?
b) Welche Polarität hat das C18-Material?
c) Warum muss bei einer Chromatografie mit einer Umkehrphase der Eluent meistens einen Puffer enthalten?

2. Aufgabe

Eine Probe, die nur einen Analyten enthält, wird in einem GC analysiert, dessen Trägergas einen Volumenstrom von 20 cm/s aufweist. Nun wird die Geschwindigkeit des Trägergases auf 30 cm/s erhöht.
Wie wirkt sich das auf
a) die Peakfläche A,
b) die Retentionszeit t_R,
c) die Durchflusszeit (Totzeit) t_M
aus, wenn ein a) WLD als Detektor bzw. b) ein FID als Detektor benutzt wird (die Injektionsvolumina sind jeweils gleich)?

3. Aufgabe

Skizzieren Sie das Funktionsbild eines GCs mit Make-up-Gas, Splitinjektor, Kapillarsäule und FID (mit Brenngaszuführungen) und benennen Sie die Bauteile!

4. Aufgabe

Das in Bild 7.8 abgebildete HPLC-Chromatogramm wurde von einem 2-Analyten-Gemisch mit einer 25-cm-Säule aufgenommen, wobei der Probe ein Totzeitmarker zugesetzt wurde. Die Zuleitung vom Injektor zur Säule beträgt 3 cm, die Zuleitung von der Säule zum Detektor beträgt 5 cm.

Berechnen bzw. bestimmen Sie folgende Chromatogrammparameter:

a) Durchflusszeit (Totzeit) t_M,
b) Mittlere, lineare Strömungsgeschwindigkeit $\bar{u}$,
c) Kapazitätsfaktoren k' der beiden Analytenpeaks,
d) Auflösung R_S zwischen den beiden Analytenpeaks,
e) Trennstufenzahl N_{th}, bezogen auf Analytenpeak Nr. 2,
f) Trennfaktor α zwischen den Analytenpeaks.

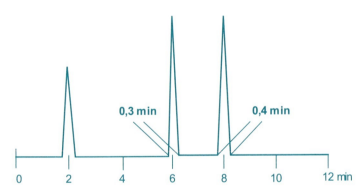

Bild 7.8 HPLC-Chromatogramm

5. Aufgabe

Bei der GC-Analyse unter den folgenden Bedingungen entstand ein noch nicht optimales Chromatogramm (Bild 7.9).

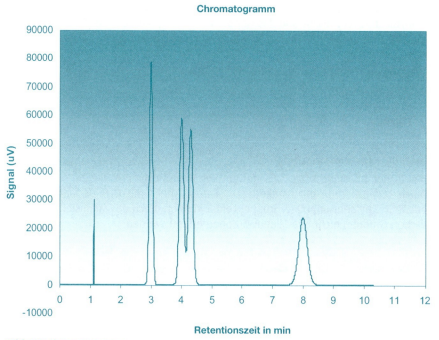

Bild 7.9 Chromatogramm

Bedingungen:
- ❑ Stickstoff als Trägergas,
- ❑ Splitinjektor,
- ❑ Kapillarsäule (20 m, ID 530 μm, Filmdicke 1 μm),
- ❑ Temperaturprogramm,
- ❑ WLD.

Welche Möglichkeiten können prinzipiell angewandt werden, damit sich die kritischen Peaks doch noch trennen?

6. Aufgabe

Nennen Sie je zwei Vor- und Nachteile, die die HPLC gegenüber der HPTLC-/Scannerauswertung bei einer quantitativen DC hat!

7. Aufgabe

Was versteht man unter einer
a) statischen Headspace-Technik?
b) dynamischen Headspace-Technik?

8. Aufgabe

1,013 g eines reinen Analyten und 1,051 g einer Standardsubstanz wurden gemischt und in den Injektor eines HPLCs injiziert. Man erhielt eine Peakfläche von 65 945 Counts für den Analyt und 44 529 Counts für die Standardsubstanz.

Zur Bestimmung eines Analyten in einer Probe wurden 3,412 g der Probe mit 1,131 g Standardsubstanz vermischt und das Gemisch in den Injektor des HPLCs injiziert. Man erhielt eine Peakfläche von 54 234 Counts für den Analyten und 72 234 Counts für den Standard.

Welchen Massenanteil an Analyt enthält die Probe?

7.3.6 Lösungsvorschlag zu 7.3.5

1. Aufgabe – Lösungsvorschlag

a) Das in der DC eingesetzte Silicagel enthält Silanol-Gruppen, die sehr polar sind. Durch «Silanisieren» mit langkettigen Silanen (meist mit C18 als längste Kette) entsteht eine sehr unpolare Gruppe. Leider können durch das Silanisieren aus sterischen Gründen nicht alle Silanol-Gruppen erfasst werden:

$$\begin{array}{c} | \\ -Si-OH \\ | \end{array} \quad + \quad Cl-\overset{\displaystyle CH_3}{\underset{\displaystyle CH_3}{Si}}-C_{18}H_{37} \quad \longrightarrow \quad \begin{array}{c} | \\ -Si-O- \\ | \end{array}\overset{\displaystyle CH_3}{\underset{\displaystyle CH_3}{Si}}-C_{18}H_{37} \quad + \quad HCl$$

(Gl. 7.3.16)

b) Das C18-Material wäre dann völlig unpolar, wenn alle Silanol-Gruppen mit Silanen umgesetzt wären. Da das nicht der Fall ist, ist noch eine gewisse Polarität in der stationären Phase vorhanden, die von Fabrikat zu Fabrikat unterschiedlich ist.

c) Durch die noch vorhandene Polarität der C18-Phase werden polare oder ionische Analyten (z.B. Carbonsäuren, Alkohole, Amine) u.U. länger an der stationären Phase festgehalten. Im Chromatogramm ist das als «chemisches Tailing» zu erkennen. Durch die Einstellung des richtigen pH-Wertes mit einem geeigneten Puffersystem kann das verhindert oder reduziert werden. Dabei ist es das Ziel, dass das Protolysengleichgewicht in Richtung der unprotolysierten Analyt-Moleküle verschoben wird.

2. Aufgabe – Lösungsvorschlag

Der WLD ist ein konzentrationsabhängiger Detektor, der FID ein massestromabhängiger Detektor. Bei der Veränderung der Durchflussgeschwindigkeit des Trägergases von 20 cm/s auf 30 cm/s verändern sich folgende Parameter:

Tabelle 7.12

Parameter	WLD	FID
a) Peakfläche A	wird kleiner, da auch die Konzentration geringer wird.	bleibt gleich, da die Analytenmasse konstant bleibt.
b) Retentionszeit t_R	wird kleiner	wird kleiner
c) Durchflusszeit t_M	wird kleiner	wird kleiner

3. Aufgabe – Lösungsvorschlag

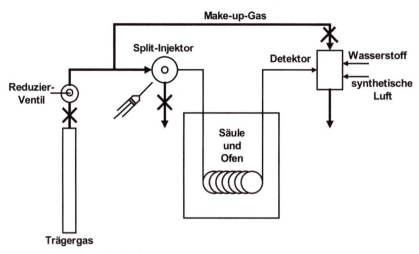

Bild 7.10 Gaschromatograph

4. Aufgabe – Lösungsvorschlag

a) Die Durchflusszeit beträgt t_M = 2 min (Totzeitmarker).

b) Die mittlere lineare Strömungsgeschwindigkeit $\bar{u}$ ist der Quotient aus Länge des chromatografischen Systems und der Durchflusszeit (Gl. 7.3.17). Die Länge des chromatografischen Systems beträgt vom Injektor zum Detektor:

L = 25 cm + 3 cm + 5 cm = 33 cm

$$\bar{u} = \frac{33 \text{ cm}}{2 \text{ min}} = \underline{16,5 \text{ cm/min}}$$ (Gl. 7.3.17)

c) Die Kapazitätsfaktoren k' betragen nach Gl. 7.3.18:

$$k'_1 = \frac{6 \text{ min} - 2 \text{ min}}{2 \text{ min}} = \underline{2} \quad \text{und} \quad k'_2 = \frac{8 \text{ min} - 2 \text{ min}}{2 \text{ min}} = \underline{3}$$ (Gl. 7.3.18)

d) Die Auflösung R_S der beiden Peaks beträgt nach Gl. 7.3.19:

$$R_S = \frac{2 \cdot (8 \text{ min} - 6 \text{ min})}{0,3 \text{ min} + 0,4 \text{ min}} = \underline{5,7}$$ (Gl. 7.3.19)

e) Die theoretische Trennstufenzahl N_{th} beträgt nach Gl. 7.3.20:

$$N_{th} = 16 \cdot \left(\frac{8 \text{ min}}{0,4 \text{ min}} \right)^2 = \underline{6400}$$ (Gl. 7.3.20)

f) Der Selektivitätskoeffizient α beträgt nach Gl. 7.3.21:

$$\alpha = \frac{3}{2} = \underline{1,5}$$ (Gl. 7.3.21)

5. Aufgabe – Lösungsvorschlag

Um die Basislinien-Trennung zwischen Peak 2 und Peak 3 zu erzwingen, können mehrere Maßnahmen getroffen werden. Dabei werden zunächst die Änderungen im Vordergrund stehen, die ohne größeren Umbau der GC-Anlage durchgeführt werden können:

- ❏ *Ohne größeren Umbau der GC-Anlage:*
    - Veränderung des Temperaturprogramms,
    - Veränderung der Gasgeschwindigkeit,
    - Wechsel des Trägergases (zu Helium oder Wasserstoff).
- ❏ *Mit Wechsel der Säule:*
    - Einbau einer Säule mit kleinerem Innendurchmesser (aber dann geringere Injektionsmenge),
    - Einbau einer Säule mit geringerer Filmdicke,
    - Einbau einer längeren Säule.

Ggf. kann eine Injektion einer geringen Menge Probe bzw. die Änderung des Splitverhältnisses eine Verbesserung der Trennung ergeben. Da alle Peaks im Chromatogramm symmetrisch sind, ist dies jedoch eher unwahrscheinlich. Der Detektor hat keine Auswirkung auf die Trennung.

6. Aufgabe – Lösungsvorschlag

Tabelle 7.13

Methode	HPTLC	HPLC
Vorteile	❏ mehrere Proben können gleichzeitig analysiert werden ❏ geringerer Lösemittelverbrauch	❏ genauer als HPTLC ❏ hohe Variabilität ❏ durch definierbare Bedingungen sind präzisere Ergebnisse erhältlich
Nachteile	❏ ungenauer ❏ Auftragesysteme nicht so präzise ❏ nicht so viele stationäre Phasen erhältlich	❏ teurer als die HPTLC ❏ größerer Lösemittelverbrauch ❏ Proben können nur nach und nach analysiert werden

7. Aufgabe – Lösungsvorschlag

Bei beiden Methoden wird eine Probe aus dem Gasraum über der zu untersuchenden Flüssigkeit oder über dem zu untersuchenden Feststoff entnommen und in den Injektor der GC-Anlage injiziert. Es wird immer ein innerer Standard zugesetzt.

a) statische Headspace-Technik:

Hier wird die Probe, versetzt mit einem inneren Standard, dicht verschlossen in ein Wasserbad gestellt, bis die Konzentration der Analyten im Dampfraum mit der Konzentration in der flüssigen Probe im Gleichgewicht steht. Dann wird mit einer gasdichten Spritze ein Teil des Gases entnommen und im GC chromatografiert.

b) dynamische Headspace-Technik:

Bei dieser Methode wird ein Stickstoffstrom durch die mit einem inneren Standard versetzte Probe geleitet und Analyten ausgeblasen («gestrippt»). Der Stickstoffstrom wird nach dem Ausblasen durch ein Adsorbensbett (z.B. Aktivkohle) geleitet, wobei die Analyten zurückgehalten werden. Durch schnelles Erwärmen des Adsorbens werden die Analyten wieder freigesetzt und in den Injektor der GC-Anlage geleitet.

8. Aufgabe – Lösungsvorschlag

Den Methodenfaktor f_M berechnet man mit Gl. 7.3.22 und Gl. 7.3.23

$$f_M = \frac{m(\text{Analyt}) \cdot A(\text{Standard})}{A(\text{Analyt}) \cdot m(\text{Standard})} \qquad \text{(Gl. 7.3.22)}$$

$$f_M = \frac{1,013\,g \cdot 44\,529\,C}{65\,945\,C \cdot 1,051\,g} = \underline{0,651} \qquad \text{(Gl. 7.3.23)}$$

Den Massenanteil w des Analyten berechnet man mit Gl. 7.3.24:

$$w(\text{Analyt}) = \frac{f_M \cdot A(\text{Analyt}) \cdot m(\text{Standard})}{m(\text{Probe}) \cdot A(\text{Standard})} \cdot 100\% \qquad \text{(Gl. 7.3.24)}$$

$$w(\text{Analyt}) = \frac{0,651 \cdot 54\,234\,C \cdot 1,131\,g}{3,412\,g \cdot 72\,234\,C} \cdot 100\% = \underline{16,20\%}$$

7.3.7 Anwenden spektroskopischer Verfahren

1. Aufgabe

Ergänzen Sie Tabelle 7.14 mit den fehlenden Begriffen und spektralen Bereichen.

Tabelle 7.14 Elektromagnetische Strahlung

Bezeichnung der Strahlung	spektraler Bereich
?	0,01…10 nm
Ultraviolett (UV)	?
Infrarot-Bereich für die IR-Spektroskopie	?
sichtbares Licht	?
?	1…4 mm

2. Aufgabe

Erläutern Sie das Gesetz der «Gleichartigkeit von Absorption und Emission» anhand einer AAS-Analyse.

3. Aufgabe

Nachfolgend sehen Sie ein UV/VIS-Spektrum einer anorganischen Verbindung. Ordnen Sie dem Spektrum folgende Begriffe zu:
a) Farbe der Lösung,
b) Cut-off,
c) Wellenlänge, die bei der Messung einzustellen wäre.

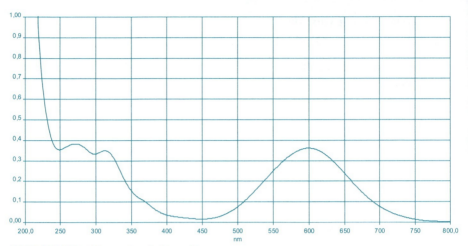

Bild 7.11 UV-Spektrum einer farbigen Lösung

4. Aufgabe

Welche Vorteile hat in der IR-Spektroskopie die FT-Technologie (Fourier-Transformation) gegenüber der «dispersiven Technik»?

5. Aufgabe

Eine Schwingung wird im IR-Spektrum bei 1600 cm^{-1} erkannt. Welche Energie (E in J) weist diese Schwingung auf?
($h = 6,6256 \cdot 10^{-34}$ Js, $c = 300\ 000$ km/s)

6. Aufgabe

Warum muss im Analysatorteil eines Massenspektrometers Hochvakuum herrschen?

7. Aufgabe

In der NMR-Spektroskopie kann auf die Anzahl der Kerne geschlossen werden, die ein Signal verursacht.
a) Welche Messgröße ermöglicht es, auf die Anzahl der Kerne zu schließen, die ein Signal verursachen?
b) Wie wird diese Größe i.Allg. in einem Spektrum gemessen?

8. Aufgabe

Von einer reinen Flüssigkeit wurden das IR-, ^{1}H-NMR- und Massenspektrum aufgenommen (Bild 7.12 bis Bild 7.14). Identifizieren Sie die Flüssigkeit anhand der drei Spektren und begründen Sie Ihre Aussage!

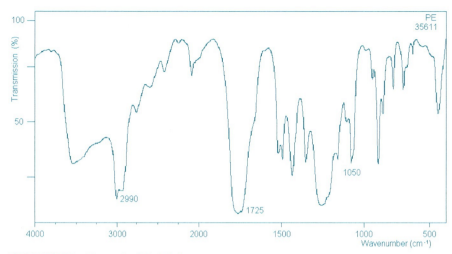

Bild 7.12 IR-Spektrum der Flüssigkeit

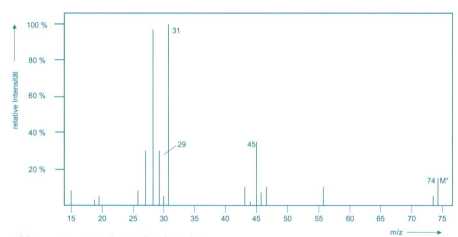

Bild 7.13 Massenspektrum der Flüssigkeit

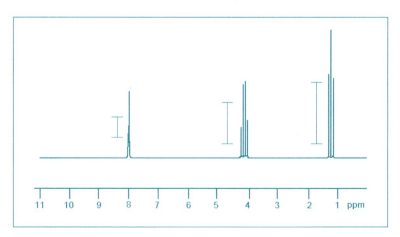

Bild 7.14 ^{1}H-NMR-Spektrum der Flüssigkeit

7.3.8 Lösungsvorschlag zu 7.3.7

1. Aufgabe – Lösungsvorschlag

Tabelle 7.15 Lösung zu Tabelle 7.14

Bezeichnung der Strahlung	spektraler Bereich
Röntgen-Strahlung	0,01...10 nm
Ultraviolett (UV)	180...400 nm
Infrarot-Bereich für die IR-Spektroskopie	25 000...2500 nm
sichtbares Licht	400...800 nm
Mikrowellenstrahlung	1...4 mm

2. Aufgabe – Lösungsvorschlag

Dieses Gesetz besagt, dass ein freies Atom oder ein Ion nur das Licht emittieren kann, das es auch vorher absorbiert hat. Für eine gut messbare Absorption des Analyten ist deshalb entscheidend, dass das eingestrahlte Licht genau jene Wellenlängen aufweist, die die Analytatome in dem Probendampf auch in der Lage sind, zu absorbieren. Dies wird dadurch erreicht, dass für jeden zu bestimmenden Analyt eine eigene Hohlkatodenlampe (HKL) verwendet werden muss.

3. Aufgabe – Lösungsvorschlag

a) Das Extinktionsmaximum im VIS-Bereich wäre bei 600 nm aus dem UV/VIS-Spektrum abzulesen. Bei dieser Wellenlänge wird die Farbe «Orange» absorbiert, daher erscheint die Lösung in der komplementären Farbe «Blau».

b) Der Cut-off, also die kleinste Wellenlänge, bei der noch gemessen werden kann, wäre aus dem UV/VIS-Spektrum bei ca. 220...230 nm zu erkennen. Darunter wäre die Absorption des Lösemittels oder der Zusatzstoffe zu groß.

c) Die Messwellenlänge im VIS-Bereich entspricht dem Extinktionsmaximum im VIS-Spektrum, also 600 nm.

4. Aufgabe – Lösungsvorschlag

Hauptvorteil der FT-IR-Spektroskopie ist die kürzere Messzeit gegenüber der dispersiven Spektroskopie, da der gesamte Wellenzahlenbereich von ca. 4000 cm^{-1} bis ca. 500 cm^{-1} auf einmal durch die Probe gestrahlt wird. Damit sind sogar Veränderungen während einer chemischen Reaktion beobachtbar.

Bei den dispersiven Systemen wird die IR-Strahlung nach und nach durch die Probe geschickt. Aufgrund der verlängerten Messzeit können sich die Proben u.U. verändern (z.B. durch Luftfeuchtigkeit).

Dazu kommt noch, dass bei der FT-IR-Methode das Signal-Rausch-Verhältnis verbessert ist und damit die Nachweisgrenze niedriger wird.

Allerdings ist ein hoher rechnerischer Aufwand notwendig, um die FT-IR-Analyse durchzuführen. Mit modernen Computern und den entsprechenden Programmen hat der Anwender die Möglichkeit, die Spektren wirkungsvoll zu bearbeiten.

5. Aufgabe – Lösungsvorschlag

Die Wellenlänge beträgt $\dfrac{1\,cm}{1600} = 6{,}25 \cdot 10^{-4}\,cm$. (Gl. 7.3.25)

Die Berechnung der Energie E der IR-Strahlung erfolgt mit Gl. 7.3.26:

$$E = h \cdot \frac{c}{\lambda} \qquad\qquad\qquad (Gl.\ 7.3.26)$$

$$E = 6{,}6256 \cdot 10^{-34}\,Js \cdot \frac{3 \cdot 10^{5} \cdot 10^{3} \cdot 10^{2}\,cm}{6{,}25 \cdot 10^{-4}\,cm \cdot s} = \underline{3{,}180 \cdot 10^{-20}\,J}$$

6. Aufgabe – Lösungsvorschlag

Es muss im Analysator Hochvakuum herrschen, weil sonst die ionisierten und beschleunigten Probenmoleküle mit den Molekülen der Luft (vorwiegend N_2 und O_2) kollidieren. Dadurch werden die Probenmoleküle abgebremst und gelangen nicht mehr zum Detektor.

7. Aufgabe – Lösungsvorschlag

a) Aus der Fläche eines Signals im NMR-Spektrum kann auf die Anzahl der Protonen geschlossen werden, von denen das Signal verursacht wird. Die Fläche des Peaks ist der Anzahl der Protonen proportional. Bei der Aufnahme des Spektrums wird eine Integralstufenkurve mit registriert, deren Stufenhöhe der Fläche des Signals proportional ist.

b) Die Stufenhöhe des Integrals wird mit Hilfe eines Lineals gemessen, und die Werte werden in ganzzahlige Verhältnisse gesetzt. Aus den Verhältnissen kann die Anzahl der wirksamen Protonen entnommen werden.

8. Aufgabe – Lösungsvorschlag

IR-Spektrum:

❏ Starkes Signal bei 1725 cm^{-1} deutet sehr stark auf eine Carbonylgruppe (–C=O) im Molekül hin.

❏ Bande um 1010...1110 cm^{-1} deutet auf eine C–O-Gruppe hin.

❏ Bande um 2950 cm^{-1} rührt von C–H-Schwingungen her, bei denen das C-Atom gesättigt vorliegt.

❏ *Keine* breite OH-Bande bei 3300 cm^{-1}.

Massenspektrum:

❏ Molekülpeak bei m/z = 74 u.

❏ Peak bei m/z = 73 u = 74 u – 1 u: Molekülfragment, bei dem ein Wasserstoffatom abgespalten wurde.

❏ Peak bei m/z = 45 u = 74 u – 29 u: Molekülfragment, bei dem eine Ethylgruppe (C_2H_5) abgespalten wurde.

❏ Basispeak bei m/z = 31 u = 74 u – 43 u könnte von dem Fragment H_2C–O–CH^+ herrühren.

❏ Peak bei m/z = 29 u könnte von einer abgespaltenen Ethylgruppe ($C_2H_5^+$) oder einer Aldehydgruppe (HCO^+) stammen.

¹H-NMR-Spektrum:

❏ Die relativen Signalhöhen ergeben ein Protonenverhältnis von 1 : 2 : 3.

❏ Das Singulett bei δ = 8,0 ppm deutet auf Grund der starken Tieffeldverschiebung auf ein Proton aus einer H–C=O-Gruppe hin.

❏ Das Quartett bei δ = 4,3 ppm wird von einer Gruppe von 2 Protonen verursacht, deren C-Atom, an das sie gebunden sind,

    a) direkt an eine stark elektronenziehende Gruppe oder ein Atom gebunden ist, z.B. wie O, N, oder Halogene

    b) an ein C-Atom gebunden ist, das 3 Protonen trägt (also eine Methylgruppe, –CH_3).

❏ Das Triplett bei δ = 1,3 ppm könnte von einer Gruppe von 3 Protonen stammen, die C-Atome in der direkten Nachbarschaft haben, die 2 Protonen tragen, z.B. eine Methylengruppe (–CH_2).

Alle Daten lassen den Schluss zu, dass es sich bei der untersuchten Verbindung um **Ameisensäureethylester** handelt.

7.3.9 Qualitätsmanagement

1. Aufgabe

Das Ergebnis einer Ca^{2+} Quantifizierung mit Hilfe der Maßanalyse ergab folgende Werte:
Messreihe 1: 251 mg, 240 mg, 250 mg, 250 mg, 261 mg
Messreihe 2: 240 mg, 261 mg, 250 mg, 240 mg, 261 mg

a) Zu berechnen ist der arithmetische Mittelwert $\bar{x}$, die Spannweite R und die Standardabweichung s der Einzelwerte.

b) Welcher Streuparameter liefert die aussagefähigere Information über das Streuverhalten der Messungen?

2. Aufgabe

Was versteht man unter den Begriffen:
a) Akkreditierung
b) GLP-Inspektion

3. Aufgabe

Welche «5W»-Aussagen enthält jede Dokumentation in GLP-relevanten Bereichen?

4. Aufgabe

Ordnen Sie die Begriffe den Bereichen Zertifizierung, Akkreditierung, GMP und GLP zu (Bitte ankreuzen).

Tabelle 7.16 QM-Begriffe

Begriffe	GLP	GMP	Zertifizierung	Akkreditierung
PharmBetrV				
Kompetenznachweis				
Qualitätsverbesserung				
Prüfleiter				

5. Aufgabe

Wie definieren sich die folgenden Validierungsparameter bei einer chromatografischen Methode?
a) Präzision,
b) Richtigkeit,
c) Arbeitsbereich,
d) Linearität.

6. Aufgabe

Tragen Sie in eine gezeichnete Regelkarte 10 beliebige Werte ein, die auf einen Trend, eine Mittelwertsverschiebung und Ausreißer hinweisen.

7. Aufgabe

Nennen Sie drei häufige Fehlerursachen bei der Bestimmung der Brechzahl mittels eines Abbe-Refraktometers.

8. Aufgabe

Beschreiben Sie die Aufgaben und Verantwortlichkeiten folgender Personen:
a) Kontrollleiter,
b) Herstellungsleiter,
c) Qualitätsleiter,
d) Qualitätssicherungsbeauftragter,
e) Prüfleiter.

7.3.10 Lösungsvorschlag zu 7.3.9

1. Aufgabe – Lösungsvorschlag

a) Methode 1: $\bar{x}$ = 250,4 mg R = 21 mg s = 7,44 mg
   Methode 2: $\bar{x}$ = 250,4 mg R = 21 mg s = 10,50 mg

b) Bei der Betrachtung beider Messreihen ist grundsätzlich auffällig, dass die Werte der Messreihe 2 eine stärkere Streuung vom Mittelwert 250,4 mg aufweisen als es bei der Messreihe 1 der Fall ist.

   Es ist dabei festzustellen, dass, trotz unterschiedlicher Streuungen, die Spannweite bei beiden Messreihen identisch ist und nur die Standardabweichung der Einzelwerte das verschiedene Streuverhalten abbildet. Die Aussagefähigkeit sowie der Informationsgehalt der Standardabweichung der Einzelwerte ist somit höher als bei der Spannweite.

2. Aufgabe – Lösungsvorschlag

a) Die Akkreditierung ist ein Verfahren, mit dem anerkannt wird, inwieweit die Kompetenz vorhanden ist, bestimmte Aufgaben ausführen zu können. Bei der Akkreditierung eines Prüflabors erfolgt eine formelle Anerkennung der Kompetenz bestimmte Prüfungen durchzuführen. Die Akkreditierung wird immer für eine Prüfung erteilt und ist freiwillig.

b) Die GLP-Inspektion ist eine behördlicherseits durchgeführte Prüfung zur Feststellung, ob ein Prüflabor die GLP-Normen einhält.

3. Aufgabe – Lösungsvorschlag

❑ Person/**W**er
❑ Tätigkeit/**W**as
❑ Zeitpunkt/**W**ann
❑ Art und Weise/**W**ie
❑ Grund/**W**arum

4. Aufgabe – Lösungsvorschlag

Tabelle 7.17 Lösung zu Tabelle 7.16

Begriffe	GLP	GMP	Zertifizierung	Akkreditierung
PharmBetrV		x		
Kompetenznachweis				x
Qualitätsverbesserung			x	
Prüfleiter	x			

5. Aufgabe – Lösungsvorschlag

a) Mit dem Parameter Präzision wird die Streuung beschrieben und somit der zufällige Fehler einer Mehrfachmessung.

b) Die Abweichung zwischen dem gefundenen Wert und dem wahren Wert wird mit dem Parameter Richtigkeit beschrieben. Mit dem Parameter wird die systematische Messunsicherheit der Messung abgeschätzt.

c) Der Arbeitsbereich gibt den Konzentrations- oder Mengenbereich an, bei dem die Messungen durchzuführen sind und innerhalb dessen entsprechende Angaben zu den Parametern u.a. Richtigkeit und Präzision gegeben werden können.

d) Linearität liegt vor, wenn eine analytische Methode Ergebnisse liefert, die der Analytenkonzentration proportional sind.

6. Aufgabe – Lösungsvorschlag

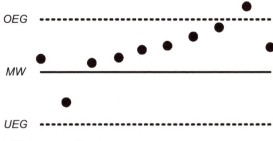

Bild 7.15 Regelkarte

7. Aufgabe – Lösungsvorschlag

1. Nullpunkt ist verschoben
2. Verunreinigung des Glasprismas
3. Fehlende Temperierung
4. Unscharfe Einstellung der Hell-/Dunkelgrenze im Okularfenster
5. Falsche Ablesung der Brechungsindex-Skala
6. Unzureichende Benetzung des Glasprismas mit Probeflüssigkeit

8. Aufgabe – Lösungsvorschlag

a) Person, die für die Überprüfung der notwendigen Qualität pharmazeutischer Produkte verantwortlich ist.
b) Person, die für eine zulassungs- und vorschriftenkonforme Herstellung pharmazeutischer Produkte verantwortlich ist.
c) Person, die an der Spitze der Qualitätsorganisation steht und unmittelbar an die Geschäftsleitung berichtet.
d) Person, die in Qualitätssicherungsprojekten die Planung und die Durchführung der Qualitätssicherung betreut.
e) Die für die Leitung einer Prüfung verantwortliche Person.

7.3.11 Durchführen mikrobiologischer Arbeiten

1. Aufgabe

Bakterienzellen können einige Besonderheiten zeigen.
a) Was ist ein «Plasmid»?
b) Welche Bedeutung haben Plasmide für Bakterien?
c) Was sind Bakteriensporen?
d) Unter welchen Bedingungen werden Sporen gebildet?
e) Gehören sporenbildende Bakterien zu grampositiven, zu gramnegativen oder zu beiden systematischen Gruppen?

2. Aufgabe

Was versteht man unter folgenden Begriffen? Geben Sie jeweils einen Vertreter mit Gattungs- und Artname (z. B. *Homo sapiens*) an.
a) aerobes Wachstum
b) anaerobes Wachstum
c) aerotolerant
d) Atmung
e) Gärung
Vervollständigen Sie hierzu Tabelle 7.18.

Tabelle 7.18

Begriff	Erklärung	Vertreter
aerobes Wachstum		
anaerobes Wachstum		
aerotolerant		
Atmung		
Gärung		

3. Aufgabe

In Tabelle 7.19 werden Aussagen zu Mikroorganismen gemacht.
a) Sind diese richtig oder falsch?
b) Geben Sie jeweils eine kurze Begründung.

Tabelle 7.19

Aussage	richtig oder falsch	Begründung
Escherichia coli wird durch die Gram-Färbung blau angefärbt.		
Eines der gebräuchlichsten Sterilisationsmittel in der Mikrobiologie ist Ethanol w(Ethanol) = 0,7.		
Alle Bakterien sind prokaryontische Lebewesen.		
Biotechnologie = Gentechnik.		

4. Aufgabe

In Tabelle 7.20 sollen unterschiedliche Dinge sterilisiert oder desinfiziert werden. Nennen Sie jeweils eine Methode.

Tabelle 7.20

Sterilisieren oder Desinfizieren	Methode
Sterilisieren von Pipettenspitzen, die mit Bakterien kontaminiert sind	
Desinfizieren von Händen oder Oberflächen	
Sterilisieren von Pinzetten aus Metall	
Sterilisieren von Wasser für Injektionszwecke	
Sterilisieren von hitzeempfindlichen Plastikmaterialien (z.B. Petrischalen)	

5. Aufgabe

Bei mikrobiologischen Tests ist die Anzahl der Keime von Bedeutung.
a) Was versteht man unter den beiden Begriffen «Lebendkeimzahl» und «Gesamtkeimzahl»?
b) Nennen Sie jeweils ein Verfahren hierzu.
c) Warum ist es bei medizinischen Produkten, z.B. Impfstoffen, wichtig, dass man nicht nur die Lebendkeimzahl, sondern auch die Gesamtkeimzahl kennt?

6. Aufgabe

Ein aerob wachsendes Bakterium soll in einer «diskontinuierlichen Kultur mit Substratzugabe» (Fed-Batch-Kultur) vermehrt werden.
a) Wie unterscheidet sich diese Art der Kultivierung von einer «ansatzweisen Kultur» (Batch-Kultur, diskontinuierliche Kultur)?
b) Während des Versuches muss gewährleistet sein, dass den Bakterien genügend Sauerstoff zur Verfügung steht. Nennen Sie 2 Möglichkeiten den Sauerstoffeintrag in das Medium zu erhöhen.

7. Aufgabe

Sie haben ein Nährmedium in einem Erlenmeyerkolben mit Bakterien beimpft. Während des Versuchs werden keine Parameter verändert.
a) Stellen Sie den Verlauf des Wachstums dieser Bakterienkultur in einem Diagramm dar. Benennen sie die einzelnen Achsen.
b) Bezeichnen Sie die einzelnen Wachstumsphasen.
c) Der Bakterienkultur werden während des Wachstums zwei unterschiedliche Substanzen zugesetzt. Präparat 1 zeigt eine bakteriostatische Wirkung, Präparat 2 zeigt eine bakteriozide Wirkung. Wie verändert sich der Kurvenverlauf jeweils?

8. Aufgabe

Ein Bakterium hat eine Generationszeit von t_d = 30 min.

Wie viele Bakterien sind nach einer Zeit t = 12 Stunden aus einer Zellzahl N_0 = 4,37 · 10³ Keimen entstanden?

Zur Berechnung sind Gl. 7.3.27 und 7.3.28 gegeben.

$$n = \frac{t}{t_d} \qquad \text{(Gl. 7.3.27)}$$

$$N_n = N_0 \cdot 2^n \qquad \text{(Gl. 7.3.28)}$$

mit:

N_n Zellzahl am Ende, nach n Generationen
N_0 Zellzahl zu Beginn
n Anzahl der Generationen

7.3.12 Lösungsvorschlag zu 7.3.11

1. Aufgabe – Lösungsvorschlag

a) Bei Plasmiden handelt es sich um eine extrachromosomale DNA.
b) Plasmide vermitteln häufig Antibiotikaresistenzen. Außerdem können Plasmide von einer Zelle zu einer anderen Zelle weitergegeben werden. Bakterien haben so eine bessere Überlebenschance.
c) Sporen sind Überdauerungsformen von Bakterien, keine Vermehrungsformen.
d) Sporen werden bei Nährstoffmangel oder Anhäufung von Stoffwechselendprodukten gebildet.
e) Sporenbildner sind grampositive Bakterien.

2. Aufgabe – Lösungsvorschlag

Tabelle 7.21 Lösung zu Tabelle 7.18

Begriff	Erklärung	Vertreter
aerobes Wachstum	Zum Wachstum wird Sauerstoff benötigt.	*Bacillis subtilis, Bacillus anthracis*
anaerobes Wachstum	Zum Wachstum wird kein Sauerstoff benötigt.	*Clostridium tetanie, Clostridium botulinus*
aerotolerant	Aerotolerante Keime ertragen die Anwesenheit von Sauerstoff, nutzen ihn aber nicht.	*Lactobacillus casei*
Atmung	Für den Stoffwechsel wird Sauerstoff benötigt.	*Homo sapiens*
Gärung	Für den Stoffwechsel wird kein Sauerstoff benötigt.	*Clostridium tetanie, Clostridium botulinus*

3. Aufgabe – Lösungsvorschlag

Tabelle 7.22 Lösung zu Tabelle 7.19

Aussage	richtig oder falsch	Begründung
Escherichia coli wird durch die Gram-Färbung blau angefärbt.	falsch	*Escherichia coli* ist ein gram-negatives Bakterium.
Eines der gebräuchlichsten Sterilisationsmittel in der Mikrobiologie ist Ethanol w(Ethanol) = 0,7.	falsch	Ethanol w(Ethanol) = 0,7 ist ein Desinfektionsmittel.
Alle Bakterien sind prokaryontische Lebewesen.	richtig	Bakterien besitzen keinen echten Zellkern.
Biotechnologie = Gentechnik	falsch	Es handelt sich um zwei verschiedene Anwendungsgebiete.

4. Aufgabe – Lösungsvorschlag

Tabelle 7.23 Lösung zu Tabelle 7.20

Sterilisieren oder Desinfizieren	Methode
Sterilisieren von Pipettenspitzen, die mit Bakterien kontaminiert sind	Autoclavieren oder Verbrennen
Desinfizieren von Händen oder Oberflächen	chemische Desinfektionsmittel
Sterilisieren von Pinzetten aus Metall	feuchte Hitze (Autoclavieren) oder trockene Hitze
Sterilisieren von Wasser für Injektionszwecke	feuchte Hitze (Autoclavieren) oder Sterilfiltration
Sterilisieren von hitzeempfindlichen Plastikmaterialien (z.B. Petrischalen)	δ-Strahlen oder Gase (Ethylenoxid)

5. Aufgabe – Lösungsvorschlag

a) Bei einer «Lebendkeimzahlbestimmung» wird die Zahl der lebensfähigen Keime bestimmt, also Keime, die Kolonien ausbilden. Man bestimmt also die Zahl der Koloniebildenden Einheiten (KBE). Bei einer «Gesamtkeimzahlbestimmung» werden alle Bakterien registriert, also lebende, tote und geschädigte.

b) Lösungsvorschlag in Tabelle 7.24.

Tabelle 7.24

	Methode
Gesamtkeimzahl-bestimmung	direktes Auszählen in einer Zählkammer; definiertes Volumen filtrieren, Keime anfärben und mikroskopisch auszählen; direktes Auszählen im Coultercounter; gravidimetrische Methode;
Lebendkeimzahl-bestimmung	definiertes Volumen auf Agaroberflächen ausspateln; definiertes Volumen in Agarmedien einbringen;

c) Bereits abgetötete oder geschädigte Bakterien können durch Stoffwechselendprodukte, Enzyme oder Endotoxine das Produkt verunreinigt haben.

6. Aufgabe – Lösungsvorschlag

a) Bei einer diskontinuierlichen Fermentation wird während des Bakterienwachstums nach Bedarf Substrat nachgefüttert. Das Volumen des Fermenterinhaltes nimmt zu. Man erreicht dabei eine gleichbleibende und niedrige Substratkonzentration. Die Bakterien verwerten das Substrat so besser und gleichmäßig. Während der Fermentation kann insgesamt mehr Substrat zugesetzt werden als in einer ansatzweisen Fermentation. Die Produktausbeute ist dementsprechend höher.

b) Es gibt mehrere Möglichkeiten den Sauerstoffeintrag ins Medium zu erhöhen:
   1. Durchflussrate des Gases erhöhen.
   2. Sauerstoffpartialdruck erhöhen. Hierzu kann man reinen Sauerstoff statt Luft in den Fermenter einblasen.
   3. Gasblasen klein halten, so dass die Oberfläche der Gasbläschen größer wird. Dies erreicht man z.B. durch Erhöhen der Rührgeschwindigkeit.
   4. Verweildauer der Gasblasen im Medium erhöhen. Auch dies erreicht man durch erhöhen der Rührgeschwindigkeit.

7. Aufgabe – Lösungsvorschlag

a) Grafische Darstellung des Verlaufs einer statischen Bakterienwachstumskurve zeigt Bild 7.16.

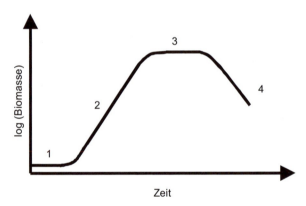

Bild 7.16 Verlauf einer statischen Bakterienwachstumskurve

b) Benennung der einzelnen Wachstumsphasen
   1 = Anlaufphase, Anwachsphase, Eingewöhnungsphase, Adaptionsphase oder lag-Phase
   2 = exponentielle Phase
   3 = stationäre Phase
   4 = Absterbephase, degressive Phase

c) Die grafische Darstellung des unterschiedlichen Verlaufs nach Präparatzugabe zeigt Bild 7.17.

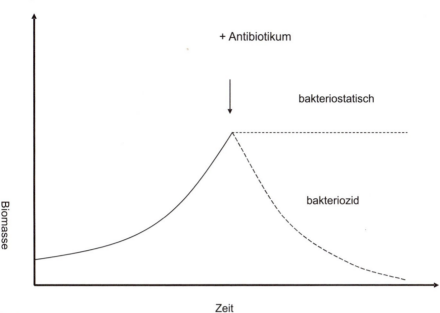

Bild 7.17

8. Aufgabe – Lösungsvorschlag

Berechnung der Anzahl der Teilungen n:

$$n = \frac{t}{t_d} \qquad\qquad\qquad\text{(Gl. 7.3.29)}$$

$$n = \frac{12\ h}{0,5\ h}$$

$n = \underline{24\ \text{Teilungen}}$

Berechnung der Zellzahl N_n erfolgt nach gegebener Gleichung Gl. 7.3.30:

$$N_n = N_0 \cdot 2^n \qquad\qquad\qquad\text{(Gl. 7.3.30)}$$

$$N_n = 4{,}37 \cdot 10^3\ \text{Keime} \cdot 2^{24}$$

$$N_n = 7{,}332 \cdot 10^{10}\ \text{Keime}$$

Ergebnis:
Nach einem Zeitraum von $t = 12\ h$ beträgt die Zellzahl $\underline{7{,}332 \cdot 10^{10}\ \text{Keime}}$.

7.3.13 Durchführen verfahrenstechnischer Arbeiten

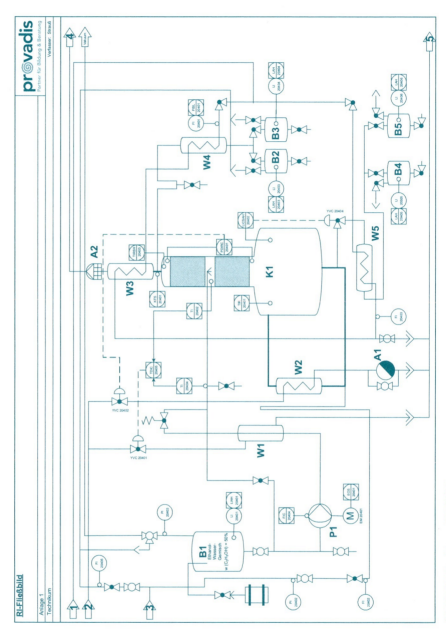

Bild 7.18 Verfahrensfließbild

1. Aufgabe

Das Fließbild 7.18 der Anlage 1 zeigt ein Verfahren aus einem Technikum.
a) Wie heißt das Verfahren, das dargestellt ist?
b) Was soll damit erreicht werden?

2. Aufgabe

In Fließbild 7.18 sind mit den Zahlen 1...5 verschiedene Stellen für die zu- und ablaufenden Stoffe markiert. Benennen Sie die zugeführten Stoffe!

3. Aufgabe

Das Fließbild 7.18 enthält an verschiedenen Anlagenteilen Messstellen. Erklären Sie die Bedeutung der Buchstaben der Messstellen aus Tabelle 7.25.

Tabelle 7.25 Messstellen der Anlage

Messstelle	Erklärung
PI 20403	
TIR 20401	
TDIC 20405	
LAH 20403	
FIC 20404	

4. Aufgabe

In der Anlage sind unterschiedliche Arten von Wärmetauschern verbaut.
a) Um welche Art Wärmetauscher handelt es sich bei W1 und bei W3?
b) Welche Aufgaben erfüllen die Apparate W1 und W3?

5. Aufgabe

Auf den Apparat W2 folgt eine Armatur.
a) Benennen Sie die Armatur A1?
b) Welche Funktion hat die Armatur?

6. Aufgabe

Machen Sie vier Vorschläge für Verfahrensschritte, die in chronologischer Reihenfolge zum Betreiben der Anlage notwendig sind.

7. Aufgabe

Welche Art von Messgerät kann an der Messstelle TIRSH 20403 eingesetzt werden und warum muss es so ein Gerät sein?

8. Aufgabe

Um was für eine Armatur handelt es sich bei A2?

7.3.14 Lösungsvorschlag zu 7.3.13

1. Aufgabe – Lösungsvorschlag

a) Das Fließbild zeigt eine Rektifikation, die kontinuierlich betrieben werden kann.
b) Die Rektifikation dient der Auftrennung eines Flüssigkeitsgemisches in die einzelnen, reinen Komponenten. In diesem speziellen Fall soll ein Ethanol-Wasser-Gemisch rektifiziert werden. Das Wasser soll vom Ethanol getrennt werden.

2. Aufgabe – Lösungsvorschlag

1   Wasser
2   Dampf
3   Stickstoff
4   Abluft
5   Abwasser

3. Aufgabe – Lösungsvorschlag

Tabelle 7.26 Lösung zu Tabelle 7.25

Messstelle	Erklärung
PI 20403	An dieser Stelle wird der Druck vor Ort angezeigt.
TIR 20401	Die Temperatur wird registriert und in der Messwarte angezeigt.
TDIC 20405	Die Temperaturdifferenz wird geregelt und in der Messwarte angezeigt.
LAH 20403	Bei Überschreiten des Grenzwertes für den Flüssigkeitsstand wird in der Messwarte Alarm ausgelöst.
FIC 20404	Der Durchfluss wird geregelt und in der Messwarte angezeigt.

4. Aufgabe – Lösungsvorschlag

a) Bei W1 handelt es sich um einen Doppelrohrwärmetauscher. Über der Kolonne ist mit W3 ein Wärmeaustauscher mit Rohrschlange verbaut.
b) Der Wärmetauscher W1 hat die Aufgabe, das Ethanol-Wasser-Gemisch mit Hilfe von Dampf zu erwärmen. Der Wärmetauscher W3 soll aus der Kolonne aufsteigende Lösemitteldämpfe kondensieren.

5. Aufgabe – Lösungsvorschlag

a) Bei dieser Armatur handelt es sich um einen Kondensatableiter.

b) Das in Apparat W2 gebildete Kondensat wird vom Kondensatableiter in die Abwasserleitung geleitet. Der Dampf wird zurückgehalten und das Wasser (Kondensat) abgetrennt.

6. Aufgabe – Lösungsvorschlag

1. Der Behälter B1 wird mit Ethanol-Wasser-Gemisch befüllt.
2. Der Wärmetauscher W2 erhitzt den Inhalt des Kolonnensumpfes.
3. Die Rohware aus B1 wird der Kolonne zugeführt.
4. Der Wärmetauscher W1 erhitzt das Ethanol-Wasser-Gemisch.
5. In der Kolonne wird Ethanol von Wasser durch Rektifikation abgetrennt.
6. Im Wärmetauscher W3 wird der aufsteigende Dampf kondensiert.
7. Im Behälter B2 und B3 wird das aufkonzentrierte Ethanol gesammelt und in B4 und B5 der Rückstand gesammelt.

7. Aufgabe – Lösungsvorschlag

Zur Temperaturerfassung muss ein Thermoelement oder ein Widerstandsthermometer eingesetzt werden, da sie das Messsignal zur Messwarte übertragen können.

8. Aufgabe – Lösungsvorschlag

Die Armatur A2 gehört zu den Sicherheitsarmaturen. Es handelt sich um eine dauerbrandsichere Detonationssicherung mit Auslass zur Atmosphäre.

8   Thematische Klammer

Die Neuordnungen der Laborberufe aus den Jahren 2000 und 2002 fordern, dass die Ausbildung «handlungsorientiert» stattfindet. Der Auszubildende soll zeigen, dass er «praxisbezogene Aufgaben unter Berücksichtigung zusammenhängender informationstechnischer Fragestellungen und berufsbezogenen Berechnungen lösen und damit zeigen kann, dass er in der Lage ist, arbeitsorganisatorische, technologische und mathematische Sachverhalte miteinander zu verknüpfen» (Verordnung 17.06.2002). Es ist folgerichtig, dass sich die beiden gestreckten Abschlussprüfungen in diese Richtung bewegen werden.

Eine Möglichkeit, diese Handlungsorientierung in einer Prüfung abzufragen, ist die Einführung von «Thematischen Klammern». Diese «Thematischen Klammern» umfassen eine konkrete und detailliert beschriebene Aufgabe, deren Beantwortung ein ganzes Arbeitsgebiet abdeckt. So umfasst die Thematische Klammer «Präparat» eine konkrete Synthese und fragt u.a. dabei folgende Sachverhalte ab:

- ❑ Reaktionsbedingungen,
- ❑ Reaktionsgleichung der Synthese,
- ❑ apparative Bedingungen,
- ❑ praktische Durchführung der Synthese,
- ❑ notwendige Reinigungsschritte,
- ❑ Identifizierungsmaßnahmen,
- ❑ Edukt- und Produktinformationen,
- ❑ Sicherheitsmaßnahmen.

In den IHK-Abschlussprüfungen werden die Fragen einer «Thematischen Klammer» so gestellt, dass sie unabhängig voneinander zu beantworten sind. Sollte eine Frage vom Prüfling falsch beantworten werden, kann er die anderen Fragen der Klammer trotzdem und richtig beantworten.

Die «Thematische Klammer» wird ab 2008 in gebundener Form («programmierte Fragen») in die Abschlussprüfungen von Laboranten aufgenommen. Ob man sie – wie nachfolgend gezeigt – auch in der ungebundenen Form praktiziert, ist zurzeit noch nicht geklärt. Über den Onlineservice InfoClick des Vogel Buchverlages (s. erste Seite Inhaltsverzeichnis unten) können gebundene Fragen zur «Thematischen Klammer» bezogen werden.

Bei der Bearbeitung einer «Thematischen Klammer» ist es besonders wichtig, dass sich der Prüfling die Aufgabenstellung gründlich durchliest und das Geschehen verinnerlicht. Dann sind diese Aufgaben – Tests haben das gezeigt – für die praxisgewohnten Prüflinge durchaus besser zu lösen als Aufgaben, die ohne gemeinsame Handlung einfach untereinander stehen.

Beispiel einer Thematischen Klammer für eine Synthese ist die «Herstellung von Acetanilid» in Abschnitt 8.1. In Abschnitt 8.2 wird die «Quantifizierung von Eisen» als Muster einer analytischen Thematischen Klammer erläutert.

8.1 Synthese von Acetanilid, 1. Beispiel für eine «Thematische Klammer»

Es soll mit einer Analogvorschrift **30 g reines Acetanilid** hergestellt werden. Eine geringe Menge hochgereinigtes Acetanilid steht als Vergleich zur Verfügung.

Analogvorschrift:

In einer geeigneten Apparatur werden $n = 0{,}1$ mol Anilin in $V = 100$ mL Essigsäure mit $w(CH_3COOH) = 100\%$ gelöst. Nach dem Lösen werden langsam $n = 0{,}1$ mol Acetylchlorid zugetropft, wobei das Acetylchlorid vor der Luftfeuchtigkeit geschützt werden soll.

Beim Zutropfen des Acetylchlorids soll außerdem die Reaktionstemperatur unter $\vartheta = 10\,°C$ gehalten werden. Nach dem Zutropfen des Acetylchlorids wird der gesamte Ansatz bis zum Reaktionsende nachgerührt und dann langsam in $V = 200$ mL kaltes Wasser eingerührt. Dabei fällt das Produkt aus. Das Produkt wird mit Wasser neutral gewaschen und das Rohprodukt mit Hilfe einer geeigneten Reinigungsmethode gereinigt.

Es wird mit einer Ausbeute von $\eta = 60\%$, bezogen auf Anilin, gerechnet.

Kenndaten:

1. Edukt Anilin:
   Molare Masse: $M(\text{Anilin}) = 93{,}1$ g/mol
   Dichte: $\varrho = 1$ g/cm^3
   Löslichkeit in Wasser 25 °C: 36 g/L
   Löslichkeit in Wasser 100 °C: 43 g/L

   Gefahrensymbole: T und N

2. Acetylchlorid (Ethanoylchlorid)
   Molare Masse: $M = 78{,}5$ g/mol
   Dichte: $\varrho = 1$ g/cm^3
   Schmelzpunkt: $\vartheta_F = -112\,°C$
   Löslichkeit in Wasser 25 °C: reagiert mit Wasser und Luftfeuchtigkeit

   Gefahrensymbole: F C

3. Acetanilid:
   Molare Masse: $M(\text{Acetanilid}) = 135{,}2$ g/mol
   Siedepunkt: $\vartheta_B = 304\,°C$
   Schmelzpunkt: $\vartheta_F = 115\,°C$
   Löslichkeit in Wasser 25 °C: 5 g/L
   Löslichkeit in Wasser 100 °C: 80 g/L

   Gefahrensymbol: Xn

8.1.1 Prüfungsfragen mit Lösungsvorschlag zu Beispiel 1

Die folgenden 10 Fragen beziehen sich auf die Herstellung von Acetanilid mit der Analogvorschrift.

1. Aufgabe

Das Produkt wird aus Anilin und Acetylchlorid hergestellt.
a) Formulieren Sie die vollständige Reaktionsgleichung der Reaktion.
b) Zur welchem Grundtyp organischer Reaktionen gehört diese Reaktion?

Lösungsvorschlag

a) Anilin und Acetylchlorid reagieren nach Gl. 8.1.1 zu Acetanilid und HCl-Gas:

(Gl. 8.1.1)

b) Es handelt sich um eine Seitenketten-Substitution (Acetylierung) an der NH_2-Gruppe des aromatischen Amins.

2. Aufgabe

Geben Sie einen Synthesevorschlag, wie das Edukt Acetylchlorid technisch hergestellt werden kann. Formulieren Sie die Reaktionsgleichung der Synthese.

Lösungsvorschlag

Da die direkte Chlorierung von Essigsäure mit Chlorgas nicht das gewünschte Produkt, sondern Chloressigsäure ergibt, muss mit anderen Chlorierungsmitteln chloriert werden, z.B. mit Thionylchlorid ($SOCl_2$) oder Phosphortrichlorid (PCl_3) (Gl. 8.1.2).

$$CH_3COOH + SOCl_2 \rightarrow CH_3COCl + SO_2\uparrow + HCl\uparrow \qquad \text{(Gl. 8.1.2)}$$

3. Aufgabe

a) Was bedeuten die beiden Gefahrensymbole, die Anilin kennzeichnen?
b) Etwas Anilin ist beim Einfüllen in den Kolben auf den Labortisch getropft. Wie kann das heruntergetropfte Anilin beseitigt werden?

Lösungsvorschlag

a) Anilin ist giftig (T) und hat umweltgefährdende Eigenschaften (N). Darüber hinaus wirkt Anilin cancerogen (krebserregend).
b) Zunächst sollten sofort geeignete Handschuhe angezogen werden. Dann wird das ausgelaufene Anilin mit etwas verdünnter Salzsäure übergossen. Dabei wird das Anilin zum Anilinhydrochlorid umgewandelt und ist somit gut wasserlöslich. Die Flüssigkeit wird mit einem saugfähigen Lappen vorsichtig aufgenommen und anschließend der Fleck mehrmals gut mit Wasser abgewischt, bis man sicher ist, dass sich kein Anilinhydrochlorid mehr auf dem Tisch befindet. Der Lappen wird in einer geeigneten Weise einer ordnungsgemäßen Entsorgung zugeführt. Danach sind die Handschuhe zu entsorgen und die Hände gründlich zu reinigen.

4. Aufgabe

Die Synthese des Acetanilids muss in einer geeigneten Apparatur ablaufen.
a) Beschreiben Sie die Ausstattung der Apparatur.
b) Welches Mindestvolumen soll die Apparatur aufweisen?

Lösungsvorschlag

a) Die Reaktionsapparatur besteht aus
   - ❑ einem Mehrhalskolben,
   - ❑ einer Rührerführung,
   - ❑ einem Rührer,
   - ❑ einem Rührmotor,
   - ❑ einem Thermometer, der bis zum Kolbenboden reicht,
   - ❑ einem Tropftrichter mit aufgesetztem Calciumchlorid-Trockenröhrchen,
   - ❑ einem aufgesetzten Kühler,
   - ❑ einer Kühlwanne mit Kühlflüssigkeit und einer Hebevorrichtung.

   Entweder befindet sich die Apparatur im Abzug, oder auf dem Kühler befindet sich eine Abschlusskappe zum Abführen des HCl-Gases in den Tischabzug.

b) Es sollen 30 g Acetanilid hergestellt werden. Das ist ein Einsatz (Gl. 8.1.3) von jeweils

$$n = \frac{30\,g}{135,2\,g/mol} = 0,22\,mol \quad \text{Edukt (Acetylchlorid und Anilin)} \qquad \text{(Gl. 8.1.3)}$$

Wenn mit einer Ausbeute von 60% gerechnet wird, entspricht das mindestens einem praktischen Einsatz (Gl. 8.1.4) von

$$n_{prakt} = \frac{0,22\,mol}{0,60} = 0,36\,mol \qquad \text{(Gl. 8.1.4)}$$

Das sind ca. (Gl. 8.1.5, Gl. 8.1.6):

$$m(\text{Anilin}) = 93,1\,g/mol \cdot 0,36\,mol = 33,5\,g \text{ Anilin und} \qquad \text{(Gl. 8.1.5)}$$

$$m(\text{Acetylchlorid}) = 78,4\,g/mol \cdot 0,36\,mol = 28,3\,g \text{ Acetylchlorid} \qquad \text{(Gl. 8.1.6)}$$

Dazu kommen noch (Gl. 8.1.7):

$$V(\text{Essigsäure}) = \frac{0,36\,mol}{0,1\,mol} \cdot 100\,mL = 360\,mL \text{ Essigsäure} \qquad \text{(Gl. 8.1.7)}$$

Da die Dichten von Anilin und Acetylchlorid ca. $\vartheta = 1\,g/cm^3$ betragen, gibt das zusammen mindestens 34 mL + 28 mL + 360 mL = 422 mL Reaktionsgemisch.
Da der Kolben einer Apparatur nicht mehr als 2/3 gefüllt werden sollte, muss bereits ein 1000-mL-Kolben benutzt werden.

5. Aufgabe

Machen Sie einen Vorschlag, wie mit einfachen Mitteln das Reaktionsende der Reaktion festgestellt werden kann.

Lösungsvorschlag
Bei der Reaktion nach Gl. 8.1.1 entsteht HCl-Gas als Nebenprodukt. Die Beendigung der HCl-Gas-Entstehung kann durch Absaugung des über der Flüssigkeit im Reaktionskolben befindlichen Gases und der Überprüfung auf HCl mit Hilfe eines angefeuchteten *pH*-Papiers leicht überprüft werden.

6. Aufgabe

a) Warum muss das Produktgemisch nach der Synthese neutral gewaschen werden?
b) Beschreiben Sie kurz das Neutralwaschen des Niederschlags mit Eiswasser.

Lösungsvorschlag
a) Durch das Neutralwaschen wird das Produkt
   - ❑ von evtl. überschüssigem Acetylchlorid,
   - ❑ vom Lösemittel Essigsäure und
   - ❑ von der entstandenen und gelösten Salzsäure

   befreit. Beim Erhitzen des Produktes mit den verbliebenen Säuren beim Umkristallisieren kann evtl. ein Teil des Produkts zerstört werden.
b) Das Neutralwaschen des Produktes kann direkt auf der Nutsche stattfinden. Dazu werden auf den Filterkuchen bei abgestelltem Vakuum geringe Mengen an Eiswasser gegeben und etwas gewartet. Beim nachfolgenden Absaugen mit Vakuum muss darauf geachtet werden, dass sich keine Spalten bilden. Der Vorgang wird mit möglichst geringen Mengen an eiskaltem Waschwasser so lange wiederholt, bis das ablaufende Filtrat nicht mehr sauer ist. Die Prüfung erfolgt mit *pH*-Papier.

7. Aufgabe

Das Produkt soll gereinigt werden.
a) Begründen Sie, welche Reinigungsmethode Sie zur Reinigung des Produktes einsetzen wollen?
b) Beschreiben Sie kurz die gewählte Reinigungsmethode.

Lösungsvorschlag
a) Da Acetanilid fest ist (Schmelzpunkt ϑ_F = 115 °C), relativ schlecht in kaltem Wasser, dafür aber in kochendem Wasser gut löslich ist, ist eine Umkristallisation aus Wasser sinnvoll. Dazu kommt noch, dass sich auch das evtl. in Spuren vorhandene Edukt Anilin etwas in Wasser löst. Eventuell nicht umgesetztes Edukt Acetylchlorid setzt sich hydrolytisch mit Wasser zu Essigsäure um, die ebenfalls wasserlöslich ist.
b) Zunächst wird eine Löslichkeitsbestimmung vom Rohprodukt in kochendem Wasser durchgeführt und dann für die gesamte Menge an Rohprodukt die Lösemittelmenge Wasser berechnet. Das gesamte Rohprodukt wird mit der erforderlichen

Menge Wasser versetzt und die entstandene Lösung gekocht. Nach kurzem Abkühlen und Zugabe von wenig Aktivkohle wird kurz aufgekocht und die Suspension möglichst heiß über einen Faltenfilter abfiltriert. Das klare Filtrat kühlt man auf Raumtemperatur ab, und die ausgefallenen Kristalle werden abgesaugt und getrocknet.

8. Aufgabe

Wie kann mit einer nichtinstrumentellen Methode festgestellt werden, dass tatsächlich das Produkt «Acetanilid» hergestellt wurde?

Lösungsvorschlag

Da eine geringe Menge hochgereinigtes Acetanilid (Referenzsubstanz) zur Verfügung steht, kann ein einfacher Mischschmelzpunkt Auskunft geben, ob es sich bei dem Produkt um Acetanilid handelt. Zur Durchführung werden drei Schmelzpunkte parallel bestimmt:

1. vom hochreinen Acetanilid (Referenzsubstanz),
2. vom Produkt,
3. von einer Mischung aus Produkt und Referenzsubstanz.

Wenn sich die Schmelzpunkte aller drei Proben nicht wesentlich voreinander unterscheiden, kann man davon ausgehen, dass tatsächlich Acetanilid hergestellt wurde.
　Besonders wenn der Schmelzpunkt der Mischung deutlich niedriger ist, kann man davon ausgehen, dass das Produkt kein Acetanilid ist.

9. Aufgabe

Es wurden mit der Analogvorschrift m = 35,0 g Acetanilid mit einer Reinheit von w(Acetanilid) = 98% hergestellt. Die Ausbeute, bezogen auf Anilin, betrug η = 58%.

Wie viel g Anilin wurden bei der Synthese eingesetzt?

Lösungsvorschlag

Die Ausbeute von 35,0 g mit einer Reinheit von 98% entspricht nach Gl. 8.1.8 einem reinen Produkt von

$$m(\text{Acetanilid}) = 35{,}0 \text{ g} \cdot 0{,}98 = 34{,}3 \text{ g} \tag{Gl. 8.1.8}$$

Das ist nach Gl. 8.1.9

$$n = \frac{34{,}3 \text{ g}}{135{,}2 \text{ g/mol}} = 0{,}254 \text{ mol Acetanilid} \tag{Gl. 8.1.9}$$

Bei einer Ausbeute von 58% wurden nach Gl. 8.1.10 ursprünglich

$$n = \frac{0{,}254 \text{ mol}}{0{,}58} = 0{,}44 \text{ mol Anilin eingesetzt.} \tag{Gl. 8.1.10}$$

Das entspricht nach Gl. 8.1.11 einem Einsatz von

$$m = 0{,}44 \text{ mol} \cdot 93{,}1 \text{ g/mol} = \underline{40{,}96 \text{ g Anilin}}. \tag{Gl. 8.1.11}$$

10. Aufgabe

Das mit der Analogvorschrift erhaltene Produkt wird anschließend mit einer Mischung aus Schwefelsäure $w(H_2SO_4)$ = 98% und Salpetersäure $w(HNO_3)$ = 65% reagieren lassen.

Welches Hauptprodukt und welches Nebenprodukt entstehen dabei? (Reaktionsgleichung?)

Lösungsvorschlag

Das Produkt Acetanilid wird mit dem Nitriergemisch aus Schwefelsäure und Salpetersäure in einer Zweitsubstitution nitriert. Da die Acetylgruppe ein Substituent 1. Ordnung ist und in 1,2- bzw. 1,4-Stellung dirigiert, entsteht eine Mischung von 1,2-Nitroacetanilid *und* 1,4-Nitroacetanilid. Letzteres entsteht aus sterischen Gründen im Überschuss (Gl. 8.1.12).

$$(Gl. 8.1.12)$$

8.2 Quantifizierung von Eisenionen, 2. Beispiel für eine «Thematische Klammer»

In einem Abwasser befindet sich eine Mischung von gelösten Fe^{2+}- und Fe^{3+}-Ionen. Die zu erwartende Gesamtkonzentration liegt ca. bei β (Fe) = 8 g/L. In dem Abwasser befindet sich zusätzlich noch Schwefelsäure mit einem Massenanteil von ca. $w(H_2SO_4)$ = 5%. Dazu sind noch einige Schwebestoffe im Abwasser, die das Wasser deutlich trüben.

Der zuständige Laborleiter hat die Aufgabe, eine Analysenmethode zur Quantifizierung des Eisens zu entwickeln und zu validieren. Die Ungenauigkeit der Methode soll max. 0,5% (rel.) betragen.

Er entschließt sich, das Eisen maßanalytisch mit einer permanganometrischen Titration zu bestimmen. Dazu müssen die Fe^{3+}-Ionen zunächst mit Wasserstoff in Fe^{2+}-Ionen umgewandelt werden und können dann zusammen mit dem bereits im Abwasser vorhandenen Fe^{2+}-Ionen mit einer $KMnO_4$-Maßlösung titriert werden.

Es ist jeweils die Konzentration an Fe^{2+}- und Fe^{3+}-Ionen zu bestimmen.

Für das Element Eisen können folgende Daten einer Datenbank entnommen werden:

Ordnungszahl: 26
Perioden: 4
Konfiguration: $[Ar]3d^6 4s^2$
Häufigkeit: ^{54}Fe: 5,3% / ^{56}Fe: 92,4% / ^{57}Fe: 2,1%

8.2.1 Prüfungsfragen mit Lösungsvorschlag zu Beispiel 2

Die folgenden 10 Fragen beziehen sich auf das Projekt.

1. Aufgabe

Was bedeuten die Angaben ^{54}Fe, ^{55}Fe und ^{57}Fe?

Lösungsvorschlag

Die Ordnungszahl von Eisen ist 26. Das bedeutet, dass sich im Eisenkern 26 Protonen und auf der Hülle 26 Elektronen befinden. Die Differenz zu 54, 56 bzw. 57 ist jeweils die Neutronenzahl. Somit sind ^{54}Fe, ^{56}Fe und ^{57}Fe Isotope des Eisens.

2. Aufgabe

Berechnen Sie die mittlere molare Masse M des Eisens.

Lösungsvorschlag

Aus der in der Datensammlung enthaltenen Häufigkeitsverteilung kann die mittlere molare Masse des Eisens nach Gl. 8.1.13 berechnet werden:

$$M(\text{Fe}) = 0{,}053 \cdot 54\,\text{g/mol} + 0{,}924 \cdot 56\,\text{g/mol} + 57\,\text{g/mol} \cdot 0{,}021 = \underline{55{,}8\,\text{g/mol}}$$

(Gl. 8.1.13)

3. Aufgabe

Wie viele Elektronen befinden sich jeweils auf den Schalen des Bohr'schen Atommodells (Hauptquanten)?

Lösungsvorschlag

Eisen steht in der 4. Periode, hat somit 4 Schalen nach dem Bohr'schen Atommodell. Nach der Gleichung $2n^2$ für die maximale Anzahl von Elektronen befinden sich auf der 1. Schale (K-Schale) 2 Elektronen und auf der zweiten Schale (L-Schale) 8 Elektronen. Aus der Elektronenkonfiguration kann entnommen werden, dass auf der 4. Schale (N-Schale) nur das 4-s-Orbital mit 2 Elektronen besetzt ist. Daher müssen sich auf der 3. Schale (M-Schale)

26 – 2 – 8 – 2 = 14

Elektronen befinden (Bild 8.1).

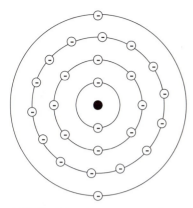

Bild 8.1 Bohr'sches Atommodell von Eisen (Elektronenkonfiguration)

---

4. Aufgabe

Warum hat sich der Laborleiter für die maßanalytische Quantifizierung von Eisen als Methode entschieden?
Zählen Sie auf, was dafür und was dagegen spricht.

Lösungsvorschlag

Die maßanalytische Eisenbestimmung ist relativ schnell durchzuführen, und man benötigt dazu keine besonderen Instrumente. An die Anforderungen des Laborpersonals sind keine besonderen Ansprüche zu stellen, und die Chemikalien sind preiswert und nicht toxisch. Dadurch ist die Methode relativ preiswert. Gegen die Methode spricht die Verwendung von Wasserstoff als Reduktionsmittel, aber die geringen Mengen, die dazu benötigt werden, sind noch gut handhabbar. Es muss jedoch geprüft werden, ob das Fe^{3+} durch den Wasserstoff vollständig reduziert wird.

Die geforderte Genauigkeit der Methode ist durch eine sorgfältig ausgeführte Maßanalyse zu erzielen.

---

5. Aufgabe

Validieren heißt, die Gültigkeit eines analytischen Verfahrens zu prüfen.
a) Nennen Sie drei Validierungsparameter, die bei einer Validierung der Methode geprüft werden sollten.
b) Beschreiben Sie kurz, wie diese drei Parameter geprüft werden können.

Lösungsvorschlag

a) Validierungsparameter: Präzision, Richtigkeit und Robustheit
b) Testen auf die Validierungsparameter:

❏ *Präzision:*
Man bestimmt eine homogene Probe zeitlich verzögert mindestens sechsmal hintereinander und berechnet aus den erhaltenen, ausreißerfreien Ergebnissen den Mittelwert $\bar{x}$, die Standardabweichung s und den Variationskoeffizienten VK. Letzter ist das Maß für die Präzision, d.h. für den «zufälligen Fehler».

❏ *Richtigkeit:*

Man benötigt eine Lösung mit genau definiertem Eisengehalt (Referenzlösung) und bestimmt mehrmals mit der zu validierenden Methode die Referenzlösung. Durch Vergleich von Sollwert und Mittelwert der Mehrfachbestimmung kann der «systematische Fehler» ermittelt werden.

❏ *Robustheit:*

Man fügt in die Arbeitsvorschrift kleine, realistische Abweichungen (z.B. eine geringe *pH*-Wert-Änderung oder geringe Veränderung der Temperatur) ein, analysiert eine Referenzprobe und ermittelt, welche Auswirkung die Veränderung auf das Ergebnis hat.

6. Aufgabe

Für die Umwandlung von Fe^{3+}-Ionen zu Fe^{2+}-Ionen wird Wasserstoff benötigt.

a) Wie kann der zur Umwandlung benötigte Wasserstoff in kleinen Mengen im Labor hergestellt werden, wenn keine Druckgasflasche zur Verfügung steht?
b) Wie ist der Wasserstoff nach der Gefahrstoffverordnung gekennzeichnet (Symbol)? Wie sind Wasserstoff-Druckgasflaschen farblich gekennzeichnet?
c) Welche Maßnahmen sind beim Umgang mit Wasserstoff zu treffen?

Lösungsvorschlag

a) Eine einfache Methode besteht darin, dass man in einem geeigneten Behälter verdünnte Schwefelsäure auf Zinkgranalien einwirken lässt und das entstehende Wasserstoffgas (Gl. 8.1.14) ohne weitere Reinigungsschritte durch die zu reduzierende Lösung leitet.

$$Zn + H_2SO_4 \rightarrow ZnSO_4 + H_2 \uparrow \qquad \text{(Gl. 8.1.14)}$$

Etwas komfortabler ist die Herstellung von Wasserstoff in einem Kipp'schen Gasentwicklungsapparat.

Es muss geprüft werden, ob die benötigte Menge an Wasserstoff ausreicht, um die Reduktion vollständig auszuführen, zumal ohne Druck gearbeitet wird.

b) Von der *Gefahrstoffverordnung* ist Wasserstoff als *Gefahrstoff* eingestuft mit «hochentzündlich» F+ gekennzeichnet.

Symbol: F+

Wasserstoff-Druckgasflaschen müssen ebenfalls damit gekennzeichnet werden. Die Druck*gasflaschen* sind zusätzlich mit roter *Flaschenschulter* und rotem *Flaschenkörper* versehen.

c) In geringen Mengen ist Wasserstoff für Menschen ungiftig. Beim Mischen von Luft mit Wasserstoff (4...80 Vol.% Wasserstoff) entsteht *Knallgas*, das bereits durch einen Funken zur *Explosion* gebracht werden kann. Daher ist in jedem Fall mit höchster Vorsicht zu handeln und akribisch darauf zu achten, keine leicht entzündlichen Materialien in der Nähe zu lagern. Offene Flammen oder sonstige Zündquellen sind unbedingt rechtzeitig zu entfernen. Wasserstoff reagiert heftig mit *Chlor* (z.B. nach der Reaktion von Kaliumpermanganat mit Salzsäure!). Die Reduktion mit Wasserstoff ist im Abzug vorzunehmen. Bevor die Teile, durch die der Wasserstoff geleitet wurde, gereinigt werden, sind diese noch einige Zeit im Abzug zu lagern. Der Wasserstoff verflüchtigt sich dabei. Alternativ sind die Teile mit Stickstoff zu spülen.

Die Zinkgranalien sind sofort aus der Salzsäure zu nehmen, wenn kein Wasserstoff mehr benötigt wird, damit die Wasserstoffproduktion unterbrochen wird.

7. Aufgabe

Das Fe^{2+}-Ion kann in schwefelsäurehaltiger Lösung direkt mit der Kaliumpermanganatlösung titriert werden.

Stellen Sie die vollständige Reaktionsgleichung auf und benennen Sie, was oxidiert und was reduziert wird.

Lösungsvorschlag

Die Ionengleichung lautet nach Gl. 8.1.15:

$$MnO_4^- + 5\ Fe^{2+} + 8\ H^+ \rightarrow Mn^{2+} + 5\ Fe^{3+} + 4\ H_2O \qquad \text{(Gl. 8.1.15)}$$

Das Mangan in seiner Mn^{+VII}-Form im Manganat-Ion wird zum Mn^{2+}-Ion reduziert. Dabei werden 5 Elektronen übertragen. In der Redox-Reaktion wird das Fe^{2+}-Ion zum Fe^{3+}-Ion oxidiert.

8. Aufgabe

Schlagen Sie eine Vorgehensweise vor, mit der Sie Fe^{2+}- und Fe^{3+}-Ionen nebeneinander mit der $KMnO_4$-Maßlösung bestimmen können.

Lösungsvorschlag

Zunächst wird nach dem Abfiltrieren der Trübung ein aliquotes Volumen des Abwassers mit Schwefelsäure versetzt und dann direkt mit Kaliumpermanganatlösung titriert. Aus dem Verbrauch kann die Fe^{2+}-Konzentration bestimmt werden, denn nur diese Form des Eisens kann direkt mit Kaliumpermanganat titriert werden.

Danach werden die noch im Abwasser befindlichen Fe^{3+}-Ionen mit Wasserstoffgas reduziert und dann die Lösung mit der Kaliumpermanganatlösung titriert (Bestimmung des Gesamteisens). Die Differenz der Gesamteisenkonzentration und der Fe^{2+}-Konzentration muss die Konzentration an Fe^{3+}-Ionen sein.

9. Aufgabe

Der Verbrauch der Kaliumpermanganatmaßlösung mit $c(1/5\ KMnO_4) = 0,1$ mol/L zur Gesamteisenbestimmung soll nicht größer als $V = 40$ mL und nicht kleiner als $V = 20$ mL sein.

Wie viel mL sind von dem Abwasser zur Analyse abzumessen?
Ggf. kann das abzumessende Volumen an Abwasser aliquotiert werden.
(M(Fe) = 55,8 g/mol)

Lösungsvorschlag

In die allgemeine Gleichung zur Berechung maßanalytischer Aufgaben wird als Verbrauch der mittlere Wert von V = 30 mL (0,030 L) eingesetzt. Es wird von einem Titer der Maßlösung mit t = 1,00 ausgegangen.

Die Äquivalenzahl beträgt z = 1 (Fe^{2+} zu Fe^{3+}).

Die Masse m an Eisen bei einem Verbrauch von 30 mL Maßlösung beträgt nach Gl. 8.1.16:

$$m(Fe) = \frac{V \cdot M \cdot t \cdot c}{z} \qquad \text{(Gl. 8.1.16)}$$

$$m(Fe) = \frac{0,030\,L \cdot 55,8\,g/mol \cdot 1,0 \cdot 0,1\,mol/L}{1} = \underline{0,167\,g}$$

Vom Abwasser mit ca. β = 8 g/L müssen nach Gl. 8.1.17 ca. V = 21 mL abgemessen werden, damit in der zu titrierenden Lösung 0,168 g Eisen enthalten sind, die den Verbrauch von ca. V = 30 mL Maßlösung erzeugen.

$$V = \frac{0,167\,g \cdot 1000\,mL}{8\,g} \approx 21\,mL \qquad \text{(Gl. 8.1.17)}$$

Es sollte zur Analyse ein genaues Volumen von V = 20,0 mL mit einer Pipette entnommen werden. Eine Aliquotierung ist nicht notwendig.

---

10. Aufgabe

Nennen Sie zwei alternative Methoden zur Quantifizierung des *Gesamt*eisens, falls die Projektmethode doch nicht valide ist. Beschreiben Sie kurz diese beiden Alternativmethoden.

Lösungsvorschlag

❑ *Alternativmethode 1: Gravimetrische Bestimmung*

Man oxidiert nach dem Abfiltrieren der Trübung das Fe^{2+}-Ion mit Wasserstoffperoxid zum Fe^{3+}-Ion. Das Fe^{3+}-Ion wird mit Ammoniaklösung zu Eisenhydroxid gefällt (Gl. 8.1.18) und über einen analytischen Filter abfiltriert. Der Rückstand wird nach dem Veraschen des Filters geglüht und so in das stabile Eisen(III)oxid übergeführt (Gl. 8.1.19). Nach dem Wiegen des Rückstandes kann rechnerisch auf die Masse des Gesamteisens geschlossen werden.

$$Fe^{3+} + 3\,NH_4OH \rightarrow Fe(OH)_3\downarrow + 3\,NH_4^+ \qquad \text{(Gl. 8.1.18)}$$

$$2\,Fe(OH)_3 \rightarrow Fe_2O_3 + 3\,H_2O \qquad \text{(Gl. 8.1.19)}$$

❑ *Alternative 2: Fotometrische Bestimmung*

Nach dem Filtrieren und starken Aliquotieren des Abwassers wird das Fe^{3+}-Ion mit Schwefeldioxid oder Wasserstoff zum Fe^{2+}-Ion reduziert. Die Lösung wird gepuffert und mit 2,2'-Bipyridin versetzt. Dabei entsteht ein roter Farbkomplex, von dem fotometrisch die Extinktion bestimmt werden kann. Mit Hilfe einer Kalibriergeraden kann die Quantifizierung des Eisens vorgenommen werden. Die Konzentration des Eisens in Probe und Kalibrierlösungen muss durch Aliquotieren so eingestellt werden, dass der lineare Bereich der Abhängigkeit der Extinktion von der Konzentration erreicht wird.